聚力供给侧

宏观经济形势展望与**深化供给侧结构性改革**

王一鸣　陈昌盛 等　著

中国发展出版社
CHINA DEVELOPMENT PRESS

图书在版编目（CIP）数据

聚力供给侧：宏观经济形势展望与深化供给侧结构性改革/王一鸣，陈昌盛等著. —北京：中国发展出版社，2017. 7

ISBN 978 -7 -5177 -0710 -3

Ⅰ. ①聚…　Ⅱ. ①王…　②陈…　Ⅲ. ①中国经济—经济改革—研究　Ⅳ. ①F12

中国版本图书馆 CIP 数据核字（2017）第 151057 号

书　　名：聚力供给侧：宏观经济形势展望与深化供给侧结构性改革

著作责任者：王一鸣　陈昌盛　等

出 版 发 行：中国发展出版社

（北京市西城区百万庄大街 16 号 8 层　100037）

标 准 书 号：ISBN 978 -7 -5177 -0710 -3

经　销　者：各地新华书店

印　刷　者：北京市密东印刷有限公司

开　　本：710mm × 1000mm　1/16

印　　张：24

字　　数：340 千字

版　　次：2017 年 7 月第 1 版

印　　次：2017 年 7 月第 1 次印刷

定　　价：55. 00 元

联 系 电 话：（010）68990642　68990692

购 书 热 线：（010）68990682　68990686

网 络 订 购：http：//zgfzcbs. tmall. com//

网 购 电 话：（010）68990639　88333349

本 社 网 址：http：//www. develpress. com. cn

电 子 邮 件：fazhanreader@ 163. com

稳中求进是做好经济工作的重要方法论

（代序）

一、历史和现实都表明，“稳”才能更好地“进”

稳中求进，充分体现了实事求是的思想方法和遵循经济规律的科学态度。“稳”和“进”是辩证统一的，“稳”，才能更好地“进”，更持久地“进”；“进”，才能更有效地保持“稳”，更高水平地实现“稳”。这里的“稳”，强调的是遵循经济规律的“稳”；这里的“进”，强调的是“稳”基础上的“进”，是科学有序的“进”。历史和现实都表明，超越发展阶段和基本国情而急于求成，往往事倍功半，欲速而不达。

“以往知来，以见知隐。”从新中国成立后经济建设的历史经验看，脱离实际情况，急于求成，往往要吃苦头，付出的成本和代价也更大。在过去一个时期，由于急于改变贫穷落后的状况，经济工作中比较容易形成急于求成的思想方法，盲目强调和夸大主观能动性，不顾客观条件，不尊重经济规律，结果往往是造成严重失误，甚至带来重大损失。比如，1958 年搞“大跃进”，一度使国民经济遭到严重破坏，以后不得不大幅调低基本建设和若干重工业生产指标，经过三年调整后才使国民经济出现好转。又如，1979 年和 1980 年的“洋跃进”，引发严重的财政赤字和物价上涨，以后不得不大幅调低 1981 年和 1982 年的增速目标，才扭转了被动局面。再如，1988 年的“价格闯关”，出现了严重的通货膨胀，最后通过治理整顿，大幅调低 1990 年和 1991 年的增速目标，才使经济重新回到正常轨道。这些事实都表明，无论是推动发展还是推进改革，都必须遵循经济规律，只有稳中求进，才能实现经济平稳健康持续发展和改革的有序推进。

从当前国内外发展态势看，稳中求进也是从容不迫应对内外环境深刻复杂变化的重要方法。当前，世界经济深度调整，逆全球化思潮抬头，贸易保护主义大行其道，国际政治环境复杂变化，美国新政府上台后内外政策加快调整，德、法等主要国家进入大选周期，加之难民事件和英国退欧的后续发酵，增大了全球复苏进程的不确定性。美联储利率调整的外溢效应将继续影响国际金融市场，持续多年的低利率若逆向调整，还可能引发大规模跨境资本流动。从国内看，我国经济缓中趋稳、稳中向好，经济运行保持在合理区间，质量和效益提高，服务业占比上升，消费对增长的贡献提高，创新的支撑作用增强，经济由降转稳条件逐步积累。但也要看到，经济下行的周期性因素虽有减弱，但结构性矛盾仍然突出，经济增长内生动力仍然不足；产业升级和创新步伐加快，但产能过剩和需求结构升级矛盾仍然突出，创新和资源优化配置仍然面临体制机制约束；新旧增长动能转换步伐加快，但新兴产业还不足以对冲传统产业的衰减。在这种情况下，最需要的就是保持战略定力，坚定信心，从容不迫应对内外环境的复杂变化。保持宏观政策的稳定性、连续性，继续实施积极的财政政策和稳健的货币政策，适度扩大总需求，促进经济持续稳定增长。保持经济运行环境稳定，把防控金融风险放到更加重要的位置，下决心处置一批风险点，着力防控资产泡沫，加强重点领域风险排查，确保不发生系统性金融风险。要稳定市场预期，提高政策透明度，加强同市场主体沟通，坚持社会主义市场经济改革方向，坚持扩大开放，加强产权保护，维护法治环境，稳定民营企业家信心。

总之，要坚持稳中求进工作总基调，避免经济大的波动，促进经济筑底企稳，为供给侧结构性改革和防控金融风险创造良好的宏观环境。

二、稳中求进，才能更好适应引领经济新常态

我国经济发展进入新常态，主要经济变量之间的关系发生深刻复杂变化，经济运行呈现一系列新特点，只有稳中求进，才能更好适应引领经济新常态。

从经济增长看，依靠政府扩大投资拉动经济增长的空间收窄，要求更加注重增强经济增长的内生动力。自2010年以来，我国经济在波动中下行已持续6年，增速从2010年的10.6%逐步回落到2016年的6.7%。过去一个时期，在应对经济下行时，我们更多从需求侧找出路，通过扩大投资需求拉动经济增长，这在当时传统产能市场需求还有空缺的情况下是有效的。随着传统产能接近或达到上限规模，再简单沿用“老办法”化解供需矛盾，越来越受到投资效率下降和债务杠杆攀升的约束。近年来，我国增量资本产出比（每新增1元GDP所需的投资）逐年提高，非金融部门负债总规模年均增长大幅上升。再用“老办法”稳增长，不仅投资效率会继续下降，债务杠杆会继续攀升，还将增大金融风险发生的概率，也难以从根本上扭转经济短暂回升后继续下行的态势。这就要求我们改变长期以来形成的急于求成的思想方法，扭转脱离实际的拼速度和“弯道超车”的传统做法，保持战略定力，更加尊重市场经济规律，更加注重从供给侧想办法、出政策，着力释放市场主体活力，增强经济增长内生动力，矫正要素配置扭曲，使供需在更高水平实现新平衡，为需求释放和经济增长打开新空间。

从结构调整看，依靠“铺摊子”扩大产能推动经济增长受到产能过剩的约束，要求将经济工作重心转向提升产业价值链和产品附加值。进入新常态，经济结构从增量扩能为主转向调整存量、做优增量并举。2010年以来，随着传统产业市场需求逐步趋于饱和，工业增速持续回落，服务业比重逐年上升，2016年服务业占GDP的比重达到51.6%。在工业内部，钢铁、煤炭、建材、有色、石化、电力等行业产能已达到或超过峰值。由此可见，再像过去那样，依靠“铺摊子”扩大制造业产能推动经济增长越来越走不下去了。再沿用“老办法”，通过扩大产能推动发展，就会加剧重复生产和产能过剩，扭曲资源配置。这就要求我们更大程度上发挥市场配置资源的作用，更加尊重价值规律、供求规律、竞争规律，通过市场竞争形成优胜劣汰的机制，通过市场价格调节供给和需求，引导市场主体提升产业价值链和产品附加值，迈向中高端水平，形成经济结构的动态优化调整。

从动力转换看，资源和要素大规模、高强度投入的条件深刻变化，要求更加注重提高劳动生产率和全要素生产率。进入新常态，支撑过去30多年经济高速增长的生产要素供求关系发生变化，发展动力从主要依靠资源和低成本劳动力等要素驱动转向创新驱动。近年来，劳动年龄人口逐年减少，矿产资源人均占有量大幅下降，土地供给日趋紧张，生态环境硬约束强化，原有的低成本竞争优势开始减弱，继续依靠大规模增加投入支撑经济增长已越来越困难。在市场的倒逼下，越来越多的企业增加研发投入，培育新的增长点，新技术、新产品、新业态、新模式不断兴起。2016年新能源汽车、工业机器人、集成电路等产品分别增长40.0%、30.4%、21.2%；实物商品网上零售额同比增长25.6%，占社会消费品零售总额比重上升到12.6%。但新动力规模总体偏小，还无法完全对冲旧动力衰减的影响，旧动力“唱主角”的格局短期还难以改变，经济增长还难以完全摆脱对旧动力的依赖。这就要求加快经济发展方式从规模速度型向质量效率型转变，更加注重创新驱动，着力提高劳动生产率和全要素生产率，在培育新产业、新服务、新业态的同时，为旧动力引入新技术、新机制、新模式，形成新旧动力有序接续、协同拉动的新局面。

三、稳中求进，才能推进供给侧结构性改革不断深化

当前我国经济运行存在的突出矛盾和问题，如产能过剩和需求结构升级矛盾突出、经济增长内生动力不足、金融风险有所积聚、部分地区困难增多等，根源是重大结构性失衡，主要表现为实体经济结构性供需失衡，供给结构不适应需求结构向高端化、个性化、服务化升级趋势，无效供给过多，有效需求难以得到满足；金融和实体经济失衡，在实体经济盈利能力下降的情况下，资金“脱实向虚”，扭曲了金融资源配置；房地产和实体经济失衡，资源过度向房地产领域集中，增大了房地产泡沫，挤压了实体经济发展空间。这些重大结构性失衡虽有阶段性政策性因素，但根本原因是体制性机制性问题。要从供给侧结构性改革上找出路、想办法，通过深化改革，健全要素市场，增强价格机制引导资源配置的作用，实现供需在更高水平上的新平衡。这既需要勇气和决心，更需要耐心和耐力，坚持不懈，久久为功，避免简单用行政手段或做表面文章的做法，真正达到提升供给体系质量、提高供给结构对需求结构适应性的目的。

2016年，供给侧结构性改革重点推进“三去一降一补”五大任务，提振了市场预期和信心，工业品价格在连续54个月负增长后由负转正，工业企业利润持续改善，部分行业供求关系、政府和企业理念行为发生积极变化。与此同时，供给侧结构性改革进展不平衡，仍面临各种体制性机制性问题。2017年深入推进“三去一降一补”，要在总结已有经验的基础上，按照稳中求进的原则深入推进，努力取得实质性进展。在“去产能”方面，继续推动钢铁、煤炭行业化解过剩产能，同时做好其他产能严重过剩行业的“去产能”工作。按照市场化法治化原则，以处置“僵尸企业”和空壳企业为突破口，通过严格执行环保、能耗、质量、安全等相关法律法规标准，推动企业兼并重组，去除落后产能，盘活沉淀的土地、厂房、设备等各种资源，建立过剩产能的有效出清机制，防止已经化解的过剩产能死灰复燃。在“去库存”方面，坚持分类调控，因城施策，重点解决三、四线城市房地产库存过多问题。通过推进人口城镇化减少三、四线城市房地产库存，继续提高棚改货币化安置比例，鼓励农业转移人口购买城市商品房，在人口净流出地区还要控制房地产用地供给量。在“去杠杆”方面，要在控制总杠杆率的前提下，把降低企业杠杆率作为重中之重。按照市场化法治化原则，有序推进资产重组和债务处置，开展市场化债转股，更多发挥国家和地方资产管理公司作用，建立不良资产交易平台，推进不良资产证券化试点，设立快速清算通道，提高资产处置效率。在“降成本”方面，要在加大减税、降费、降低要素成本工作力度基础上，着力降低制度性交易成本。深入推进“放管服”改革，减少审批事项，优化政府服务，提高办事效率，放开中介服务市场，清理“红顶中介”，降低各类中介评估费用和服务收费。在“补短板”方面，在补硬件短板和发展短板的同时，着力补软件短板和制度短板，加强创新能力、人力资本、征信体系、社会保障、市场监管和公共服务等建设，增加社会民生和生态环境投入，更有力扎实推进脱贫攻坚，集中力量攻克薄弱环节，增强人民群众的获得感。

与此同时，在“三去一降一补”基础上，供给侧结构性改革还要拓展新领域。针对粮食产量持续增长，库存压力不断增大，绿色优质农产品供给不足，农民增收难度增大等矛盾和问题，推进农业供给侧结构性改革，把增加绿色优质农产品供给放在突出位置，积极稳妥推进粮食等重要农产品价格形成机制和收储制度改革，继续抓好玉米收储制度改革，完善稻谷小麦最低收购价政策。针对生产要素成本快速上升和国内外市场需求变化，传统产业盈利水平下降和资金“脱实向虚”现象，大力振兴实体经济，推动实体经济适应市场需求变化，加快产品更新换代，提高产品质量和工艺水平，增强创新能力和核心竞争力，做实做优做强实体经济。针对金融资源过度向房地产集中和房地产泡沫等问题，把促进房地产市场平稳健康发展作为供给侧结构性改革的重要任务，加快研究建立符合国情、适应市场规律的基础性制度和长效机制，限制信贷资金流向投资投机性购房。落实人地挂钩政策，根据人口流动情况分配建设用地指标，提高住宅用地比例，加快研究房地产税立法并适时推进改革。

总之，我们要坚持稳中求进的思想方法，保持战略定力，坚持问题导向、底线思维，发扬钉钉子精神，一步一个脚印向前迈进，推动中国经济实现新发展。

国务院发展研究中心副主任、研究员 王一鸣
二〇一七年三月七日

前言 Preface

国务院发展研究中心是直属国务院的政策研究和咨询机构，主要职能是研究国民经济、社会发展和改革开放中的全局性、战略性、前瞻性、长期性以及热点、难点问题，开展对重大政策的独立评估和客观解读，为党中央、国务院提供政策建议和咨询意见。

跟踪分析宏观经济形势，研究提出宏观走势判断、调控思路和政策建议，是国务院发展研究中心的一项重要职能。为了加强与同行和学界的交流，并为政策制定部门提供参考，继2016年出版《重构新平衡：宏观经济形势展望与供给侧结构性改革》一书后，今年我们又结集出版《聚力供给侧：宏观经济形势展望与深化供给侧结构性改革》一书，书中选录了国务院发展研究中心宏观形势分析小组2016年完成的部分研究报告和文章，大多数是第一次公开发表。

本书包括宏观经济形势、供给侧结构性改革、收入分配与就业、重点专题和区域经济五大板块。第一板块聚焦宏观经济形势，主要分析经济运行的国内外环境，预测展望2017年经济走势，对经济阶段性企稳、新一轮动力转换等问题进行讨论，并提出政策建议。第二板块围绕深化供给侧结构性改革，对2017年供给侧结构性改革的重点领域，特别是对去产能、房地产市场走势、企业债务等问题进行探讨。第三板块是收入分配与就业专题，重点讨论扩大中等收入者比重、居民收入对消费的影响和就业形势等问题。第四板块是重点领域专题报告，分别就政府债务、M1/M2 变化、人民币汇率、固定资产投资、对外直接投资、粮食去库存、交通物流、能源消费等领域阶段性和趋势性变化进行研判，并对 2017 年走势进行展望。第五板块聚焦区域经济，分析区域增长格局新变化，研判 2017 年区域经济走势，并讨论了新一轮东北老工业基地振兴思路。

本书的出版得到了国务院发展研究中心领导和各研究部所的大力支持。李伟主任对多份报告提出了指导意见，张军扩、张来明、隆国强、余斌等领导对有关报告提出了修改意见，发展部、农村部、产业部、社会部、外经部、市场所、企业所、金融所、资环所等部所提供了不可或缺的帮助。本书的顺利出版，也离不开中国发展出版社的支持和编辑的辛勤工作。在此一并表示衷心感谢。

唯实求真，守正出新。我们力求恪守专业精神，对宏观经济和主要领域的阶段性、趋势性变化给出客观分析和判断，提出对策建议，但受理论水平、经验积累和不确定因素的影响，有的观点、判断难免有不当之处，还望各位专家学者和广大读者批评指正。

国务院发展研究中心
宏观形势分析小组
2017 年 3 月

目录
Contents

第一部分　宏观经济形势

第四部分 重点专题

第五部分　区域经济

第一部分

宏观经济形势

第一章

开启“L”型增长下半程

——2017 年宏观经济形势分析与展望

2016 年，我国经济运行呈现增速缓中趋稳，工业生产价格由负转正、企业效益由降转升、失业率有所下降的良好态势。本轮经济下行调整已持续 6 年多时间，经济运行的积极变化表明，我国经济“L”型增长正进入下半程，在增速下台阶的同时，增长质量和效益上台阶的条件逐步形成，经济增长正在从“降速”阶段转向“提质”阶段。2017 年，世界经济将延续复苏势头，但政治变局中的“黑天鹅”事件和贸易保护主义抬头，仍可能增大复苏进程的不确定性。受房地产市场“冷却”的影响，我国内需增速将会小幅放缓，但企业补库存和外需改善将对冲内需下行的压力，经济运行总体有望保持稳定态势，预期可实现 6.5% 左右的增长。宏观政策要坚持稳中求进的总基调，在适度扩大总需求的同时，深入推进供给侧结构性改革，加大改革落地力度，完善宏观调控框架，积极处置和化解风险，着力提高要素配置效率和经济发展质量，为可持续的中高速增长创造更多有利条件。

一、2016 年经济运行发生多方面积极变化

2016 年，在增速持续下行调整 6 年后，我国经济运行供求失衡态势缓

解，增长质量和效益明显改善。一是经济增速缓中趋稳。2010年以来，我国经济逐步从高速增长向中高速增长阶段转换，GDP增速持续下行，但增速降幅呈逐年收窄的态势。2016年GDP增速为6.7%，较上年下降0.2个百分点，经济运行保持在合理区间。同时，发电量、粗钢产量、汽车和房地产销售等重要的实物量增速较2015年均有不同程度改善。二是工业生产者出厂价格（PPI）和企业效益由负转正。2016年PPI比2015年下降1.4%，但自9月份起PPI同比由负转正，结束了连续54个月同比下降的局面。受工业品价格回升的影响，2016年规模以上工业企业收入和利润同比分别增长4.9%和8.5%，增幅较上年同期增加4.1个和10.8个百分点。三是新技术、新产业、新模式加快发展。人工智能、量子通信、虚拟现实等一批具有广阔应用前景的新技术不断涌现，大数据、云计算、机器人、新能源汽车、移动支付等新兴产业迅速成长，电子商务、共享经济、社交媒体等新模式蓬勃发展。我国正凭借多年积累的技术、资本条件和大规模经济体的市场优势，在一些新兴领域缩小与发达国家的差距。四是失业率有所下降。调查失业率显示，9月份以来失业率水平持续低于5%，2016年城镇新增就业岗位达到1314万个，超额完成全年任务。根据国务院发展研究中心企业调查结果，企业家对未来的预期温和改善，用工计划总体平稳。

2016年我国经济运行出现的积极变化，主要得益于供给侧结构性改革的有效推进，总需求适度扩张和全球经济转暖也发挥了重要作用。

供给侧结构性改革有效推进。“去产能”方面，钢铁、煤炭行业超额完成全年去除4500万吨和2.5亿吨过剩产能的任务；“去库存”方面，商品房待售面积比上年末减少2314万平方米，存销比明显下降；“去杠杆”方面，2016年12月规模以上工业企业资产负债率为55.8%，较上年同期下降0.4个百分点；“降成本”方面，电费、税费、五险一金和物流费均有所下调，企业经营综合成本有所下降，规模以上工业企业每百元主营业务收入中的成本为85.52元，较2015年下降0.16元；“补短板”方面，农业、水利和生态环保等领域投资增速显著高于其他投资增速，全年600万套棚户区改造和1000万以上贫困人口脱贫任务均如期完成。

总需求适度扩张发挥了重要支撑作用。2016年，我国采取了适度扩大总需求的政策，全年财政赤字率提高至3%，“营改增”等减税降费措施减轻企业税负5700多亿元，信贷增长13.5%，对总需求产生较大拉动作用。其中，基础设施投资同比增长17.4%，较2015年提高0.2个百分点，除预算投入保持较高增速外，财政贴息的专项建设债券和央行补充抵押贷款（PSL），对基础设施投资也发挥了重要支撑作用；商品房销售额同比增长34.8%，房地产开发投资同比增长6.9%，较2015年分别提高20.4个和5.9个百分点，而且房地产业带动家具、家电和建筑装潢材料等相关产业较快增长；汽车销量同比增长13.65%，较2015年高近9个百分点，对居民消费稳定增长发挥重要作用。

国际经济环境出现一些短期利好。国际大宗商品价格企稳回升，新兴市场贸易条件有所改善，我国出口环境有所好转。尽管全球经济和贸易增速继续下滑，但剔除价格因素，2016年我国出口实物量增长接近5%，较上年同期增加3个百分点。与此同时，美联储加息很大程度上已被市场提前消化，美元升值势头有所减弱，我国短期外债水平在前期大幅下降的基础上逐步回升，美元流动性收紧的冲击有所缓解。

综上所述，2016年我国经济运行由降转稳的态势更加明显，增长质量和效益有所改善，为“L”型增长开启下半程积累了有利条件。但也要清醒地看到，经济增长对房地产、基础设施投资和金融行业的依赖度较高，债务水平继续上升，资产泡沫风险还在积累，局部地区困难有所加重，实现可持续的中高速增长仍面临诸多挑战。

二、2017年有条件实现6.5%左右的增长

展望2017年，全球经济将延续缓慢回升态势，美元进一步升值空间有

限，大宗商品价格逐步回稳，但贸易保护、民粹主义抬头将拖累经济复苏步伐。国外需求企稳，叠加上前期人民币贬值的滞后影响，出口有望由负转正。内需增速小幅回落，消费贡献维持高位，但增速受到居民收入增速放缓的约束；制造业产能温和扩张叠加补库存需求，可部分对冲基础设施和房地产投资增速下行。综合来看，如果排除房地产的扰动因素，2017 年 GDP 增速与 2016 年大体相当，“L”型增长有望进入下半程。

（一）全球经济延续小幅回升态势

一是主要经济体经济增速有望共振回升。2010 年以来，全球经济增速持续下降，投资和贸易相对低迷。但从 2016 年下半年开始，主要经济体指标均有不同程度的改善，G20 制造业 PMI 加权值持续位于扩张区域，而且指数高于上年同期。其中，美国经济大体上接近潜在增长水平，接近充分就业水平，消费信心位于历史高位。欧元区核心经济体和日本制造业小幅改善，物价涨幅有所抬升。受印度经济增速不及预期、土耳其政局不稳等影响，2017 年新兴经济体反弹力度相对较弱，但随着短期冲击逐步消退，新兴经济体整体状况仍有可能好于上年。对 2017 年全球经济增长的预测，联合国、世界银行和国际货币基金组织分别较 2016 年提高了 0.5 个、0.4 个和 0.3 个百分点。

二是美元升值对新兴市场的冲击有望减弱。过去历次美元升值的经验表明，在升值进程的前半程，全球流动性收紧在边际上冲击效应最为明显，大宗商品价格显著下跌，一些外债高企、国际收支和财政收支缺口较大的经济体会受到明显波及，新兴经济体整体增速显著放缓，全球贸易和投资持续低迷。而在后半程，由于美元升值初期对资产负债表的冲击减弱，同时新兴经济体汇率前期大幅调整对贸易的积极影响逐步显现，大宗商品价格跌幅收窄甚至企稳回升，新兴经济体的经济和贸易增长有望恢复。而且，与 20 世纪 80 年代、90 年代不同，新兴经济体外汇储备更为充裕，汇率制度已有所改进，应对美元升值的能力有所提升。

2016年新兴经济体经济基本面大体企稳，大宗商品价格反弹，主要经济体下半年的出口形势都有所改善，表明美元升值可能已经进入下半程，与美元升值相对应的美元流动性收紧，对新兴市场的实质性冲击将小于上半程。

三是国际经济变局的潜在风险可能显现。其一，贸易保护主义冲击下的全球贸易变局正在显现。目前全球贸易出现一些积极变化，但特朗普（Donald Trump）新政带有明显的贸易保护主义和重商主义色彩，而且容易产生示范效应和连锁反应，全球经济和贸易复苏进程仍有可能出现一定反复。其二，流动性冲击下的全球金融市场变局初露端倪。目前美国经济已经基本达到充分就业，加之美国开启财政刺激计划和金融管制放松政策，全球资本向美国资本市场汇聚的可能性增大，特别是在全球通胀预期提升、货币政策收紧、资本流动性趋紧的背景下，资本跨境流动和流动性局部偏紧可能对全球金融市场产生冲击。其三，新一轮大选冲击下的欧盟经济变局风险增大。法国极右翼政党国民阵线主席勒庞（Marine Le Pen）鼓吹法国脱欧，德国民粹主义政党加快崛起，意大利“五星运动”主张脱欧公投，这些可能发生的“黑天鹅”事件，关系到欧洲经济稳定和欧盟未来发展趋势。

（二）我国经济运行有望保持稳定增长

一是固定资产投资增速小幅回落。从制造业投资看，2016年一度出现负增长，下半年有所反弹，特别是民间投资筑底回稳。根据工业化经济体的经验，高速增长阶段结束后的5～10年，制造业产能扩张速度大体上保持在年均5%左右的水平，按此推算，制造业投资有望小幅回升，由上年增长4.2%回升到5%～6%的水平。从基础设施投资看，水利、城市轨道交通、地下管廊、生态环境等领域将继续发力，基建增速有望保持在16%以上。从房地产投资看，受购房限制条件放宽和信贷放量的影响，2016年房地产投资增速冲高至6.9%，但同时新房销售面积也超过13亿平方米。根据居住条件、城镇化进程和购买力增长测算，基本上达到历史需求峰值，2017 年将逐步回归到接近长期趋势水平，预计房地产投资增长 2% 左右。

二是消费增速有所回调。2017 年，小排量汽车购置税优惠政策幅度降低，房地产限购和限贷力度升级，将对住行相关的消费产生一定冲击。近年来，居民消费增速一直高于 GDP 增速，但随着居民可支配收入增速降至人均 GDP 增速水平，消费增速将逐步收敛。与此同时，我国居民储蓄率较高，加之消费结构不断升级，新的消费模式和业态不断涌现，在一定程度上将延缓这一收敛过程，预计 2017 年消费增速会略有回落，总体保持稳定。

三是企业补充库存将对冲内需下行的部分压力。我国库存周期一般持续 3 年到 3 年半，上一轮库存周期是从 2012 年四季度到 2016 年三季度。从 2016 年四季度开始，规模以上工业企业库存水平开始回升。但随着下游终端需求增速回落，而上游供给随着 PPI 回升而逐步跟上，企业补库存的力度可能弱于以往。库存回补有利于对冲投资和消费回调对经济增速的影响，库存对 GDP 的贡献有望由负转正。

综合判断，2017 年世界经济将有所回升，但需高度关注“黑天鹅”事件可能带来的影响，特别是政治变局对经济运行的冲击。我国内需增速将会小幅放缓，企业补库存和外需改善将对冲内需下行的部分压力，经济运行总体有望保持稳定态势，2017 年我国经济有条件实现 6.5% 左右的增长，物价整体涨幅温和，CPI 涨幅预计在 2.4% 左右，就业保持基本稳定，全年城镇新增就业 1200 万人以上。

三、经济增长从“降速”向“提质”阶段过渡

自 2010 年以来，我国经济从高速增长向中高速增长阶段转换，已经持续了 6 年多。如果将这一轮调整过程分为上、下两个半程，那么上半程的主要特征是经济增速的持续回落，同时伴随着传统部门盈利能力的大幅下

降。而2016年出现的价格反弹、企业盈利水平回升和就业改善的积极变化，预示着我国经济调整可能已进入下半程，经济增速短期大幅下调的风险已经明显降低，“稳”的力量正在逐步增强，“L”型增长有望从“一竖”过渡到“一横”，经济调整从“降速”阶段转向“提质”阶段。这个阶段的主要任务是坚定不移推进供给侧结构性改革，着力提高经济增长的质量和效益，在保持经济运行基本稳定中有效防范和化解风险。

从国际经济周期看，经过金融危机后的8年调整，世界经济运行出现一些积极变化。一是通缩风险降低，通胀迹象开始显现。危机以来，通货紧缩是世界主要经济体面临的主要风险。自2016年下半年以来，美欧日等主要经济体CPI都有所回升，国债收益率都开始上扬。二是大宗商品市场逐步走稳。2016年下半年以来，石油价格在45～55美元之间窄幅波动，而且呈小幅上涨态势，工业原材料价格也逐步回升，为能源资源出口国经济回稳创造了条件。三是主要经济体的制造业都呈现回升态势，受此带动，美国、欧洲、日本以及新兴市场国家经济增长速度都略有好转。四是金融市场风险偏好有所提高。在美元升值一段时间后，对特朗普政策预期有所调整，美元升值势头有所放缓，国际资本对美元资产的集中配置出现调整，资金单向从新兴市场流出的压力有所减弱。

从国内中长期趋势看，经济增速进一步下行空间明显收窄。自2010年以来，我国经济增速持续下行调整，2016年经济增长6.7%，较2010年增幅下降3.9个百分点，经济增速降幅接近40%。从日本和韩国等国家的经验看，经济增长阶段由高速增长转为中速增长，经济增速降幅通常为40%左右。我国经济降幅已接近这一水平，进一步下降的空间明显收窄，已具备逐步企稳的条件。更重要的是，2016年我国经济的一些重要指标呈现企稳回升态势，特别是制造业、民间投资等市场力量主导的内生性指标触底回升，就业和企业效益指标改善，对经济企稳具有重要指示意义，我国经济有望开启相对平稳的中高速增长阶段，进入“L”型下半程。

目前，上行的动力和下行的压力尚处于一个弱平衡状态。要开启新的增长阶段，实现可持续的中高速增长，还需要创造以下四个方面条件。第一，制造业投资回稳。制造业投资特别是民间投资是经济企稳的基础，企业投资意愿还存在一定不确定性。第二，金融环境有所改善。当前，银行不良资产率虽略有下降，但非银行金融部门的风险仍在不断显露，化解金融风险的任务仍然艰巨。第三，企业补库存意愿增强。工业企业库存下降态势有所好转，但补库存意愿比较容易受外部环境影响，外部环境改善是企业持续增强补库存意愿的重要条件。第四，重点领域和关键环节改革取得实质性进展。改革的正向激励机制需要重建，国有企业、土地制度、金融等领域改革需要取得突破，一些制度性障碍需要清除。

2017 年的经济工作，需要坚持稳中求进的总基调，保持战略定力，深化结构性改革，培育壮大新动能，提升传统动能，为经济可持续稳定发展争取更多有利条件。在国际变局中做好自己的事情，优化政策组合，完善适应经济发展新常态的经济政策框架，打好稳增长、促改革、调结构、惠民生、防风险的组合拳，提升经济增长的质量和效益。实施更加积极有效的财政政策和稳健中性的货币政策，适度扩大总需求，继续深化供给侧结构性改革，加大国企、土地、金融、服务业等重点领域和关键环节改革的落实力度，有效缓释债务和资产泡沫风险，化解金融、房地产和实体经济之间的失衡，稳定市场和企业家信心，充分调动各方面的积极性，加快新旧动能转换和结构升级的步伐，为可持续的中高速增长奠定良好基础。

四、主要政策建议

（一）实施更加积极有效的财政政策和稳健中性的货币政策

积极有效的财政政策要在调结构上加力，继续实施地方政府债务置换，落实中央地方事权和支出责任划分改革，适当提高中央财政支出比例。着力盘活用好存量资金，加快清偿政府欠款。继续推进“营改增”，研究进一步降低增值税和企业所得税的可行性。加快清理各级政府收费项目，大幅度减少企业非税负担。加大公共服务的财政投入，避免将公共服务责任变相转嫁给企业。综合运用法定存款准备金、公开市场操作、短期流动性调节工具、常备和中期借贷便利等货币政策工具，保持货币市场流动性和实际利率稳定在合理水平，引导金融机构加强流动性和资产负债管理。此外，美元升值很可能进入后半程，应该抓住这一有利时机，进一步扩大人民币汇率弹性。

（二）有效稳定社会预期

加快落实对民间投资的有关政策，加强产权和知识产权保护，抓紧甄别和纠正一批社会反映强烈的产权纠纷申诉案件，依法纠正错案冤案，加快推进民法典编纂工作，提升企业家投资信心和资产安全感。着力稳定外资信心，保持对外商投资政策的连续性和稳定性，进一步放宽服务业、制造业、采矿业等领域外资准入限制，在政府采购、研发优惠政策等方面切实做到一视同仁，确保新出台的积极利用外资政策落到实处。密切关注美国等主要经济体减税和规制放宽对企业投资的影响，加快推进国企、土地、金融和服务业等重点领域和关键环节的改革措施落地，降低制度性交易成本，进一步改善企业营商环境。

（三）切实降低企业综合经营成本

深化金融改革，整顿金融秩序，切实消除对民营资本和中小企业的融资歧视，加大对实体经济的金融支持；进一步推进“放管服”改革，规范政府行为，避免政府干扰性执法和不当执法，切实降低企业制度性交易成本；加快社会保障筹资改革，尽快实现基础养老金的全国统筹；适时开征社会保障税，实现社会保障由收费向征税筹资转变；加快电力体制、能源体制改革，破除能源领域行政垄断和地方保护，加快新能源发展，降低能源成本；加强交通基础设施建设和互联互通，降低综合物流成本。

（四）完善促进房地产市场平稳健康发展的长效机制

密切关注房地产调控政策的实施效果，加强预期引导。坚持分类调控、因城施策，重点解决三、四线城市房地产库存过多问题，有效稳定一线和热点二线城市的房地产价格，用足一线城市及周边热点、部分涨幅较快的二线城市年度土地指标，优化供地结构，提高住宅用地比重，盘活闲置和低效用地，主要热点城市推行供地指标与人口流入挂钩政策。实现首付比例、实际利率与房价涨幅的联动，保持中性的住房金融条件。加强城市群、都市圈之间和内部的互联互通，完善公共服务供给方式和提升公共服务质量，促进人口和产业的合理布局。鼓励发展专业住房租赁企业，促进租房市场发展。

（五）着力提高农业综合效益

加快政策性粮食出库进程，促进粮食加工和转化，适度发展燃料乙醇，完善粮食补贴方式，多措并举加快粮食去库存，有效解决国内外粮食价格严重倒挂的问题。加快“三块地”试点经验总结，扩大试点范围。在自愿基础上，引导农民通过村组内互换并地等方式，实现按户连片耕种，解决“土地细碎化”问题。盘活农村集体建设用地存量，有序引导城市技术、人才和资金下乡，加快发展农村电商、农村物流体系，壮大新产业新业态。完善农产品生产环境、生产过程、仓储加工分销全过程的质量标准体系，引导农业生产方式的绿色化，提升农产品质量。以“一带一路”沿线及周边国家和地区为重点，支持农业企业开展跨国经营，充分利用国际国内两种资源。

（六）把防控金融风险放到更加重要的位置

扩大宏观审慎评估范围，全面排查金融风险隐患，强化对顺周期、跨行业和跨市场风险及风险传染的监测和处置。提高金融监管的协调性、穿透性和专业性，加强对债市、影子银行、地方债务、房地产、不良贷款等潜在风险点的排查。做好对跨境资本流动监测，加强对投机性资本流动的管制，增进与市场的专业沟通，合理引导市场对人民币汇率的预期。

（七）切实保障民生和维护社会稳定

妥善安置“去产能”过程中的分流职工，适当加大财政在下岗分流职工再就业培训和职工安置等方面的支出。加大对东北和部分困难省份养老保险的支持，积极推进全国基础养老金统筹。重视青年劳动力就业服务和创业创新指导服务工作，提高青年劳动力就业意愿和就业质量。完善当前就业和收入调查与信息发布制度，及时发布调查失业率、就业岗位净增减数等劳动力市场动态核心指标，加强劳动力市场的统计和预警。加强不同社会政策之间的协调，综合发挥失业保险、低保、扶贫、专项救助等多种社会政策的稳定作用。

执笔人：王一鸣　陈昌盛　许　伟　李承健

第二章

2017年我国经济运行环境和对策建议

2016年以来，我国经济运行发生积极变化，总体呈现企稳向好态势，全年实现6.7%的经济增长。2017年，世界经济缓慢复苏，但复苏进程仍有不确定性。我国经济处在由降转稳的关键时期，向中高速增长平台收敛趋势逐步形成，但矛盾和风险也在积累，呈现更加复杂的局面。从中长期看，我国经济调整转型中，各主要经济变量之间的关系发生深刻变化，既有的宏观调控思路也要做出与时俱进的调整和深化。要巩固经济企稳向好的态势，实现中高速增长，迈向中高端水平，必须保持宏观政策的连续性和稳定性，在深入推进供给侧结构性改革、适度扩大总需求、有效引导市场预期的基础上，加快资产、资本、资源层面的战略性重组，有效化解风险，提高资源配置效率，打开经济增长新空间。

一、2017年我国经济运行的国际环境

（一）全球经济缓慢复苏，但基本面仍然脆弱

2017年，全球经济增速小幅回升，据国际货币基金组织（IMF）预测，全年经济增速将回升到3.4%，高于2016年3.1%的水平。新兴市场和发展中国家经济状况改善是全球经济回升的主要动因，发达经济体增长

仍然乏力。美国就业增长和物价相对稳定，但经济增速回升持续低于预期，对全球经济的带动力减弱。特朗普新政的不确定性也将影响到全球贸易投资和资本市场的稳定性。欧元区核心国家经济有所改善，但整体增速仍相对疲弱，德、法等主要国家进入大选周期，结构性改革难有推进，加之难民问题和英国退欧的后续发酵，增大了复苏进程的不确定性。日本经济有所起色，但仍然难以改变持续低迷的状态。石油等大宗商品价格小幅温和回升，将有助于部分新兴经济体摆脱困境，缓解国际收支缺口和货币贬值压力，但受结构性改革迟滞影响，经济转好仍面临诸多挑战。

（二）低利率高负债脆弱性上升，货币政策空间收窄

国际金融危机后，主要发达经济体普遍采取量宽政策，债务水平高企，结构性改革缺乏实质性进展，矛盾和问题凸显。美联储加息预期正在强化，反映离岸美元流动性状况的 3 个月伦敦隔夜拆借利率已经超过 1.1%，为 2009 年二季度以来的最高水平，2017 年加息 3 次的可能性明显上升。欧元区和日本等经济体宽松货币政策基调未变，但空间明显收窄，欧元区正计划缩减资产购买规模，日本继续加大量化宽松政策力度的难度增大。总体上看，持续较长时期的低利率、高负债并存状况出现调整迹象。全球负利率国债总规模一度超过 13 万亿美元，主要资产价格都处在历史高位。历史上从未有过的超低利率一旦出现逆向调整，将带来全球资产重新定价和债务条件恶化，引发国际金融市场动荡和大规模跨境资本流动。

（三）全球贸易增长有望回稳，但难言乐观

贸易放缓与全球经济活动疲软、投资不振导致的资本品贸易萎缩密切相关。根据 IMF 测算，全球贸易低迷的原因 75% 左右可以用投资不振来解释。反过来，贸易持续低迷抑制企业扩大投资的意愿，进一步加剧全球经济不景气。20 世纪 70 年代以来，全球贸易和资本支出实际增速的相关性超过 0.92。当前，利率水平处于相对低位，扩大基础设施、新兴产业、人力资本投资对贸易和经济复苏至关重要。但由于发达经济体债务高企，财政扩张政策受限，新兴市场受制于经济治理机制不完善和企业债务水平高企，扩大投资面临诸多瓶颈。当前，全球价值链贸易增长仍在放缓，可大规模产业化的新技术尚未形成，新技术对设备投资拉动力不足，都对全球投资增长形成抑制。从趋势上看，2017 年全球贸易增速难以乐观，有可能延续已持续 5 年的贸易增长低于经济增长的态势。

（四）地缘政治动荡和经济周期叠加，经济问题政治化倾向更趋明显

国际金融危机后，全球收入差距扩大加剧，最富裕的 1% 人口掌握着全球一半以上的财富。经济不平衡发展、地缘政治动荡等因素，引发全球性难民危机。根据联合国难民署报告，2015 年底全球难民数量达到 6530 万人，首次突破 6000 万人，全球每 113 人就有 1 人流离失所。难民大规模迁徙给接收国带来巨大的经济负担，引发严重的社会矛盾和政治冲突，民粹主义、保守主义、极右势力和反移民思潮抬头。欧美发达国家借助国内制造业岗位流失、贸易倾销等议题，设置新的贸易投资障碍，保护主义大行其道。2016 年 G20 国家间贸易保护水平已升至金融危机以来最高水平，平均每周有 5 个左右的贸易保护措施出台，资本、商品和人员流动面临更多壁垒，全球化进入“刹车状态”。全球收入差距扩大、反移民倾向加剧、逆全球化思潮抬头，使全球经济政治化倾向趋于明显，给艰难复苏的全球经济蒙上阴影。

二、我国经济新常态的特征更加明显

本轮经济调整已持续 6 年多时间，各主要经济变量之间的关系发生深刻复杂变化，新老矛盾叠加、新旧动力交织、内外风险集聚，使经济运行呈现更加复杂的局面。

（一）从稳增长与调结构的关系看，投资和工业对经济增长的贡献减弱，消费和服务业贡献提高

我国投资增速已连续7年回落，工业增速回落时间也已持续6年，投资和工业对经济增长的贡献逐步减弱。2014年投资率达到45.4%的高点后开始下降，工业占GDP比重在2006年达到历史高点后震荡下行。根据追赶型经济体的经验，进入中高速增长阶段后，投资率和工业比重将难以回到过去的高水平。与此同时，消费和服务业的贡献相应上升。2015年，消费对GDP增长的贡献达到59.7%，高出投资贡献18.1个百分点，2016年消费贡献进一步增至64.6%。消费贡献上升是在近年来社会消费品零售额实际增速持续下降的情况下出现的，说明投资增速下降的幅度更大。投资与消费、工业与服务业相互间关系的变化，既是经济增长阶段性变化的外在表现，也表明调结构、转方式取得了积极进展；既是主动作为的结果，也有投资、工业动能减弱的被动因素。从稳增长与调结构的关系看，宏观调控要更加重视提高投资效率，更加重视挖掘消费潜力和推进服务业的转型升级。

（二）从新旧动力关系看，新动力在加快成长，但旧动力"唱主角"的格局没有改变

新常态下，我国经济发展新动力成长加快。服务业增速连续4年超过第二产业，社会消费品零售总额增速连续2年超过固定资产投资增速，服务业和消费成为拉动经济增长的主要动力。新技术、新产品、新业态、新模式不断兴起，2016年新能源汽车、工业机器人、集成电路分别增长40.0%、30.4%和21.2%；实物商品网上零售同比增长25.6%，占社会消费品零售总额比重上升至12.6%；国庆黄金周旅游规模达到5.93亿人次，同比增长12.7%。但与此同时，新动力规模总体偏小，还无法完全对冲旧动力消退的影响，经济增速企稳短期内还难以摆脱对旧动力的依赖，特别是对房地产和基础设施投资的依赖，前三季度房地产和基础设施投资占全社会投资比重超过48%，为2010年以来的同期最高点。从新旧动力关系看，宏观调控要更加注重为旧动力引入新机制，让新动力打开新空间，形成新旧动力有序接续、协同拉动的新局面。

（三）从实体与金融的关系看，企业利润有所改善，但资金“脱实向虚”的状况仍难改变

2016年，规模以上工业企业利润同比增长8.5%，较上年明显改善。但从实体经济整体看，收益率仍然偏低。过去几年，投资边际收益率持续下降，2015年增量资本产出比已升至6.7倍，2016年还将继续上升。2015年全部A股上市公司中金融和地产类公司税前利润占比为64.7%。在实体经济收益尚未根本改善的情况下，新增信贷中用于支持实体经济投资的比例难有提高，资金“脱实向虚”态势仍难改变。值得关注的是，随着房地产信贷受到抑制，金融监管力度加大，流向房地产的资金有可能向其他虚拟经济领域集聚。从实体与金融的关系看，宏观调控要更加注重打通资金流向实体经济的渠道，抑制资产价格泡沫，回归金融服务实体经济的本质。

（四）从防风险与促改革的关系看，金融领域风险逐步显现，有效防范风险根本上在于深化改革

2015年以来，股市、汇市、债市、房市轮番大幅调整，杠杆上升和风险聚集的局面尚未得到根本扭转。2016年四季度，商业银行不良贷款率1.7%，较三季度下降0.02个百分点，是连续上升4年半之后的首次下降。但不良贷款额持续攀升，增至1.51万亿元，拨备覆盖率为176%，总体延续逐年下降的态势，银行风险缓释能力有所下降。前10个月，债务违约事件达到48起，范围也逐步从民营企业扩展到国有企业。随着房地产调控力度加大，房地产开发企业资金回笼速度放缓，债务条件有可能恶化。风险集聚和潜在风险显性化，从根本上说是改革滞后造成的。十八届三中全会以来，各项改革全面启动，但改革不落地、落实不到位的问题还比较突出，一些领域改革进展缓慢。从防风险与促改革的关系看，加大改革力度、推进改革举措落地生根，是有效防范和化解风险的根本途径。

（五）从宏观调控与预期管理的关系看，市场预期管理的重要性明显上升，增强预期管理能力更加紧迫

随着经济市场化进程不断深化，市场主体日趋多元，对政策信号更趋敏感，加之国内市场与国际市场交互作用不断增强，宏观政策的外溢效应明显增大，对市场预期管理的要求越来越高，而政府部门还习惯于发文件、下指令，与市场主体沟通不畅、交流不够。尤其是在经济转型期，经济结构出现重大变化，房市、股市、汇市、债市都可能出现大幅波动并相互交叉传导，市场预期更加脆弱，如果引导不当，就会导致市场预期混乱甚至引发恐慌，并有可能触发金融领域风险。从宏观调控与预期管理的关系看，宏观调控要更加注重与市场主体的沟通交流，提高政策透明度，增强在复杂局面下引导预期、管控风险的能力。

三、对2017年经济工作思路的探讨

2017年将召开党的十九大，做好全年的经济工作十分重要。要全面贯彻落实党的十八大和十八届三中、四中、五中、六中全会精神，深入学习贯彻习近平总书记系列重要讲话精神，全面贯彻落实创新、协调、绿色、开放、共享的发展理念，坚持稳中求进的工作总基调，适度扩大总需求，继续实施积极的财政政策和稳健的货币政策，保持经济运行在合理区间；深入推进供给侧结构性改革，继续推进“去产能、去库存、去杠杆、降成本、补短板”，加快推进资产、资本、资源层面的战略性重组，以改革创新培育发展新动能；积极引导市场预期，有效防范和化解风险，努力实现

全年经济社会发展的预期目标。

加快推进资产、资本、资源层面的战略性重组，是深入推进供给侧改革的重要途径，有利于推进结构调整和动力转换。面对结构性矛盾不断显现、新老风险错综交织的复杂局面，再依靠拉高经济增速化解存量矛盾、用扩大经济增量对冲存量风险的办法已难以完全奏效，要求在调整存量、做大增量和体制机制创新方面加大力度，启动资产、资本和资源层面的“战略性重组”，探索打开经济增长新空间、确立中高速增长平台的新路径。

资产层面的战略性重组，主要是推进企业层面的资产和债务重组，有效盘活存量资产，提高资产配置效率。通过加快企业资产重组和银行不良债务处置，有效隔离和有序释放风险，盘活被低效利用或沉淀锁定的资产。与上一轮的政策性债务重组不同，本轮资产重组更加强调用市场化、法治化的手段，更加强调发挥各类资产管理公司、产业基金等市场化机构和资本市场的作用，更加注重企业兼并重组，优化债务结构，化解过剩产能，实现资产优化配置。

资本层面的战略性重组，主要是推动资本在不同产业、不同行业、不同部门的优化配置，培育发展新动力，提高资本配置效率。扩大服务业、基础产业和垄断领域的开放，吸引更多社会资本进入，促进有效竞争，提高投资效率。建立政府和社会资本合作的产业投资引导基金，投资新技术、新产业、新业态、新服务等新经济领域，推动产业转型升级。组建国有资本投资运营公司，推进国有资本布局战略性调整，促进国有资本优化布局。

资源层面的战略性重组，主要是加快生产要素市场化改革，促进要素自由流动，提高要素配置效率。我国商品市场化水平已经较高，但生产要素市场化改革明显滞后，必须加快土地、资金、劳动力等生产要素市场化改革，清除阻碍生产要素流动的体制性障碍，促进生产要素优化配置，为资产、资本层面的战略性重组，创造有效的市场化配置机制。

四、主要政策建议

（一）继续实施积极财政政策和稳健货币政策

2017年积极财政政策要更加注重在调结构上发挥作用。继续实施地方政府债务置换，适当加大专项建设债券发行规模，可考虑发行特别国债支持“战略性重组”。落实中央地方事权和支出责任划分改革，适当提高中央财政支出比例。调整中央和地方债务结构，适当增加中央负债比例。加大对东北和部分困难省份养老保险的支持，积极推进全国基础养老金统筹。着力盘活用好存量资金，加快清偿政府欠款。继续做好“营改增”后续工作，推进房地产税、消费税等作为地方主体税种的试点。

2017年稳健货币政策要更加注重防范风险和守住底线。综合运用法定存款准备金、公开市场操作、短期流动性调节工具、常备和中期借贷便利等货币政策工具，保持货币市场的适度流动性，引导商业银行加强流动性和资产负债管理。全面排查金融风险隐患，强化对顺周期、跨行业和跨市场风险及风险传染的监测和处置，做好民间融资风险处置工作。完善宏观审慎管理框架，强化底线思维，组织实施对房地产、跨境资本流动的宏观审慎评估，牢牢守住不发生区域性系统性金融风险底线。

（二）推进重点领域和关键环节改革落地

继续深化“放管服”改革，再取消一批“含金量高”的审批事项，增强审批权限下放的部门间协调，规范中介机构的服务行为，应用大数据、互联网等技术提高事中事后监管能力。加快国有企业改革落地步伐，加快推进国有资本运营公司试点和第二批国有资本投资公司试点，实施混合所有制改革试点和混合所有制员工持股试点，加快“僵尸企业”退出，对发展前景良好但暂时遇到困难的国有企业开展市场化债转股。继续深化投融资、价格、电力、油气、铁路、生态等领域的改革。加快推进中美、中欧投资协定谈判，扩大服务业开放准入。修订出台新版“外商投资产业指导目录”，研究完善促进加工贸易向中西部转移的差异化政策。给予地方基层更大的改革创新试验权，充分调动各方面参与改革的积极性、主动性和创造性。

（三）着力推进战略性重组

在资产的战略性重组层面，加大银行税前核销力度，鼓励银行采取债务重组、贷款重组、不良资产证券化等方式化解不良贷款，探索市场化债转股、不良资产转让市场的制度建设；通过国家和地方资产管理公司，按照市场化原则对过剩产能企业实施债务重组，有效化解过剩产能和促进企业转型升级。在资本的战略性重组层面，加快服务业领域和基础领域的开放，放宽社会资本准入限制，不断完善政府和社会资本合作机制，吸引更多民间资本进入；新组建一批国有资本投资运营公司，促进国有资本布局调整，提高国有资本效率。在资源的战略性重组层面，加快农村“三块地”改革，促进城乡土地市场统一；加快推进利率、汇率市场化形成机制改革，发展多层次资本市场；深化户籍制度改革，提高社会保障统筹层次，增强劳动力市场灵活性。

（四）继续有力有效推进“去产能”

继续坚定不移推进“去产能”工作，确保 2017 年阶段性目标任务切实得到落实。严格限制地方新上钢铁、煤炭项目，对违规新上的过剩产能项目严肃追责。鼓励地方设立破产清算法院，建立债务和资产清算的快速通道。对能够正常经营、产品市场前景较好，而资金链遇到困难的企业，采取债转股、引入战略投资者、推进混合所有制改革等方式，实现债务重组，帮助企业渡过难关。

（五）促进房地产市场平稳运行

继续坚持分类指导、分城施策，对一线城市及部分热点二线城市，增加住宅建设用地供给，并向社会公开年度住宅用地供地计划，避免“挤牙膏、抬地价”行为。主要热点城市推行首付比例与房价涨幅联动。严格控制“首付贷”等变相绕开限购限贷措施的金融产品，加大对购房资格的审核力度。进一步提高棚改货币化安置比重，加快三、四线城市房地产库存消化。鼓励发展专业住房租赁企业，促进住房租赁市场发展。

（六）培育增长新动力

继续完善营商环境，推动大众创业、万众创新，激发民间投资活力和创业热情。深入实施创新驱动战略，加大对智能装备、高端装备、绿色环保设备、核心主机和零部件制造的支持力度，推进信息技术与制造技术深度融合，培育制造业竞争新优势。进一步加大服务业开放力度，放宽社会资本在医疗、教育、金融、交通和通信行业的准入。扩大无线宽带网络覆盖范围，加快5G通信的商业应用，深入推进移动互联、大数据和云计算等产业的发展。加快城际间轨道交通建设，构建内联外通的现代物流网络。完善水利基础设施网络，继续推进江河湖海堤防加固、河道治理、控制性枢纽和蓄滞洪区建设，加快城市防涝工程建设。加大农村宽带普及、垃圾集中处理、水网电网改造、危房改造等投入，改善农村人居环境。加快“一带一路”建设，推进国际产能和装备制造合作。

（七）积极化解粮食库存

采取“以粮代补”的临时性措施，加快消化2014年及以前的陈化粮。根据企业竞购加工粮食数量，采取“买一吨补一吨”的办法，加快政策性粮食出库进程。加强对粮食出库、中转、加工全程监管，防止虚购虚销，防止改变用途，防止不符合食品安全标准的粮食进入口粮市场，防止低品质粮食进入饲料市场。财政、审计会同农业、粮食部门尽快核算国家政策性粮食储备亏损程度，变潜亏为明亏，对去库存不力造成严重损失的部门严肃追责。促进粮食加工和转化，适度发展燃料乙醇，直接消耗人畜都不能食用的“问题”粮食。设立粮食加工企业专项贷款，解决粮食加工企业普遍存在的短期流动资金不足问题，提高企业开工率。加大退耕还湖、还林、还草的力度。完善粮食补贴方式，缓解粮食高库存、粮价低迷对农民收入不利影响。

（八）切实保障改善民生

妥善安置“去产能”过程中的分流职工，适当加大财政在下岗分流职工再就业培训和职工安置等方面的支出。通过加大中央对地方转移支付力度、出让省及以下国有资产等措施，多渠道筹集资金弥补部分省市出现的养老金缺口，保证养老金的按时足额发放，加快推进基础养老金全国统筹。重视青年劳动力就业服务和创业创新指导服务工作，提高青年劳动力就业意愿和就业质量。完善就业、收入调查和信息发布制度，及时发布调查失业率、就业岗位净增减数、企业薪酬状况等劳动力市场动态核心指标，加强劳动力市场的统计和预警。加强不同社会政策之间的协调，综合发挥失业保险、低保、扶贫、专项救助等多种社会政策保民生的作用。

执笔人：王一鸣　陈昌盛　陈道富　许　伟　许召元
吕　刚　刘卫民　李承健　伍振军　朱鸿鸣

第三章

以稳中求进巩固经济趋稳向好基本面

2016 年末召开的中央经济工作会议强调要坚持稳中求进的工作总基调，并将之上升为治国理政的重要原则和做好经济工作的方法论。坚持稳中求进工作总基调，体现了以习近平同志为核心的党中央在复杂局面下驾驭经济发展的理念和方法创新。贯彻稳中求进工作总基调，认识“稳”的方向和重点，把握“进”的领域和任务，在把握好度的前提下奋发有为，是巩固经济趋稳向好基本面、开创发展新局面的基本要求。

一、充分认识贯彻稳中求进工作总基调的重要意义

2017 年是实施“十三五”规划的重要一年和推进供给侧结构性改革的深化之年，还将召开党的十九大。贯彻稳中求进工作总基调，对于应对复杂变化的内外部环境、更好适应和引领经济发展新常态、深入推进供给侧结构性改革等，都具有特别重要的意义。

稳中求进才能从容不迫应对内外部环境的复杂变化。从外部看，世界经济深度调整，国际政治环境复杂变化对经济的影响增大。美国新政府上台后内外政策加快调整，德、法等主要国家进入大选周期，加之难民事件和英国脱欧的后续发酵，增大了全球经济复苏进程的不确定性。美联储利率调整的外溢效应将继续影响国际金融市场，持续多年的低利率如果出现

逆向调整还可能引发大规模跨境资本流动。从国内看，2016 年我国经济缓中趋稳、稳中向好，经济运行保持在合理区间，质量和效益提高，服务业占比上升，消费对经济增长的贡献提高，创新的支撑作用增强，经济由降转稳的条件逐步具备。但也应看到，经济增长内生动力仍然不足，中低端产能过剩和需求结构升级矛盾突出，金融风险有所积聚，部分地区困难增多。在这种情况下，最需要的就是保持战略定力，坚定信心，从容不迫应对内外部环境的复杂变化，保持宏观经济政策稳定性和连续性，增强针对性和有效性，稳定经济运行大局，稳定市场主体预期，避免经济出现大的波动，促进经济筑底企稳，促进经济平稳健康发展和社会和谐稳定。

稳中求进才能持之以恒适应和引领经济发展新常态。我国经济发展进入新常态，在增速换挡过程中实现结构调整和动力转换将是一个艰难复杂的过程，不可能一蹴而就。2008 年国际金融危机爆发后，世界经济进入长周期调整阶段，目前仍处在深度调整中，短期内难以摆脱低增长困境。我国经济在经过多年快速增长后，主要经济变量关系发生深刻变化，新常态的特征更加明显，投资和工业对经济增长的贡献减弱，消费和服务业的贡献提高。新动力加快成长，但规模总体偏小，旧动力“唱主角”的格局尚未改变，新旧动力接续将是一个长期过程。在这个阶段，工作重心要从拼速度转向提质量、从铺摊子转向上台阶、从要素驱动转向创新驱动。因此，要转变急于求成的思想观念和操之过急的工作方法，发扬钉钉子精神，一步一个脚印向前迈进。

稳中求进才能坚定不移推进供给侧结构性改革。当前，我国经济运行出现的问题，虽然有周期性、总量性因素，但根源是重大结构性失衡。这主要表现为供需结构失衡，供给结构不适应需求结构向高端化、个性化、服务化升级趋势，形成无效供给过多和有效需求难以得到满足的局面。与此同时，在实体经济盈利能力下降的情况下，资金“脱实向虚”，大量涌入房地产领域，或者在金融领域内循环，增大了资产泡沫和风险隐患。经济结构性失衡的根本原因是体制机制性问题，因而要从供给侧、结构性改革上找出路、想办法，通过深化改革健全要素市场，增强价格机制引导资源配置的作用，实现供需在更高水平上的新平衡。这既需要勇气和决心，更需要耐心和耐力。要坚持不懈、久久为功，在实践中不断探索和创新，坚决避免简单使用行政手段或做表面文章，真正达到提升供给体系质量、提高供给结构对需求结构适应性的目的。

二、“稳”的重点：稳政策、稳环境、稳预期、守底线

稳中求进，稳是主基调，稳是大局。只有稳，才能更好地进。“稳”的重点是稳定宏观经济政策，稳定经济运行环境，稳定市场主体预期，做好社会托底工作。

保持宏观经济政策稳定性连续性。保持宏观经济政策稳定性连续性，是稳定经济运行环境和市场主体预期的重要条件。要继续实施积极的财政政策和稳健的货币政策，适度扩大总需求，促进经济持续稳定增长，避免大的波动，为供给侧结构性改革和防控金融风险创造良好的宏观环境。财政政策要更加积极有效，预算安排要适应推进供给侧结构性改革、降低企业税费负担、保障民生兜底的需要。这就需要强化财政资金统筹、优化支出结构，继续落实和完善“营改增”等政策，进一步推进减税降费，并加大对社会民生和生态环境建设的投入。货币政策要保持稳健中性，适应货币供应方式新变化，调节好货币供应量，既保持流动性基本稳定，又避免杠杆率过快上升。特别是注重畅通货币政策传导渠道和机制，引导金融机构加大对实体经济的支持，降低实体经济融资成本，增强实体经济活力和竞争力。

保持经济运行环境稳定。在结构调整和动力转换期，主要经济变量关系将继续调整变化，这些变化会折射到房市、股市、债市、汇市，市场波动性有可能增大并相互传导。因而，应把防控金融风险放到更加重要的位置，坚持疏堵结合，把握好力度、节奏，在保持经济和金融总体稳定的前

提下，下决心处置一批风险点，着力防控资产泡沫。应完善宏观审慎管理框架，加强和改进监管能力，强化底线思维，加强重点领域风险排查，避免风险积累和扩散，确保不发生系统性金融风险。在人民币汇率方面，面对外部环境的明显变化，应在增强汇率弹性的同时，保持汇率在合理均衡水平上基本稳定。

有效稳定市场预期。随着社会主义市场经济不断发展，市场主体对政策信号更加敏感，管理市场预期的重要性明显上升，增强预期管理能力更加紧迫，管理预期已成为宏观调控的重要内容。能否稳定预期，取决于宏观政策稳定性，因而要提高政策透明度，加强同市场主体的沟通。能否稳定预期，还取决于社会对经济发展的信心，因而要用重大改革举措落地增强市场主体信心；坚持基本经济制度，坚持社会主义市场经济改革方向，坚持扩大开放，加强产权保护，维护法治环境，稳定民营企业家信心。

保持社会和谐稳定。在产业结构加快调整、经济结构发生重大变化的时期，部分社会群体会受到影响。比如，“去产能”会涉及一些职工转岗下岗，一些群体收入增长会放慢。在这种情况下，保持社会和谐稳定就显得尤为重要。要按照守住底线、突出重点、完善制度、引导舆论的思路，深入细致地做好社会托底工作。全力做好就业托底工作，拓宽“去产能”职工多元化安置渠道；扎实做好社保托底工作，通过财政政策工具和完善社会保障制度，加强对特定人群特殊困难的扶持，织牢社会安全网。

三、“进”的任务：在关键领域取得实质性进展

稳中求进，不是无所作为，而是要在稳的前提下在关键领域有所进取，在把握好度的前提下奋发有为。“进”主要体现在“三去一降一补”要有实质性进展，农业供给侧结构性改革和关键领域改革要有新突破，振兴实体经济要有新举措，创新驱动发展要开创新局面。

深入推进“三去一降一补”。2017 年，供给侧结构性改革重点推进

“三去一降一补”五大任务，提振了市场预期和信心，大宗商品价格回升，工业品价格在连续 54 个月负增长后由负转正，工业企业利润状况持续改善，部分行业供求关系改善，政府和企业的理念和行为发生了积极变化。与此同时，供给侧结构性改革进展仍不平衡，还面临许多体制性机制性问题。2017 年是供给侧结构性改革深化之年，“三去一降一补”要进一步突出重点，增强契合度和协同性，努力取得实质性进展。

“去产能”要与建立过剩产能市场化出清机制结合起来。以钢铁、煤炭行业为重点，以处置“僵尸企业”为突破口，通过严格执行环保、能耗、质量、安全等相关法律法规和标准，推动企业兼并重组，妥善处置企业债务，盘活沉淀的土地、厂房、设备等各种资源。防止已经化解的过剩产能死灰复燃，同时按照市场化法治化原则做好其他产能严重过剩行业的“去产能”工作。

“去库存”要以化解三、四线城市房地产库存为重点。坚持分类调控、因城施策，通过推进人的城镇化减少房地产库存，继续提高棚改货币化安置比例，提高三、四线城市教育、医疗等公共服务水平，鼓励农业转移人口购买三、四线城市商品房。在人口净流出地区，要控制房地产用地供应量。

“去杠杆”要把降低企业杠杆率作为重中之重。按照市场化法治化原则，有序推进资产重组和债务处置，开展市场化债转股，更多发挥国家和地方资产管理公司作用，建立不良资产交易平台，推进不良资产证券化试点，设立快速清算通道，提高资产处置效率。同时，分阶段有序控制总杠杆率，先控制杠杆率增速，再稳定杠杆率水平并优化杠杆结构，最后达到降低总杠杆率的目的。

“降成本”要着力降低制度性交易成本。深入推进“放管服”改革，减少审批事项，在降低显性门槛后进一步消除隐性障碍，优化政府服务，提高办事效率，放开中介服务市场，降低各类中介评估费用和服务收费，降低企业用能成本和物流成本，提高劳动力市场灵活性。建立新型激励机制，强化对干部的有效激励，提高为市场主体提供服务的效率。

“补短板”重在补软件短板和制度性短板。随着基础设施等硬件明显改善，创新能力、人力资本、征信体系、市场监管和服务等软件不足的矛盾更加突出，对经济社会发展的制约明显强化，这就迫切要求补齐软件短板和制度性短板。与此同时，事关人民群众生活的脱贫攻坚、社会保障体系建设也需要加快推进。要优化财政支出结构和投资结构，集中力量攻克薄弱环节，增加改善民生和生态环境的投入，增强人民群众的获得感。

深入推进农业供给侧结构性改革。当前，我国农业发展面临新形势，粮食产量持续增长，库存压力不断增大；但是绿色优质农产品供给不足，种植结构调整滞后，农民增收难度加大，推进农业供给侧结构性改革已势在必行。要加快农业供给结构调整，把增加绿色优质农产品供给放在突出位置，抓好农产品标准化生产、品牌创建、质量安全监管。积极稳妥推进粮食等重要农产品价格形成机制和收储制度改革，继续抓好玉米收储制度改革，完善稻谷小麦最低收购价政策。做好政策性粮食库存消化工作，推进农产品精深加工和转化。通过细化和落实承包土地“三权分置”办法，培育新型农业经营主体和服务主体，推动农业结构调整，培育新型职业农民。统筹推进农村土地征收、集体经营性建设用地入市、宅基地制度改革试点，深化农村产权制度改革，赋予农民更加充分的财产权利。促进农村一二三产业融合发展和农业提质增效，多措并举稳定增加农民收入。

大力振兴实体经济。实体经济是强国富民的根基，也是我国参与国际竞争的优势所在。近年来，随着生产要素成本上升和国内外市场需求变化，加之产业转型升级滞后，传统产业盈利水平下降，实体经济投资回报率降低，出现了资金“脱实向虚”现象。供给侧结构性改革要将振兴实体经济作为主要任务，坚持以提高质量和效益为中心，着力提高核心竞争力，做实、做优、做强实体经济。做实实体经济，就要壮大实体经济规模，增强产业竞争力。做优实体经济，就要适应市场需求变化，推进产品更新换代，提高产品质量和工艺水平，增加高品质产品供给。做强实体经济，就要增强创新能力，促进从加工组装向以研发为基础的制造转型。发展实体经济既要发挥大企业的骨干作用，又要发挥量大面广的中小微企业的作用，通过放宽市场准入、改善要素配置条件，为中小微企业营造公平竞争环境。

更好发挥改革牵引作用。党的十八届三中全会以来，全面深化改革实现战略性展开，取得重大进展。下一步，要按照统筹推进、重点突破的要求加快改革步伐，深入推进“四梁八柱”性改革。一是深化国企国资改革。进一步推进混合所有制改革，在电力、石油、天然气、铁路、民航、电信、军工等领域迈出实质性步伐。完善国有资产管理体制，从以管企业为主向以管资本为主转型，加快推动国有资本投资、运营公司改革试点。二是加强产权保护制度建设。有恒产者有恒心。产权制度是社会主义市场经济的基石。要依法保护各种所有制经济组织和公民财产权，增强人民群众财产财富安全感。妥善处理历史形成的产权案件，坚持有错必纠，甄别纠正一批侵害企业产权的错案冤案，让市场主体形成良好预期，增强企业家信心。三是稳妥推进财税和金融体制改革，加快制定中央和地方收入划分总体方案，逐步健全地方税体系；深入研究并积极稳妥推进金融监管体制改革，深化多层次资本市场体系改革，完善国有商业银行治理结构，有序推动民营银行发展。四是健全社会保障体系，加快推进养老保险制度改革，扩大覆盖面，提高保障能力。

开创创新驱动发展新局面。我国经济发展进入新常态，要素对经济发展的驱动力减弱，迫切要求将发展动力转换到创新驱动上，核心就是提高劳动生产率和全要素生产率。当前，以物联网、大数据、云计算、新能源、新材料、基因技术、智能机器人等为主要内容的新一轮技术革命正在孕育发展，建立在这些新技术基础上的新产业、新业态、新服务、新模式不断兴起，为我国经济发展动力转换带来新机遇。实施创新驱动发展战略，既要推动战略性新兴产业、高技术产业、装备制造业加快发展，又要加快改造提升传统产业；既要加快培育新产业、新业态、新服务等新动力，开拓经济发展新空间，又要着力在传统产业引入新技术、新机制、新模式，形成新旧动力有序接续、协同推动经济发展的新局面。

执笔人：王一鸣

第四章

经济阶段性企稳的条件、展望和政策取向

在增速持续下行调整6年多后，我国经济转型进入一个新旧动能转换、新旧产业融合、新旧格局交替的关键阶段，经济运行呈现出一些带有中长期意义的转折性变化，经济企稳的迹象增多。但要实现可持续的中高速增长，还需满足企业投资意愿回升、金融资产质量改善、关键环节改革取得重大进展等前提条件。在国内经济转型尚未完成、国际政治经济不确定性上升的背景下，应坚持稳中求进的总基调，做好自己的事情，优化政策组合，完善适应经济发展新常态的经济政策框架，打好“宏观调控+改革深化+防风险”组合拳，进一步提升经济增长的质量和效益。

一、经济增长阶段性企稳的迹象增多

我国经济当前正处在重要的转折点，无论从宏观经济增长速度，还是从企业效益、技术进步、区域布局和国际分工调整等微观角度看，都出现一些产业周期更替、增长阶段转换的积极苗头，经济转型正在降速转向提质。

（一）经济增速降幅收窄，增长质量持续改善

2016年GDP增长6.7%，较上年下跌0.2个百分点，增速降幅呈现逐

年收窄的态势。同时，发电量、粗钢产量、集成电路产量、汽车和房地产销售等重要的实物量增速较2015年均有不同程度改善。更为重要的是，在此过程中出现了一些具有中长期指示意义的变化。一是PPI同比回正。2016年9月，工业部门尤其是上游能源和原材料部门产能过剩和库存挤压的问题有所缓解，PPI结束了长达54个月的调整。二是企业效益由降转升。受产品和服务价格回升的提振，2016年规模以上工业企业利润同比增长8.5%，增幅较上年同期增加10.8个百分点（图1）。三是就业保持稳定。尽管增速有所回落，但失业率不升反降，而且前三季度完成了全年目标。这些变化说明，在经过长达6年多的下行调整之后，我国经济供求不匹配失衡的状况有所缓解，增长质量和效益不断改善，增速快落的风险降低。

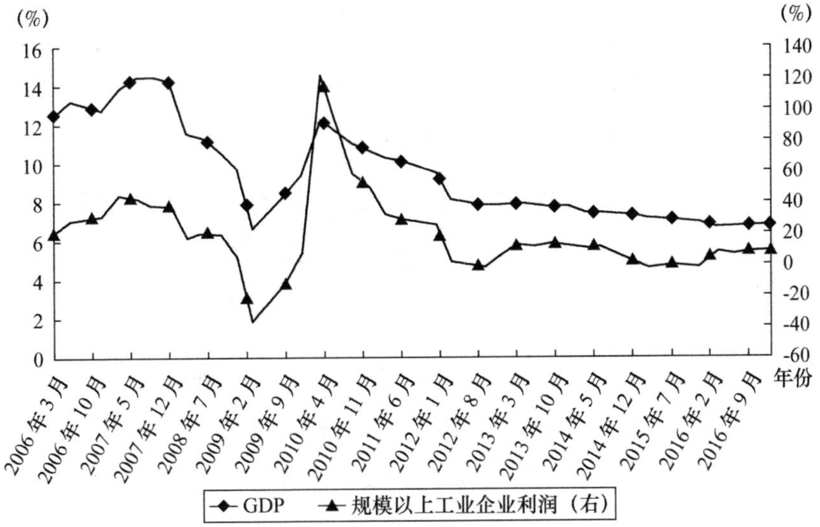

图1　GDP和企业利润增长

资料来源：万德资讯，作者计算。

（二）传统领域调整取得进展，行业内部明显分化

房地产和汽车消费快速升级，出口份额迅速提升，同时带动了基础设施和制造业投资、工业产品产量较快增长，是2002年以来高速增长的主动

力。2010年以住行、出口为代表的终端需求增速显著回落，但随着调整的深入，进一步下降的空间明显收窄。2016年房地产新房销售面积超过13亿平方米（约1300万套），基本上已经达到历史需求峰值，未来的销售和投资可能会从高位逐步回落。2016年，受汽车购置税下调的影响，汽车销售明显回升，2017年不排除出现负增长的可能性。出口跌幅逐步收窄，出口量增速总体上与全球平均增速相当。采矿业、水泥、钢铁和有色等重化工业盈利有所恢复，制造业产能投资增速由降转升。与过去几轮周期性回升不同，这一轮盈利的回升，伴随着明显的内部分化，并购重组步伐加快，传统产业集中度持续上升。

（三）新技术、新模式和新服务不断涌现，部分领域既有竞争格局正在被颠覆

我国正凭借前期的技术能力和资本积累，加上大规模多层次的市场应用优势，在一些新兴领域缩小了与前沿国家的差距，有的甚至领先。截至2016年12月，我国网民规模达7.31亿人，互联网普及率达到53.2%，超过全球平均水平3.1个百分点，超过亚洲平均水平7.6个百分点。2016年，全球前十大互联网公司当中，我国企业占据四席，而日本和欧洲地区则一家也没有入围。大数据、云计算、机器人、新能源汽车、移动支付等新兴产业迅速成长，量子通信、虚拟现实、超级计算机、卫星遥感等一批具有广阔应用前景的新技术不断涌现，电子商务、共享经济等新模式蓬勃发展。与此同时，从消费互联网向产业互联网升级，从单个企业流程再造到供应链和产业生态重构，从传统的加工制造到打破传统企业边界实现自组织和平台化整合，从企业内部信息交互到数字化改造、互联网+、线上线下互动，新兴产业尤其是信息技术与传统行业融合日渐深入，积极向信息化、智能化、数字化、定制化方向转型的企业越来越具有颠覆性。2016年年底，腾讯市值超过了工行和中石油。

（四）产业空间布局调整加快，中高端要素聚集特征更加明显

经济整体从高速增长向中速增长转换的过程当中，市场化程度高、产业调整快的地区增长态势较好，依赖重化工业和资源型行业的地区增长比较困难，地区分化特征更加凸显。从创新资源分布看，区域差距更为显著。能够反映创新活跃度的私募股权和风险投资，北上广江浙占到全国投资总额的 80% 以上。深圳更是成为全球少数几个创新中心之一，PCT 国际专利申请量占全国总量的一半以上。新兴产业尤其是高端的生产性服务业地域集中特征相对明显。以大数据相关工作岗位为例，在智联、51Job 和猎聘网上面，前十大城市无论是发布岗位需求数量还是相关企业数量，比重都超过了 80% 左右。从大数据相关岗位工作地看，北京、广东、上海三地高度密集，遥遥领先于其他地区。随着交通和信息基础设施的不断完善，中高级生产要素的聚集态势将更加明显。

（五）我国在国际产业分工的地位持续提升

近年来，我国贸易和投资结构发生重大变化。其中，加工贸易比重下降，一般贸易比重上升。2016 年，我国出口加工贸易占比降至 34% 左右，10 年下降了近 20 个百分点。外商直接投资（FDI）更多转向服务业，特别是生产性服务业。2008 年，制造业实际利用外资比重超过 54%，到 2016 年，这一比重降至 28%，降幅达到 26 个百分点。同期，信息计算机服务和软件，批发零售，金融，租赁和商务服务，科学研究、技术服务和地质勘查比重增至 7.1%、13.5%、7.9%、12% 和 5.1%，分别上升了 4.1 个、8.7 个、7.3 个、6.5 个和 3.5 个百分点，合计起来增加了约 30 个百分点。在制造业内部，医药产业比重上升至 1.8%，较 2008 年增加 1 个百分点。从“走出去”情况看，我国对外投资金额（ODI）快速上升，2016 年首次超过实际利用外资（FDI），而且投资结构也在不断优化，民营企业和制造业比重有所上升。上述变化表明，凭借行业门类最全的优势和中产阶级崛起的机遇，我国正从世界工厂向世界市场转变，同时企业也在全球积极布局生产供应网络，不断提升在全球价值链上的地位。

二、2017年经济增长有望实现6.5%左右的增长

展望2017年，经济运行将呈现内需增速回调和出口跌幅收窄的特征，经济增速仍有一定的下行压力，“L”型增长仍在筑底过程当中。

从外部条件看，全球经济有望延续缓慢复苏的态势。一是主要经济体经济共振回升。过去5年全球经济和贸易持续低增长，但从2016年下半年以来，主要经济体指标均有所改善。其中，G20制造业PMI持续位于扩张区域，而且指数值高于上年同期。二是美元升值对新兴市场的冲击减弱。2016年新兴经济体经济基本面大体企稳，国际贸易低位回稳，大宗商品价格反弹，表明美元升值可能已经进入下半程，与美元升值相对应的美元流动性收紧，对新兴市场的实质性冲击将不及上半程。三是特朗普当政之后可能推出的基建和减税计划将提升全球总需求，对新兴经济体的出口亦有提振作用。目前，主要国际机构都预测2017年世界经济增速会小幅回升。不过，特朗普新政带有明显的贸易保护主义和重商主义色彩，而且2017年法国和德国的大选也充满变数，全球经济和贸易复苏依然充满挑战。

内需总体增速延续回落态势，但下降空间不大。一是固定资产投资增速预计小幅回落。其中，受购房限制条件放宽和信贷放量的影响，2016年房地产投资增速冲高至6.9%，但同时新房销售面积也超过13亿平方米，基本达到根据居住条件、城镇化进程和购买力增长测算的历史需求峰值。加上重点城市纷纷出台限购措施，房地产投资增速预计会逐步回归到长期趋势附近，全年大约增长2%。基础设施仍有较大空间，特别是在城镇化和民生相关领域的软硬短板都很突出。若2017年财政赤字与上年相比大体稳定，中长期贷款和城投债发行规模保持上年增幅，基础设施投资增速预

计将达到15%左右。而2016年制造业投资在年中一度出现负增长，之后有所反弹。但参考其他工业化经济体的发展经验，高速增长阶段结束之后，制造业产能扩张的速度大体上就保持在每年5%左右。二是受居民人均可支配收入实际增长放缓影响，消费增速预计有所回落。汽车购置税优惠政策调整、房地产销售放缓等因素会对“住行”关联消费造成一定冲击。计算机、智能手机市场进入替换型消费阶段。不过，随着消费结构的不断升级，新的消费模式和方式不断涌现，消费增速预计有所回落，但幅度并不明显。三是企业补充库存的意愿上升。我国库存周期一般持续3年到3年半，上一轮库存周期是从2012年四季度到2016年三季度。从2016年四季度开始，规模以上企业库存水平开始回升。库存回补有利于对冲投资和消费下滑对经济增速的冲击。

综合上述内外需变化和2016年经济运行内外部条件，如果能够守住不发生系统性风险的底线，2017年有条件实现6.5%左右的增长，物价总水平涨幅控制在3%以内，城镇新增就业继续保持在1100万人以上。

三、实现可持续中高速增长的前提条件

从国际比较经验、增长速度和增长质量之间的耦合关系，以及新旧动能的转换进度看，2017年如果能够实现6.5%左右的增长，将为中高速增长阶段争取一个良好的开端。当然，经济增速是否能够持续稳定在6.5%左右的中高水平，还将取决于三个方面的条件。

一是制造业和民间投资逐步回稳。制造业产能投资往往是经济波动当中边际变化最大，调整较为超前的部分。因此，我国经济是否能够开启新一轮经济增长，一个重要的条件是观察制造业产能投资能否进入可持续增长区间。从2000年开始，我国制造业投资进入高速增长阶段，但2011年以后逐步下降，2016年降至4.2%左右，为2000年以来最低点（图2）。不过，按照购买力平价计算，我国劳动生产率仅相当于美国的20%，日本

的 30%，资本深化和研发投入的空间还比较大。2014 年，我国制造业研发投入占制造业增加值的比重大约为 5%，而其他制造强国的研发投入占比都在 8% 以上，其中日本接近 12%。从制造业投资增速和发展阶段的关系来看，我国制造业投资增速基本进入了与中速增长阶段相适应的阶段，未来几年增速的中枢可能稳定在 5% 左右。

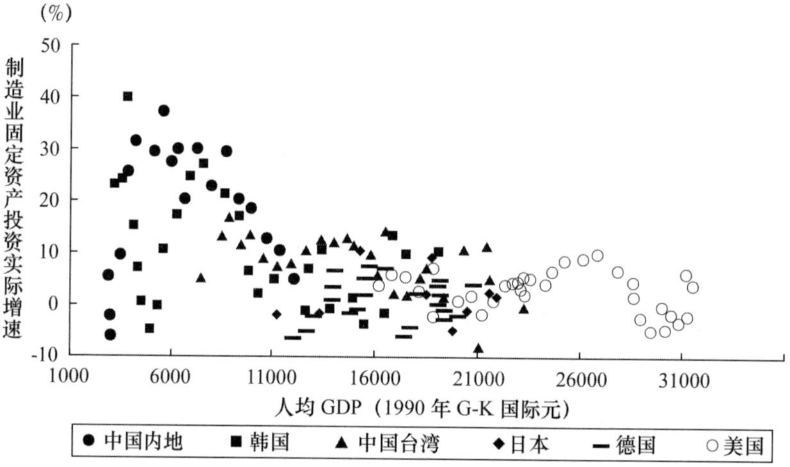

图 2　我国制造业投资增速已降至可持续的增长区间

注：除中国外，其余经济体投资增速为 5 年均值；增速已经剔除价格因素。

资料来源：OECD，麦迪森数据库，万德资讯。

二是金融机构特别是银行资产质量逐步改善。2016 年四季度商业银行不良贷款率为 1.74%，较上一季度下降 0.02 个百分点。虽然仍处在 2011 年以来的高位，但这是不良贷款率连续上升 4 年半之后的首次下降。后续随着兼并重组、债转股、不良资产证券化等逐步推进，加之 PPI 同比回升和企业效益改善，银行资产质量恶化的态势有望缓解。与此同时，债务问题的处置，应该是花钱买机制。一方面，在防止道德风险的基础上修复微观主体资产负债表，确保资金的正常循环和流动。另一方面，在宏观层面上，更加市场化的利率和汇率形成机制，以及更加完善的多层次资本市场，能够为促进要素的优化配置、加强产权和财务约束、加快创新具有重要的意义。

三是土地、国企、行政体制和对外开放等重大领域和关键环节的改革稳步推进，为持续的中高速增长打开空间。加快农村“三块地”试点，建立城乡统一的土地市场，能够缩小城乡差距，提升城市竞争力。加快混合所有制改革试点，进一步硬化产权和预算约束，减轻国企的财务软约束，以及国有商业银行偏向国企的信贷投放，不仅可以激活国有资本活力，还可以让宏观调控政策意图传导更加顺畅。加快基础产业和服务业开放，将进一步提升经济运行效率。上一轮高速增长期间，汽车、房地产和出口部门的快速发展都与1998年前后的市场化改革息息相关，可以说后续的高速增长很大程度上得益于之前改革红利的释放。但当前蓬勃发展的新兴行业，很大程度上受益于技术进步、人力资本提升、消费升级，在技术能够绕开行政管制和克服信息不对称问题的领域，已经开始孕育一批新的增长点，比如电子商务、共享经济、金融混业经营、文化娱乐、教育和医药。相反，基础行业准入限制和管制，已经成为提升产业效率的最大的障碍（图3）。

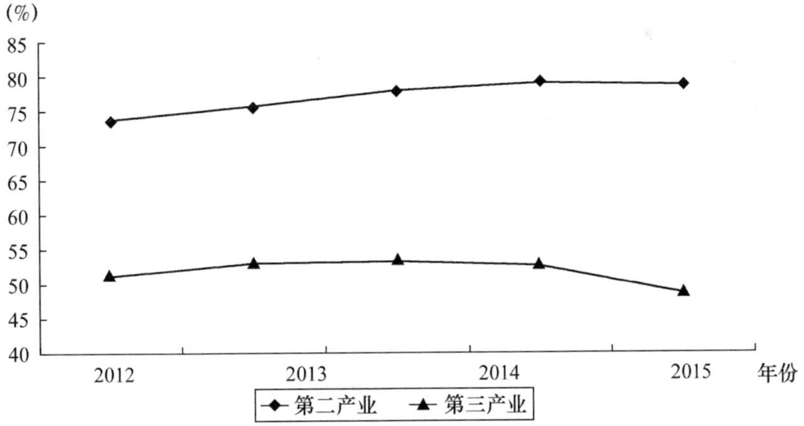

图3 民间投资占比

资料来源：万德资讯，作者计算。

此外，经济运行还存在五个方面的不确定性，需要妥善应对。一是外部政治环境的不确定性。英国“硬脱欧”、特朗普政府政策取向不明朗、法国和德国大选结果不确定，冲击效应在2017年可能体现得更为明显，并可能拖累全球经济复苏的步伐。二是流动性冲击的不确定性。国内债市、股市和汇市相继大幅波动，说明金融风险仍在不断聚集，不排除去杠杆可能造成局部的流动性压力。三是美联储加息的不确定性。美元融资成本上升的影响正在显现，前期低利率、低增长、高债务的平衡出现调整迹象，人民币贬值和资本跨境流出潜在压力较大。四是房地产价格反弹的不确定性。在加大房地产调控力度之后，热点城市住房销售有所回调，但在通胀预期回升、实际存款利率为负的背景下，房价上涨压力仍然突出。五是部分区域经济转型的不确定性。一些比较依赖重化工业和资源型行业、产业升级步伐滞后的地区，营商环境和企业活力亟待改善，人口尤其人才持续净流出，财政收支缺口和维护社会稳定压力突出。

四、多目标政策组合促经济提质增效

2017 年，上述不确定性可能对经济运行造成一定的下行压力。实现可持续的中高速增长，关键要坚持稳中求进的总基调，做好自己的事情，实施多目标政策组合，完善适应经济发展新常态的经济政策框架，打好“宏观调控 + 改革深化 + 防风险”组合拳，加强风险防范，进一步提升经济增长的质量和效益。

一是实施积极财政政策。积极财政政策要在调结构上加力，继续实施地方政府债务置换，落实中央地方事权和支出责任划分改革，适当提高中央财政支出比例。加大对东北和部分困难省份养老保险的支持，积极推进全国基础养老金统筹。着力盘活用好存量资金，加快清偿政府欠款。

二是实施稳健中性货币政策。综合运用法定存款准备金、公开市场操作、短期流动性调节工具、常备和中期借贷便利等货币政策工具，保持货币市场流动性和实际利率在合适水平，引导金融机构加强流动性和资产负债管理。此外，美元升值很可能进入下半程，应该抓住这一有利时机，进一步扩大人民币汇率弹性。

三是完善宏观审慎管理和金融监管框架。扩大宏观审慎评估范围，全面排查金融风险隐患，强化对顺周期、跨行业和跨市场风险及风险传染的监测和处置。提高金融监管的协调性、穿透性和专业性，加强对债市、影子银行、地方债务、房地产、不良贷款等潜在风险点的排查。

四是推进重大领域和关键环节的改革落地。明确责任担当主体，严格执行改革督查工作，对改革推进缓慢的部门或者地方要严肃问责。改革落实要和改革评估结合起来，及时发现改革推进过程当中的问题并予以纠正，同时积极总结好的经验和做法，并予以推广。突出重大领域和关键环节，加快推进国企、土地、政府职能转变等带动性强、预期提振明显的改革事项。

五是完善促进房地产市场运行的长效机制。密切关注调控效果的变化，加强预期引导。继续坚持因城施策，用足一线城市及周边热点、部分涨幅较快的二线城市年度土地指标，优化供地结构、提高住宅用地比重。主要热点城市推行供地指标与人口流入的联动和首付比例与房价涨幅的联动。加强城市群、都市圈之间和内部的互联互通，完善公共服务供给方式和提升公共服务质量，促进人口和产业的合理布局。鼓励发展专业住房租赁企业，促进租房市场发展。

作为全球第二大经济体，按购买力平价计算，2016 年我国对全球经济增长的贡献率大约占 1/3，超过了发达国家贡献的总和，发展具有较强的主动性和内生性。从高速增长阶段向中高速增长阶段过渡，面临的挑战和风险前所未有。但经过了长达 6 年多的适应和调整，我国经济增速已进入由降转稳的关键阶段，只要能够保持战略定力，坚持改革开放，充分调动各方的积极性，我国经济发展的空间和潜力依然很大。

执笔人：许　伟

第五章

我国经济新一轮动力转换与路径选择

一、经济增长阶段和动力转换

对经济增长的动力，一直没有一个标准的学术定义。从一般意义上讲，我们可以从需求和供给两个方面去讨论。虽然在主流经济学的认知框架里假设了供给环境，且更为强调从需求侧进行分析（贾康，2016），但我们仍可以依据经济增长的约束条件，将经济增长分为需求拉动型增长和供给推动型增长。从需求方面考察经济增长动力，主要包括消费、投资和出口三个方面的拉动力，也就是通常所说的“三驾马车”。从供给方面考察经济增长动力，主要包括资本、土地、劳动力等要素供给，以及决定要素使用和配置的技术供给和制度供给等方面的推动力。

在经济增长的不同阶段，经济增长的约束条件往往是不同的，有的阶段集中表现在需求方面，有的阶段突出体现在供给方面；有的阶段总量性失衡占据主导地位，有的阶段结构性矛盾成为主要矛盾，因而突破瓶颈约束从而实现动力转换的方式和路径都会有所不同。在有效需求不足成为经济增长的主要约束时，扩张需求就成为拉动经济增长的主动力；而在有效供给不足成为经济增长的主要约束时，增加或改善供给就成为推动经济增长的主动力。在总量性失衡占据主导地位的情况下，主要应通过需求侧管理和调节，促进总需求和总供给平衡，实现经济稳定增长；而当结构性矛盾成为主要矛盾时，就要通过推进供给侧调整和改革，促进资源优化配置，提高潜在经济增长率，为实现可持续增长创造条件。正因为如此，随着增长阶段的转换，就要根据经济增长约束条件的变化，适时推进新旧动力系统的调整和转换，以保持经济持续平稳发展。

在经历了30多年高速增长后，2010年以来我国经济增长阶段性变化的特征日趋明显，进入经济新常态。这一轮变化和调整有国际金融危机后全球经济深度调整的背景，但更重要的是经济增长内在约束条件发生系统性变化。

进入新常态的我国经济，首先表现为增速换挡。自2010年以来，我国经济增速在波动中下行已持续6年多，GDP增速从2010年10.6%逐步回落到2016年6.7%，下降3.9个百分点。从国际比较看，我国经济增速变化的特征与二战后同样经历过高速增长的日本、韩国在增长阶段转换时的表现大体相近。2015年，按现价计算，我国人均GDP达到7920美元左右，按购买力平价计算，约为11000国际元，大体相当于日本和韩国高速增长阶段结束时的人均GDP水平。2011～2015年，我国经济年均增长7.8%，比日本、韩国高速增长阶段结束前5年的增速略高。日本经济的高速增长在1974年结束，之前的1969～1973年期间，经济年均增长6.5%。韩国经济的高速增长大体上在1998年结束，1993～1997年期间，经济年均增长7.4%（图1）。通过比较可以看到，我国经济增速回落是一个相对缓和的过程。

我国经济增速回落有总量性、周期性因素，但更主要的是受到供需结构变化的影响。从需求端看，2013年我国城镇居民户均住房超过1套，2014年每千人拥有汽车超过100辆，按照可比的国际经验，“住”“行”的市场需求发生明显变化，房地产开发投资和汽车消费已经从过去两位数高速增长回落到个位数增长，房地产开发投资甚至一度接近零增长，与“住”“行”关联的钢铁、水泥等工业部门产量已出现负增长，需求结构正在向高端化、多样化、服务化转换。从供给端看，2012～2015年我国16～

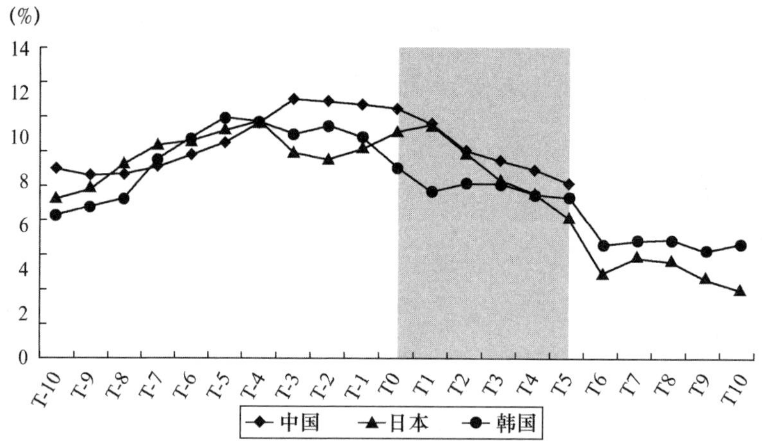

图1　中国经济增速放缓与日本和韩国的比较

注：T0：中国为2010年，日本为1968年，韩国为1992年。

59岁的劳动年龄人口累计减少约1300万人，人口数量红利快速消失，土地、资源和环境的硬约束进一步强化，综合生产成本明显提高。可以说，经济增速放缓正是供需结构变化的反映。

供需结构变化对经济增长的影响，主要体现在经济增长的动力系统上，长期以来支撑我国经济高速增长的动力，如投资需求拉动、工业产能扩张和要素大规模高强度投入推动，受到供需两端结构性变化的约束而趋于减弱，主要表现如下。

第一，依靠扩大投资拉动经济增长的空间明显收窄。在应对1998年亚洲金融危机和2008年国际金融危机冲击时，更多是通过扩大投资需求拉动经济增长，这在当时传统产业产能市场需求还有空缺的情况下是有效的。随着传统产业产能接近或达到上限规模，再简单沿用“老办法”化解供需矛盾，越来越受到投资效率下降和债务杠杆攀升的约束。2015年我国增量资本产出比（ICOR），也就是每新增1元GDP所需的投资达到6.7元，比2010年4.2元提高近60%；2010～2015年，我国非金融部门负债总规模年均增长16.6%，比同期名义GDP年均增速快约6个百分点。可见，再用“老办法”稳增长，不仅投资效率会继续下降，债务杠杆会继续攀升，还将增大金融风险发生的概率，也难以从根本上扭转经济短暂回升后继续下行的态势。

第二，依靠“铺摊子”扩大产能推动经济增长受到产能过剩的约束。进入新常态，经济结构从增量扩能为主转向调整存量、做优增量并举。2010 年以来，随着传统产业市场需求趋于饱和，工业增速持续回落，服务业比重逐年上升，2015 年服务业占 GDP 的比重达到 50.5%，首次突破 50%。在工业内部，钢铁、煤炭、建材、有色、石化、电力等行业渐次达到或超过峰值（图 2）。2015 年，我国粗钢产能已达 11.3 亿吨，但产量为 8.04 亿吨，产能利用率仅为 71.1%，考虑到未统计的产能，实际产能利用率可能更低；我国煤炭实有产能 42 亿吨，在建产能 15 亿吨，合计总规模约 57 亿吨，而 2015 年消费量仅为 39.2 亿吨，产能过剩状况十分突出。由此可见，再像过去那样，依靠“铺摊子”扩大制造业产能推动经济增长，将加剧重复生产和产能过剩，扭曲资源配置，已经越来越走不下去了。

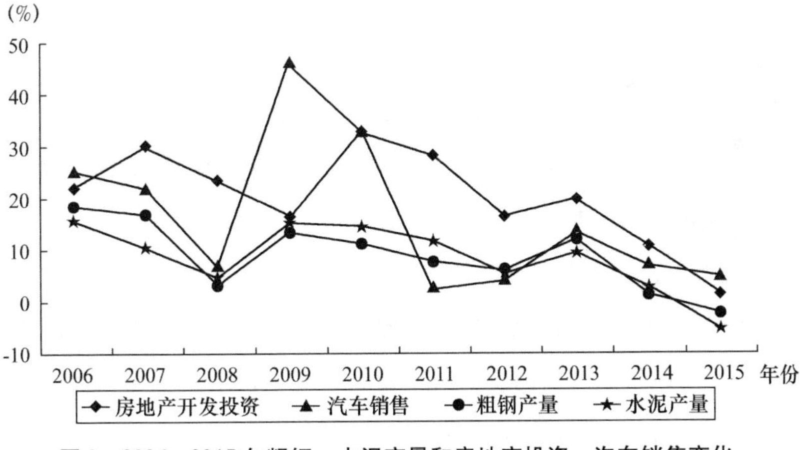

图 2　2006～2015 年粗钢、水泥产量和房地产投资、汽车销售变化

资料来源：国家统计局。

第三，资源和生产要素大规模高强度投入的条件发生变化。进入新常态，支撑经济高速增长的生产要素供求关系发生明显变化。劳动年龄人口逐年减少，矿产资源人均占有量大幅下降，土地供给日趋紧张，生态环境硬约束强化，原有的低成本竞争优势开始减弱，继续依靠大规模增加要素投入支撑经济增长已经越来越困难。在市场的倒逼下，越来越多的企业通过增加研发投入，培育新的增长点，新技术、新产品、新业态、新模式不断兴起，但技术创新对经济增长的贡献仍然偏小，劳动生产率和全要素生产率增长仍在下降，经济增长还难以完全摆脱对要素投入的依赖，需要加快推动增长动力从主要依靠资源和低成本劳动力等要素驱动为主转向创新驱动为主。

综上所述，我国进入新常态后经济增长的约束条件明显变化，传统增长动力受到供需结构性变化的深刻影响而日趋减弱，推进新一轮动力转换已势在必行。

二、新一轮动力转换的内外环境和主要特征

新一轮动力转换，受到外部环境和内在条件变化的交互作用和影响，与改革开放以来我国已经经历的两轮动力转换过程相比，也表现出不同的特征。

（一）外部环境：金融危机后全球经济的深刻变化

2008 年金融危机以来，世界经济经历了从美国金融危机到欧洲债务危机，再向新兴市场产能过剩危机演化的态势。当前，世界经济呈现缓慢复苏态势，但复苏进程仍面临多方面不确定性。从中长期看，金融危机不会改变世界经济增长趋势，但全球经济要进入新一轮繁荣，不仅取决于增长动力由外生的政策刺激向内生的自主驱动转变，也取决于结构性改革和创新能否成为经济增长的源泉。

1. 全球经济陷入“低增长困境”

金融危机后，世界经济呈现“低增长、低通胀和多风险”的“新平庸”态势。发达经济体延续缓慢和不均衡的复苏进程，增长率略有回升，这主要得益于美国、英国等经济体的回暖，以及石油价格下跌和宽松的货币政策。美国就业增长和物价相对稳定，但经济增速回升的持续性低于预

期，对全球经济的带动力减弱。美国特朗普上台后政策的不确定性，也将影响到全球贸易投资和资本市场的稳定性。欧元区核心国家经济有所改善，但经济增速仍然疲弱，德、法等主要国家进入大选周期，结构性改革难有推进，加之难民事件和英国退欧的后续发酵，增大了复苏进程的不确定性。日本经济增长持续低迷，仅靠货币政策刺激，难以摆脱通缩和低增长困境。石油等大宗商品价格小幅温和回升，有助于部分新兴经济体摆脱困境，缓解国际收支缺口和货币贬值压力，但受结构性改革迟滞影响，经济明显转好仍面临诸多挑战。

全球经济陷入“低增长困境”的症结在于结构性改革迟缓。2008 年国际金融危机爆发以后，美国、欧盟、日本等主要经济体都采取了史无前例的量化宽松政策，通过直接购买资产和债券、降低利率甚至实行零利率或负利率等方式，大规模增加市场流动性，提振市场信心。但从实际效果看，市场需求持续低迷，大宗商品价格不振，主要经济体劳动生产率增速放缓。过度宽松的货币政策，使国债利率水平大幅回落（图 3）。而历史上从未有过的超低利率一旦逆向调整，将带来全球资产重新定价和债务条件

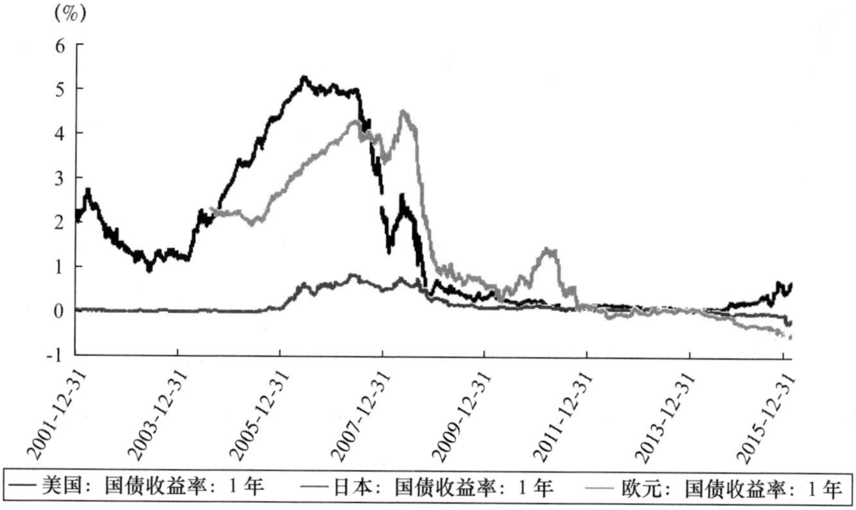

图 3 美欧日国债收益率（1 年期）

资料来源：IMF。

恶化，引发国际金融市场动荡和大规模跨境资本流动。可见，过度依靠需求刺激并没有取得预期效果。短期的需求管理政策虽在抵御危机冲击上发挥了一定作用，但中长期结构性问题并没有得到根本解决，增强经济增长动力还需要推进结构性改革。

2. 国际分工格局加快重构

金融危机前，国际分工呈现“欧美消费、东亚生产、中东拉美提供能源资源”的“大三角”关系（刘鹤，2011），欧美国家是主要的产成品消费市场，东亚国家是主要的生产基地，中东、拉美等地区是主要的能源原材料输出地。国际金融危机后，这种“大三角”分工格局悄然发生变化。欧美等发达国家被迫改变负债和过度消费的模式，推动部分高端制造业回流，试图扩大投资和出口拉动经济增长；新兴市场国家转向通过扩大内需拉动经济，特别是人力资源丰富的东南亚国家凭借劳动力低成本优势，抢占劳动密集型产品国际市场，但短期内还难以成为拉动全球经济增长的主导力量；能源生产国迫于新能源技术快速发展对传统能源市场的挤压，调整单纯依赖传统能源资源出口的发展模式，谋求依托资源优势延伸产业链，提高产品附加值，但实现产业多元化仍然任重道远。

全球分工格局加快调整，跨境资本重新配置，各主要经济体都力求通过结构调整提升分工位势，争取更有利的分工地位，抢占国际竞争新制高点。主要发达国家纷纷加快发展新兴产业，推动数字技术和制造业的结合，推进智能制造基础上的“再工业化”，力图抢占未来科技和产业发展制高点。新兴市场国家也加快发展具有比较优势的产业和技术，谋求实现跨越式发展。可以预见，未来国际产业和技术竞争将日趋激烈，围绕新一代信息技术、生物技术、新材料、新能源、机器人和智能制造、空间和海洋开发的技术创新更加密集，新技术、新产品、新服务、新业态将蓬勃兴起，并将加快催生新的科技革命和产业变革。

3. 全球贸易增速持续低于经济增速

二战以后，全球货物贸易增速通常都明显高于经济增速。而2012年以来，随着全球产能过剩，资本品贸易大幅收缩，以及全球价值链分工调整和转移，对全球货物贸易尤其是与制造业相关的贸易造成了持续冲击，全球货物贸易增速已连续4年低于经济增速（图4）。虽然我国在全球货物贸易中的份额仍有所提高，但受全球贸易收缩影响，出口增速也持续下降，2015年进出口总额的预期增长目标为6%左右，但实际下降7%（按人民币计价）。从大多数国际组织的预测来看，未来3~5年，全球经济增速仍将处于低位，货物贸易增速难有大幅回升。受国际大环境影响，今后一个时期我国进出口贸易仍难有明显改善。

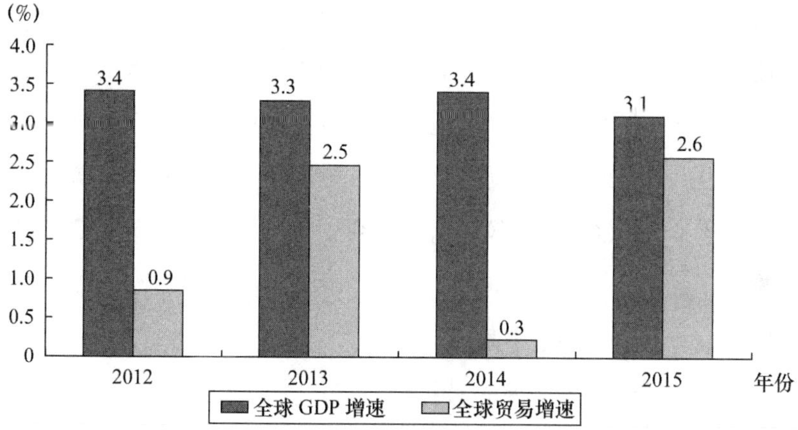

图4　全球贸易增速和全球经济增速对比

资料来源：IMF、WTO。

全球贸易放缓与经济活动疲软、投资不振导致的资本品贸易萎缩密切相关。根据国际货币基金组织测算，全球贸易低迷的原因75%左右可以用投资不振来解释（IMF，2015）。反过来，贸易持续低迷抑制企业扩大投资的意愿，进一步加剧全球经济不景气。20世纪70年代以来，全球贸易和资本支出实际增速的相关性超过0.92。当前，利率水平处于相对低位，扩大基础设施、新兴产业、人力资本投资对贸易和经济复苏至关重要。但由于发达经济体债务高企，财政扩张政策受限，新兴市场受制于经济治理机制不完善和企业债务水平高企，扩大投资面临诸多瓶颈。当前，全球价值链贸易增长仍在放缓，可大规模产业化的新技术尚未形成，新技术对设备投资拉动力不足，都对全球投资增长形成抑制。

（二）内在条件：我国经济发展进入新常态

经济发展进入新常态，支撑我国经济高速增长的主要变量关系深刻调整，结构性矛盾的制约明显增大。

1. 劳动力成本趋于上升

随着我国人口结构变化，劳动年龄人口出现负增长。2012 年我国 16 ~ 59 岁劳动年龄人口数量首次出现下降，当年净减少 205 万人，2013 年、2014 年、2015 年又分别减少 244 万人、371 万人、487 万人，人口抚养比呈现逐年上升趋势。同时，我国劳动参与率也呈现下降趋势，今后一个时期劳动力供给总量将进入下降通道，农村可供转移的年轻劳动力已较为有限。劳动力供需条件变化推动劳动力成本加速上升，低成本要素比较优势将明显弱化，保持经济持续较快增长必须更多依靠劳动生产率提高和创新驱动。

2. 储蓄率投资率趋于下降

过去 30 多年我国储蓄率持续提高与抚养比不断下降是分不开的，但这种情况随着人口结构变化和老龄化进程加快而发生改变。实证分析表明，储蓄率与人口抚养比呈逆向变化关系，抚养比每上升 1 个百分点，储蓄率约下降 0. 8 个百分点（孙学工等，2011）。随着人口抚养比提高，高储蓄率向下调整，并直接引致投资率下降，投资率已经从 2010 年的 47. 2% 下降到 2015 年的 44. 1%，加之投资的边际报酬递减，依靠投资高增长支撑经济高速增长的局面发生变化，保持经济持续较快增长必须着力提高投资效率。

3. 劳动力再配置和技术引进的外溢效应减弱

过去一个时期，我国全要素生产率提高的主要因素，是劳动力由生产率较低的农业部门向生产率较高的制造业和服务业部门转移。通常情况下，制造业和服务业的平均劳动生产率分别为农业的 5～6 倍和 4～5 倍，只要这种转移过程持续进行，全社会的劳动生产率就会不断提高。但我国农业劳动力转移已近尾声，今后一个时期转移规模和速度将继续下降。与此同时，我国与发达国家技术水平的差距缩小，技术引进的“外溢效应”减弱，而自主研发能力受到人力资本和体制条件制约，短期内难有大幅提升，提升劳动生产率和全要素生产率的难度增大。

4. 制造业大规模扩张的阶段基本结束

制造业规模扩张是推动我国经济高速增长的重要因素。在经历了过去一个时期制造业产能井喷式扩张后，近年来主要制造业部门都面临严重的产能过剩。2015 年，钢铁消费出现 2000 年以来首次负增长；水泥产量同比下降 4.9%，为 1990 年以来的首次负增长；发电量同比下降 0.2%，为 1978 年以来增速最低的年份。我国钢铁、水泥等大宗产品以及汽车等耐用品的需求总量已跃居世界第一，受经济结构调整和资源环境约束影响，诸多产品需求规模将逐步接近历史峰值并进入见顶下降的阶段。总体上看，制造业发展“铺摊子”阶段基本结束，支撑产业发展的主要因素已经由生产能力大规模扩张转向提升产业价值链和产品附加值。

5. 生态环境硬约束持续强化

如果说，在过去高速增长常态下，资源环境的回旋余地还比较大的话，那么进入新常态，经济规模继续扩大和能源资源消耗增加，资源环境的硬约束和刚性压力日趋强化。从环境库茨涅兹曲线看，我国主要污染物排放总量陆续接近峰值，并呈现污染源多样化、污染类型复合化、污染范围扩大化特征，对生态环境的刚性压力进一步增大。产业无序转移还将加剧对部分生态脆弱地区的生态破坏。在这个阶段，受到环境容量的明显制约，经济增长的空间在很大程度上取决于能否转向绿色、低碳的增长方式。

6. 潜在风险显性化压力增大

在速度效益型的增长模式下，经济增速放缓后，财政收入、企业利润增幅随之大幅回落。与此同时，过去一个时期扩大债务和信用规模，在促进经济增长的同时，也增大了潜在风险。房地产和金融系统的风险逐步聚集，地方政府融资平台大规模贷款形成潜在债务风险，在增速放缓后，各种潜在风险有可能“水落石出”，挑战明显增多，要求把防风险放在更加突出的位置，处理好稳增长与防风险的关系。

（三）新一轮动力转换的主要特征

改革开放以来我国经历了两次增长动力转换过程，黄泰岩曾对这两次动力转换过程进行了梳理（黄泰岩，2014），刘伟讨论了两次动力转换过程中宏观经济失衡的特点（刘伟，2016）。如果说前两次动力转换的特征主要是总量再平衡调整的话，新一轮动力转换结构再平衡调整的特征更加明显。

第一次动力转换（1979～1998 年）起始于改革开放初期，持续到亚洲金融危机前的 1998 年上半年。宏观经济失衡的主要特征是需求膨胀、供给不足，经济增长的约束条件主要是供给短缺，国民经济表现为严重的短缺经济，除了少数年份外，总量失衡表现为较为严重的通货膨胀。经济增长的动力转换主要来自于通过改革开放，释放供给潜力，实现供需的总量再平衡。这个阶段动力转换的主要路径是从农业农村改革起步，再向国有企业和城市改革延伸，通过改革重建激励机制，让市场起作用，将供给潜力释放出来。20 世纪 80 年代推行土地家庭联产承包责任制，激发了蕴藏在几亿农民中发展经济、摆脱贫穷的巨大潜能，农业劳动生产率和土地产出率大幅提高。同时，通过国有企业改革和发展乡镇企业，释放工业生产潜力，满足市场需求，解决了工业消费品极度匮乏的状况，初步摆脱了困扰我国几十年的短缺经济。随后，1992 年党的十四大提出了建立社会主义市场经济的改革目标，十四届三中全会作出了具体规划，通过改革有效组合和优化配置各种要素，极大地提高全社会生产效率，使我国供给能力得到极大释放，实现了经济增长动力的第一次转换。

第二轮动力转换（1998～2010年）发生在亚洲金融危机后1998年下半年，延续到国际金融危机后的2010年。宏观经济失衡的特点主要是需求疲弱，供给相对过剩，需求不足成为经济增长的主要约束条件。从1998年起，我国经济运行发生新的变化，从供给短缺逐步转向相对过剩，出现了通货紧缩现象，加之亚洲金融危机的冲击，外部需求大幅收缩，有效需求不足的矛盾趋于突出。为促进经济持续较快增长，我国提出了扩大内需的战略对策，通过发行长期建设债券，主要用于基础设施建设，保持了经济稳定增长。2008年国际金融危机后，继续通过财政、货币政策扩大基础设施和战略性新兴产业投资，资本形成占GDP的比重不断提高。总体上看，这一轮动力转换主要来自于挖掘需求潜力，通过扩大内需特别是投资需求，有效改善我国基础设施条件和水平，不仅释放了闲置的钢铁、建材等部门的生产能力，促进了就业目标实现，而且基础设施条件明显改善，保持了经济持续较快增长，高速公路、高速铁路的通车里程均跃居世界第一位，经济总量从全球第七位上升到第二位。

2010年以来，随着结构性矛盾的不断积累，宏观经济失衡表现出新的特点。如果说，前两次失衡主要是总量性失衡，结构性矛盾尚未占据主导地位的话，那么，2010年后，虽然仍存在总量性失衡问题，但经济运行主要矛盾已经转化为结构性失衡，并成为经济增长的主要约束条件。供需结构性失衡主要表现如下。

1. 实体经济结构性失衡

实体经济结构性失衡主要表现为供需结构错配，供给结构调整跟不上需求结构变化，无效供给过多，有效供给不足；低端供给过多，中高端供给不足。随着居民收入水平提高和中等收入群体扩大，需求结构加快转型升级，居民对产品品质、质量和性能的要求明显提高，多样化、个性化、高端化需求与日俱增，服务需求在消费需求中的占比明显提高，旅游、养老、教育、医疗等服务需求快速增长，加之产业价值链提升和向中高端迈进，对研发、设计、标准、供应链管理、营销网络、物流配送等生产性服务提出了更高要求。与此同时，供给结构调整明显滞后于需求结构升级，居民对高品质商品和服务的需求难以得到满足，出现到境外大量采购电饭锅、马桶盖、奶粉、药品、牙膏等日常用品的现象，造成国内消费需求外流。与之对应，传统产业产能利用率偏低，产能严重过剩。实体经济供需结构性矛盾，主要是受传统体制机制束缚，供给侧调整表现出明显的黏性和迟滞，生产要素难以从无效需求领域向有效需求领域、低端领域向中高端领域转移，因而矛盾的主要方面在供给侧。2010 年以来经济在波动中下行的态势表明，再采取简单扩大投资需求化解供求矛盾的办法，不仅投资的边际作用明显递减，对经济增长的拉动作用减弱，而且还会使矛盾和问题后延，使潜在风险进一步积累。宏观调控必须在适度扩大总需求的同时，着力推进供给侧结构性改革，矫正供需结构错配和要素配置扭曲，推动中国经济增长的动力转换。

2. 金融和实体经济失衡

供需结构错配，造成实体经济效益下滑。过去几年，规模以上工业企业利润明显回落，2015 年下半年一度出现负增长。在实体经济收益下降的情况下，金融资源大量流入虚拟经济领域，或者在金融领域通过加杠杆套取收益。新增信贷和金融资源用于支持实体经济投资的比例明显下降，资金“脱实向虚”现象凸显。与此同时，随着杠杆率持续攀升，商业银行不良率达到近年来高点。截至 2016 年三季度末，商业银行不良贷款率 1.76%，连续 13 个季度上升；关注类贷款占比达到了 4.10%，为近年来高点。随着市场利率水平和债务成本上升，金融风险有可能进一步聚集。宏观调控必须更加注重打通资金流向实体经济的渠道，有效防控和化解金融风险，回归金融服务实体经济的本质。

3. 房地产和实体经济失衡

过去一个时期，金融资源大量流入房地产领域。2016 年居民按揭贷款占银行新增贷款的比重达到40%左右，比2012～2015年的平均水平要高一倍以上。金融资源过度向房地产领域集中，挤压了实体经济发展空间，抑制了创业创新活力，也进一步加剧了房地产资产泡沫。随着房地产调控力度加大，按揭贷款受到抑制，房地产开发企业资金回笼速度放缓，债务条件有可能恶化。宏观调控既要注重抑制房地产泡沫，又要防止市场大幅调整，促进房地产市场平稳健康发展。

总之，随着经济发展进入新常态，消费结构升级并向高端化、人性化、服务化需求转换，传统产能接近或达到上限规模，原有的供给结构已经越来越不适应市场需求结构变化，约束经济增长的主要矛盾已经从总量性矛盾转化为结构性失衡。宏观调控必须在保持总需求基本稳定的同时，转向以供给侧调整和结构性改革为主，着力提高供给体系质量和效率，改造提升传统发展动力，加快培育新的发展动力。在这个阶段，需求管理的作用主要是保持总需求的相对稳定和适度扩张，防止经济出现短期过快下滑，为结构性改革创造良好的宏观环境。

（四）通过动力转换实现供需结构再平衡

供需结构再平衡，关键要加大供给侧改革力度，建立有利于供给侧结构调整的体制机制。一方面，要加大资产重组力度，建立市场出清机制，促进要素自由流动，增强市场资源配置功能，实现资源优化再配置；另一方面，要充分激发企业家精神，增强创新和技术进步对经济增长的推动力，提高全要素生产率，重塑经济持续健康发展的内生动力。

1. 化解过剩产能是动力转换的重要条件

过去一个时期，伴随经济增速持续下行和内外需求不足，产能绝对过剩和周期性过剩同时显现，PPI持续54个月负增长，生产领域一度出现比较严重的通缩，企业盈利状况恶化。严重的产能过剩表明，必须痛下决心对过剩产能施行“外科手术”。化解过剩产能涉及既有利益格局调整，面临多方面掣肘。地方政府出于就业、社会稳定、GDP考核等方面考虑，对化解过剩产能既缺乏内在动力又缺少有效手段，往往采取临时性措施帮助企业艰难维系。国有银行激励约束机制不健全，迫于控制不良率和责任追究的压力，不希望企业破产导致隐性坏账显性化。地方法院系统也不具备独立处理大量企业破产案件的能力和专业人才储备。产能过剩行业的一些国有企业，面临企业维稳、任期责任、国有资产流失的各种压力，退出过剩产能也面临重重困难。

下决心化解过剩产能、消灭“僵尸企业”是实现新旧动力转换的重要条件。产能过剩使劳动力、土地、资金、厂房、设备等大量生产要素被“僵尸企业”所占用，无法有效进入到新兴产业领域，造成严重的资源沉淀和浪费。“僵尸企业”的大量存在，造成市场价格形成机制扭曲和资源错配，还使潜在风险不断积累，延误有效化解风险的时机。应下决心清除过剩产能，停止对“僵尸企业”输血，使局部性风险得以暴露和释放，而不至于积累和酿成系统性风险。

2. 重塑新动力的核心是提高全要素生产率

旧动力逐步衰竭的根源在于生产要素供给发生趋势性变化。劳动力、土地、环境等要素成本上升、约束持续强化，迫切要求从优化资源配置效率、提高全要素生产率中挖掘新动力。工业化先行国家的经验表明，全要素生产率对经济增长的贡献，随着经济发展水平提高而提升。发达国家全要素生产率对经济增长的贡献通常要达到70% ~80%，而我国改革开放以来平均水平仅略高于30%。这既是差距，也是挖掘发展新动力的巨大潜力所在。

我国提高生产要素质量和效率仍有很大空间。在劳动力数量红利逐步消失的同时，培育和释放劳动力质量红利的潜力很大。我国有2.6亿左右农民工，大多数在制造业和出口部门就业，其中受过高中以上教育的仅为10.9%，小学及以下文化程度占到42.1%，通过多种形式的继续教育和职业培训，可以大幅提高劳动力的技能和素质。提升土地、资金等要素生产率的空间也很大。过去一个时期，地方政府多采用压低地价的方式招商引资，土地利用效率较低，而农村建设性经营用地和宅基地受到体制的约束，难以实现市场化配置，通过深化农村土地改革和提高城市建设用地投资强度，可以大幅提高土地利用效率。我国货币供应量较大，但大量资金仍被低效部门和“僵尸企业”占用，通过深化金融体制改革，可以大幅提升资金使用效率。

提升全要素生产率的主要途径，已经由要素部门间转移为主向部门内和企业间转移为主转换。过去一个时期，劳动力等生产要素从农业部门向非农部门、从国有部门向民营部门转移，是提升要素生产率的主要途径。进入新阶段，部门间资源再配置的空间缩小，但通过部门内行业间要素转移、企业间兼并重组提升效率的空间还很大。反映制造业内部不同行业资本产出效率差别的变异系数，我国为1.3，而美国仅为0.3，表明我国通过行业间要素转移提升效率的空间较大。通过深化改革、放宽准入、打破垄断、引入竞争等手段，将更多的资源从低效率行业转移到高效率行业，从低产出企业转移到高产出企业，补齐行业和企业效率的短板，可以大幅度提高全社会生产效率，从而为经济发展注入新动力。

（五）新旧动力转换是一个长期过程

新旧动力的接续，从根本上说是结构调整、发展方式转变和经济提质增效的过程，这将是一个艰难复杂的过程，也将是一个长期过程。

培育经济发展新动力，需要提高科技创新和人力资本对经济增长的贡献，发展形成对传统产业有替代作用的先进制造业和高端服务业，这是一个长期性、系统性工程。科技创新需要坚实的基础研究作为支撑，提升人力资本需要持续增大教育投入，发展先进制造业和高端服务业需要大批专业化人才和相应的产业基础。近年来，新兴产业领域成长较快，但体量较小，占比较低，对经济增长的带动作用还不强，不足以弥补旧动力减弱形成的缺口。2016年，高技术制造业增加值增长10.8%，但占规模以上工业增加值的比重仅为12.4%；网上商品零售额增长25.6%，但在全社会消费品零售总额中的占比仅为12.6%，考虑到其对传统零售业的替代，对消费的实际拉动作用较为有限。

新旧动力长期并存将是经济新常态的一个基本特征。虽然我国旧动力高速扩张期已经过去，但在相当长一段时间内仍将是经济增长的重要动力源。发挥传统比较优势，用好旧动力，为旧动力引入新技术、新模式、新机制，不仅可以让旧动力焕发青春，还可以为培育新动力创造条件、赢得时间。动力转换的关键在于如何在发挥旧动力作用的同时，加快培育发展新动力；如何将高增长时期积累的市场、资金、供应链等优势转化为新动力成长的条件；如何推进科技创新和体制改革的新突破，为新动力发展壮大营造良好的条件和环境。

三、以供给侧结构性改革推动新一轮动力转换

我国经济增长的主要约束条件已从总量性失衡转化为结构性失衡，核心是供需结构错配，新一轮动力转换需要从供给侧入手，推进供给侧结构性改革，推动经济增长动力转换。

（一）推进供给侧结构性改革要立足当前着眼长远

供给侧改革要从化解当前突出矛盾入手，着力于防控和化解风险，重塑中长期经济增长动力。

1. 供给侧改革要从化解当前突出矛盾入手

由于产能过剩矛盾十分突出，部分行业出现周期性过剩和绝对性过剩的相互叠加，产品供给远大于需求，一度使得工业品价格持续回落，企业利润大幅下降，企业亏损面不断扩大。与此同时，商品房库存规模偏大，特别是三、四线城市和部分二线城市尤为突出，需要较长的消化周期。通过“去产能”，逐步化解工业领域的过剩产能，促进企业优胜劣汰，有利于工业品价格合理回归，扭转企业整体利润下滑的局面。通过“去库存”，

减少资金无效占用，降低债务违约风险，保持房地产市场健康稳定发展，可以发挥房地产业体量大、关联度高、带动力强的作用，增强对经济增长的支撑力。

2. 供给侧改革要着力于防控和化解风险

当前，我国企业的债务水平相对较高，非金融类企业债务规模已达到GDP的170%左右，特别是重化工和房地产领域债务高企，资金链紧张，违约风险上升。供给侧改革，一方面可以通过处置“僵尸企业”和不良债务，加快资产重组，提高资产收益率，改善资产质量，避免潜在风险的积累和拖延；另一方面可以通过“降成本”，减轻企业负担，改善企业财务状况和偿债能力，降低银行不良率上升的压力，引导资金更好地支持实体经济发展，增强实体企业的活力，提高国民经济整体效益。

3. 供给侧改革要重塑中长期增长动力

供给侧改革不仅要做“减法”，“去产能、去库存、去杠杆”，还要做好“加法”“乘法”和“除法”，提升资源配置效率和全要素生产率，提高经济增长的质量和效益。做“加法”就是要促进产业转型升级，培育新一代信息技术、新能源、生物医药、高端装备、智能制造和机器人等新兴产业领域，使新的增长点汇聚成强大的增长动力。做“乘法”就是要转向创新驱动，加大研发投入力度，加强知识产权保护，完善科技成果转化的激励机制，提高技术进步对经济增长的贡献率。做“除法”就是要提高单位要素投入的产出率，通过加大人力资本投资、加强职业技术教育，增强劳动者技能和在劳动力市场的竞争能力，提高劳动生产率；通过能源资源价格形成机制改革，引入市场化交易机制，提高能源资源利用效率，增强经济的可持续发展动力。

（二）推进供给侧改革仍需做好需求管理

推进供给侧结构性改革并不意味着需求管理和需求政策的退出，两者应相互配合，互为促进。需求管理主要是稳定总需求，保持经济运行在合理区间，为供给侧改革营造良好的宏观环境。而供给侧改革则要提高有效供给能力，创造新供给，提高供给质量，扩大消费需求，增强经济内生动力和活力，为经济稳定健康发展创造条件。

1. 供给和需求是宏观经济管理的两个方面

供给和需求是对立统一的，保持总供给和总需求的动态平衡是经济增长的重要条件。供需不平衡、不匹配就会导致资源错配和结构扭曲，影响经济增长的可持续性。供给侧改革并不意味着放弃需求管理。需求管理重在短期调控，重在引导市场预期。在全球经济持续低迷，国内仍面临经济下行压力的情况下，保持总需求基本稳定可以改善市场预期，增强对中国经济的信心，避免经济下行与市场预期形成相互循环的放大效应。

2. 供给侧改革需要需求管理有效配合

供给侧改革可能会在短期内形成一定的收缩效应，债务风险和隐性失业压力有可能集中释放，需要充分发挥需求管理的“稳定器”作用，避免经济增速短期快速下行激化各种矛盾和潜在风险，进而增大改革的难度和成本。当前，要根据供给侧改革的总体部署、时序安排和推进节奏，把握好需求管理的尺度，营造稳定的宏观经济环境，为供给侧改革有序推进创造条件。

3. 供给侧改革也能发挥提振需求的作用

近期，供给侧结构性改革的主要任务是“三去一降一补”，最终落脚点在于实现供需在更高水平上再平衡。比如，房地产“去库存”政策中的保障房货币化，在棚户区改造过程中以货币化形式鼓励搬迁住户购买存量房等，在消化库存的同时，也将拉动家电、家居、家装等相关消费。“补短板”可以通过对贫困地区和农村地区增加投入，改善基础设施和公共服务，带动投资和消费需求增长。供给侧改革还可以通过产品和服务创新，提升产品品质和质量，吸引和创造更多的国内外需求。

（三）供给侧结构性改革的主要任务

当前，我国经济运行存在的重大结构性失衡，虽然有阶段性政策性因素，但根本原因是体制机制性问题，必须从供给侧结构性改革上找出路想办法。2016 年以来，供给侧结构性改革逐步推开，重点推进“三去一降一补”五大任务，取得积极成效。但也要看到，供给侧结构性改革进展还不平衡，总体上看，对“去库存”“补短板”等不触及既有利益格局调整的改革领域，各方面积极性较高，而“去产能”“降成本”等领域面临掣肘较多，推进难度较大，“去杠杆”加快达成共识，但仍需要有战略性安排和具体举措。深化推进供给侧改革要进一步突出重点，把“三去一降一补”与相关领域改革有机结合起来，增强系统性、整体性和协同性，力求取得实质性进展。

1. “去产能”：与深化国有企业改革相结合

2016 年，“去产能”进度逐步加快，全年钢铁去产能 4500 万吨、煤炭去产能 2.5 亿吨的年度任务超额完成。受“去产能”政策信号作用和影响，国内大宗商品价格出现明显回升，PPI 同比增幅由负转正，企业利润明显好转。但“去产能”触及深层次利益调整，加之国有企业改革进展滞后，“人往哪里去、钱从哪里来、债务如何处置”在操作中仍面临诸多难题。今后一个时期，“去产能”要与深化国有企业改革结合起来，以市场为导向，区别不同情况，通过重组、部分退出或改制的方式，在消化过剩产能的同时推进企业市场化改革。坚持国有资产监管从管企业为主转向管资本为主，增强国有资本流动性，发展混合所有制经济。按照市场化法治化原则，以处置“僵尸企业”和空壳企业为突破口，推动企业兼并重组，通过严格执行环保、能耗、质量、安全等相关法律法规标准，去除落后产能，盘活沉淀的土地、厂房、设备等各种资源。建立过剩产能的有效出清机制，防止已经化解的过剩产能死灰复燃。在继续推动钢铁、煤炭行业化解过剩产能的同时，做好其他产能严重过剩行业的“去产能”工作。

2. “去库存”：以化解三、四线城市房地产库存为重点

2016年，随着房地产市场转暖，房地产销售速度加快，“去库存”取得初步成效，商品房待售面积有所下降。特别是一、二线城市库存量明显下降。但不同地区进展明显分化，一线和二线热点城市供求偏紧，三、四线城市库存仍然高企。过度宽松的货币信贷条件，放大了居民购房能力，居民杠杆率迅速攀升，加之土地供给偏紧，推动一线城市和部分热点二线城市商品住宅价格高位过快上涨，加快了房地产泡沫积累，对由此可能带来的风险要引起重视。今后一个时期，“去库存”要以化解三、四线城市房地产库存为重点，坚持分类调控，因城施策，在房价上涨压力大的一线和二线热点城市要合理增加土地供应，提高住宅用地比例，盘活城市闲置和低效用地，在人口净流出的三、四线城市要控制房地产用地供给量，抑制房地产存量规模过快增长。继续提高棚改货币化安置比例，鼓励农业转移人口购买城市商品房，通过推进人的城镇化减少房地产库存。

3. “去杠杆”：把降低企业杠杆率作为重中之重

近年来，我国企业杠杆率快速上升，已引起各方面广泛关注。根据国际清算银行测算，2010～2015年期间，我国非金融企业部门债务总规模与GDP比值约为170%，过去5年上升46个百分点，是国际清算银行报告所列43个经济体中增速最快的。对高杠杆的负面影响，各方面共识度在提高，2016年“去杠杆”开始启动，出台了降低企业杠杆率和市场化债转股等政策举措。但也要看到，“去杠杆”需要分阶段有序推进，先控制杠杆率增速，再稳定杠杆率水平并优化杠杆结构，最后才能达到降杠杆的目的。要在控制总杠杆率的前提下，把降低企业杠杆率作为重中之重。按照市场化法治化原则，有序推进资产重组和债务处置，开展市场化债转股，更多发挥国家和地方资产管理公司作用，推进不良资产证券化试点，建立全国性不良资产交易平台，设立快速清算通道，提高资产处置效率。

4. “降成本”：着力降低制度性交易成本

2016年，中央和地方政府都推出了一系列“降成本”的举措，利率、电价、部分税费、五险一金、铁路运费都有所下调。特别是“营改增”之后，抵扣链条进一步理顺，各行业名义税负有所下降。与此同时，制度性交易成本高企的问题并没有根本解决。今后一个时期，要深入推进“放管服”改革，减少审批事项，削减政府性收费，优化政府服务，提高办事效率。在降低显性门槛后，进一步减少隐性障碍，放开中介服务市场，清理各类“红顶中介”，降低各类中介评估费用和服务收费。

5. “补短板”：重在补“软件”短板

总体上看，各级政府对补硬件短板都高度重视，农业农村、水利、脱贫攻坚、生态环保等投入明显加大。但与此同时，影响制度供给的“软件”短板仍然突出。今后一个时期，“补短板”重在补“软件”短板，要增加创新能力建设、人力资本投资、社会保障体系建设的投入，加快建立覆盖全社会的征信体系，推进统一的政府信息平台建设和共享，加强市场监管和服务能力建设。特别是要增加社会民生和生态环境投入，更有力地扎实推进脱贫攻坚，增强人民群众的获得感。

在深入推进“三去一降一补”基础上，供给侧结构性改革还要拓展新领域。针对粮食产量持续增长，库存压力不断增大，绿色优质农产品供给不足，农民增收难度增大等矛盾和问题，要推进农业供给侧结构性改革，把增加绿色优质农产品供给放在突出位置，积极稳妥推进粮食等重要农产品价格形成机制和收储制度改革，深化玉米收储制度改革，完善稻谷小麦最低收购价政策。针对生产要素成本快速上升和国内外市场需求变化，传统产业盈利水平下降和资金“脱实向虚”现象，要大力振兴实体经济，推动实体经济适应市场需求变化，加快产品更新换代，提高产品质量和工艺水平，增强创新能力和核心竞争力，做实做优做强实体经济。针对金融资源过度向房地产集中和房地产泡沫等问题，要把促进房地产市场平稳健康发展作为重要任务，加快研究建立符合国情、适应市场规律的基础性制度和长效机制，限制信贷资金流向投资投机性购房。落实人地挂钩政策，根据人口流动情况分配建设用地指标，提高住宅用地比例。加快研究房地产税立法并适时推进改革。

四、着力培育经济增长新动力

我国经济发展进入新常态，一个重要的趋势性变化就是要素的规模驱动力减弱，经济增长将更多依靠要素质量和效率的提升。随着传统动力减弱，必须加大结构性改革力度，着力在科技创新、人力资本投资、产业转型升级、推进新型城镇化和基础设施网络建设、构建全球化生产运营体系等方面培育经济增长新动力。

（一）增强科技创新的驱动力

近年来，我国科技投入大幅增长，自主创新能力不断提升，科技进步对经济增长的驱动作用增强。2015 年，全国研究与试验发展（R&D）经费支出 14169. 9 亿元，按汇率折算，我国研发经费继 2010 年超过德国之后，2013 年又超过日本，目前已成为仅次于美国的世界第二大研发经费投入大国。研究与试验发展（R&D）经费投入强度（与 GDP 之比）达到 2. 07%，已达到中等发达国家水平，居发展中国家前列。这些都为迎接新一轮科技革命和产业变革、加快向创新驱动转换奠定了良好基础。要推动新一轮动力转换，就必须加快形成创新驱动发展的体制机制，积极营造创新生态、培植创新土壤、释放创新活力，使科技创新与经济发展深度融合。

1. 推进市场导向的科技创新

创新需要市场充分竞争，需要千千万万市场主体在试错中找到方向，这就要求发挥市场在资源配置中的决定性作用，主要靠市场发现和培育新的增长点。引导资金、人才、技术等创新要素按市场导向优化配置，引导创新资源向企业集聚，完善科研院所和高校的技术成果向企业转移机制，加大对中小企业、微型企业创新的扶持力度，促使企业摆脱对资源和要素消耗较多的加工制造环节的过度依赖，更多地依靠研发、设计、标准、供应链管理、品牌建设和无形资产投资，满足差异化和个性化需求，推进传统制造向以研发为基础的新型制造转型。

2. 把科技创新与产业转型升级结合起来

创新是科技成果的产业化过程，必须落实到创造新的经济增长点上。依靠科技创新，掌握核心技术，培育发展新一代信息技术、生物医药、高端装备制造、新能源等新兴产业，推动高新技术产业由组装为主向自主研发制造为主转变；加快传统重化工业现代化改造，增加高附加值环节的比重；推动劳动密集型产业向劳动、知识、技能密集相结合的方向发展，提高产品的知识、技术和人力资本含量。

3. 调动全社会创新创业的积极性

营造有利于全社会创新创业的政策制度环境，采取更有效的措施，加快政府职能转变，促进市场公平竞争，强化激励创新机制。落实和完善企业研发费用加计扣除、高新技术企业扶持等普惠性政策，鼓励企业增加创新投入。加快科技成果使用处置和收益管理改革，扩大股权和分红激励政策实施范围，完善科技成果转化、职务发明法律制度，使创新人才分享成果收益。

（二）加大人力资本投资

加大人力资本投资，加强中高端技能培训和中高等教育体系建设，释放人口质量红利，是适应我国劳动力供求关系变化，培育增长新动力的基础条件。

1. 建立现代教育体系

创新教学内容和方式，将科学精神、创新思维、创造能力贯穿于教育全过程，大力培养创新型人才。推进高等教育内涵式发展，以创新人才培养为中心，提高教育质量，增强高等学校的创新能力建设，支持高等学校参与国家创新体系建设。加快发展现代职业教育，增强职业教育的实用性，培养大批技术技能人才，加强农民工职业技能培训和岗位技能培训。强化基础教育的普惠性和公平性，巩固提高义务教育，加快普及学前教育和高中阶段教育，提升基础教育质量，缩小城乡教育差距。

2. 更加注重提升人力资本质量

深化教育体制改革，积极探索创新型人才培养和成长机制，完善人才评价、流动和配置机制，把发现、培养和用好人才放在优先位置，使各类人才的创新智慧和潜能竞相迸发，造就高素质人才队伍。在充分用好国内人才资源的同时，积极引进国外高质量人才和智力资源。

3. 激发人力资本潜能

重构企业家精神的激励机制，尊重和保护企业家个人财产权利，稳定有产者预期和信心。加快推进农民工特别是第二代农民工市民化，让进城农民工变成无差别的城市人，激发其投入经济建设和创业的激情。

（三）推进产业提质增效升级

进入经济新常态，增强我国经济增长动力，根本出路在于振兴实体经济，核心是推动产业提质增效升级，提升产业价值链和产品附加值。

1. 加快培育新的经济增长点

适应国际产业竞争格局的新变化，加快培育工业机器人、信息网络、集成电路、新能源、新材料、生物医药等新兴产业领域，推动智能制造、分布式能源等新型制造和网购、平台经济、互联网金融等新兴服务业态发展，促使企业向研发、设计、标准、品牌和供应链管理等环节提升。推动实施“中国制造2025”，充分利用信息技术革命的最新成果和先进智能制造技术，力争到2025年，制造业整体达到世界制造强国前列，建成全球领先的技术体系和产业体系。

2. 加快传统产业转型升级

传统产业仍是经济发展的主战场，要推进结构性减税，实施普惠性税收政策，努力减轻企业负担。进一步推进制造业与互联网深度融合，加快技术创新步伐，增强企业的价值创造力和市场竞争力。加快传统重化工业技术进步、管理创新、产业重组和优化布局，鼓励重化工业发展跨国经营。加快提高劳动者素质，推进传统劳动密集型产业和加工贸易转型升级。

3. 加快发展生产性服务业

生产性服务业已经成为提高制造业附加值和服务业生产效率的关键环节，要重点鼓励发展金融保险、商务服务、科技服务、信息服务和创意等生产性服务业，加快发展研发、设计、标准、物流、营销、品牌、供应链管理等生产性服务环节，提升制造业价值链和产品附加值。积极稳妥地扩大服务业对外开放，承接软件、电信服务、金融服务、管理咨询等国际服务业转移和服务外包。

4. 建设以低碳为特征的工业、建筑和交通体系

加强重点行业低碳技术研发应用，逐步建立行业排放标准，推进电力、钢铁、建材、有色、化工等工业节能技术改造，推广强制性能效标识，扩大节能产品认证范围，推行合同能源管理和能源审计；强化城市低碳化建设和管理，发展低碳建筑，对城市现有建筑实行节能改造，新建筑实行节能标准。加快发展轨道交通等低碳交通方式，健全低碳交通法规和标准，提高交通运输能效。

（四）推进新型城镇化和基础设施网络建设

推进城镇化特别是加快农村转移人口市民化，有利于消纳过剩生产能力，释放潜在消费需求，并继续创造基础设施和住宅等投资需求。

1. 积极发展城市群和大都市圈

进一步优化发展长三角、京津冀和珠三角三大城市群，促进形成以上海、北京、广州等一批国际大都市为核心的开放型国际化城市体系，积极培育长江中游、成渝地区、中原地区、关中地区、北部湾等一批基础条件较好、发展潜力较大的新兴城市群，建设连接主要中心城市的综合立体快速通道。增强这些城市群吸纳农村转移人口的能力，使越来越多有能力和符合条件的转移人口就地落户并实现市民化，在转变生活方式中释放消费潜能。

2. 加快中小城市和小城镇发展

增强中小城市和小城镇产业发展、吸纳就业和人口集聚功能，提高对农业转移人口的吸引力。加大中小城市和小城镇基础设施建设投入，释放对钢铁、建材等工业品的需求，完善教育、医疗、养老、文化、旅游等设施，建设各具特色的美丽宜居城镇，吸引外来人口居住，带动新兴服务业发展。

3. 加大重点经济带建设力度

以大江大河和陆路交通干线为纽带，积极谋划区域发展新棋局。实施京津冀协同发展战略，促进环渤海地区发展，辐射带动北方腹地发展。实施长江经济带发展战略，以长江黄金水道为依托，以长三角、长江中游、成渝城市群为支撑，建设以生态优先、绿色发展为先导的经济支撑带。以大珠三角城市群为平台，打造具有国际影响力和竞争力的湾区经济，辐射带动珠江－西江经济带发展，提升泛珠三角合作水平。

4. 增强基础设施网络支撑功能

加快完善国家铁路网，建设安全经济、高效通达的快速客运系统，以快速铁路、高速公路为骨干，以综合交通枢纽为支点，强化城市群内部和城市群之间的快速高效连接。加强物流基础设施网络建设，打造便捷可靠、优质专业的货运运输系统，优化客运枢纽集疏运功能，提高货物换装的便捷性、兼容性，促进各种运输方式的顺畅衔接和高效中转，提升物流效率，降低区域间物流成本。

（五）构建全球化生产运营体系

今后一个时期，我国与世界经济的关系将更加紧密，与主要经济体的互动关系将进一步增强，我国在坚持引进来的同时，将更加积极主动的“走出去”，在扩大开放中实现我国与世界各国互利共赢、共同发展。

1. 加快推进"一带一路"建设

深化与有关国家多层次经贸合作，建设利益共享的全球价值链。推进基础设施互联互通，优先推进骨干通道建设，加快形成国际大通道，构建联通内外、安全通畅的综合交通运输网络。深化与有关国家经贸合作，进一步创新贸易方式，不断提高贸易便利化水平，积极培育新的贸易增长点。加强与沿线国家的产业投资合作，共建一批经贸合作园区。深化能源资源合作，提升能源资源深加工能力，拓展合作的领域和空间。

2. 支持具有比较优势的企业"走出去"

鼓励钢铁、有色、石化、建材等原材料生产企业到海外建立生产基地，逐步将直接进口资源转变为进口原材料，推进我国制造业向精深加工化、服务化主导转变。拓展高铁、核电、通信、航空等大型成套设备的国际市场空间，形成一批具有国际竞争力的跨国企业，着力打造一批世界级品牌，培育竞争新优势。

3. 有序扩大服务业对外开放

分层次有重点放开服务业领域外资准入限制，推进金融、教育、文化、医疗等服务业领域有序开放，放开育幼养老、建筑设计、会计审计、商贸物流、电子商务等服务业领域外资准入限制。在完善审慎监管和有效管控风险的基础上，鼓励人民币向境外进行贷款和投资，培育建设人民币离岸市场，扩大人民币境外循环，稳步推进人民币国际化。对扩大开放条件比较成熟的服务业领域要大胆试验，推动对外开放迈出更大步伐。

五、围绕培育经济增长新动力深化改革

培育经济增长新动力，根本上取决于深化改革能否实现新突破，进而形成有利于新动力成长的体制机制，使经济发展的强大动力释放出来。要坚持问题导向，勇于突破创新，围绕培育新动力推进改革，形成深化改革和动力转换的良性互动。

（一）围绕创新驱动和人力资本投资深化改革

1. 加快形成创新驱动发展的体制机制

营造公平竞争的市场环境，矫正生产要素和资源性产品价格扭曲，增强企业创新发展动力。更加注重知识产权保护，深入实施知识产权战略行动计划，依法打击侵权行为，切实保护发明创造。以增量带动存量改革，在物联网、大数据、云计算、新能源汽车等新兴领域组建一批新型研发机构，取得一批原创性科研成果，推动体制内科研院所深化改革。

2. 加快教育制度改革

给予高校更大办学自主权，鼓励民间创办小型高层次研究型大学，放宽国外一流大学到国内合作办学的条件。推进一批地方本科院校向应用技术本科高校和职业教育转型。推进高等教育招生考试制度改革，推行初高中学业水平考试和综合素质评价，扭转应试教育倾向，建立健全多元招生录取机制。

3. 改革人才流动体制

改进人员岗位管理制度，破除人才流动的体制性障碍，促进科研人员在事业单位和企业间合理流动。破除体制内与体制外流动障碍，建立中国特色的“旋转门”机制，鼓励专业人才在学术机构、政府部门、企业和非营利组织间流动。健全人才向基层流动、向艰苦岗位流动、在一线创业的激励机制。分类推进人才评价机制和职称制度改革。

（二）围绕产业转型升级深化改革

1. 推动企业市场化兼并重组

制定企业破产法实施细则并付诸实施，停止财政资金、银行资金向“僵尸企业”输血，把沉淀闲置的资源解放出来。针对企业退出的各种制度性障碍，完善职工安置、债务处置、资产重组、企业改制等具体政策措施。积极探索市场化产能出清的新机制，如建立全国性的过剩产能交易市场，推动过剩产能指标跨区交易。

2. 深化国企国资改革

进一步推进国有企业混合所有制改革，在电力、石油、天然气、铁路、民航、电信、军工等领域加快迈出实质性步伐。完善现代企业制度，改革和健全企业经营者激励约束机制。多渠道解决企业办社会负担和历史遗留问题，保障职工合法权益。完善国有资产管理体制，加快国有资本投资公司、运营公司试点，打造市场化运作平台，提高国有资本运营效率。

3. 进一步放宽市场准入

大幅放宽石油天然气、电力、电信、铁路、金融、医疗、教育、文化、体育等基础产业和服务业领域民间投资市场准入，政府采取投资补助、资本金注入、设立基金等办法，引导社会资本投入重点项目。鼓励社会资本发起设立股权投资基金，鼓励投资项目引入非国有资本参股。在基础设施、公用事业等领域，积极推广政府和社会资本合作模式。

（三）围绕推进新型城镇化深化改革

1. 深化户籍制度改革

全面推行农业转移人口居住证制度，建立健全与居住年限等条件相挂钩的基本公共服务提供机制，实现城镇常住人口基本公共服务全覆盖。推进实施财政转移支付和城镇建设用地增加规模与吸纳农业转移人口落户数量挂钩。改革城乡有别的户籍制度，推进户口与各项公共服务脱钩。建立农业转移人口市民化成本分担机制。

2. 推进农村土地制度改革

在符合规划和用途管制前提下，允许农村集体经营性建设用地出让、租赁、入股，实行与国有土地同等入市、同权同价。保障农户宅基地用益物权，在试点基础上积极稳妥推进农民住房财产权抵押、担保、转让。探索宅基地自愿有偿退出机制。赋予农民对承包地占有、使用、收益、流转及承包经营权抵押、担保权能，鼓励承包经营权在公开市场上向专业大户、家庭农场、农民合作社、农业企业流转，发展多种形式的规模经营。

（四）围绕构建全球化生产运营体系深化改革

1. 建立贸易便利化体制机制

全面实施单一窗口和通关一体化，推行口岸管理部门“联合查验、一次放行”等协作机制，保持传统贸易方式竞争优势。加强国际协调，解决跨境电子商务在境内外的标准、支付、物流、通关、检验检疫、税收等方面的问题，建立便利跨境电子商务等新型贸易方式的体制机制。健全服务贸易促进体系，建立与服务贸易相适应的口岸管理和通关协作模式。

2. 创新外商投资管理体制

在总结现有自由贸易试验区探索试验的基础上，在更大范围内推广复制并全面实行准入前国民待遇加负面清单管理制度，促进内外资企业一视同仁、公平竞争。与此同时，建立健全与负面清单管理制度相适应的外商投资安全审查制度。

3. 完善境外投资管理体制

放宽境外投资限制，简化境外投资管理程序，除少数有特殊规定外，境外投资项目一律实行备案管理。清理取消束缚对外投资的各种不合理限制，完善对外投资合作国别指南和产业指引，为企业提供便利服务。推动中资金融机构海外网点建设，加强对境外企业的金融服务。

执笔人：王一鸣

第六章

关于发展阶段与经济增速的几个经验事实

回顾主要经济体的百年发展历程，先行增长的发达经济体一般长期保持5%以下的中低速增长，而后发追赶型经济体往往会出现一定时期的经济高速增长阶段，但是高增长阶段难以长期持续，在高速增长结束后经济增速会出现较大幅度回落。对于成功追赶并进入高收入社会的经济体而言，增速回落大多发生在人均GDP介于11000~13000美元（1990年购买力平价，下同）之间。当前，按照购买力平价，我国人均GDP已经超过11000美元，已经处于经济增速明显放缓阶段。作为13亿人口大国，未来10年我国若能保持年均5%~6%的经济增速，将会是经济发展史上的一个奇迹，并成为实现成功追赶的又一典范。

一、典型发达经济体的经济增长特点

先行增长的发达经济体保持长期相对平稳和中低速经济增长。借助麦迪森数据库和世界银行数据库，我们对英、美、法、德等典型发达国家的经济增长进行了梳理和比较。为避免短期波动的干扰，我们采用了10年移动平均的方式对GDP增速进行处理。由图1可发现，除二战前后破坏及修复性增长外，4个国家的GDP平均增速基本保持在0~5%之间，具体经济增速各国虽有差异，总体均保持中低速增长。

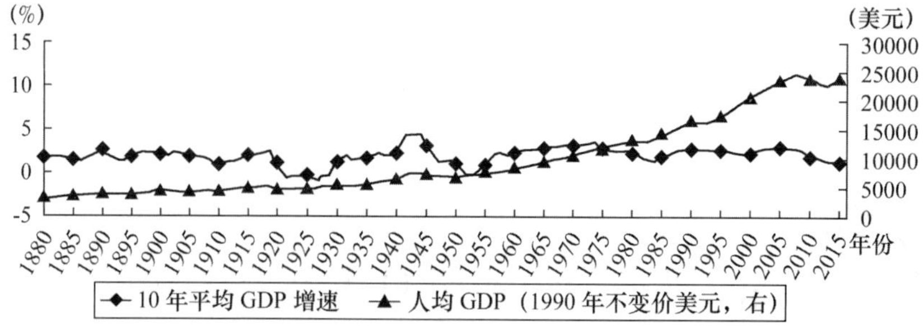

英国

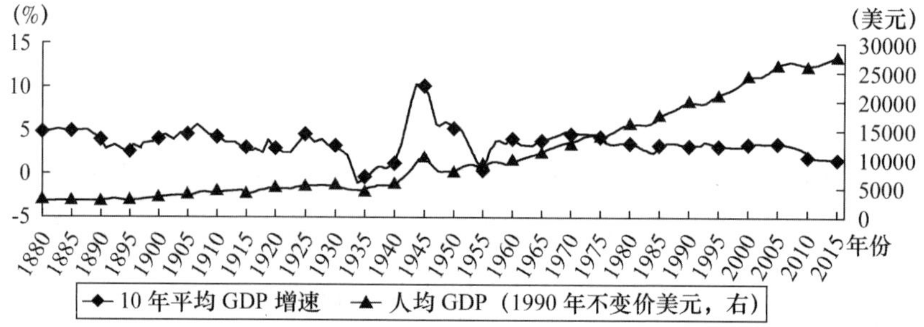

美国

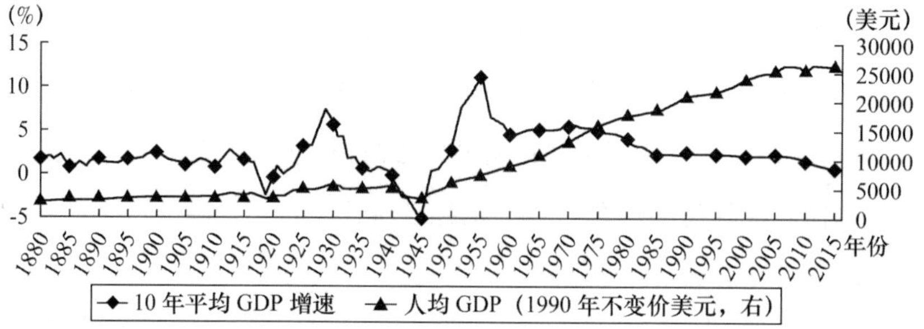

法国

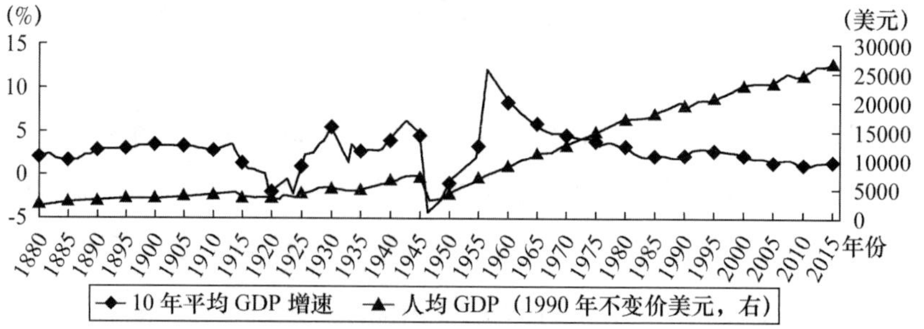

德国

图 1　4 个发达国家 GDP 增速情况

资料来源：麦迪森数据库和世界银行数据库，经 10 年移动平均计算得到。

二战后德法两国表现出修补性高增长。德国和法国在二战中经济受到巨大冲击，但在此后均出现一段快速恢复性增长期（图2）。法国1944年人均GDP为2422美元，仅为1939年的1/2，同期美国和英国人均GDP分别为10000美元和7000美元左右。法国随后经历30年平均7%的增长。德国1946年人均GDP为2217美元，仅为1944年的1/3。德国随后经历20年平均5.7%的增长。

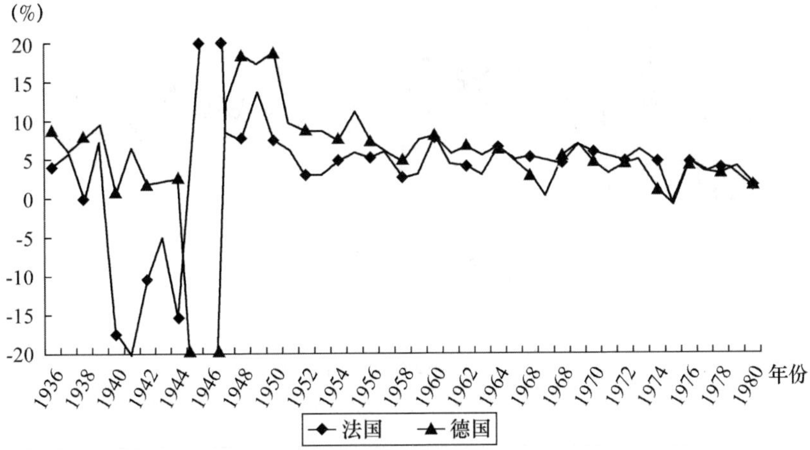

图2　法国和德国二战后的GDP增速

资料来源：麦迪森数据库，1945年和1946年出现极端情况。

二、追赶型经济体的经济增长特点

相对落后的经济体凭借后发优势实现了快速增长和追赶。后发经济体用更短的时间实现了先行经济体经济发展成果，并且起飞越晚的经济体达到相同发展水平所需时间越短。例如，人均GDP从2000美元至10000美元的过程，英国用时为140年，德国和美国用时也接近100年，日本仅用时42年，而后发的韩国和中国台湾用时仅为24年。

追赶型经济体均经历了较长时间的高速增长阶段。图3描绘了日本、韩国、中国台湾在1936～2015年的经济增长情况，日本的高速增长阶段出现在1973年以前的一段时间，韩国和中国台湾分别是在1995年和1992年以前。从1946年至1973年，日本实现28年GDP平均增速9.3%；从1961年至1996年，韩国实现36年GDP平均增速8.5%；从1946年至1992年，中国台湾实现47年GDP平均增速10%。

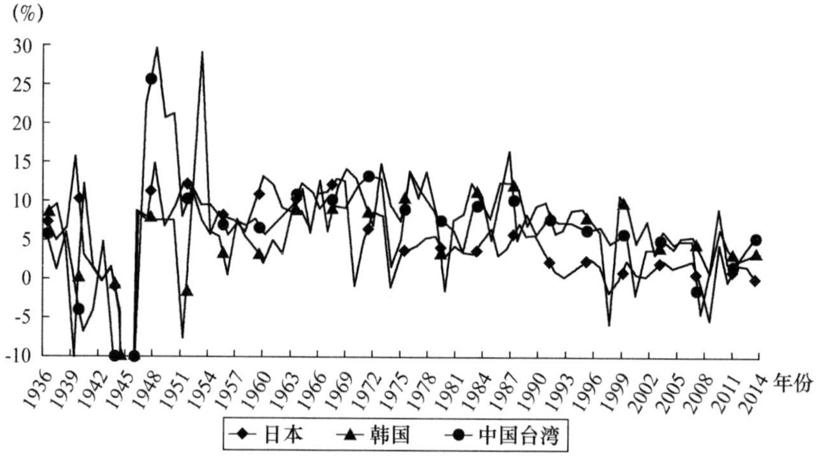

图3　追赶型经济体的GDP增速

资料来源：麦迪森数据库和Penn World Table（PWT）数据库。

追赶型经济体高速增长阶段结束时仍与发达经济体存在较大差距。美国在1973年和1993年的人均GDP分别为16689美元和23640美元，英国同期分别为12025美元和16458美元。而在高速增长阶段结束时，日本1973年的人均GDP仅为美国的2/3，韩国1995年的人均GDP仅为美国的1/2，中国台湾1992年的人均GDP也是美国的1/2。

三、追赶型经济体高速增长的持续性

经济高速增长难以长期持续。我们选择了人口超过1000万人的78个经济体，按照GDP增速和持续时间两个标准进行分类（表1）分析。把年均增速超过5%，且短期增速降至5%以下但不超过5年的时期界定为“持续高速增长期”，则自1940年以来，在这78个较大经济体中，高速增长期能持续20年以上的国家和地区仅仅20个。其中，持续时间超过30年的仅仅5个（中国台湾、泰国、中国内地、韩国和沙特）。持续时间超过40年的仅仅2个较小经济体，即中国台湾高增长持续了55年，从1946年持续到2000年；泰国高增长持续了40年，从1957年持续到1996年。而其中，能保持9%以上并持续增长30年以上的国家或地区只有3个，即中国内地、沙特和中国台湾，且迄今为止保持9%以上增长持续时间最长的是中国台湾和中国内地。

如果再往前回溯，1940年之前全球经济增速总体相对更低。从1820年以来的可比数据中，即使将平均增速超过3%界定为高速增长，其中持续增长超过30年的国家仅仅有澳大利亚、哥伦比亚、秘鲁、乌拉圭。

表1　　1940年来保持持续高增长且人口大于1000万人的经济体

	国家/地区	高速增长时期			
		起　年	止　年	平均增速（%）	持续年数
1	中国台湾	1946	2000	9.4	55
2	泰　国	1957	1996	7.6	40
3	中国内地	1978	2015	9.6	38
4	韩　国	1961	1996	8.5	36
5	沙特阿拉伯	1951	1981	9.6	31
6	越　南	1988	2015	6.9	28
7	日　本	1946	1973	9.3	28
8	希　腊	1951	1976	6.5	26
9	马来西亚	1959	1984	7	26
10	缅　甸	1992	2015	9.5	24
11	意大利	1946	1969	7.8	24
12	印　度	1992	2015	7	24
13	莫桑比克	1993	2015	7.6	23
14	阿尔及利亚	1963	1985	7.3	23
15	墨西哥	1960	1981	6.7	22
16	卢旺达	1995	2015	8.9	21

续表

	国家/地区	高速增长时期			
		起　年	止　年	平均增速（%）	持续年数
17	柬埔寨	1995	2015	8.4	21
18	乌干达	1993	2013	7.1	21
19	伊　朗	1956	1976	10.6	21
20	巴　西	1943	1962	6.7	20

资料来源：麦迪森数据库、世界银行数据库和 Penn World Table（PWT）数据库。

高速增长阶段结束后 GDP 增速会有较大幅度回落。快速追赶阶段经济增速回落通常有两类情景。一类是跨过中等收入陷阱、成功迈入高收入行列之后，经济潜在增速的回落。比如，东亚以及东南亚增速回落的经济体，经济增速回落幅度在 3.5 个百分点左右。另一类是由于外生冲击诱发国内危机或者一些体制性缺陷，落入中等收入陷阱，追赶进程夭折。比如，东欧以及苏联、拉美国家以及部分非洲国家，这一类经济体的经济增速回落幅度更大，平均在 5.5 个百分点。

四、高速增长阶段向中速阶段过渡发生的时点

经济增长由高速向中速转换多发生在人均 GDP 11000 ~ 13000 美元之间。日本、韩国、中国台湾在人均 GDP 超过 11000 美元后（图 4），先后出现了经济增速换挡的现象，日本 1973 年人均 GDP 为 11434 美元，韩国 1995 年人均 GDP 为 12094 美元，中国台湾 1992 年人均 GDP 为 11304 美元。从 GDP 增速与人均 GDP 的关系来看，快速追赶基本开始于人均 GDP 在 2000 ~ 4000 美元之间，而结束于人均 GDP 在 11000 ~ 13000 美元之间，在此之后，经济增长将进入中速发展阶段。

多数经历高速增长阶段的经济体表现出类似特征。其他一些经济体高速增长阶段结束的时点多数也集中在 11000 ~ 13000 美元附近，例如芬兰、

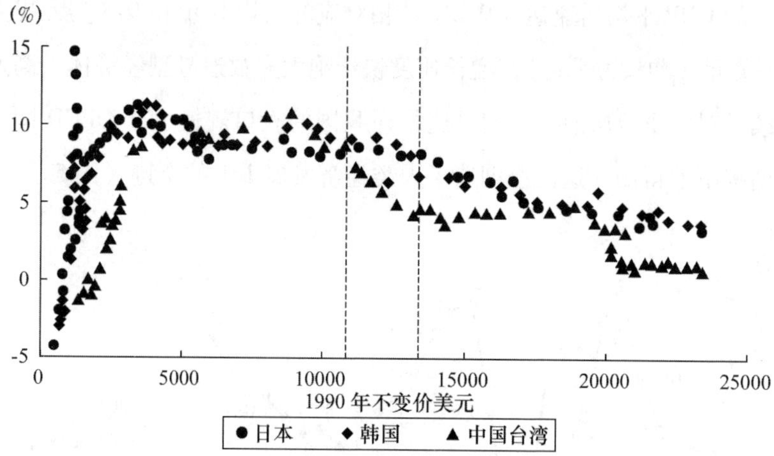

图 4 人均 GDP 与 GDP 增速

资料来源：麦迪森数据库、世界银行数据库和 Penn World Table（PWT）数据库。

荷兰、奥地利、加拿大、瑞典、比利时等国家。当然，增速换挡究竟发生在哪一时点是无法准确判断的，只是会以较大概率在上述区间内发生 GDP 增速转换。GDP 增速在人均 GDP 达到 11000 ~ 13000 美元时出现明显下降，直接的原因可能是工业化达到后期，资本积累对经济增长的贡献大大降低，尽管技术水平与前沿国家仍有差距，但获取新技术并将其转化的速度大大降低。

五、未来 10 年我国能争取 5% ~ 6% 的增长就很了不起

通过以上分析发现，在早期发达经济体中，美国和英国等领先国家基本保持了 0 ~ 5% 的经济增速；德国和法国在二战后重建过程中经历了 25 年的高速发展，于 1970 年左右基本赶上英国的水平；在后发追赶型经济体中，日本、韩国和中国台湾用了更短的时间实现了成功追赶，但是在人均 GDP 达到 11000 ~ 13000 美元时，高速增长阶段结束，GDP 增速出现了较大幅度回落。

我国（不含港澳台地区）已经历了较长时间的高速发展。1978 ~ 2015

年我国的 GDP 平均增速达到 9.6%，相对应的人均 GDP 由 978 美元提升至 11414 美元（购买力平价），增长速度快于绝大多数追赶型经济体，高速增长持续的时间也位居前列，而且这是在我国的人口规模大于 OECD 国家总和的前提下取得的，这已经创造了人类经济发展史上的奇迹（图 5）。

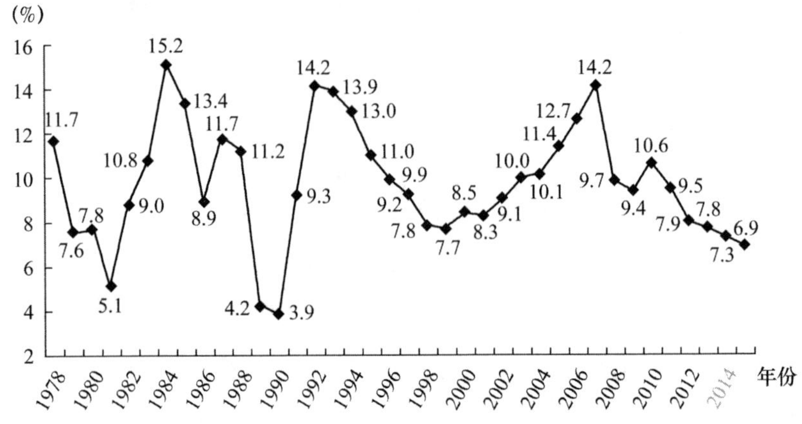

图 5　1978 ~ 2015 年中国 GDP 增速趋势图

我国目前已处于经济增速转换期。当前，我国人均 GDP 已进入 11000 ~ 13000 美元区间，根据国际经验和我国实际情况，我国已进入增速换挡期，GDP 由高速增长向中高速增长迈进。2012 年以来，我国经济增速持续放缓，正是这一规律的直接体现。根据一些成功追赶的经济体发展过程来看，高增长阶段结束后，经过一段时期的过渡，会进入 5% 左右甚至低于 5% 的增长阶段。未来 10 年，如果我国经济可以保持 5% ~ 6% 的增速，放在全球增长历史中仍属于高增长，届时人均 GDP 将达到 20000 美元左右，相比于其他追赶型经济体的相同发展阶段，我国的经济增速仍然较快，这将延续增长奇迹，创造追赶型国家的又一成功典范。

执笔人：陈昌盛　李承健

第二部分 供给侧结构性改革

第一章

向深化供给侧结构性改革聚力加力

2016 年末的中央经济工作会议指出，2017 年是供给侧结构性改革的深化之年，要坚持以推进供给侧结构性改革为主线。进一步深化对供给侧结构性改革的认识，增强理论自觉和行动自觉，向深化供给侧结构性改革聚力加力，为深化供给侧结构性改革营造良好环境，对做好 2017 年经济工作，促进我国经济持续健康发展具有重要意义。

一、进一步深化对供给侧结构性改革的认识

党的十八大以来，以习近平同志为核心的党中央作出我国经济发展进入新常态的重大判断，形成以新发展理念为指导、以供给侧结构性改革为主线的政策体系，强调坚持稳中求进工作总基调。党中央对经济形势作出的重大判断、对经济工作作出的重大决策、对经济工作思想方法作出的重大调整，实践证明是正确的，也是符合实际的。供给侧结构性改革是关于经济发展的重大理论创新，对引领我国经济持续健康发展的积极作用正在显现。

第一，推进供给侧结构性改革，是全面分析国内经济阶段性特征基础上作出的重大决策。过去一个时期，我们主要从需求侧想办法、出政策，实行比较大力度地扩大内需特别是扩大投资政策，拉动经济增长，这在当

时传统产能市场需求还有空缺的情况下是有效的。随着我国经济发展进入新常态，传统产能接近或达到上限规模，消费结构加快升级并向高端化、个性化、服务化主导的需求结构转换，原有的供给结构越来越不适应需求结构的变化，再简单沿用主要靠扩大投资的办法来化解供需矛盾，不仅投资效率持续下降，债务杠杆继续攀升，还会增大金融风险的累积，也难以从根本上扭转经济短暂回升后继续下行的态势。推进供给侧结构性改革，是党中央针对我国经济发展阶段性特征变化作出的重大决策。我们要把思想统一到中央的决策部署上来，以更大的决心和勇气打好供给侧结构性改革攻坚战，不断拓展经济发展新空间。

第二，推进供给侧结构性改革，是调整经济结构和转变经济发展方式的治本良方。我国经济发展进入新常态，从表象上看是增速换挡，但本质上是结构调整和发展方式转换。经济增速换挡，是周期性因素和结构性因素共同作用的结果，但深层次原因是结构性问题，主要是供需结构错配，供给结构调整跟不上需求结构变化，无效供给过多，有效供给不足；低端供给过多，中高端供给不足。矛盾的主要方面在供给侧，主要表现为供给结构调整受到体制机制制约，过剩产能难以有效出清，需求结构变化形成的高端化、个性化、服务化需求难以得到满足。只有坚定不移推进供给侧结构性改革，用改革的办法矫正供需结构错配，使价格机制真正引导资源配置，减少无效供给，扩大有效供给，才能从根本上提升整个供给体系质量，提高供给结构对需求结构的适应性，实现供求关系新的动态均衡，不断推进经济结构调整和经济发展方式转变。

第三，推进供给侧结构性改革，是解决当前经济运行矛盾和问题的根本举措。当下，我国经济运行存在的突出矛盾和问题，如产能过剩和需求结构升级矛盾突出，经济增长内生动力不足，金融风险有所积聚，部分地区困难增多等，根源也是重大结构性失衡，主要表现为实体经济结构性供需失衡、金融和实体经济失衡、房地产和实体经济失衡。这些重大结构性失衡，虽然有阶段性政策性因素，但根本上是体制性机制性问题。因此，宏观调控必须在适度扩大总需求、做好需求管理的同时，坚持以供给侧结构性改革为主线，更多从供给侧、结构性改革上找出路、想办法、出政策。在总结经验的基础上，要根据新情况新问题，完善供给侧结构性改革的政策措施，深入推进“三去一降一补”，推进农业供给侧结构性改革，全面振兴实体经济，促进房地产市场平稳有序发展，把供给侧结构性改革不断推向深入，促进经济平稳健康发展。

二、坚定不移将供给侧结构性改革推向深入

中央经济工作会议对继续深化供给侧结构性改革提出明确要求，作出新的部署，我们要向供给侧改革聚力加力，坚定不移将供给侧结构性改革推向深入。

（一）深入推进“三去一降一补”

2016 年，供给侧结构性改革重点推进“三去一降一补”五大任务，提振了市场预期和信心，工业品价格在连续 54 个月负增长后由负转正，工业企业利润持续改善，部分行业供求关系、政府和企业理念行为发生积极变化。与此同时，供给侧结构性改革进展不平衡，仍面临各种体制性机制性问题。2017 年深入推进“三去一降一补”，要进一步突出重点，努力取得实质性进展。在“去产能”方面，继续按照市场化法治化原则，推动钢铁、煤炭行业化解过剩产能，同时做好其他产能严重过剩行业的“去产能”工作。以处置“僵尸企业”和空壳企业为突破口，通过严格执行环保、能耗、质量、安全等相关法律法规标准，推动企业兼并重组，去除落后产能，妥善处置企业债务，盘活沉淀的土地、厂房、设备等各种资源。在“去产能”过程中，着力建立过剩产能的有效出清机制，防止已经化解的过剩产能死灰复燃。在“去库存”方面，坚持分类调控，因城施策，重点解决三、四线城市房地产库存过多问题。通过推进人的城镇化减少三、

四线城市房地产库存，继续提高棚改货币化安置比例，提高三、四线城市教育、医疗等公共服务水平，增强吸引力，鼓励农业转移人口购买城市商品房。在人口净流出地区还要控制房地产用地供给量。在“去杠杆”方面，要在控制总杠杆率的前提下，把降低企业杠杆率作为重中之重。按照市场化法治化原则，有序推进资产重组和债务处置，开展市场化债转股，更多发挥国家和地方资产管理公司作用，建立不良资产交易平台，推进不良资产证券化试点，设立快速清算通道，提高资产处置效率。在“降成本”方面，要在加大减税、降费、降低要素成本工作力度基础上，着力降低制度性交易成本。深入推进“放管服”改革，减少审批事项，在降低显性门槛后，进一步减少隐性障碍，优化政府服务，提高办事效率，放开中介服务市场，降低各类中介评估费用和服务收费。降低企业用能成本和物流成本。提高劳动力市场灵活性。建立新型激励机制，增强对干部的有效激励，提高服务市场主体的效率。在“补短板”方面，在补硬件短板和发展短板的同时，着力补软件短板和制度短板。优化财政支出和投资结构，集中力量攻克薄弱环节，加强创新能力、人力资本、征信体系、社会保障、市场监管和公共服务等建设，增加社会民生和生态环境投入，更有力扎实推进脱贫攻坚，增强人民群众的获得感。

（二）推进农业供给侧结构性改革

当前，我国农业发展面临新形势，粮食产量持续增长，库存压力不断增大，绿色优质农产品供给不足，农民增收难度增大，推进农业供给侧结构性改革已势在必行。要加快农业供给结构调整，把增加绿色优质农产品供给放在突出位置，抓好农产品标准化生产、品牌创建、质量安全监管。积极稳妥推进粮食等重要农产品价格形成机制和收储制度改革，继续抓好玉米收储制度改革，完善稻谷小麦最低收购价政策。做好政策性粮食库存消化工作，推进农产品精深加工和转化。通过细化和落实承包土地“三权分置”办法，培育新型农业经营主体和服务主体，推动农业结构调整，培育新型职业农民。统筹推进农村土地征收、集体经营性建设用地入市、宅基地制度改革试点，深化农村产权制度改革，赋予农民更加充分的财产权利。促进农村一二三产业融合发展和农业提质增效，多措并举稳定农民收入。

（三）着力振兴实体经济

实体经济是强国富民的根基，也是我国参与国际竞争的优势所在。近年来，随着生产要素成本上升和国内外市场需求变化，加之产业转型升级受到体制机制制约相对滞后，传统产业盈利水平下降，实体经济投资回报率降低，出现了“脱实向虚”现象。供给侧结构性改革要将振兴实体经济作为主要任务，坚持以提高质量和核心竞争力为中心，发展壮大实体经济。一是要把握好调整产能与提升质量的关系，既要下决心“去产能”，减少无效和低质量供给，又要着力提质量，扩大有效和高质量产品供给。二是把握好发展新兴产业与提升传统产业的关系，既要加快培育新产业、新业态、新服务，又要更加注重为传统产业引入新技术、新机制、新模式。三是把握好大企业和中小微企业的关系，既要发挥好大企业的骨干作用，又要更加注重放宽市场准入，为中小微企业公平参与市场竞争创造条件。四是把握好“引进来”和“走出去”的关系，既要重视开展国际产能合作，又要注重建设法治化国际化便利化营商环境，更好发挥外资企业对发展实体经济的重要作用。总之，要推动实体经济适应市场需求变化，加快产品更新换代，提高产品质量和工艺水平，增强创新能力和核心竞争力，做实做优做强实体经济。

（四）促进房地产市场平稳健康发展

把促进房地产市场平稳健康发展作为供给侧结构性改革的一个重要任务，对抑制房地产泡沫、避免房地产市场大起大落具有十分重要的意义。要坚持“房子是用来住的，不是用来炒的”的定位，综合运用金融、土地、财税、投资、立法等手段，加快研究建立符合国情、适应市场规律的基础性制度和长效机制。在金融政策上，宏观金融政策要管住货币，微观信贷政策要支持合理自住购房，限制信贷资金流向投资投机性购房。在土地政策上，要落实人地挂钩政策，根据人口流动情况分配建设用地指标，特别是房价上涨压力大的城市要合理增加土地供应，提高住宅用地比例，盘活城市闲置和低效用地。在财税政策上，要按照党的十八届三中全会精神，加快研究房地产税立法并适时推进改革。在住房政策上，要加快住房租赁市场立法，加快机构化、规模化租赁企业发展。在市场监管上，要加强住房市场监管和整顿，规范开发、销售、中介等行为。要看到，从根本上解决房地产结构性高房价和高库存的问题，还需要调整和优化城镇空间布局和空间结构，解决特大城市优质公共服务资源集中过多和城市功能过于集中的问题，通过加强特大城市与周边中小城市基础设施的互联互通，促进优质资源公共服务资源均衡配置，疏解特大城市部分功能，带动周边中小城市发展。

三、为深化供给侧结构性改革营造良好环境

深化供给侧结构性改革，要加强宏观政策协调配合，保持经济运行环境稳定，推动关键领域改革取得突破，形成良好的宏观环境。

一是加强宏观政策协调配合。推进供给侧结构性改革不是要放弃需求管理和需求政策，而是要充分发挥需求管理的“稳定器”作用，加强宏观政策的协调配合。需求管理重在短期调控，引导市场预期。需求政策要适度扩大总需求，避免经济运行大的波动，为供给侧结构性改革营造良好宏观环境。为此，要继续实施积极的财政政策和稳健的货币政策，保持经济运行在合理区间。财政政策要更加积极有效，预算安排要体现与供给侧结构性改革协调配合的需要，优化支出结构，继续落实和完善“营改增”等政策，进一步推进减税降费，加大对社会民生和生态环境建设的投入。货

币政策要保持稳健中性，调节好货币供应量，既要保持流动性基本稳定，又要避免杠杆率过快上升，引导金融机构加大对实体经济的支持，降低实体经济融资成本，增强实体经济活力和竞争力。

二是保持经济运行环境稳定。推进供给侧结构性改革，可能会在短期内形成一定的收缩效应，还可能使潜在风险和隐性失业显性化，对稳定经济运行环境提出更高要求。特别是随着经济发展新常态特征更趋明显，主要经济变量关系继续调整，加之外部环境的复杂变化，金融市场的波动性有可能增大并相互传导。要把防控金融风险放到更加重要的位置，强化底线思维，加强重点领域风险排查，下决心处置一批风险点，避免风险积累和扩散，确保不发生系统性金融风险，保持宏观经济运行环境总体稳定。在人民币汇率面临的外部环境明显变化的情况下，要在增强汇率弹性的同时，注重保持人民币汇率在合理均衡水平上的基本稳定。

三是推动关键领域改革取得突破。深化改革是推进供给侧结构性改革的根本途径。要按照统筹推进、重点突破的要求，加快改革步伐，深入推进“四梁八柱”性等关键领域改革，发挥改革对推进供给侧改革的牵引作用。深化国企国资改革。把“去产能”与深化国企改革结合起来，增强国有资本流动性，发展混合所有制经济。完善国有资产管理体制，从管企业为主向管资本为主转型，加快推动国有资本投资、运营公司改革试点。加强产权保护制度建设。依法有效保护各种所有制经济组织和公民财产权，妥善处理历史形成的产权案件，坚持有错必纠，甄别纠正一批侵害企业产权的错案冤案，形成良好预期，增强企业家信心。稳妥推进财税和金融体制改革，加快制定中央和地方收入划分总体方案，逐步健全地方税体系。深入研究并积极稳妥推进金融监管体制改革，深化多层次资本市场体系改革，完善国有商业银行治理结构，有序推进民营银行发展。健全社会保障体系，加快推动养老保险制度改革，扩大覆盖面，提高保障能力。

执笔人：王一鸣

第二章

钢铁、煤炭行业“去产能”的基本情况及政策建议

从2011年开始，我国钢铁、煤炭行业面临着较大的产能过剩压力，国内产品价格大幅下滑、行业企业经营全面亏损。国内过剩也对国际市场产生了深刻影响，钢铁产品出口大幅增长触动了全球钢铁供给格局，煤炭产品进口大幅放缓加剧了世界煤炭企业竞争。进入2016年，钢铁、煤炭行业的产能过剩相继得到缓解，并出现了供应趋紧态势。两大行业之所以能够在较短时间内从下行区间进入供需再平衡区间，前提是国内经济整体趋稳，一个重要原因在于我国政府将化解过剩产能与大气污染防治相结合，加大了“去产能”的政策力度。目前，钢铁、煤炭行业的经营形势整体好转，但结构性难题依然存在。作为一项长期工作部署，下一阶段的“去产能”面临新的矛盾。

一、产能压力有所缓解，行业形势整体好转

我国钢铁和煤炭行业的产能过剩问题从2011年四季度开始显现，在2015年极为突出。国内钢材综合价格指数（CSPI）从2011年2月14日的高点136.31点降至2015年12月14日的低点54.48点，降幅为60.03%。

环渤海湾煤炭价格指数（BSPI）从2011年11月9日的高点853元/吨跌至2016年1月13日的低点371元/吨，跌幅为56.51%。2015年，我国粗钢产量出现30余年来的首次负增长，原煤产量连续两年负增长，钢铁和煤炭企业的经营形势已经非常困难。根据统计局数据：黑色金属冶炼及压延工业销售利润率从2011年12月的2.6%降至2015年12月的0.81%，并在2015年10月达到0.61%的最低点；煤炭开采和洗选业销售利润率从2011年5月的14.06%降至2015年12月的1.76%，并在2015年8月达到1.55%的最低点。2015年，大中型钢铁企业的亏损面为50.5%，大中型煤炭企业亏损面超过90%。

2016年以来，钢铁、煤炭行业的过剩问题较快缓解，企业经营形势明显好转。国内钢材综合价格指数虽然有一定幅度波动，但整体呈现较快速上升势头，在2016年12月16日达到全年最高点，值为103.4点，与1月11日的全年最低点57.42点相比上涨了80.08%。环渤海湾煤炭价格指数持续上升，到2016年11月1日达到全年最高点607元/吨，与1月6日的371元/吨相比涨幅高达63.61%。环渤海湾煤炭价格指数虽然在11月1日之后小幅下行，到12月31日降至593元/吨，但同比涨幅仍然高达59.41%。企业效益也在逐步好转。黑色金属冶炼及压延工业的销售利润率从2016年2月份的0.29%上升至9月份的2.56%，10月份为2.38%、11月份为2.46%，稳中向好趋势明显。煤炭开采和洗选业的销售利润率也从2016年2月的-0.29%上升至11月的4.13%。截至2016年11月，大中型钢铁企业的亏损面已降至22.2%；煤炭行业的亏损面在2016年年初超过80%，到了5月份仍然超过70%，但自8月份开始已经实现了全行业扭亏。根据统计局数据：2016年1~11月，黑色金属冶炼及压延加工业利润总额累计同比增速为274.7%，煤炭开采和洗选业的利润总额累计同比增速为156.9%。

2010年以来，钢铁、煤炭行业的运营情况见表1。

表 1　2010～2016 年我国钢铁、煤炭行业运营情况

年度		2010 年	2011 年	2015 年	2016 年
亏损面	大中型钢铁企业	11 月：13.3%	10.4%	55.5%	11 月：22.2%
	大中型煤炭企业	行业整体盈利	行业整体盈利	超过 90%	8 月：行业整体盈利
价格	国内钢材综合价格指数（CSPI）	12 月 31 日高点：128.29 点	2 月 14 日高点：136.31 点	12 月 14 日低点：54.48 点	12 月 16 日高点：103.4 点
	环渤海湾煤炭价格指数（BSPI）	12 月 23 日高点：796 元/吨	11 月 9 日高点：853 元/吨	12 月 16 日低点：371 元/吨	1 月 13 日低点：371 元/吨 11 月 1 日高点：607 元/吨 12 月 31 日：593 元/吨
销售利润率	黑色金属冶炼及压延工业	5 月：3.1% 11 月：2.58%	12 月：2.60%	10 月：0.61% 12 月：0.81%	2 月：0.29% 8 月：2.52% 11 月：2.46%
	煤炭开采和洗选业	8 月：14.15% 11 月：13.85%	5 月：14.06%	8 月：1.55% 12 月：1.76%	2 月：-0.29% 11 月：4.13%
利润总额同比增速	黑色金属冶炼及压延工业	1～11 月：58.14%	15.44%	-67.9%	1～11 月：274.7%
	煤炭开采和洗选业	1～11 月：61.06%	33.39%	-65%	1～11 月：156.9%

资料来源：万德资讯、国家统计局、钢铁工业协会、煤炭工业协会。

二、本轮“去产能”的主要特点

在经历了“黄金十年”后，钢铁、煤炭行业先后在3~4年的时间内表现出较为严重的产能过剩，但自2016年以来又呈现出市场迅速回暖态势。在不同的市场环境下，“去产能”所依托的主要手段并不相同。以2011年钢铁行业首先步入下行区间为始，2016年行业经营形势回暖为止，我国煤炭、钢铁行业“去产能”工作可以划分为两个阶段。

在行业下行期，市场和法律手段对化解钢铁、煤炭过剩产能的作用大于行政调控。2011~2015年，我国钢铁、煤炭行业化解过剩产能取得了一定成效，行政调控发挥了作用，但市场和法律手段的作用更大。行政调控主要指在政府主导下实施“去产能”计划。通过行政手段，截至2015年我国累计淘汰炼钢炼铁产能约1.35亿吨，淘汰煤炭产能约8.1亿吨。市场手段，一方面是指市场自然淘汰，也即企业根据经营状况主动退出、停产、减产以及调节产品进出口量；另一方面是指政府提升行业标准并严格监管。企业停产和调节进出口量均影响国内市场供应，也属于本轮“去产能”的范畴。法律手段主要指政府提升行业标准，并加大对违规、违法企业的执法力度。最初通过行政手段淘汰的产能中，很多属于早已停产或荒废的“僵尸”产能，因此行政调控“去产能”的量虽然不小，但对市场供需结构还不能形成显著影响。相反，市场和法律手段对下行期市场供应量的减少发挥了重要作用。一批大量规模较小的煤炭、钢铁企业主动停产或直接退出；几乎所有的大中型煤炭、钢铁企业都采取了减产措施；有条件从事进出口业务的钢铁生产企业加大了钢材出口量，煤炭消费企业减少了煤炭进口量。根据报春钢铁网数据：截至2016年7月，唐山市高炉注册企业数量与2014年相比减少了6~8家。根据神华集团数据：在2014~2015年两年时间里，神华按国家计划关闭的产能只有940万吨，但主动减产近1亿吨、减少销售约1.7亿吨。

市场和法律手段化解产能过剩矛盾的效果可以通过钢铁、煤炭国内市场供应量的大幅下降来体现。根据统计局数据：“十二五”期间，我国粗钢产量增速整体下滑，在2015年负增长，值为-2.3%，与2010年相比降低11.6个百分点。我国原煤产量同比增速逐年显著下降，在2014年出现负增长，值为-2.5%；在2015年继续下降至-3.5%，与2010年相比降低11.7个百分点。根据海关总署数据：2014年和2015年，我国钢材出口量同比增速分别为50.5%和19.9%，原煤进口量同比增速分别为-10.9%和-29.92%。

在行业回暖期，行政调控力度不断加大，对“去产能”发挥了主要作用。2016年以来，国家加大了“去产能”的政策力度。2016年1月份，国务院明确：“去产能”工作要“率先从钢铁、煤炭行业入手取得突破”，要用“法治和市场化手段”“较大幅度压缩煤炭产能”。为落实“去产能”计划，国务院分别于2月4日、5日印发了《关于钢铁行业化解过剩产能实现脱困发展的意见》和《关于煤炭行业化解过剩产能实现脱困发展的意见》。之后，涉及人力资源、金融、安监、国土、质检、税务、财政、环保等领域的配套文件陆续出台，煤炭、钢铁主要生产省、市、自治区也分别明确了“去产能”的目标、计划和具体措施。在政策的强力推进下，煤炭、钢铁行业2016年“去产能”计划全部提前完成。

行政手段对市场回暖阶段的“去产能”发挥了主导作用。2016年以来，钢铁、煤炭市场回暖主要得益于五个方面：一是宏观经济缓中趋稳、稳中向好；二是在之前的市场下行期以市场调节为主的产能退出和产量下降减少了当期市场供应量；三是法律手段逼退部分落后产能；四是政府严控新增产能；五是2016年出台的一些限产措施有效控制了价格快速回暖背景下的企业产量，例如钢铁主产区在重大活动和重污染期间的临时限产政策、煤炭行业的“276工作日”制度等。第一个因素是大前提，第二、三个因素必不可少，但市场供应趋紧阶段的政策影响更为关键，加速了钢铁、煤炭行业的市场回暖。同时，国内产量也没有随着市场价格的较快上升而大幅、快频波动。2016 年，全国粗钢产量同比增速仅为 1.2%，全国原煤产量同比下降 9.4%。

三、相关政策措施有效约束了国内产量

粗钢、原煤价格均出现了较大幅度的上升，表明市场供大于需的状况转变为供应趋紧。这是在宏观经济趋稳、趋好的大前提下，市场、法律、行政手段共同作用的结果。但最主要的原因还在于产能削减政策和重污染天气临时限产措施有效约束了国内钢铁、煤炭产量。

2014 年和 2015 年，我国原煤产量分别是 38.78 亿吨、37.5 亿吨，煤炭消费量分别是 41.2 亿吨、39.6 亿吨。从数量看，2015 年的产量比 2014 年减少 1.28 亿吨，消费量减少 1.6 亿吨；从降幅看，2015 年的产量同比下降 3.3%，消费量同比下降 3.9%。2016 年 1～11 月，我国原煤产量 30.53 亿吨，同比降幅为 10%；消费量 34.9 亿吨，同比降幅为 1.6%。2014 年和 2015 年，煤炭产量和消费量的下降态势基本同步。2016 年，煤炭市场供应趋紧，环渤海湾煤炭价格指数涨幅超过 60%。市场的好转首先得益于 2016 年的煤炭消费逐步趋稳，同比降幅缩窄了约 2 个百分点。虽然消费趋稳，但增速依然为负，并没有出现根本性好转。同期，煤炭产量的变化没有与市场价格同增，也没有与消费量同步趋稳，而是继续保持了较高的同比降幅。为保障煤炭供应，平抑市场价格，政府相关部门调整了“276 工作日”制度，2016 年 12 月的原煤产量同比增速收窄至 -3%，但 2016 年全年产量同比降幅仍高达 9.4%（表 2）。

钢铁行业来看，2015 年，我国粗钢产量 8.04 亿吨，同比增长 -2.3%；表观消费量 7 亿吨，同比增长 -5.4%。2016 年 1～11 月，粗钢产量 7.39 亿吨，同比增长 1.1%，与 2015 年同期相比增速上升 3.3 个百分点；粗钢表观消费量是 6.47 亿吨，同比增长 0.33%（未修订），与 2015 年同期相比增速上升 5.83 个百分点。2016 年全年，粗钢产量 8.084 亿吨，

表 2　　2014～2016 年全国煤炭生产和消费下降情况

年　度		2014	2015	2016 年 1～11 月	2016
煤炭生产	原煤生产量（亿吨）	38.78	37.5	30.53	33.64
	原煤产量同比增幅（%）	5.3	-3.3	-10	-9.4
煤炭消费	煤炭消费量（亿吨）	41.2	39.6	34.9	—
	煤炭消量同比增幅（%）	-2.9	-3.9	-1.6	—

资料来源：万德资讯、国家统计局、煤炭工业协会。

同比增长 1.2%。2015 年，粗钢产量和表观消费量双降，产量降速慢于表观消费量，符合供大于求的特征。2016 年 1～11 月，国内钢材综合价格指数上涨超过 70%，粗钢产量和表观消费量均恢复为正增长，而且产量同比增速上升幅度要慢于表观消费量，生产能力有进一步释放空间（表 3）。

表 3　　2014～2016 年全国钢铁生产和消费下降情况

年　度		2014	2015	2016 年 1～11 月	2016
钢铁生产	粗钢生产量（亿吨）	8.2	8.04	7.39	8.084
	粗钢产量同比增幅（%）	0.9	-2.3	1.1	1.2
钢铁消费	表观消费量（亿吨）	7.4	7	6.47	—
	表观消量同比增幅（%）	-4	-5.4	0.33（未修正）	—
钢铁产能（亿吨）		超过 12	11.5	估算为 10.5 左右	

资料来源：万德资讯、工业和信息化部、国家统计局、钢铁工业协会。

钢铁、煤炭全球市场供需来看，全球钢铁市场依然处于供大于需的状态。根据国际钢铁协会数据，2016 年 11 月，全球粗钢产能利用率依然处于 69.6% 的较低水平，与 2015 年同期相比仅回升了 2.5 个百分点。根据海关总署数据：2016 年，我国钢材出口量 1.084 亿吨，同比下降 3.4%，与 2015 年同期相比增速下滑 23.4 个百分点。出口增速大幅回落，有国际贸易争端频发的因素，但更主要是因为国内钢材价格大幅回升。2016 年，我国进口煤炭 2.56 亿吨，同比增长 25.2%；同期出口煤炭仅为 878.3 万吨。

总的来说，钢铁和煤炭行业市场的供需情况显示，两大行业市场需求结束了大幅下降的趋势，但国内需求仍然没有根本性好转，粗钢需求同比增速仅为0.33%（未修正）、原煤需求仍为负增长。这一阶段市场价格的回升主要由于“去产能”和大气污染防治背景下的产量下降。煤炭行业除了减产能之外，还实施了“276工作日”等制度，国内煤炭产量得以在价格快速上涨的情况下仍然保持了9.4%的同比降幅。钢铁行业“去产能”力度和环保力度都非常大，钢铁主产区的临时停产制度也对产量增长发挥了较强的约束作用。2016年，1~9月的粗钢产量仅同比增长了0.4%，1~11月仅同比增长了1.1%，全年仅同比增长1.2%，市场的供需结构基本稳定。

四、下阶段“去产能”需处理好三个矛盾

钢铁、煤炭行业在2016年均呈现了市场较快回升趋势，反映出当前的市场供需从供大于求转变为供应趋紧，但产能过剩压力并没有完全消除。下一阶段的“去产能”工作应重点解决好三个矛盾。

（一）“去产能”中长期部署与市场供应趋紧的中短期趋势之间的矛盾

我国钢铁、煤炭行业总量过剩的问题不再突出，但压力依然存在，“去产能”工作仍需持续推进。根据初步统计的数据，2016年我国粗钢产量8.084亿吨、原煤产量达33.64亿吨。经过“去产能”工作的强力推进，我国目前的粗钢产能为10.5亿吨左右，具有实际生产能力的煤炭产能为45亿吨左右。从当前总量分析，钢铁、煤炭产能利用率均有较大提升。但是，产能总量过剩的压力并没有消除。首先，产能是动态数据，在市场价格回升的激励下有扩张的可能，如果产能建设的门槛不高，低端产能、中高端重复建设产能还会再次“抬头”；其次，我国钢铁、煤炭市场需求仅是稳中向好，而非快速回升，需求侧并没有出现根本性好转；再次，我国经济正在从规模速度型向质量效益型转变，对环境保护的力度不断加

大，能源消费结构优化是长期任务，消费减量化是钢铁、煤炭行业未来发展的一个重要特征。因此，钢铁、煤炭行业“去产能”作为我国供给侧结构性改革的一项重要内容，应在较长时期内持续推进。

下一阶段的“去产能”工作，应解决好总量下降与市场供应趋紧的矛盾。分析供应侧，“去产能”工作有效约束了钢铁、煤炭生产能力。目前，“去产能”的总体目标是控总量，不是维持原有产能总量不变，而是把总量降下来，是在退出过剩产能的同时严控新增产能。此外，对产量产生影响的临时性限产、停产措施和规范性生产制度，也在一定程度上约束了供应能力。分析需求侧，钢铁、煤炭市场需求稳中向好，对正规产品、稀缺资源产品的需求好中有增。未来钢铁、煤炭需求的两个趋势值得关注。一是总体需求稳中向好。综合考虑我国经济的总体态势、基础设施建设和小城镇建设等对两大行业市场需求的拉动效应，钢铁、煤炭行业的市场需求将总体保持稳定。二是正规产品、稀缺资源产品的需求好中有增。2017 年我国将彻底清理“地条钢”，预计将为正规钢铁产品“腾出”上亿吨的需求空间；正规钢材产品市场空间扩大，也会拉动上游炼焦煤市场需求增长。综合判断，钢铁、煤炭市场将在中短期内继续保持供需趋紧的态势，这与“去产能”的长期工作部署形成矛盾。如何处理好中长期减量化发展与中短期市场平稳发展是下一阶段“去产能”工作需要重点解决的问题。

（二）减少无效供给、增加有效供给的目标与低效难去、高效难进的效果之间的矛盾

目前，我国钢铁、煤炭行业的供给侧结构性改革存在目标与效果的矛盾。作为供给侧结构性改革的首要任务，钢铁、煤炭去产能的一个重要目标是减少无效供给、增加有效供给，虽然在总量控制上取得了明显成效，但两大行业的结构性问题没有破解，仍有落后产能和大量低效产能，同时高效产能难以优先发展。

一是落后产能仍然存在。“去产能”首先针对的就是规模小、工艺落

后、环保不达标的落后产能。大量的钢铁、煤炭落后产能已经退出市场，“去产能”工作已经从以淘汰落后阶段，进入到化解过剩阶段。但不可否认，市场中仍然有落后产能存在，“地条钢”就是典型。“地条钢”属于统计外产能，也即我国2015年底统计的12亿吨钢铁产能中不包括“地条钢”产能。但“地条钢”产品却对正规产能的钢材形成消费替代。对此，相关政府部门已经明确，要在2017年6月底之前全部取缔“地条钢”落后产能。

二是低效退出工作并没有实质性展开。低效产能是指企业内部存在的一些长期亏损的主业产能。很多大中型国有和民营钢铁、煤炭产业集团都存在需要退出的低效产能。有的低效产能亏损是由于产品缺乏竞争力，有的则是由于冗员多、负债高、年限长、机制僵化等痼疾导致的生产经营成本高。针对低效产能的退出问题，我国相关政府部门陆续出台了一些政策，包括退出产能所涉及职工的奖补政策、债转股政策等。接下来，稳步推进的“去产能”计划必然会触及大中型钢铁、煤炭企业的低效产能。但低效产能人员负担重、债务负担重，退出存在较大障碍，尤其是长期亏损企业的整体退出。目前看，低效产能的实质性退出工作还没有全面推开。

三是“去产能”工作并没有对低效产能和高效产能出台差异化政策，两类产能的发展其实是站在相同的政策红线之上，虽然保障了总量控制，但也形成了低效难去、高效难进的局面。钢铁、煤炭行业“去产能”工作，明确规定要淘汰落后产能，因此对落后产能有判断标准，但对低效产能还没有明确的标准进行判断。我们在调研中发现，不同地区落实“去产能”计划存在差异化的执行方法。有的地区，较长期停产企业先行“去产能”；有的地区，“去产能”计划分配至当地企业，有能力的企业可以向其他企业购买产能指标；有的地区，政府相关部门给企业打分，分数低的企业执行“去产能”计划。不同的执行方法都可以保证“去产能”计划的顺利完成，一些方法也可以保证低效产能退出，例如已停产企业先行“去产能”的方法，但也确实存在退出的产能中有高效、留下的产能中有低效的情况，还存在企业想向中高端升级也由于“一刀切”式的控产能政策而不能实施技改项目的问题。除了执行方法需要改善外，国家缺乏低效产能的判断标准和高效产能的支持导向也是重要因素。“去产能”政策对低效产能和高效产能基本是“一视同仁”，金融、财政、土地等资源并不能很好地在低效和高效之间优化配置，导致以钢铁、煤炭为代表的产能过剩行业“低效难退、高效难进”。

在减少无效供给、增加有效供给的供给侧结构性改革大目标下，钢铁、煤炭行业不仅要重点淘汰落后产能，还要下大力气去除低效产能，同时发展高效产能。下一阶段的“去产能”工作，将面临较为艰巨的结构优化重任。

（三）市场化、法治化“去产能”的原则与行政手段发挥作用的现实之间的矛盾

我国政府反复强调，钢铁、煤炭行业“去产能”，主要用市场化、法治化手段。以市场化、法治化手段为主就是让钢铁、煤炭企业在市场的公平竞争中优胜劣汰。基本前提，一是市场体系完善。市场供需能够引导资源优化配置，市场机制能够发挥淘汰低效产能和发展高效产能的决定性作用。二是法治体系健全。企业竞争违法必究，企业退出有法可依。

现阶段，我国钢铁、煤炭行业“去产能”主要依靠行政手段，与市场化、法治化为主的基本原则存在矛盾。落后产能仍有生存空间，低效产能的市场化退出难以实现。政府缺少市场化调控的抓手，只能依靠行政手段平抑波动，虽然通过直接调控企业有效调整了市场供大于需的状况，但又形成了供应短缺下的价格快速、大幅回调。矛盾的产生有一定的客观因素。一是市场供需结构发生了变化。上一阶段是严重供大于求，一些低效产能因缺乏市场竞争力而退出市场或停产。当前阶段是供应趋紧，大多数企业恢复盈利，完全依靠市场化手段去产能难以完成任务指标。二是“去产能”的难度逐步加大。本轮“去产能”工作，最初的重点是淘汰落后产

能，之后的重点是化解过剩产能，接下来的重点是化解结构性过剩产能。难度越来越大，需要采取必要的行政手段。三是我国的市场体系需要进一步完善，法治体系需要进一步健全。在本轮“去产能”的第一个阶段，市场和法律手段发挥的作用大于行政调控，说明我国已经具备了以市场化、法治化为主“去产能”的基本条件，但并不代表我国的市场体系已经完善、法治体系已经健全。其实，两大体系都有进一步完善和健全的空间。钢铁和煤炭行业的各类信息“散落”于市场体系之中，缺少全国性、权威性、综合性、及时性的大数据治理；钢铁、煤炭交易模式处于传统向现代的转型过程中，集中竞价、电子商务等现代化的交易方式还不成熟；政府缺少市场化平抑波动的宏观调控平台，大多数情况下是通过干预微观主体的生产经营调控市场，影响了市场发现价格的基本功能；钢铁、煤炭行业的市场监管正处于不断完善阶段，环保等监管领域还没有完全上升至法律层面，一些违规、违法行为没有得到应有的处罚，监管的自动化、智能化水平有待提升。

尽管存在客观原因，但“去产能”的基本原则仍需坚持以市场化、法治化手段为主。尤其是作为一项长期工作部署，“去产能”不能一直依靠行政手段，还需从完善市场体系、健全法制体系入手，充分发挥市场的决定作用和法治的保障作用，建立起淘汰低效、发展高效的市场机制和法治机制。

五、政策建议

（一）将工作重点从去过剩产能调整为结构优化

从 2015 年的行业极度困难到 2016 年的供需趋紧，我国煤炭市场的新常态正在逐步形成之中。市场形势的好转缓解了钢铁、煤炭企业的经营压力，但却与化解产能过剩计划形成矛盾。建议调整“去产能”工作的重点。钢铁、煤炭去产能的重点，最初是以淘汰落后为主，之后转变化解过剩产能。当前，钢铁、煤炭“去产能”取得了阶段性成效，行业发展的宏观形势稳中向好，总量过剩的矛盾不再突出，“去产能”的工作重点也应适时调整。今后的政策，应坚持供给侧改革的大方向，从化解过剩产能为主，向总量控制、结构优化转变。先行去掉不符合标准且不具备升级条件的落后产能和长期亏损、缺乏竞争力的低效产能。

（二）从排放、用工、税收三个方面淘汰钢铁、煤炭行业落后产能

首先是严控污染物排放。把“去产能”与大气污染防治有机结合，从目前的行政调解为主向市场化、法制化手段为主转变，将达不到环保标准的产能作为去除的重点。从污染物排放总量和技术的可行性考虑，仍可较大幅度提升钢铁行业的颗粒物、SO_2、NO_X 等主要污染物排放标准。针对散煤燃烧的管控也应更为严格。尤其是大气污染防治的重点地区更应如此。但仅从污染物排放一个方面规范行业发展是不够的，还要加强用工和税收约束，从共同保障劳动者基本权益、共同履行企业基本义务的角度规范行业发展。例如，可转变执行“276 天工作日”制度的目的，不再为了限产量，而是保障矿工的劳动者权益。进一步强化实时监管，研发信息化、智能化监管企业排放、用工、税收情况的综合软件系统，加大针对局部区域的硬件监测投入，用相互关联的指标杜绝造假。

（三）多策并举同时保障低效产能退出和高效产能发展

钢铁、煤炭行业低效产能广泛存在，都面临退出难题，但具体难点又不尽相同，因此要多方入手、分类对待。第一，出台低效产能和高效产能的差异化政策，明确低效产能和高效产能的基本判断标准，将规模与盈利情况、产品种类、市场前景等相结合，畅通低效产能退出的政策渠道，同时允许并鼓励产业政策支持的钢铁精品产能、高端产能、尖端产能创新发展，保障炼焦煤产能适度发展。第二，从需求侧入手，市场化引导供给侧结构升级，包括推广钢结构建筑和清洁煤利用、支持高端钢材和高端煤化

工原料国产化、提升用钢和用煤标准等，引导企业主动开发高效、先进产能。第三，从供给侧入手，把处置企业不良资产作为工作重点，除了推进债转股进度外，还可通过支持企业间并购、发行银行债、重组企业资产等多种方式解决低效产能的债务问题。第四，将低效产能的破产权限交由企业和当地政府抉择，坚持“走法律程序、循市场原则、行政府保障”，既可以解决不同地区、不同企业的个性问题，还可以避免企业因等待国家统一破产政策而错失改革机遇。第五，根据国有职工重岗位、民营企业重回报的实际情况，调整目前低效产能退出所涉及的职工保障策略，对国有职工以安置为主，对民营企业以适度补助为主，减少低效产能退出的障碍。第六，优化钢铁、煤炭产能还需要退出一些重复产能，涉及的债务和人员问题也可参考以上建议。

（四）让“数据发声”替代“政府喊话”

我国钢铁、煤炭市场存在大量信息，包括生产、消费、运输等总量信息、价格信息以及各类反应市场流向和结构的信息。这些信息中的重要指标，例如产量、价格、库存、运量等，分别由钢铁、煤炭行业协会以及一些交易市场对外公布。今后，可以对这些信息资源进行整合，建立一个具有信息集成、分析、传导功能的全国性钢铁、煤炭市场实时信息系统。这就相当于在政府和市场之间形成了四通八达的信息高速路，有利于政府把握宏观调控的度，并减少相关措施的行政干预色彩。市场的动态由数据呈现给政府，政府的声音由数据传达给市场。

（五）让市场充分发挥价格发现功能

发现价格是市场的基本功能，前提是市场必须竞争、公平、高效。实践证明，政府干预价格，通常会对经济产生一些负面影响。例如煤炭价格双轨制、电力价格管制等。现阶段，我国钢铁、煤炭市场已经从短缺转变为整体过剩，供应能力虽然因“去产能”工作有所降低但依然很强。市场价格的形成已经实现了市场主导，能够较好地反映出市场的供需状况。第一，政府不宜再对钢铁、煤炭市场价格进行干预，而是要发挥市场的价格发现功能，重点分析价格反映的市场供需状况，通过平衡供需平抑价格。第二，健全钢铁、煤炭市场的交易体系，重点研发电子交易模式，让中长期现货交易、短期现货交易、期货交易相互促进、健康发展。第三，利用好钢铁、煤炭社会库存系统，不仅是利用库存信息，还要让库存具备“蓄水池”功能，与市场交易体系共同发挥平抑价格波动的作用。

（六）让企业参与市场治理

钢铁、煤炭市场的各类企业，是政府宏观调控的对象，是市场治理的经济主体，与政府主体和社会主体共同构成了三元结构。政府对市场的宏观调控，应尽量避免对企业过度干预，应强化服务职能。政府可以将建立政府与企业间基于利益相关性的合作机制作为“放管服”的一个切入点，让企业积极参与到市场治理中来。将企业作为钢铁、煤炭行业国家信息平台的重要组成，鼓励企业积极参与钢铁、煤炭行业市场体系建设，通过与企业合作激发企业自治的积极性，共同构建健康、有序的市场体系。

执笔人：周健奇

第三章

2017 年房地产市场走势分析及政策考虑

2016 年房地产市场各项指标明显回暖，销售、投资等指标同比增速快速上升，带动新开工、开发企业资金来源等指标的持续改善。区域分化进一步加剧，针对热点城市房价过高过快上涨与三、四线城市存量住房规模过大的现象，调控政策更加注重因地因城施策，已取得初步成效。2017 年我国经济下行压力仍存在、实际利率水平预计为负，必须坚持“房子是用来住的、不是用来炒的”的定位，把防范和应对房地产市场泡沫风险放在更重要位置，把握调控节奏和力度，有序释放风险，并做好不同风险情境下的应对预案。同时按照供给侧结构性改革的要求，结合新型城镇化进程，积极稳妥推动三、四线城市和县城“去库存”，加快建立符合我国国情、适应市场规律的住房基础制度和长效机制。

一、2016 年房地产市场的主要特征

在宽松金融市场环境和货币信贷条件的推动下，2016 年全国住房销售同比增幅快速上升，房地产泡沫积累，城市间分化更加明显。一线和部分热点二线城市房价过高过快上涨，三、四线城市和县城的住房特别是商业办公用房和办公楼成为“去库存”重点。按照分类调控、因城施策的思路，在一系列调控政策出台后，四季度一线和热点二线城市房地产市场量

价变化趋于稳定，社会预期有所转变，市场走势出现了积极变化。具体来说，“控房价”效果初显、“去库存”取得一定成效。

（一）住房价格从“点涨”到“普涨”

在一线和二线等重点城市的带动下，全国房地产市场回暖态势明显，部分热点城市出现房价过快上涨的“过热”现象。2016 年春节后一线城市房地产市场出现“量价齐升”。自 2015 年四季度以来，一线城市新建商品住宅价格同比涨幅连续 11 个月超过 20%，2016 年 4 月份同比涨幅接近 34% 的历史最高水平。2016 年 4 月中下旬，随着一线城市收紧住房调控政策，住房需求特别是投机投资性需求大量涌向周边城市及二线热点城市，形成从一线城市“点涨”向二线热点城市乃至部分三、四线城市蔓延的“普涨”态势。在一系列调控政策出台后，11 月份 16 个热点城市商品住宅成交均价都稳在了 10 月份的水平，实现了环比不增长的调控目标。但同比增速仍较高，11 月份 70 个大中城市里的一线、二线和三线城市新建商品住宅价格同比分别上涨 29%、18.5% 和 5.6%。

（二）土地价格大幅攀升，地价与房价轮番上涨

房价持续快速上涨，带动土地价格加快上涨。2016 年 1～11 月份，房地产开发企业土地购置面积同比下降 4.3%，土地成交价款却同比增长 21.4%。2016 年 1～11 月全国国有土地使用权出让收入 30979 亿元，同比增长 19.1%，比 2015 年全年提高了 40.7 个百分点。土地价格快速攀升、“地王”频出，引发市场对未来房价进一步上涨的强烈预期，加剧恐慌性购房等非理性行为。值得注意的是，资金雄厚的国有企业（包括央企和各级国企及其参股企业）在全国各地频频举牌，加剧土地市场的竞争态势。

（三）房地产销售量增长迅速，带动开发投资同比增速较快提高

2016 年 1～11 月份，全国商品房销售面积 135829 万平方米，同比增长24.3%。销售市场的好转和企业资金来源的改善，拉动房地产开发投资增速逐月提高。2016年1月份以来，投资同比增速持续回落的趋势就得到扭转，投资增速稳步提升。1~11月份房地产开发投资同比名义增长6.5%，比2015年1~11月份提高了5.2个百分点。其中，住宅投资完成额累计同比增长6.0%，比2015年1~11月份提高了5.3个百分点。

（四）销售增速加快，缩短了各城市的库存消化期

按照供给侧结构性改革的总体要求，各地方采取加快推进新型城镇化、鼓励农民工和农民进城购房、支持住房合理消费、加大棚户区改造货币化安置力度等政策措施，房地产市场“去库存”取得阶段性成效。2016年11月末，全国商品房待售面积6.91亿平方米，比10月末减少427万平方米。

商品住宅库存消化速度明显快于商业营业用房和办公楼，是带动全国商品房去库存的主导因素。2016年11月末，商品住宅待售面积（建成未售面积）4.05亿平方米，比10月末减少了582万平方米，比2015年末净减少了0.47亿平方米。在商品住宅库存消化期快速缩短的同时，非住宅待售面积仍在增加。11月末，全国办公楼和商业营业用房待售面积分别增加了57万平方米和32万平方米。

（五）房地产开发企业的资金状况有效改善，带动了土地购置面积的向好回升

2016年1~11月，房地产开发企业到位资金为129484亿元，同比增长15.0%，房企到位资金情况良好。2016年前11个月土地购置面积同比增速已从2015年前11个月的-33.1%回升到-4.3%，尽管仍是负增长，但一年间降幅收窄了近29个百分点。

（六）棚改货币化安置比重继续提高，加快由“补砖头”向“补人头”为主的保障方式转变

在我国城镇家庭户均住房套数约为1、住房保障覆盖面超过20%的新形势下，2015 年各地开始探索棚户区货币化安置模式，货币化安置比例达到 28%。2016 年 1～11 月达到 48.5%，预计全年能达到 50% 左右。基本完成了以实物建设为主转向以住房补贴为主的保障方式转变。

二、2016 年房地产市场运行和调控存在的问题

2016 年初启动的新一轮房地产市场调控，跟历次调控经验类似，在控房价和去库存取得初步成效的同时，也暴露了“调控体系不健全、加杠杆去库存、过度倚重短期行政性措施”等深层次问题。

（一）中央和地方的住房调控责任和权力划分不合理

各地社会经济发展阶段、人口规模和变动情况、住房市场供需状况差异很大，住房市场区域分化特征明显。过去中央和地方在房地产调控体系中的关系始终没有理顺。中央政府在制定调控政策中容易“一刀切”，在利率、首付比率等金融政策，住房供给结构（90 平方米以下的中小套户型住房占比不低于 70%）和房地产信贷规模控制等方面，没有按照“一城一策”原则进行制定，“失调”和“过调”现象增多，加剧部分城市的住房市场波动。针对 2015 年下半年以来住房市场分化进一步加剧的新形势，要同时完成去库存和控房价的调控任务，2016 年上半年开始逐步强化地方政府调控市场的责任和权力，在利率、首付比例等方面，赋予了地方政府一定范围内的自主权。

总的来看，我国住房制度顶层设计的框架还不完善，应该由中央政府来负责设计的房地产税、住房政策性金融机构等基础住房制度都还没有出台。中央政府承担了过多的具体调控任务，城市政府“因城施策”的主动性和灵活性不足，无法实施符合当地实际情况的调控政策。过去多轮调控经历表明，中央和地方政府在调控职责和权力方面的不合理划分，在地方政府对土地出让收入和房地产相关税收的依赖度很高的情况下，地方政府

有很强的动力去选择相应措施，弱化甚至对冲掉中央政府制定的各项调控政策。

（二）调控体系不健全，各项政策的契合度不够

房地产宏观调控涉及的部门很多，有国土、建设、规划、金融、工商、税务等部门，涉及的部门越多，协调政策形成调控合力的难度就越大。各个调控职能分散在各部委中，调控手段间不协调，没有建立起长效调控机制。比如，一些房价高位过快上涨的城市，国土部门要求地方政府承担起控制地价过快上涨、遏制“地王”现象的职责。为避免被国土部门问责，一些城市就采取“少出让、不出让”或者“定房价、竞地价”的办法，短期内满足了国土部门的调控要求，但长期内会进一步加剧供需失衡状况。

受调控政策“碎片化”严重的影响，房地产市场实时监测机制不完善、调控出台时机不及时，导致调控政策的前瞻性和可预期性不够。等政策出台后，住房市场形势往往已经发生了很大变化，政策有时反而加剧了市场波动。此外，我国还没有建立起基于规则的调控机制（包括出台时机、节奏和力度等），不能有效引导和稳定社会预期。另外，过度依赖限购及信贷调整等短期政策，没有建立起调控长效机制。本轮调控从一线城市向热点二线城市以及潜在热点三线城市蔓延时，无一例外都以“限购”“限贷”为主，过度依赖短期政策，应该由中央政府来负责设计的房地产税、集体经营性建设用地入市以及住房政策性金融机构等基础住房制度的深层次改革都还没有全面启动和推广。

（三）一些城市没有按照供给侧结构性改革的方案正确实施“去库存”方案

不少地方采取了“加杠杆”方式消化库存，住房金融信贷政策的过度宽松，全社会流动性过剩，刺激了投机投资性需求，加上大量资金从实体

部门转到房地产领域，共同推高房价过高过快上涨，同时为房地产企业快速拿地、不断推高地价提供了资金条件。2016年以来金融机构房地产贷款持续快速增长，无论是总量还是增速都创历史新高。2016年9月末，金融机构的人民币房地产贷款余额为25.3万亿元，同比增长25%。除金融机构贷款外，理财、信托、债券、股市、保险等渠道的资金也快速进入房地产领域。

2015年下半年以来我国居民部门杠杆率和房地产开发企业资产负债率迅速上升。至2016年9月底，居民部门杠杆率已达到49.1%，分别比2010年和2015年提高了21个百分点和8个百分点。房地产企业资产负债率也从2015年的77.4%提高到2016年9月底的83.4%。

三、2017年房地产市场趋势的基本研判

我国房地产市场已进入“供求基本平衡、城市深度分化、风险快速积累”的新阶段。2017年是“十三五”时期的开局之年，住房基本需求潜力仍较大、房地产市场将继续呈现区域分化态势。但在调控政策“不放松”的情况下，再加上棚改货币化安置比例的上升，开发投资同比增速预计会小幅下滑。

（一）房地产市场需求仍旺盛，但增速会放缓

我国城镇已告别住房绝对短缺状况，进入供需基本平衡的新阶段。2014年城镇居民人均住房面积达到36平方米，城镇家庭户均住房超过1套，拥有多套住房（2套及以上）的比率在2013年达到18.6%，显著高于美国（14.4%）、加拿大（9.0%）和法国（11.0%）等发达经济体的水平。

但是我国新型城镇化今后还要经历相当长的过程，随着户籍制度、基本公共服务均等化等改革措施的推进，住房需求将呈增长态势。“十三五”

时期，城镇新建住房面积累计达53亿平方米左右，与“十二五”时期的建设规模相当。2014年《政府工作报告》提出，今后一个时期着重解决好现有“三个1亿人”问题（促进1亿农业转移人口落户城镇、改造1亿人居住的城镇棚户区和城中村、引导1亿人在中西部地区就近城镇化）。这意味着“十三五”甚至更长一段时期我国城镇基本住房需求和住房保障需求的绝对量仍将保持高水平，各类住房需求（刚性需求、改善性需求和拆迁改造需求）将长期存在。

从区域分布看，未来住房需求会更集中在人口净流入的城市。国务院公布的《推动1亿非户籍人口在城市落户方案》提出，“十三五”期间年均转户1300万人以上。此外，预计每年还有800万左右的新增大学毕业生。因此，人口净流入城市的住房刚性需求和改善性需求在2017年仍保持旺盛，住房保障需求的绝对值将保持高水平。

（二）区域市场分化进一步加剧，控房价和去库存压力并存

一些转型较快、结构调整成效显著的城市，会吸引人才尤其是高素质人才持续流入，住房供不应求的矛盾将长期存在，推动房价上涨的因素仍然存在，2017年热点城市控制住房价上涨需要继续付出更大努力。另外一些城市（包括县城）产业集聚能力不强，教育、医疗、市政基础设施等资源薄弱，三、四线普遍面临人口流入速度放缓甚至净流出的现象，2017年住房需求将延续萎缩态势，结合新型城镇化进程，积极稳妥去库存将成为一项长期任务。

面对控房价和去库存的双重压力，既要做好房地产去库存工作，又要切实抓好热点城市控房价、防泡沫、防风险工作，中央和地方在政策协调方面的压力和难度较大。

（三）房地产开发投资维持中低速增长态势

2017年房地产开发投资同比增速小幅波动，预计在4%左右，略低于

2016 年同比增幅。其主要依据如下。一是房地产开发企业的土地购置价格预计高位回落。热点城市土地购置费用占房地产开发投资的比重很高，地价水平对开发投资增速的影响很大，比如 2016 年 1 ~ 10 月北京市房地产开发企业土地购置费用占开发投资的比重就达到 50%。在调控政策“不放松”和土地出让模式调整的前提下，2017 年热点城市土地市场预计逐步降温，地价水平回落会拉低开发投资同比增速。二是三、四线城市和县城的去库存压力仍然很大。开发企业以消化待售房屋为主，待开发土地面积和在建施工规模较大，新开工和土地购置意愿在 2017 年预计也难以有效改善。去库存压力大的城市，房地产开发投资增速将继续回落。三是棚改货币化安置比例继续提高。2016 年 1 ~ 11 月份，棚改货币化安置比例达到 48.5%。2017 年预计能提高到 55% 左右，进一步压缩棚改实际投资和建设规模。

四、政策建议

2017 年要召开党的十九大，也是实施“十三五”规划的重要一年和推进供给侧结构性改革的深化之年，房地产市场平稳健康发展是 2017 年经济工作的重点。就短期调控任务来说，要坚持“房子是用来住的、不是用来炒的”的定位，分类调控、因城施策，解决好挤泡沫和去库存两大难题。

（一）充分赋予地方政府承担市场调控的职责和权力

按照十八届三中全会提出的“使市场在资源配置中起决定性作用和更好发挥政府作用”要求，适应房地产市场城市间深度分化的新形势，中央政府要做好包括住房税收制度、土地制度、政策性金融机构等在内的住房制度顶层设计，健全对地方政府调控主体责任的督查和奖罚机制。赋予地方政府更充分的自主调控权力，在跟国家主管部委充分沟通情况下，采取符合城市特点的措施来促进房地产市场稳定健康发展。地方政府在一定范围内自主决定利率、首付比率、契税、增值税等水平，提高调控的差异性和精准性，保障居民基本住房需求，努力实现住有所居。

（二）把防范和应对房地产泡沫风险作为重中之重

从国际经验看，在经济增速回落、现阶段住房市场供求关系趋于平衡（城镇家庭户均住房套数超过1）情况下，金融信贷政策短期内刺激极易造成房价快速上涨，加剧泡沫膨胀。短期内大幅紧缩金融信贷政策，又会捅破泡沫。2017年要高度重视防范和应对房地产泡沫风险，综合采取金融信贷、土地、财税等手段，合理控制流动性，把握好调控政策的尺度和力度，既要遏制泡沫膨胀，又要防止捅破泡沫。

（三）加快释放农业转移人口等新市民的住房需求，有序推动去库存

针对去库存任务最重的三、四线城市和县城，对购买城镇商品房的农业转移人口实行差异化财税政策。在各地已出台的减免契税等措施外，还可综合采取利息抵扣个人所得税、财政贴息等在内的举措。将进城落户农民完全纳入城镇住房保障体系，通过市场提供房源、政府发放租赁补贴方式，支持符合条件的进城落户农民承租市场住房。

从基础制度和长效机制构建看，2017年要加快推动包括房地产税、集体土地入市和住房政策性金融机构等制度体系的构建，为促进房地产市场长期平稳健康发展赢得宝贵的时机。

（四）加快研究建立符合国情、适应市场规律的房地产平稳健康发展长效机制

2017年要进一步健全税收、金融、土地等住房调控体系，为构建长效机制打好基础。按照“立法先行、充分授权、有序推进”的原则，加快全面开征房地产税的立法进程。在房价过高过快上涨的城市，可出台针对短期频繁交易的累进税率。管控好社会资金总量和流向热点城市房地产市场的资金。按照各城市实际情况，合理调整首付比例、贷款利率等水平，避免由于住房金融条件调整过快过大造成市场大起大落。修改《闲置用地处置办法》，提高依法处置执行力。创新土地出让模式，在不出现“地王”的前提下增加土地供应量。

实时监测各城市住房待售面积、新开工量、土地购置面积、房地产企业购地和开发的资金来源等前瞻性指标，科学研判房地产市场供求关系。从供求关系变动的角度，把握房地产开发投资增速、住房价格等指标的下一步走势。完善首付比、利率、契税等调控政策变动对房地产市场的影响评估体系。

构建基于规则的调控机制，按照市场形势变化，实施精准调控。结合各城市实际情况，规定新建商品住宅（不含保障性住房）价格或二手住宅价格连续若干个月同比或环比上涨一定幅度以上，相应提高2套住房及以上的个人按揭贷款首付比例和贷款利率，上调房地产契税税率，具体提高幅度由各地制定。同时，加快住房用地供应计划执行进度，加大下一阶段住宅用地供应量。反之，新建商品住宅（不含保障性住房）价格或二手住宅价格连续若干个月同比或环比下降一定幅度以上，还有去化周期提高到一定水平后，降低个人按揭贷款首付比例和贷款利率，下调房地产契税、个人所得税等税率，相应缩减或停止下一阶段住宅用地供应。

（五）建立和完善人口净流入地区利用集体建设用地兴建租赁住房的制度体系

在高地价和高房价下，要完成1亿非户籍人口在城市落户的任务目标，仅靠人口净流入地区的商品房市场和住房保障体系是不可能完成的。允许和鼓励这些地区利用城乡结合部的集体建设用地兴建租赁住房，当地政府负责统一规划和集中兴建，集体经济组织引入规范的住房中介机构负责租金归集、分配和运营。根据各地人口流入数量、住房市场发展状况和财政能力，可以对集体租赁住房的基础设施配套提供补贴，提高农村集体租赁住房的公共服务配套水平。

（六）试点建立住房银行，加快推进住房资产证券化

在住房公积金制度基础上建立住房银行，适应住房保障新形势建立住房保障基金，增强对基本住房需求和住房保障需求的金融支持能力。鼓励扩大包括 REITs 在内的资产证券化试点。在现阶段市场租金回报率偏低的情况下，通过财政贴息等方式，新启动一批 REITs 试点。

（七）加快完善有弹性、可持续性强的住房保障体系

有条件的城市将进城落户农民、农民工、新就业大学生等住房困难群体纳入公租房保障范围，根据各地实际情况，推行公租房货币化补贴，实行实物保障与租赁补贴并举。对已经购买了保障房或有意愿购买正在居住的保障房的保障对象，逐步将实物类保障房转成具有共有产权性质的可售型保障房，将保障对象的购房款和政府部门实际补贴款按比例进行量化，在此基础上确定各自产权比例。加快研究住房保障发展基金的运营模式，增强政府的住房保障可持续提供能力。

（八）推动住房“预售制”向“现售制”转变

房价高位过快上涨城市，2017 年可以试点推行住房“预售制”向“现售制”转变，逐步取消商品房预售制。考虑到预售制已存在多年，短期内取消会对房地产市场造成过大冲击，须实行“分步走”策略。第一步在现有条件下，强化预售制条件，严格规定开发商的预售房和现房比例。通过逐步减少预售房的比例、增加现房销售比例，使开发商和购房者都有逐步适应的过程。第二步是明确取消预售制的时间。比如 2020 年正式取消预售制，向市场传递清晰信号。

最后需要指出的是，住房问题从来不是单纯的居住问题，而与经济发

展、产业兴衰、社会变迁等密切相关。因此，实现住房市场长期平稳健康发展，必须统筹考虑影响住房市场的诸多因素，全面统筹住房与相关领域改革的关系。更加重视从经济社会长期发展目标出发，处理好住房市场发展与国民经济、区域发展、人口结构、城市规划以及产业布局之间的关系，确保住房政策与短期宏观调控政策、中长期国民经济规划、老龄化政策、区域城市群发展、城市内部空间布局与功能升级相协调。更加重视从中长期发展的角度、从住房市场发展规律和经济社会发展客观规律的视角研究、设计、调整或完善住房市场相关政策。

执笔人：邵　挺

第四章

我国企业运行效益与债务的特点和趋势

效益改善是解决企业债务负担的治本之策。目前我国债务风险总体可控，但非金融企业杠杆率偏高问题较为突出。降低企业部门杠杆率是推进去杠杆任务的关键。2016 年，我国工业企业效益明显好转，主营业务收入和利润率持续改善，服务业拉动作用不断增强，新业态新模式持续涌现。伴随供给侧结构性改革的深化，2017 年我国企业效益将保持稳中有升态势，债务负担有望进一步缓解。

一、2016 年企业效益和债务的特点

（一）企业效益特点

2016 年，工业企业结束了上年的效益低迷状态并企暖回升，服务业的拉动作用不断增强，服务业占 GDP 比重已高于工业 11.8 个百分点。2016 年全年，全国规模以上工业增加值同比实际增长 6%，工业结构不断优化，制造业增加值增速大幅领先于采矿业。工业收入和利润实现双增长，利润增速大幅领先于收入增速。2016 年 1～11 月份，全国规模以上工业企业实现利润总额 60334 亿元，同比增长 9.4%，是近几年来的最高增速（如图 1 所示）。2016 年规模以上工业企业主营业务收入利润率为 5.85%，同比上升 0.26 个百分点。企业亏损面恶化的趋势得到控制。亏损企业占全部工业

企业的比重维持在13%左右，同比降低约1个百分点。2016年以来，亏损工业企业数累计同比增幅已降至1%左右，11月降至0.2%的新低点，远低于2015年下半年10%以上的水平。

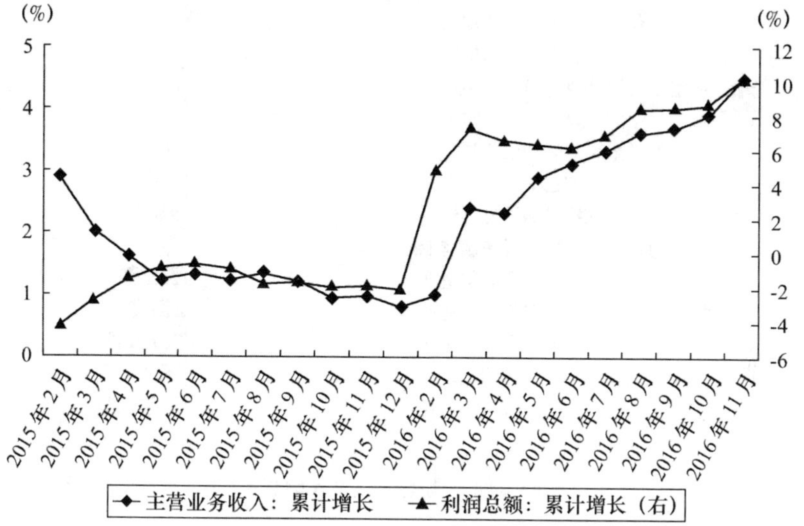

图1　制造业收入和利润增速

资料来源：万德资讯。

行业分化趋势明显，利润分化远高于收入分化。全部41个工业大类行业中，有10个利润总额负增长，7个主营业务收入负增长①，其他行业都出现正增长。图2和图3报告了部分行业的收入和利润变化情况。利润增速最高和最低行业分别为钢铁行业的275%和开采辅助活动的－373%，而营业收入增速最高和最低分别为其他采矿业的17.3%（次高是汽车制造14%）和石油天然气开采的－20%，利润增速方差远高于营业收入增速方差。利润增速下滑最大的是开采辅助活动、石油天然气开采、烟草、设备修理、电力热力、黑色金属采矿、非金属采矿等。主营业务收入下滑最大的是石油天然气开采、开采辅助活动、黑色金属采矿、烟草、煤炭开采、石化和黑色金属冶炼。这些大多属于产能过剩行业。

① 分行业都是截至2016年11月的累计数据。下同。

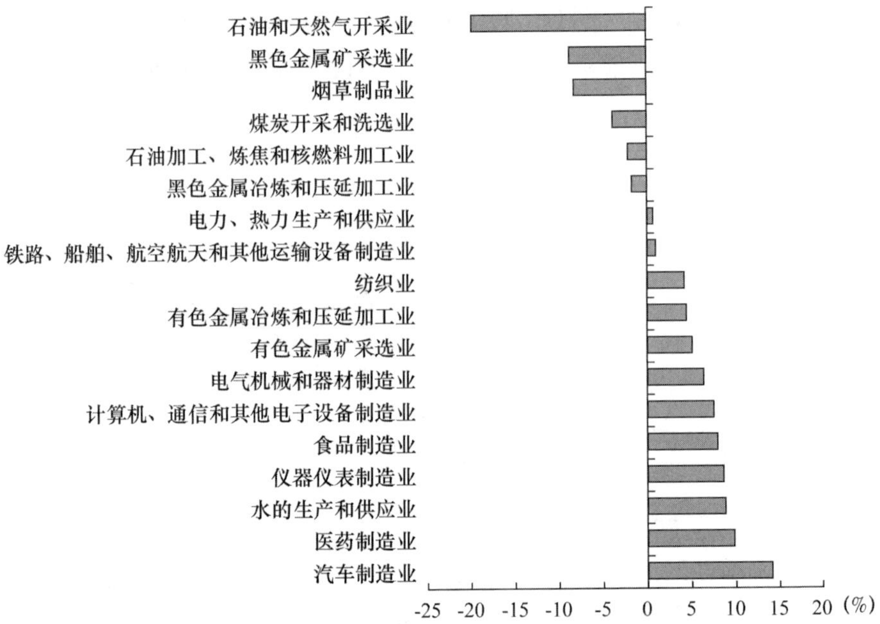

图 2　部分典型行业收入增长率

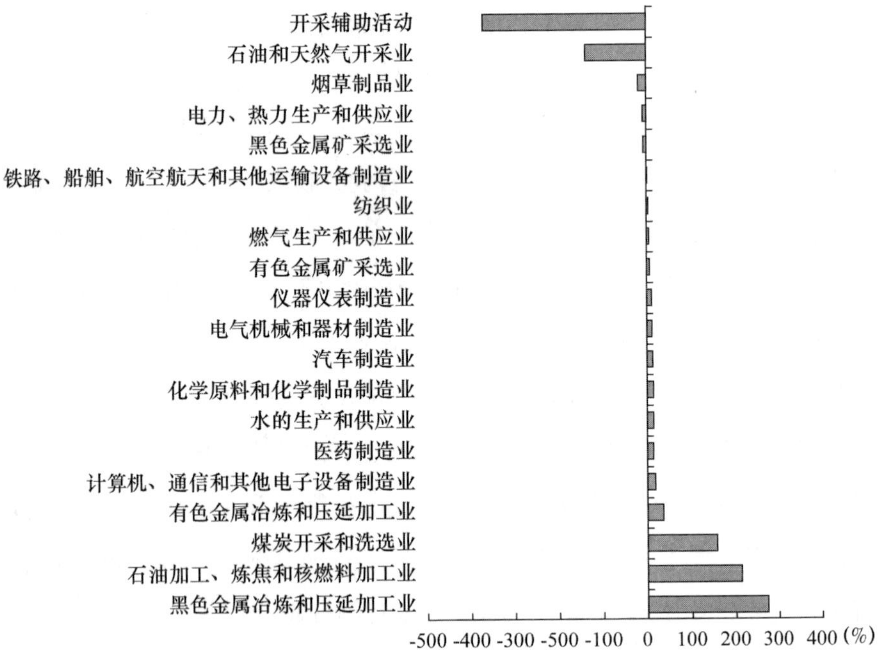

图 3　部分典型行业利润增长率

资料来源：万德资讯。

从规模和效益两个维度对比，“去产能”进程体现出不同特征，这需要引起高度重视。从规模角度看，产能过剩行业正在萎缩，这表明“去产能”取得一定进展。2016 年全年采矿业增加值下降 1.0%，截至 11 月，煤炭开采、石油天然气开采和黑色金属采选业累计主营业务收入分别同比下降 4%、20% 和 8.9%，石油加工和黑色金属冶炼行业累计主营业务收入分别同比下降 2.4% 和 1.9%。但是，受大宗商品价格回暖的有利影响，煤炭、石化、钢铁（黑色金属冶炼）虽然主营业务收入仍在下滑，但盈利能力却大幅改善，利润增幅分别高达 157%、216% 和 275%，是 41 个工业行业中增长最快的。由于盈利能力的改善主要源于短期价格波动，而非技术进步或质量提升，因此这些行业的景气将难以持续。这种短期的“利润幻觉”很可能不利于实质性“去产能”进程。

高技术产业的效益持续改善，利润增速远高于规模增速。2016 年高技术产业总体增加值增长 10.8%，比规模以上工业快 4.8 个百分点，高技术产业在规模以上工业中的比重达到 12.4%，比上年提高 0.6 个百分点。其中，医药制造、仪器仪表、计算机通信、电器机械的主营业务收入增速分别达 9.7%、8.4%、7.4%、6.3%，利润总额增速达 15.3%、11.1%、17.7%、12%。利润增速是规模增速的 1 ~ 2 倍。

国有企业效益逊于民营企业，地方国有企业绩效相对更差。分经济类型看，2016 年全国规模以上工业增加值，国有控股企业增加值增长 2.0%，股份制企业增长 6.9%，外商及港澳台商投资企业增长 4.5%，集体企业下降 1.3%。另外根据国资委统计，2016 年中央企业累计实现营业收入 23.4 万亿元，同比增长 2.6%；实现增加值 6.1 万亿元，同比增长 5.2%；实现利润总额 12326.7 亿元，同比增长 0.5%，盈利央企达到 96 家。对比来看，地方国有企业的效益远低于央企，央企增加值增速是全部国有企业的 2.6 倍。

（二）企业债务情况

非金融企业部门债务是当前我国债务的主体，远高于居民、政府和金融机构债务水平。对于我国非金融企业部门的总杠杆率（债务与 GDP 之比），由于测算口径、方法不同，目前尚无定论，但各个机构测算结果普遍高于90%的国际警戒线。例如，国际清算银行（BIS）的数据显示，截至2016 年6 月底的最新数据，中国非金融企业的杠杆率达167.6%[①]，高出发达国家平均值80 个百分点，高出新兴经济体国家平均值近70 个百分点。

如果聚焦在工业企业部门，负债过高的问题更加突出。2016 年 11 月，我国工业企业负债合计超过59 万亿元，资产总计106 万亿元。杠杆率的定义大多采取债务与 GDP 之比，实际上，以工业部门自身的债务与增加值之比衡量更有意义，根据国家统计局初步核算，2016 年我国工业增加值为29.6 万亿元，因此工业负债与工业增加值之比达到了 2。从债务与利润之比的角度看，2015 年工业负债总额与利润总额之比为 8.6，即 8.6 年的利润才能够偿还完全部债务。由于2015 年工业利润萎缩和债务持续增长带来的后续影响，2016 年债务利润比略有上升。

上述杠杆率定义中，分子的债务水平是存量数据，而分母的 GDP 或增加值是流量数据，它反映了新增财富偿还存量债务的难度。如果进一步从资产角度看，我国工业企业资产负债率过高的问题仍然突出，但 2016 年略有缓解。如图 4 所示，工业部门总体资产负债率（负债与资产之比）从2015 年初的57% 降至2016 年 11 月的56%，降低 1 个百分点。工业部门资产和负债快速膨胀的态势有所缓解，资产增速和负债增速在2016 年以来均明显下降，但四季度略有翘尾回升。

工业部门内部不同大类的资产和负债出现明显分化。如图 5 所示，2016 年以来，过剩产能行业和高技术行业形成显著反差。过剩产能行业[②]的负债和资产增长率都大幅放缓，从 2015 年的 6% 左右降至 2016 年的近

---

① http://stats.bis.org/statx/srs/table/f4.1.

② 包括：煤炭开采和洗选业、石油和天然气开采业、黑色金属矿采选业、有色金属矿采选业、非金属矿采选业、开采辅助活动、其他采矿业、石油加工、炼焦和核燃料加工业、非金属矿物制品业、黑色金属冶炼和压延加工业、有色金属冶炼和压延加工业。

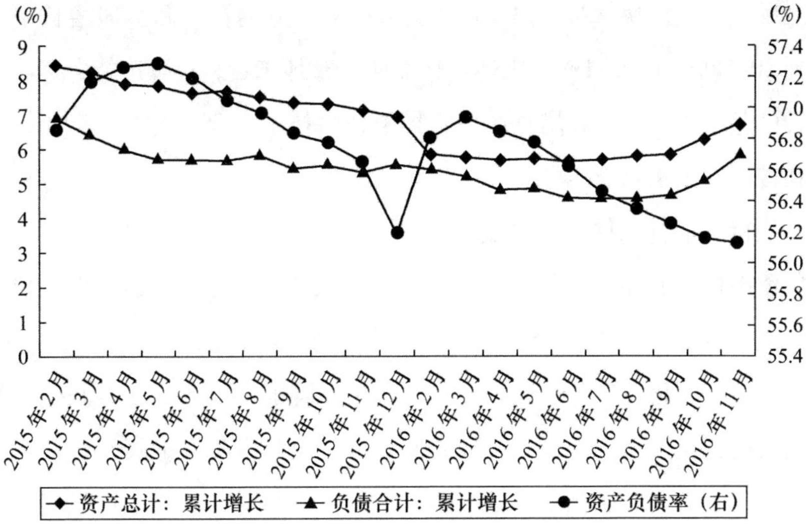

图4　工业企业资产负债情况

资料来源：万德资讯。

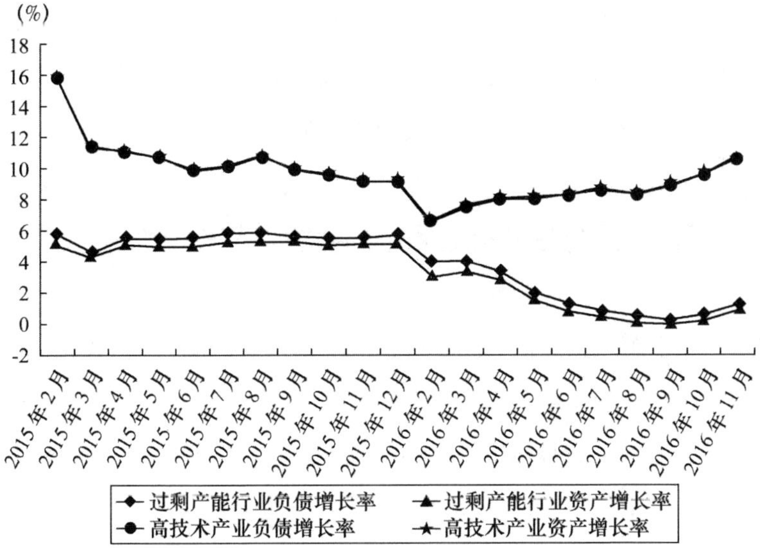

图5　过剩产能和高技术产业的资产和负债情况

乎零增长。同时，高技术产业①资产和负债增长率在经历了2016年初的谷

① 包括：医药制造业、铁路、船舶、航空航天和其他运输设备制造业、电气机械和器材制造业、计算机、通信和其他电子设备制造业、仪器仪表制造业。

底之后，明显加快，2016 年 11 月，高技术产业的资产和负债增长率分别达到 10. 58% 和 10. 71% 。上述对比表明，整体来看，过剩产能的资产规模增长已基本停止，而新增资产主要集中在高技术产业，这对于工业结构调整和转型升级是积极信号。

从行业来看，41 个大类行业的资产负债率存在很大差异（图 6）。资产负债率最高的煤炭行业接近 70% ，而最低的烟草行业低于 30% 。资产负债率高的行业主要有两个特征：一是与产能过剩行业高度重合，包括煤炭、钢铁、石化、有色、铁矿石等，这些都属于重工业；二是基础设施建设相关的行业，由于高投资、长周期特征，也具有较高的资产负债率，如电力热力、铁路船舶航空设备制造、水的生产供应、燃气生产供应等。资产负债率低的行业中，值得注意的有两点：一是部分高技术产业，如医药、仪器仪表；二是轻工业，如木竹藤草加工、食品、制鞋、纺织、塑料等。负债水平低，既可能因为其经营相对稳健，盈利能力较强，也有可能是因为融资难。特别是，高技术产业风险高，轻工业可能缺乏抵押物，这使其在间接融资为主的金融体系下处于相对劣势。

二、影响企业效益和债务趋势的主要因素

要从根本上解决企业债务问题，本质上取决于利润与负债的“赛跑”，需要长短期兼顾。2016 年以来，我国工业利润增速反超负债增速，如图 7 所示，这是对缓解企业债务负担释放了积极信号。短期内，通过兼并重组、债务处置等手段，可以争取时间，改善企业管理和技术水平，逐步提高盈利能力。但长期来看，只有企业自身效益好转，才能逐步消化存量债务负担，这是根本途径。综合来看，影响企业效益和债务的主要有以下几大因素。

第一，“降成本”的力度。2016 年工业企业主营业务收入增速始终比成本增速高 0. 1 ~0. 2 个百分点，扭转了 2015 年成本增速高于收入增速的

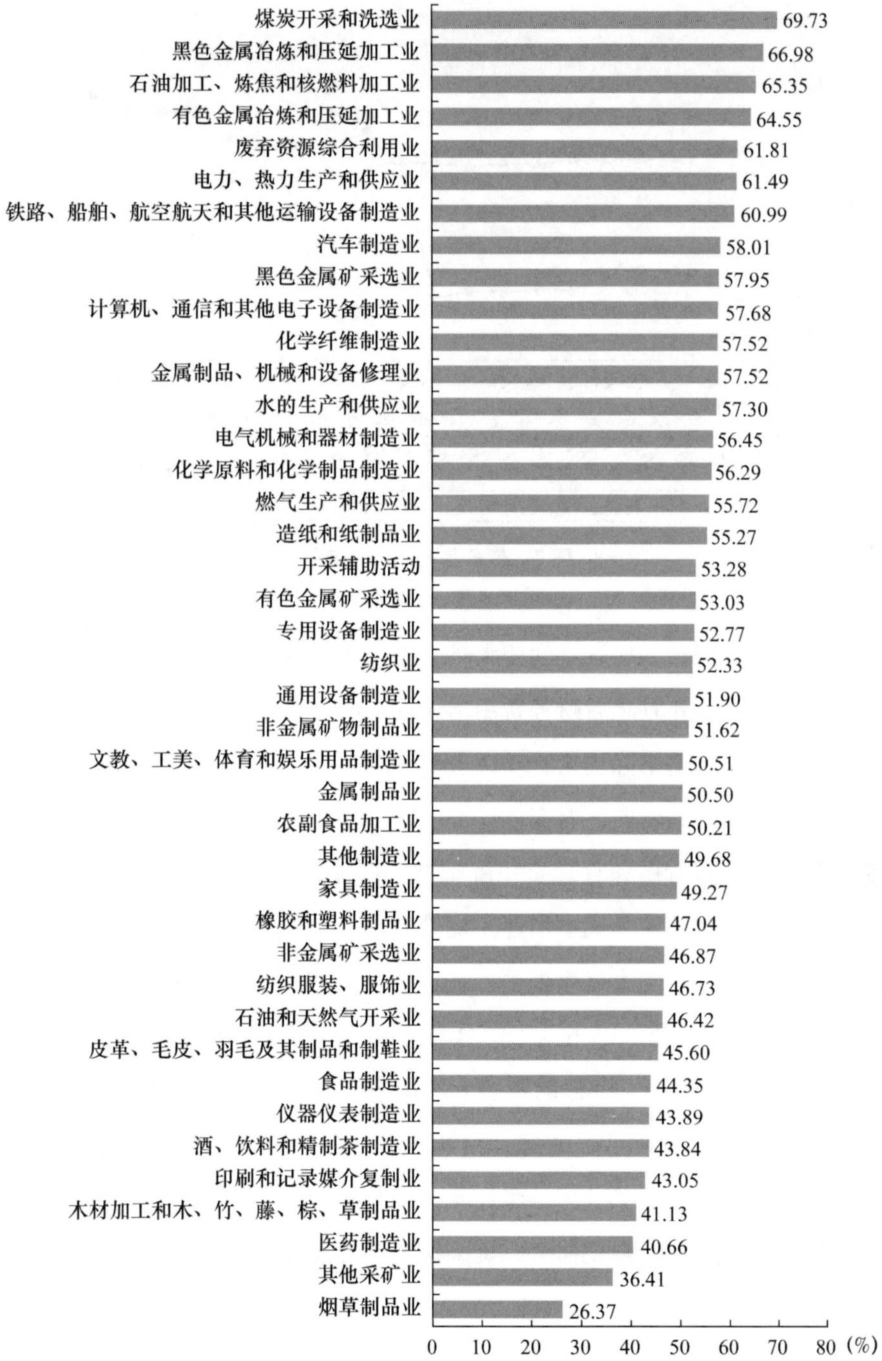

图 6　各行业的资产负债率

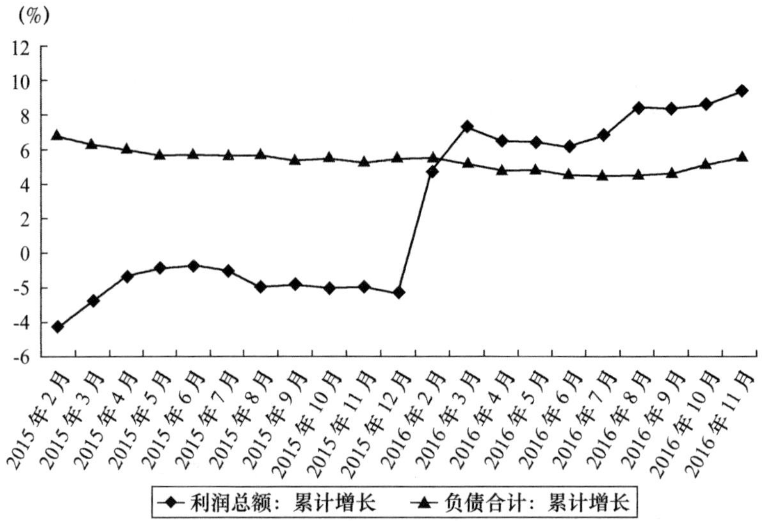

图7 债务与利润“赛跑”

资料来源：万德资讯。

不利局面。融资难、融资贵问题大幅改善，2016 年工业企业财务费用开始负增长，尤其是 8 月之后财务费用增速进一步下滑至 -6% 左右，如图 8 所示。利息支出增速下降更快，2016 全年都在 -8.5% ~ -7% 区间内。2014 年下半年货币政策转向，对实体经济“降成本”已经起到了积极明显的效果。但是，销售费用和管理费用降幅并不明显，2016 年下半年略有回升，增速一直快于主营业务成本增速。随着我国人口红利的终结，劳动力成本持续上升将是未来的大概率事件。在工资上涨的同时，企业社保负担也水涨船高，“五险一金”已占到工资总额的 40% ~50%。

第二，“去产能”进程的推进。2016 年下半年以来，“去产能”进程有所加快，截至 2016 年 9 月底，钢铁、煤炭两个行业退出产能均已完成全年目标任务量的 80% 以上①，部分地区和中央企业已经提前完成全年任务。国务院在行政督察、强化监管、资金保障等方面多措并举，以推进“去产

① 发展改革委新闻发布会公布数据。参考：http：//www.scio.gov.cn/xwfbh/gbwxwfbh/xwfbh/fzggw/Document/1495356/1495356.htm。

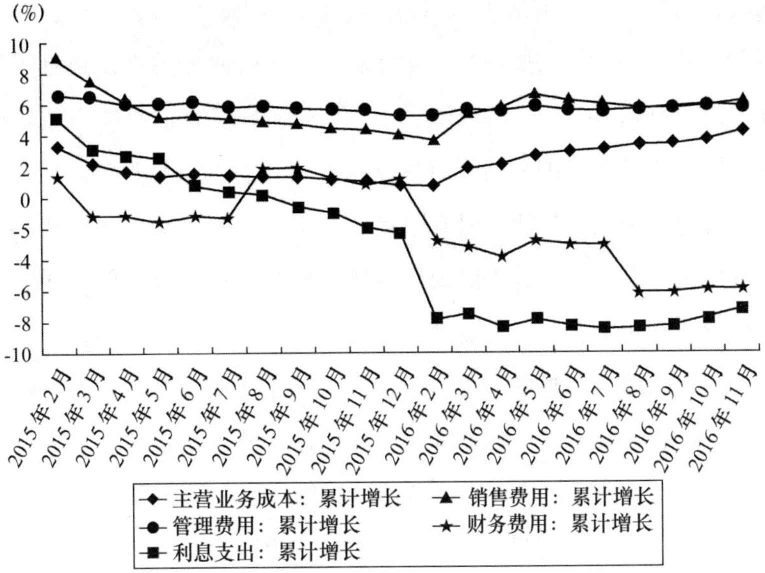

图8　工业成本增速

能”进程。建立了地方督查、部际联席会议、跨部门联合执法等工作机制。通过加强国土、环保、能耗、质量、安全、信贷等方面的标准，倒逼落后产能加快退出。2016 年 5 月国务院安排 1000 亿元专项奖补资金支持化解过剩产能，重点支持职工安置和完成推出产能任务量。在税收、土地出让收入和财务会计制度等方面，支持钢铁、煤炭企业进行收购合并、债务重组和破产。加快国企改革是推进“去产能”的重中之重，2016 年底宝钢、武钢重组成立宝武钢铁，中央企业煤炭资产管理平台公司正式组建，对央企煤炭业务进行专业化重组整合。这对于行业结构调整起到了积极的引领示范作用。

第三，债务重组等金融手段的有效运用。债务重组是短期内降低企业杠杆率的重要渠道。2016 年 10 月国务院提出通过兼并重组、市场化债转股、盘活存量资产、发展股权融资等金融手段，鼓励跨地区跨所有制兼并重组和重点行业兼并重组，积极稳妥降低企业杠杆率。同时，国务院出台《关于市场化银行债权转股权的指导意见》，明确了债转股的实施方式和条件，重点强调要遵循法治化原则和市场化方式，为了避免可能产生的道德风险问题，明确了“四个禁止”，即严禁扭亏无望、已失去生存发展前景的“僵尸企业”，有恶意逃废债行为的企业，债权债务关系复杂且不明晰的企业，以及有可能助长过剩产能扩张和增加库存的企业作为债转股对象。商业银行和资产管理公司开始逐步探索债转股的有效途径。例如，中国建设银行与云南锡业集团控股有限责任公司签署了近50亿元的市场化债转股投资协议。农业银行、工商银行、建设银行先后成立资管公司专门实施市场化债转股相关业务，出资额都超过100亿元。

第四，货币政策调整的可能。2014年11月以来，中国人民银行多次降息降准，企业融资成本大幅下降，但也促进了资产价格轮番上涨。在宽松的货币环境下，非金融企业降低负债的激励不大。2016年人民币相对美元总体趋弱，全年贬值超过6.6%。从国际环境来看，当前美国经济有所复苏，通胀率正在抬头，2016年12月16日美联储宣布加息25个基点，联邦基金利率从0.25%~0.5%上升至0.5%~0.75%。这是美联储时隔1年再度加息，并表示预计在2017年将加息3次。随着美国进入加息周期，会促使美元进一步升值，加剧资本外流和人民币贬值压力。在美国加息、国内制造业效益企稳、资产价格泡沫风险加剧的背景下，我国货币政策也存在较大变数，加息有可能成为人民银行的重要政策选项。一旦国内货币政策再次转向，将对企业负债结构产生重大影响。加息会抬高企业债务成本，激励企业降低债务水平，但也会增加利息等财务费用支出。

第五，大宗商品价格波动。当前我国企业效益企稳的一大特征是上游行业盈利能力大幅改善，这主要源于煤炭、铁矿石、原油等大宗商品价格回暖。2017年全球大宗商品价格面临较大不确定性，震荡上涨是大概率事件。2016年以来，我国限制煤矿运营天数等煤炭“去产能”措施，推动煤炭价格大幅上涨，煤炭价格一度涨至多年高点。根据标准普尔数据，2016年基准炼焦煤价格上涨两倍，涨幅远超过彭博大宗商品指数涨幅。石油产出国限产，导致全球原油供应量明显下降，根据国际能源署数据，2016年12月全球石油供应日均减少60万桶至日均9760万桶。受美国总统换届、英国脱欧、中东地区冲突等重大政治风险的影响，黄金价格连续上涨。如果大宗商品价格延续景气状态，虽然能改善相关行业的盈利能力、缓解债务负担，但长期来看，不利于重化工业落后产能的退出。

三、2017 年展望与建议

（一）2017 年展望

2016 年 9 月，国务院出台了《关于积极稳妥降低企业杠杆率的意见》，提出要坚持市场化、法制化原则，积极稳妥降低企业杠杆率，为经济长期持续健康发展夯实基础。降低企业债务，短期可以通过“外科手术”式的债务重组，长期来看关键在于企业盈利能力和市场竞争力的提升，形成内生能力。

2017 年企业效益有望延续好转态势。随着供给侧结构性改革的持续推进，促进经济增长的积极因素正在逐步积累。工业生产者出厂价格（PPI）同比涨幅在连续 54 个月负增长后，自 2016 年 9 月至 12 月已连续 4 个月转为正增长，预计 2017 年上半年 PPI 仍将保持上涨态势。不同行业盈利能力将进一步分化，原材料行业价格上涨快于一般加工工业，上游价格上涨会持续挤压下游行业盈利能力。随着大宗商品价格和 PPI 的总体回暖，价格上涨可能会向消费领域逐步传导，通胀压力会逐步增强。在传统行业转型升级的同时，新经济将持续蓬勃发展，这既包括互联网技术驱动的各种商业模式创新，也包括高技术制造业竞争力的持续提升。这将推动经济增长新旧动能的转化，在稳增长和促改革方面发挥积极作用。

随着各项降杠杆措施的推进，以及企业盈利能力的改善，预计 2017 年企业债务负担将延续好转态势。但是必须要认识到，化解债务需要一个长期过程，需要标本兼治。短期来看，可以通过债务重组、盘活存量资产等方式，避免企业债务负担演化为金融体系的系统性风险；同时要求企业缩减开支、节约成本，提高运营效率，逐年化解存量债务。长期来看，这需要大规模的制度重建，尤其是发展股权融资，完善多层次资本市场，为企业补充资本金提供制度化渠道。

（二）建议

为提高企业盈利能力，缓解债务负担，下面提出五项政策建议。

一是抓住“去产能”契机，加快国有企业、尤其是地方国企改革。进一步收缩国企战线，当前我国仍有13.4万家国有企业，近30万家国有控股企业。相当一部分分布在非公益性或竞争性行业，预算软约束问题突出，运营效率不高。

二是切实推动“降成本”，减轻企业负担。研究降低企业税费的可行途径，进一步简化或合并各类非税收费，完善中央和地方财税关系，合理分担社保成本，适当调整电价、水价等市政公用设施成本，改善物流条件，降低企业运行成本。

三是避免化解企业债务过程中的道德风险问题。强化财经纪律，完善监督体系，加强地方政府和企业的自我约束。完善并严格执行地方政府和国有企业负责人终身追责制度，防止过度负债和盲目投资。

四是积极应对外部环境变化，减少欧美国家吸引制造业回归、新兴国家低成本优势等对我国制造业的不利冲击，推动国内企业在全球产业链分工中迈向更高端环节。

五是既要充分利用大宗商品价格回暖对缓解企业债务负担的有利条件，也要避免价格回升延缓落后产能退出。通过加强环保、质量、安全等事中监管措施，推动行业优胜劣汰，这既能淘汰落后产能，也有助于改善民生。

执笔人：石　光

第五章

我国公司信用类债券的规模、结构及其风险评估

我国公司信用类债券市场自2005年中国人民银行推出短期融资券债务融资工具以来，得到了快速发展。但是，在此过程中，很少发生公司信用类债券违约事件。2014年3月，首次发生企业公募债券违约事件（即“11超日债”违约事件），当时在市场上引起轰动，公司信用类债券“刚性兑付”的神话就此打破。之后，公司信用类债券违约事件接连不断：2014年6起，涉及金额13.4亿元，2015年23起，涉及金额126亿元，2016年79起，涉及金额403.24亿元，涉及发债主体34家，呈逐年上升趋势。由此，公司信用类债券违约问题引起了社会高度关注。如何理性认识公司信用类债券市场的违约问题，当前公司信用债券市场的信用风险是否可控，如何有效抑制公司信用类债券市场违约事件不断增长的势头，以促进国内公司信用类债券市场健康发展，成为人们关心的话题。本文试图从对国内公司信用类债券市场的规模、结构和风险状况的分析入手，初步解答上述问题。

一、公司信用类债券的规模和结构

（一）公司信用类债券的存量规模和结构

我国公司信用类债券主要包括：企业债、公司债、短期融资券、中期票据、政府支持机构债、可转债、可分离转债、可交换债和非公开债务融

资定向工具（简称定向工具）等。其中，企业债的主管部门是国家发展改革委；公司债、可转债、可分离转债和可交换债的主管部门是中国证监会；中期票据、短期融资券、政府支持机构债券和定向工具的主管部门为中国人民银行（具体事务由中国银行间市场交易商协会代为管理）。

截至2016年12月底，我国公司信用类债券总规模为17.96万亿元，占国内所有债券余额的27.9%，比较2015年下降2.4个百分点（图1）。其中，企业债3.26万亿元，占所有公司信用类债券总额的18.2%；公司债4.33万亿元，占24.1%；可转债、可分离转债和可交换债1235亿元，占0.7%；中期票据4.64万亿元，占25.9%；短期融资券2.11万亿元，占11.8%；政府支持机构债券1.28万亿元，占7.1%；定向工具2.2万亿元，占12.3%（图2）。

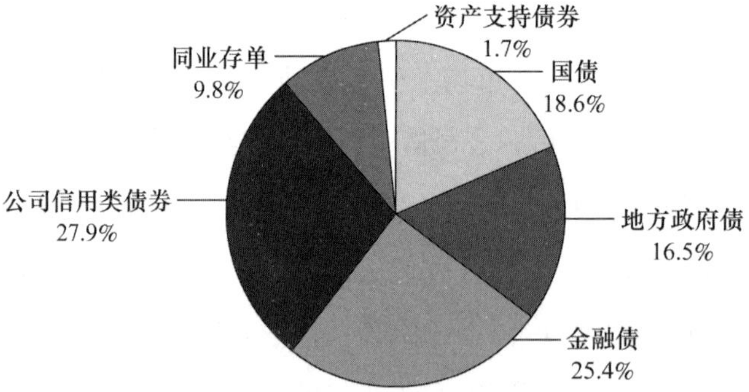

图1　我国债券的存量结构

资料来源：万德资讯。

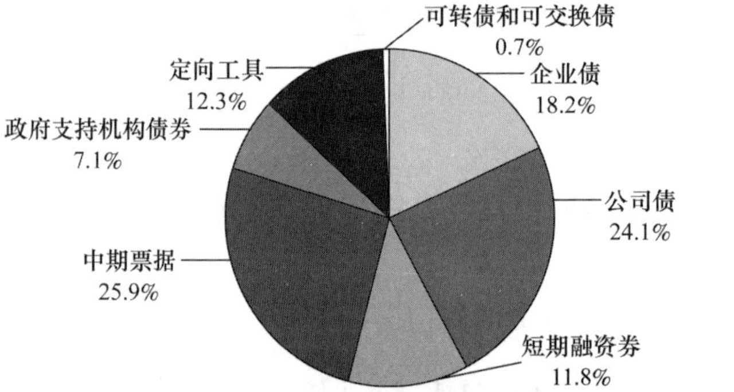

图2　公司信用类债券的存量结构

资料来源：万德资讯。

在17.96万亿元公司信用类债券存量中，12.98万亿元是通过公开发行募集，占72.3%；4.98万亿元是通过定向发行（私募方式）募集，占27.7%（图3）。其中，政府支持机构债券、短期融资券、超短期融资券和可转债都是按固定利率定价模式发行；中期票据大约93.8%是按固定利率定价模式发行，5.7%按累进利率定价模式发行，0.5%按浮动利率定价模式发行；企业债券大约80.5%按固定利率定价模式发行，19.1%按累进利率定价模式发行，0.4%按浮动利率定价模式发行；公司债券30%按固定利率定价模式发行，70%按累进利率定价模式发行，极个别按浮动利率定价模式发行；定向工具则多采用累进利率和浮动利率定价模式发行。

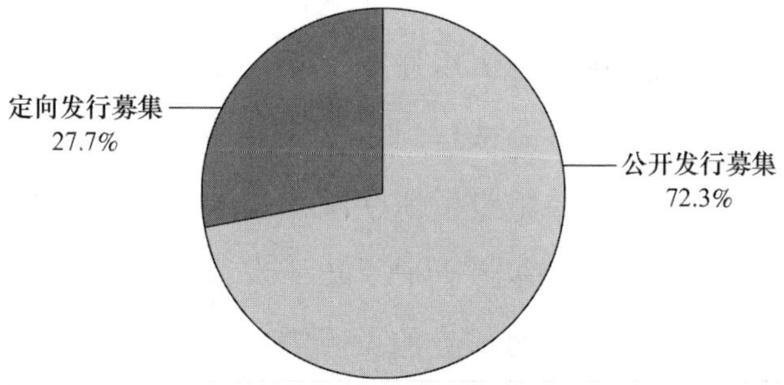

图3　公司信用类债券的募集方式

资料来源：万德资讯。

截至2016年底，公司信用类债券在国内3个证券托管机构的托管分布情况为：5.92万亿元托管在中央国债登记结算公司，占被托管总量的29.7%，主要包括企业债券3.54万亿元、政府支持机构债券1.34万元、部分中期票据1.03万亿元；7.73亿元被托管在上海清算所，占被托管总量的38.8%，主要包括中期票据3.43万亿元、定向工具1.18万亿元、短期和超短期融资券2.11万亿元；6.3万亿元被托管在中国证券登记结算公司，占被托管总量的31.6%，主要包括企业债券9459亿元、公司债券4.13万亿元、可转债344亿元、中小企业私募债1.19万亿元（图4）。

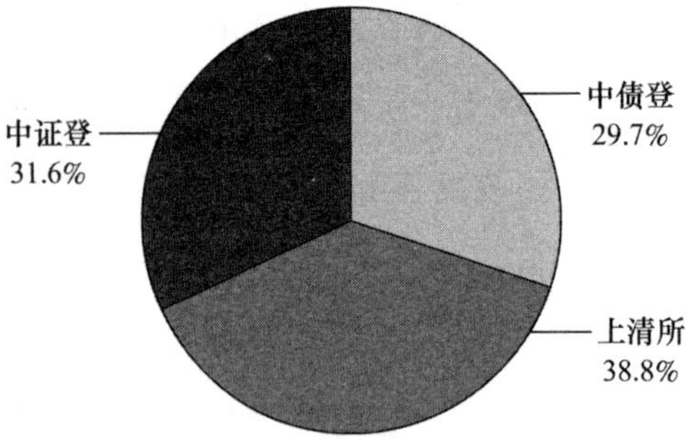

图4　公司信用类债券托管机构分布

资料来源：万德资讯、中证登网站。

（二）我国公司信用类债券的信用评级规模和结构

按照我国公司信用类债券管理办法，公开发行公司信用类债券必须由专业信用评级机构进行信用评级（近三年内进行过信用评级并有跟踪评级安排的公司可以豁免），非公开定向发行私募债有时也要求进行信用评级。信用评级通常包括债券发行主体评级（主体评级）和债券发行项目评级（债项评级）两种，由于发行主体是公司信用类债券的最终偿债主体且通常会对债券的发行进行信用担保或作出其他增信安排，因此，对于投资者而言，最为关键的信用评级信息是债券发行主体的信用评级信息。正因为此，本文主要关注公司信用类债券的主体信用评级情况。

截至2016年底，我国共保有15135只公司信用类债券，其中AAA评级债券2323只，只数占总只数的15.3%，余额约为6.74万亿元，余额占总余额的37.5%；AA+、AA、AA-评级债券6635只，只数占比43.8%，余额约为6.09万亿元，余额占比33.9%；A+及以下评级债券107只，只数占比0.7%，余额约为540亿元，余额占比0.3%；另外，还有无信用评级债券6070只，只数占比40.1%，余额约为5.09万亿元，余额占比28.3%（见表1）。

在我国，无信用评级的公司信用类债券能够被核准发行主要包括两种情况：一种情况是非公开定向发行，监管机构通常对非公开定向发行债券不强制要求进行信用评级；另一种情况是虽为公开发行，但发行前三年内进行过信用评级（信用评级通常较高）并有跟踪评级安排，也可被豁免评级。

表1　　我国公司信用类债券信用评级的规模和结构（2016年底）

信用评级	债券只数	只数占比（%）	债券余额（亿元）	余额占比（%）
AAA评级	2323	15.3	67366.2	37.5
AA+、AA、AA-评级	6635	43.8	60871.1	33.9
A+、A、A-评级	59	0.4	199.8	0.1
BBB+及以下债券	48	0.3	340.7	0.2
无信用评级	6070	40.1	50873.5	28.3
合计	15135	100.0	179651.3	100.0

资料来源：万德资讯。

二、我国公司信用类债券风险评估

（一）2016年我国公司信用类债券违约情况分析

根据万德资讯跟踪的统计数据，从2014年3月发生第一起企业公募债券“11超日债”违约至2016年底，我国共发生公司信用类债券实质性违约事件108起（108只）。其中2014年6起，涉及金额13.4亿元，2015年23起，涉及金额126亿元，2016年79起，涉及金额403.24亿元，涉及发债主体34家，似乎呈逐年上升趋势。

1. 违约主体的行业分布

从2016年违约债券发行主体所在的行业来看，违约多集中于建材、钢铁、机械、通信设备、航运等强周期且产能过剩的行业；与此同时，违约也多发生在工业贸易、物流、农副产品加工等市场竞争激烈，风险高，毛利率低，盈利能力弱的行业（表2）。

表 2　　2016 年我国公司信用类债券违约的行业分布

排名		行　业	违约债券只数	违约金额（亿元）	违约金额占比（%）	违约主体个数
按违约金额排名	1	建筑工程	5	85. 5	21. 2	1
	2	钢铁	9	66. 1	16. 4	1
	3	工业贸易	8	57. 7	14. 3	2
	4	电器设备	3	35. 0	8. 7	1
	5	食品加工	5	32. 5	8. 1	3
按违约债券只数排名	1	钢铁	9	66. 1	16. 4	1
	2	工业贸易	8	57. 7	14. 3	2
	3	通信设备	7	0. 0	0. 0	1
	4	电子设备	7	0. 0	0. 0	1
	5	建筑工程	5	85. 5	21. 2	1
	5	食品加工	5	32. 5	8. 1	3
	5	农产品	5	0. 4	0. 1	2
按违约主体个数排名	1	食品加工	5	32. 5	8. 1	3
	2	基础化工	3	13. 1	3. 2	3
	3	航空货运	4	7. 7	1. 9	3
	4	工业贸易	8	57. 7	14. 3	2
	5	煤炭	3	26. 0	6. 4	2

资料来源：万德资讯。

2. 违约主体的企业类型

从违约主体的企业类型来看，违约主体多集中于民营企业和某些地方政府“兜底”能力较弱的地方国企。2016 年全年共有 34 家债券发行主体违约，其中，民营企业 22 家，占违约主体总数的 51. 2%；地方国企 6 家，占 17. 6%；外商独资企业 3 家，占 8. 8%；央企 2 家，占 5. 9%；公众企业 1 家，占 3. 0%（表 3）。

尽管从违约主体的数量上看，民营企业占绝大多数，但若从违约金额上看，地方国企超过民营企业，其中地方国企违约金额合计高达 157. 2 亿元，占总违约金额的 39. 0%，而民营企业的违约金额合计为 149. 2 亿元，占总违约金额的 37.0%。

表 3　　　　2016 年公司信用类债券违约主体的企业类型分布

企业类型	违约债券只数	违约金额（亿元）	违约金额占比（%）	违约主体个数
民营企业	47	149.2	37.0	22
地方国企	22	157.2	39.0	6
外商独资	5	41.8	10.4	3
中央国企	4	41.0	10.2	2
公众企业	1	14.0	3.5	1
合　计	79	403.2	100.0	34

资料来源：万德资讯。

3. 违约债券的主体评级分布

从 2016 年违约债券发债时的主体信用评级来看，违约债券主要发生在主体信用评级 AA + 及以下债券，主体信用评级 AAA 类债券（2016 年底共 2323 只，余额 6.74 万亿元）无一例发生违约。其中，主体信用 AA + 评级违约债券 12 只，涉及金额 154.5 亿元，占违约总金额的 38.3%，涉及违约主体 5 家；主体信用 AA 评级违约债券 19 只，涉及金额 137.7 亿元，占比 34.1%，涉及违约主体 6 家；主体信用 AA – 评级违约债券 16 只，涉及金额 101.5 亿元，占比 25.2%，涉及违约主体 7 家；无评级违约债券 31 只，涉及金额 9.3 亿元，占比 2.3%，涉及违约主体 15 家；主体信用评级 A – 以下违约债券仅 1 只，涉及金额 2000 万元（表 4）。

表 4　　　　2016 年公司信用类债券违约的主体信用评级分布

发债时主体评级	违约只数	违约金额（亿元）	违约金额占比（%）	违约主体家数
AA + 评级	12	154.5	38.3	5
AA 评级	19	137.7	34.1	6
AA – 评级	16	101.5	25.2	7
无评级	31	9.3	2.3	15
A – 评级	1	0.2	0.0	1
合　计	79	403.2	100.0	34

资料来源：万德资讯。

尽管从违约债券发债时的主体评级来看，违约债券主要集中在主体信用评级 AA + 至 AA - 区间，但是，考虑到这个评级区间的债券数量和余额规模都较大，包括 6635 只债券，余额规模 6.09 万亿元，因此，它并未违背主体信用评级越高，债券违约风险越低的规律。

4. 违约债券的类型分布

从 2016 年公司信用类债券的违约类型来看，债券违约主要集中在对国内金融领域系统性风险和公众性事件影响较小的定向工具、中小企业私募债和其他私募债等私募债领域。其中，定向工具违约 17 只，涉及金额 163.7 亿元，占违约总金额的 40.6%；一般中期票据违约 9 只，涉及金额 110.5 亿元，占违约总金额的 27.4%；一般短期融资券违约 15 只，涉及金额 69.5 亿元，占违约总金额的 17.2%；超短期融资券违约 4 只，涉及金额 34.0 亿元，占违约总金额的 8.4%；一般企业债券违约 2 只，涉及金额 16.0 亿元，占违约总金额的 4.0%；中小企业私募债、其他私募债以及证监会主管的 ABS 违约 32 只，涉及金额 9.5 亿元，占违约总金额的 2.4%（表 5）。

表 5　　2016 年公司信用类债券违约的类型分布

债券类型	违约只数	违约金额（亿元）	违约金额占比（%）
定向工具	17	163.7	40.6
一般中期票据	9	110.5	27.4
一般短融	15	69.5	17.2
超短融	4	34.0	8.4
一般企业债	2	16.0	4.0
中小企业私募债	23	7.6	1.9
其他私募债	8	1.2	0.3
证监会主管 ABS	1	0.7	0.2

资料来源：万德资讯。

5. 违约公司信用类债券发行市场及交易场所分布

从公司信用类违约债券的发行和交易场所来看，目前主要集中在银行间市场。2016年，在银行间市场发行和交易的违约债券数量是46只，涉及违约金额385.7亿元，占总的违约金额的95.7%（表6）。违约的债券类型主要包括定向工具、一般中期票据、一般短期融资券、超短期融资券和一般企业债。其中，定向工具属于私募性融资，而一般中期票据、一般短期融资券、超短期融资券和一般企业债则属于公募性融资，后者都可在银行间二级债券市场和柜台市场交易，因此，从防范系统性金融风险和抑制公众性事件发生这个角度看，在银行间市场公开发行并上市交易的一般中期票据、一般短期融资券、超短期融资券和一般企业债是监管机构进行信用风险监管的重点。

表6　　违约债券发行上市交易场所分布

发行上市交易场所	违约只数	违约金额（亿元）	违约金额占比（%）
银行间市场	46	385.7	95.7
上海交易所	4	9.8	2.4
深圳交易所	7	6.5	1.6
广西北部湾股权交易所	3	0.9	0.2
甘肃股权交易中心	4	0.2	0.0
齐鲁股权交易中心	1	0.1	0.0
广东金融高新区股权交易中心	14	0.0	0.0

资料来源：万德资讯。

（二）公司信用类债券信用违约风险评估

通过对2016年公司信用类债券违约情况的分析，可对我国公司信用类债券的违约风险作如下评估。

第一，公司信用类债券的违约主体多分布在一些强周期、产能过剩和市场竞争激烈的行业，当宏观经济运行状况转差时，这些行业将首当其冲受到冲击。因此，这些行业内企业所发行的债券的违约风险对宏观经济走势非常敏感，且容易被放大。可以预知，如果未来宏观经济状况转好，行业的整体盈利能力增强，那么，由这些行业内企业所发行的公司信用类债券的违约风险将会明显下降。

第二，从违约主体的数量看，违约主体多为民营中小企业。地方国企虽然违约金额占比较大，但违约数量并不多，且通常有地方政府做为它们的后盾，风险不会轻易扩散。因此，未来公司信用类债券违约风险的监管重点应放在民营中小企业身上。

第三，已发生实质性违约的公司信用类债券主要是一些主体信用评级在 AA + 及以下区间的债券。考虑到我国商业银行通常只持有 AAA 评级债券，因此，公司信用类债券发生违约，通常不会对商业银行系统造成太大伤害。只要公司信用类债券的违约风险被屏蔽在商业银行体系之外，那么，公司信用类债券的违约风险就不会触发危及整个金融体系乃至整个实体经济的系统性风险。

相关研究发现，我国 AAA 信用评级企业发生信用评级调整的数量很小，迁移率很低（约为 1.45%），稳定性较高；而 AA + 和 AA 信用评级企业的迁移率则分别为 29.94% 和 23.02%，稳定性不足；AA - 和 A + 信用评级企业的迁移率更高，分别为 55.08% 和 66.67%，稳定性很差。这一方面说明，我国债券信用评级体系针对 AAA 信用等级的低风险企业的信用评级是比较有效的，但另一方面也说明，我国债券信用评级体系针对 AA + 及以下信用评级的评级制度还存在相当大的缺陷，还需要加强研究和制度建设。与此同时，未来针对公司信用类债券违约风险的监管，也应以AA + 及以下信用评级的企业作为监管重点，尤其在信息披露方面。

第四，已发生实质性违约的公司信用类债券有近一半的违约金额（约为 173 亿元）是通过非公开发行的方式募集的（定向募集），其余则为信用评级较低的公募债券。由于投资者直接投资上述两种高风险债券的资金门槛通常较高，因此，公司信用类债券的违约风险不会轻易向人数众多的低收入群体扩散，因公司债券违约而发生公众性群体事件的可能性较小。

第五，从违约公司信用类债券总金额占公司信用类债券余额的比例（对应于银行贷款不良率升幅）来看，我国公司信用类债券的信用风险暴露并不高，尤其是当经济处于下行通道时。2016年，我国公司信用类债券违约金额为403.24亿元，占2016年底公司信用类债券总余额的0.22%，占2016年AA+及以下评级的公司信用类债券总量的0.36%，两个占比都低于2016年我国商业银行的不良贷款率升幅。根据中国银监会公布的统计数据，2016年三季度末，我国商业银行系统的贷款余额为84.85万亿元，其中，关注类贷款余额3.48万亿元，占贷款余额的4.1%；不良贷款余额（发生实质性违约的贷款余额）1.49万亿元，不良贷款率1.76%，不良贷款率较2015年同期提升0.6个百分点。很明显，我国商业银行体系的信用风险暴露要高于债券市场的信用风险暴露。在正常情况下，企业债券市场的风险暴露应高于商业银行体系才较为合理，理由是：商业银行的信用风险暴露会直接侵蚀银行企业的资本金，超过一定限度之后，很可能演化为严重损害实体经济和金融安全的系统性风险。例如，2016年三季度末，我国商业银行体系的损失类贷款余额为1957亿元，较上年同期增加965亿元，这965亿元当年新增的信贷损失需用商业银行的资本金予以弥补。相比较而言，企业债券的违约风险则主要由国民中具有较强风险承受能力的富裕阶层来承担，将部分银行信贷风险转移到债券市场，不仅不会引发系统性风险，而且可实现信用风险在全社会的优化配置。

第六，债券违约从某种意义上讲是好事。2016年以来，由于频发债券到期无法兑付事件，造成“垃圾债”（信用评级AA-及以下债券）在二级市场被投资者抛售，这使得“垃圾债”与同期国债的息差持续扩大，这有利于债券市场的市场化发行。另外，因息差扩大，使得一些企业知难而退，取消了部分风险较高的融资和投资计划。再者，违约事件增多也促使信用评级机构更加重视跟踪企业的经营状况，动态调整发债企业的信用评级。

第七，展望2017年，公司信用类债券违约事件可能还会在2016年的基础上小幅上升，尤其是二季度，二季度是公司信用类债券的偿债高峰，但考虑到公司信用类债券违约事件的多寡和宏观经济运行状况关系密切，目前宏观经济已初显止跌企稳的迹象，工业企业利润总额已连续 10 个月实现正增长，因此，笔者认为 2017 年公司信用类债券的违约金额增速将明显低于2016 年（2016 年违约金额增速达到220%），但2017 年的违约债券数量和金额可能还会在2016 年的基础上小幅增长。

综上所述，笔者认为我国公司信用类债券市场的违约风险总体可控。

三、相关政策建议

第一，应通过实施积极的财政政策和灵活稳健的货币政策，尽快扭转宏观经济的下行趋势，宏观经济的改善是有效降低公司信用类债券市场违约风险的关键。

第二，应严格控制商业银行增持信用评级为 AAA 以下级的企业“垃圾债”资产，有效切断公司信用债违约风险向商业银行传导的途径。

第三，应从政策上引导发债企业（尤其是中小民营企业）利用各种市场化的增信手段提高发行债券的增信。从 2016 年的情况看，79 只违约债券中有 63 只未采用担保措施，对应的违约金额为 394. 5 亿元，占当年总违约金额的 97. 8%。

第四，针对公司信用债的违约问题，管理层应下决心打破刚性兑付的“陋习”，主管部门和利益相关者也不要轻易承诺对违约债务进行兜底，在确保不发生系统性风险的前提下，让违约风险多时点、分散化自然释放，从而培养投资者的风险意识，强化市场纪律、消除市场扭曲，有效提高公司信用债市场的市场化程度。

第五，相关证券监管部门应加强对低信用评级的“垃圾债”（低信用评级债）发行前和发行后的信息披露的监管，对违反信披和风险告知义务的发债企业、主承销商要严肃问责；加强对信用评级机构的监管，强化其资质审核和资质认证；另外，还要适度控制“垃圾债”市场的投资门槛，把没有风险承受能力的投资者隔离在“垃圾债”市场之外。

第六，我国债务融资市场系统性风险防控的重点是商业银行信贷市场，而非公司信用类债券市场。这一方面是因为我国商业银行体系长期以来承担了过重的企业融资的信用风险，监管当局需要通过大力发展股票市场和债券市场等直接融资市场来分担商业银行体系的信用风险压力；另一方面，商业银行作为“创造”总需求和实现经济支付的媒介，一旦发生风险，不仅会因风险的外溢和“传染”而引发系统性金融风险，危及整个金融体系的安全，而且更为重要的是，商业银行发生系统风险会造成信贷和货币的剧烈萎缩，从而导致总需求的剧烈萎缩，给实体经济造成巨大的破坏。历史事实证明，商业银行危机是一切金融危机的总根源。不能因公司信用类债券出现了一些违约事件，就放慢发展公司信用类债券市场的步伐，那样只会将信用风险再次向商业银行体系转嫁。

执笔人：范建军

第六章

美国救助 AIG 案例对我国实施“债转股”的启示

尽管学术界、产业界对我国企业债务（非金融企业部门负债）总体规模的估算数据略有差距，但该值高于世界同期平均水平且增速很快已属共识。从表 1 可以看到，各国际机构对我国总债务规模占 GDP 比重的测算值在 240% 上下浮动，这一数值已突破新兴经济体整体水平的边界，与同期美国、英国水平相近。而在高企的债务水平中，企业债务占比已超过 50%，成为总体债务规模快速扩张的主要推动力。面对日益严峻的企业债务问题，2016 年 10 月，国务院印发《关于积极稳妥降低企业杠杆率的意见》（国发〔2016〕54 号），积极推进新一轮“债转股”以期化解不良资产风险，截至 2017 年 1 月，协议额已达 3000 亿元①。2017 年，我国政府还需采取更多行之有效的措施，尽快修复企业和银行的资产负债表，阻止企业债务问题进一步恶化。2008 年国际金融危机爆发后，美国政府通过实施“不良资产救助计划”② （Troubled Asset Relief Program，简称 TARP），投入 4750 亿美元，给予深陷流动性危机的部分企业资金支持并推动资产重组、结构改革，成功避免了多米诺骨牌式的企业连环倒闭潮，而该计划最

① 发展改革委数据。
② 又译“问题资产救助计划”。

终不但收回全部成本，还为美国纳税人实现了上百亿美元的盈利。TARP 在实施资产重组、推动企业改革、化解债务风险等方面，很多理念、做法都非常值得我国学习和借鉴。本文仅以获取救助资金最多的美国国际集团（American International Group，简称 AIG）为例。

表 1　　部分机构对 2015 年我国企业债务规模的测算　　单位:%

机构名称	债务总额占 GDP 比重	企业债务总额占 GDP 比重	企业债务占总债务比重
国际清算银行	249	165	66.3
国际货币基金组织	225	145	64.4
瑞士银行	260	150	57.7
中国社会科学院	259	131	50.6
巴黎银行	245	149	60.8
惠　誉	232	—	—
穆　迪	280	—	—

资料来源：各机构相关研究报告。

一、救助过程

AIG 是全球首屈一指的大型国际性跨国保险及金融服务集团，业务遍布全球 130 多个国家和地区，拥有 7500 余万客户，全球雇员达 11.6 万人。次贷危机爆发后，虽然该集团的常规保险业务运行良好，但其旗下金融产品公司的“信贷违约掉期”金融衍生品业务暴露严重风险，亏损严重。2008 年 9 月 15 日，标普下调 AIG 三个信用评级，市场对 AIG 稳定性的忧虑逐渐攀升，当日股票暴跌 61%，各放款者纷纷讨债，AIG 陷入流动性危机。在证实 AIG 已无法在资本市场上获取支持，并考虑到该集团破产对已经危如累卵的美国金融体系的强大破坏力后，美国政府对其施以援手，美联储、财政部先后对其实施救助，总金额高达 1823 亿美元，是迄今为止美国政府对私人企业最大规模的资金救助。从 2008 年 9 月 16 日，美联储宣布向 AIG 提供850 亿美元紧急贷款，到2012 年12 月11 日，美国财政部以每股32.5 美元的价格出清其最后持有的2.34 亿股 AIG 股票，此轮救助历时4 年零3 个月①，最终美国政府从 AIG 纾困行动中获利227 亿美元②。此次救助行动不但有效避免了 AIG 这个庞大的保险帝国走向崩溃，更重要的是进一步减轻了市场动荡，稳定了整个美国金融体系。AIG 救助行动的成功取决于两个条件：美国政府的一系列援助行动和 AIG 在内外部压力下的改革重组。

1. 美国政府三轮注资

美国政府对 AIG 的救助方案不断根据实际情况进行调整，双方针对注资金额和约束条件开展了多轮谈判并达成妥协。2008 年 9 月至 2009 年 2 月，在短短半年内，美国政府向 AIG 进行了三轮注资，金额合计 1823 亿美元，最终持股92%，成为 AIG 最大股东。这些资金中，美联储提供的贷款是在《2008 年紧急经济稳定法案》③（下称《稳定法案》）出台前，依据《联邦储备法》第 13 条第 3 款④划拨的，美国财政部在 2008 年 11 月、2009 年 2 月注入的 700 亿美元来自《稳定法案》批准下的 TARP。注资中有 930 亿美元被 AIG 根据 2008 年信贷违约掉期合约支付给多家金融机构，其中高盛 129 亿美元，法国兴业银行 119 亿美元，德意志银行 118 亿美元，巴克莱银行 85 亿美元⑤。

从表 2 可以看到，美国政府对 AIG 的救助呈现两个特点。一是美国政府一再放宽救助的金融条件。随着 AIG 经营情况的不断恶化⑥，为能在更

① 2012 年12 月，美国财政部出售了最后一批所持 AIG 的股票，但仍持有一部分认股权证。2013 年3 月，AIG 以大约2500 万美元的价格买回了最后一批认股权证，彻底清除美国政府在该集团中所持有的财务权益。

② 美国财政部获利50 亿美元，美联储获利177 亿美元。

③ Emergency Economic Stabilization Act of 2008.

④ 条款内容为：在异常和紧急情况下，如果有 5 个或以上的美联储理事会成员表决同意，美联储可向任何个人、合伙企业或机构发放贷款。

⑤ 这次还款使超过半数的政府注资落入其他银行手中，这引起了极大的社会争论。

⑥ 2008 年三季度 AIG 亏损额达245 亿美元，成为该公司截至2008 年9 月最大单季亏损。2008 年四季度，AIG 亏损额高达600 亿美元，超过时代华纳公司2002 年创下的540 亿美元纪录，成为美国上市公司迄今出现的最大单季亏损。

表 2　　美国政府对 AIG 的三轮注资

时间	2008 年 9 月	2008 年 11 月	2009 年 2 月
资金规模	美联储授权纽约联邦储备银行向 AIG 提供 850 亿美元紧急贷款，有效期 24 个月，利率为 3 月期伦敦银行同业拆借利率加 850 个基点	1. 美国财政部购买 AIG 价值 400 亿美元资产的优先股，价值 300 亿美元的信用违约互换优先股以及 225 亿美元住宅抵押证券 2. 美联储将两年期 850 亿美元贷款更换为五年期 600 亿美元贷款，利率下调至 3 月期伦敦银行同业拆借利率加 300 个基点	1. 美国财政部划拨 300 亿美元购买优先股，将已持有的 400 亿美元优先股转为无股息的普通股，取消 10% 的年利息 2. 美联储将贷款额度从原来的 600 亿美元下调至 200 亿 ~ 250 亿美元之间，贷款利率进一步下调为 3 月期伦敦银行同业拆借利率
约束条件	1. 贷款以 AIG 全部资产为抵押 2. 美国政府持有 AIG 79.99% 的股份，有权否决普通和优先股股东的派息收益	1. 贷款以 AIG 全部资产为抵押 2. AIG 必须服从企业监管要求，须强力执行企业支出和管理要求等限制 3. AIG 必须执行最严格的高管薪资限制，停止发放公司年度红利 4. 美国政府占股 79.99%，每年有 10% 的利息回报	1. 美国政府设立信托基金来持有美国友邦保险公司、美国人寿保险公司两家公司，享受 5% 的派息。AIG 通过将这两家寿险公司置于政府托管之下，以及向政府提供获得数万份保险合同现金流的权利等方式，相当于向联邦政府偿还价值大约为 389 亿美元的贷款 2. 美国财政部在这笔资金中扣除了 1.65 亿美元，以抵消 AIG 此前违规向员工发放的奖金 3. 美国政府持有 AIG 92% 的股份

资料来源：根据相关新闻报道整理。

长时期内保住 AIG 价值，政府资金投入从最初的 850 亿美元扩张至 1823 亿美元，贷款利率水平从 3 月期伦敦银行同业拆借利率①加 850 个基点的高利率逐步下调至正常水平，并在 2009 年 3 月取消 400 亿美元 AIG 股份 10% 的年利息，这些都使 AIG 的利息负担得到大大减轻。美国政府在救助

① 伦敦银行同业拆借利率（London Interbank Offered Rate，LIBOR），是目前国际最重要和最常用的市场利率基准。

中所扮演的角色也逐渐从“短期贷款商”转变为“长期股票投资者”。二是不断强化限制企业支出、服从监管、加快完善企业治理的要求。美国政府以“贷转股”的形式注资成为AIG最大股东后，不断从外部推动AIG进行资产重组、战略调整及结构改革。美国政府依据《稳定法案》，要求AIG必须履行薪酬、监管、内控等一系列严格限制，并铁腕应对饱受诟病的AIG奖金门[①]事件。

2. 政府债务的偿还

对于高达1823亿美元的政府债务，债务人AIG遵循的路径是，先剥离风险业务，专注公司主营业务并实现良性运转，逐步恢复市场融资能力，同时出售非核心业务和海外部门来偿还债务。债权人美国政府遵循的路径是，先保住AIG低风险主营业务，维持其市场价值，在AIG实现良性运作并恢复市场融资能力后，逐步售出股票，收回成本，退出公司经营。

AIG“瘦身还债”。2009～2012年，AIG为偿还政府债务，出售超过30项经营业务，筹资总额近500亿美元[②]，公司规模缩小至危机前的2/3，雇员总数明显缩减。

2008年9月至2009年8月，在时任CEO爱德华·李迪（Edward M. Liddy）主导下，AIG陆续出售了伦敦机场股权、AIG私人银行、在墨西哥和俄罗斯的消费金融子公司、在加拿大的人寿保险业务、车险部门21世纪保险、日本总部大楼和纽约曼哈顿集团总部大楼等。但外界普遍认为这些交易存在“资产贱卖”，市场信心一度陷入低迷。

2009年8月10日，罗伯特·本默切（Robert Benmosche）就任新CEO后，对多个正在进行中的资产剥离项目进行了重新评估并叫停出售（如终

---

① 2009年3月，刚刚接受美国政府300亿美元救助资金后，AIG于当月15日宣布将向其金融产品部门高管支付总额高达1.65亿美元的奖金，引发强烈争议。AIG解释发放奖金是因为企业与员工有合同在先，但这次1.65亿美元奖金和津贴的发放对象，是AIG的金融产品部门人员，但正是这个部门的“业绩”令AIG走向破产边缘。

② 杨博：“AIG大举出售旗下资产筹资偿债，回归核心业务”，载于《中国证券报》2012年3月12日。

止出售美亚保险公司计划），将发展战略调整为重振主营业务，以期进一步带动其他资产价值的提升。伴随着全球经济复苏和股市债市回暖，2009年三季度起，AIG 旗下主营人寿保险、财产和意外保险业务的子公司 Sun America Financial Group 和 Chartis，业绩状况开始明显好转。2010 年 3 月，AIG 将旗下非核心资产第二大海外寿险部门 Alico 出售给大都会人寿保险公司，这笔交易带来 155 亿美元的收益。此后，AIG 又作价 48 亿美元，向美国保德信金融集团出售了 AIG 日本星寿险和爱迪生寿险公司。

随着经营状况好转①、市场信心逐渐恢复，AIG 开始通过出售股权、发行债券等方式在金融市场上融资以偿还政府债务。2010 年 8 月，AIG 旗下国际租赁金融公司通过发售债券筹集资金，偿还了 40 亿美元债务。2010年 10 月，在与英国保诚保险公司收购洽谈失败后，AIG 旗下友邦保险在港交所挂牌，共筹集 1383 亿港元（约合 178 亿美元），2012 年多次交易后又为 AIG 带来了 285 亿美元的收益。

政府逐步退出。负责监督 AIG 资产组合清理工作的时任美国财政部首席重组官吉姆·米尔斯坦（Jim Millstein）曾表示：“AIG 必须证明其有能力通过资本市场来筹集资金，美国政府才会完全撤出对该集团的援助。”2010 年 12 月 27 日，AIG 在提交给监管方的文件中指出，该公司已获得 36家银行提供的总额 43 亿美元的信贷额度。CEO 罗伯特·本默切指出，这是“市场对 AIG 做出的重要信心投票，我们已经能够看到这项计划的终点线”。

2011 年 1 月，美国财政部宣布 AIG 正式完成资本重组，并将其持有的 AIG 优先股转换为普通股，价值约 690 亿美元。此后，考虑到维持 AIG 股票价格的稳定性，财政部分别于 2011 年 5 月，2012 年 3 月、5 月、8 月、9月、12 月，分 6 次缓慢而有节奏地减持 AIG 股票，最终从出售股票中收益 134 亿美元（表 3）。这些股份一部分由 AIG 回购，一部分由承销人花旗银

① 2010 年二季度财务报告显示，由于对准备出售给大都会保险的美国人寿保险公司进行了 33 亿美元非现金的商誉减值计提，二季度净亏损 26.6 亿美元。但扣除商誉减值计提，二季度调整后盈利 13 亿美元，远高于预期。

行、德意志银行、高盛和摩根大通购买，另外一部分被其他市场主体购买。

表3　2011 年 1 月至 2012 年 12 月美国政府在 AIG 持股比例变化　单位:%

时　间	2011 年 1 月	2011 年 5 月	2012 年 3 月	2012 年 5 月	2012 年 8 月	2012 年 9 月	2012 年 12 月
美国财政部在 AIG 持股比例	92	77	70	61	52	16	0

资料来源：根据相关新闻报道整理。

2012 年 8 月，纽约联储出售 Maiden Lane Ⅲ①资产组合中剩余的抵押贷款支持型债券，并获利 66 亿美元，标志着美联储也从救助 AIG 行动中全身而退。

二、实施特点

美国政府主要采取以购买股权的方式来实现对 AIG 的注资，即“贷转股”，此轮救助行动投入资金规模庞大，时间持续较长，虽然在实施过程中历经曲折，但最终取得的积极成效值得肯定。综合来看，整个救助行动的实施，主要有以下三个特点。

（一）一切救助行动均在法律框架下进行

在 2008 年 10 月《稳定法案》正式出台前，以美联储为实施主体的对 AIG 的第一轮注资的法律依据是《联邦储备法》，此后以美国财政部为实施主体的救助行动全部依据《稳定法案》的相关规定执行。

1. 救助实施机构由法律授权，救助行动按法律程序推进

美国财政部取代美联储成为救助 AIG 的主导力量，是依据《稳定法案》第 101 条规定：“授权财政部设立一个不良资产救助计划，帮助陷入

① Maiden Lane Ⅲ是 2008 年金融危机期间专门设立的购买 AIG 有毒资产的特别机构。

困境的金融机构。”在充分授权的同时，《稳定法案》也制定了一系列约束政府行为的条款，包括对政府购买不良资产的决策和价格做出原则规定、救助经费使用需层层授权、严格的信息披露制度、纳税人权益保护义务，等等。如第 106 条规定：“财政部在第一次行使权力后，须每月向国会报告包括详细的财务报表在内的所有救助行动相关情况。”第 107 条规定：“允许财政部在非常情势下做出违反公众利益的决定，但必须在 7 天内向国会报告。”第 113 条规定：“为了纳税人利益，财政部及参与投资的金融机构必须以成本最小化和效益最大化为目标。”第 119 条规定：“政府提供标准的司法审查程序……以确保财政部的行动不武断、反复无常，或不符合法律规定。”这些法律条款有力地确保了整个救助行动的规范有序。

2. 被救助机构行为受法律约束

对被救助机构行为的约束主要表现为“依法限薪”。《稳定法案》修改了《内部收入法》的相关条款，第一次确定了联邦政府有权规范被救助机构高管的薪酬水平，“只要联邦政府收购了某机构 3 亿美元及以上的不良资产，则该机构首席执行官、首席财务官及收入位列第三的高管人员的薪酬税收抵扣额度将从 100 万美元降至 50 万美元”。被救助机构高管的非退休离职金征收 20% 消费税，金融机构不得再与这些高管签订“黄金降落伞计划”①。这一点在美国政府对 AIG 的救助行动中得到切实贯彻。

3. 外部监督机构依法行使监督权

本着对纳税人负责的原则，为确保救助行动中政府部门没有滥用职权，国会强化对救助行动的监督，并根据《稳定法案》新设立多个层面的监管机构，如金融稳定监管委员会、TARP 特别督察长、监督专家组②等，监督、纠正财政部行为，避免造成不必要的损失。其中，TARP 特别督察

---

① 朱小川：“美国《紧急经济稳定法案》评析及其借鉴”，载于《东方法学》2009 年第 3 期。

② 监督专家组由众议院和参议院指定的 5 位院外专家组成，负责审议金融市场、监管体系和不良资产救助计划的实施情况，并出具评估意见定期向国会报告。

长就财政部对不良资产的购买、管理、处置及调查等事项进行持续性监督，平均每60天向国会递交例行报告。例如，2010年10月26日，特别督察长办公室发布调查报告，指出财政部在救助AIG行动的透明性方面存在重大失误，认为该部门在该年10月初通过变更AIG估值方式，可能隐瞒了400亿美元纳税人资金的亏损。为回应此问题，财政部在11月发布了经审计的财务报告，披露关于援助AIG详细的盈亏信息。

此外，国会常设调查机构众议院监督及政府改革委员会①针对AIG救助行动也开展多项调查和评估。例如2009年9月，该机构成立AIG救助计划专责评估小组，得出“政府纾困行动已经稳定了AIG的金融情势，但政府依然曝露在信用与投资风险之中，财政部可能无法收回成本”的结论。2010年1月，该机构对纽约联储签发传票，因该行曾在2008年9月要求AIG对公众隐瞒银行付款的细节内容。

4. 争议解决诉之以法律途径

AIG救助行动中的利益相关方，美国政府、AIG公司、AIG股东，在权益分配出现争议时，诉之以法律途径谋求解决。2011年11月，AIG前CEO格林伯格（Maurice R Greenberg）以Starr International Co公司的名义，起诉美国政府在AIG救助行动中非法夺取股东财产。原告Starr公司认为美国政府在救助中获得高达92%的AIG股份后，在未让股东投票情况下进行反向拆股，这种行为违反美国宪法第5条修正案。2014年9月29日，这一饱受社会争议的案件正式开审，并举行了多轮听证会。2015年6月16日，法院裁定美联储在以850亿美元购买AIG股票时设定了非法条款，但AIG股东不能得到补偿。

（二）充分发挥市场机制作用

首先，美国政府依据市场反应来决定AIG救助行动的进入和退出的时

① House Oversight and Government Reform Committee.

机。2008年9月16日，AIG试图从私营银行手中筹集750亿美元资金的努力宣告失败，美联储在证实AIG确实无法在资本市场上获取资金支持后，正式启动了850亿美元的救助计划。2010年12月，AIG在向美国财政部证明其已有能力通过金融市场进行融资后，财政部才决定逐步出售股票，使AIG完成“去国有化”。其次，对AIG的救助过程中，美联储与财政部的进入和退出，均采取在金融市场上以当时的市场价格购入或售出AIG股票的形式，并无任何行政指令性安排。此外，随着经营状况的逐渐好转，“国有化”对AIG发展的约束开始逐步显现。相比独立的市场主体，在美国政府的严格监管和限制下，AIG在业务拓展、薪酬待遇、经营灵活性等方面都受到严格约束，面临人才外流、运转效率不高等问题。这也使尽快回归市场化，成为AIG不断加速偿还政府债务的推动力。

（三）“输血”与“做手术”同步推进

2008年金融危机爆发后，AIG陷入严重的流动性危机，美国政府对其进行三轮注资，通过大量的“输血”先“止血”，AIG得以存活。在成为AIG最大股东后，美国政府开始从外部施压，促使AIG推动了一系列内部改革，以重新建立“造血”机制，恢复企业活力。包括切除有毒资产、改善资本结构，出售非核心业务、开展业务重组、重振主营业务，调整运营结构、削减成本、强化风险控制、提高公司治理标准和透明度以及严格限薪制度下的薪酬体系调整，等等。

这些改革措施的背后，最为关键的是在美国政府推动下的人事变革。2008~2012年，AIG高层管理团队经历多轮调整。2008年9月，在时任财长保尔森的支持下，爱德华·李迪接替上任刚刚3个月的鲍勃·维拉姆斯塔德（Bob Willumstad）担任AIG的CEO。2009年8月，经美国财政部、AIG董事会多轮筛选后确定的罗伯特·本默切临危受命，就任新一任CEO。新的管理团队全面调整了上一任决策层确定的“先保住低风险主营业务，再依次填补其他次营业务的运作，进而最大可能保留AIG庞杂的资产帝国”的策略，全力推动“重振主营业务，卖掉非核心业务和海外部门以偿还政府债务”的发展路径。正是在这一策略的指导下，AIG 开始“断臂求生”，逐步显示复苏态势，并最终全部偿还政府债务，回归自由身。

三、启示

美国政府为救助 AIG，先后投入了 1823 亿美元，在实施救助计划的 4 年 3 个月里，尽管救助双方在资金的投向和使用方面发生诸多摩擦，但不可否认，这次救助行动拯救了已在破产边缘的 AIG，并稳定了整个美国保险行业，而且没有带来难以化解的副作用，还为美国纳税人赚得 200 多亿美元的盈利。回顾整个过程，救助计划使 AIG 成功摆脱巨额债务得以重生的三个关键因素分别是：法律体系、金融市场和企业改革。从制度建设角度，AIG 的成功经验对我国顺利推进“债转股”、有效化解企业债务，具有重要借鉴意义。

（一）加快推动相关法律法规的完善

2008 年国际金融危机爆发后美国政府实施的一系列救助行动，绝大部分是依据《稳定法案》展开的，该法案为美国快速救市搭建了一个法律平台，保证了整个救助行动的规范有序。从表 4 可以看到，从 2008 年 9 月 19 日仅仅 10 页的 TARP 出炉，到 9 月 28 日扩充为 100 多页的《紧急经济稳定法案》，再到 10 月 3 日 400 多页的《2008 年紧急经济稳定法案》正式生效，磋商、修改、立法、颁布实施仅仅用了 11 个工作日。危机的紧迫性没有留给美国政府充分的时间来通盘谋划救市方案，紧急出台的《稳定法案》也难免有疏漏之处，但短短十几天即已形成庞大而复杂的条文，已经最大限度地考虑方方面面的利益，并以法律形式明确了授权、监督、纠错等机制，形成有效的权力制衡。

表 4　《2008 年紧急经济稳定法案》出台过程

时　间	进　展
9 月 15 日	雷曼兄弟宣布破产，道琼斯指数暴跌 504 点
9 月 19 日	时任美国财长保尔森提交“不良资产救助计划”（TARP），获布什政府支持并提交国会表决
9 月 28 日	进入国会辩论阶段，“不良资产救助计划”被更名为《紧急经济稳定法案》，进一步扩大救助范围，增加货币市场稳定、房屋所有者救助、救助监督机制建立、行政补偿与公司管理、纳税人权益保护等多项内容。
9 月 29 日	《紧急经济稳定法案》遭众议院否决
9 月 30 日	《紧急经济稳定法案》再次扩充内容，增加能源改进延长法案，提高存款保险上限等
10 月 1 日	参议院（86 票赞成、13 票反对）通过法案
10 月 3 日	众议院（263 票赞成、171 票反对）通过法案，时任总统小布什正式签发生效

资料来源：黎四奇，“对美国救市法案之评价及其对我国之启示”，《法律科学》2009 年第 1 期。

TARP 实施之初，美国学界、业界很多人持质疑态度，认为“政府救助与美国人崇尚的平等竞争和企业家精神格格不入”“纳税人为贪婪的华尔街买单”“救援行动本身其实等于重写了政府干预私营部门的规则”“政府救助存在成本过高、财长权限过大、资金使用混乱、忽视道德风险等弊端”，但因为整个救助行动全部依法律程序推进，国会、财政部、美联储、不良资产救助计划特别督察长等均按照法律授予的权力和职能，各司其职、各尽其责，救助行动不断取得阶段性成果，从而逐渐弥合社会分歧与争议，使 TARP 获得更多人的支持。

2016 年 9 月，《国务院关于积极稳妥降低企业杠杆率的意见》（国发〔2016〕54 号）印发，明确提出“依法依规开展降杠杆工作，政府与各市场主体都要严格依法行事”。“依法降杠杆”的重要前提是法律体系的完备。美国政府在危机的紧急关头仅用 11 个工作日即出台了一部体系完整、内容丰富、权责明确的《稳定法案》，推动了整个救助行动的顺利进行。以此为鉴，面对日益严峻的企业债务形势，我国政府应尽快制定法律出台时间表，抓紧完善相关法律体系，对社会上呼吁修改已久的《公司法》《商业银行法》《破产法》等基本法律及相关法规，尽快完成清法、废法、排法、修法、立法的过程，为企业债务化解提供依法合规的制度环境。

（二）加快多层次资本市场建设

美国政府救助 AIG 的路径是，以“贷转股”形式成为 AIG 的“阶段性股东”，推动企业战略重组，经营形势转好后，通过金融市场售出股份，收回成本，全面退出 AIG。这种较为顺畅的进入退出机制，主要归根于美国拥有相对完善的资产交易市场，公开、透明的信息披露机制，灵活多样的证券发行形式与流通体系。在整个救助过程中，美国政府与 AIG 都充分利用市场机制来处置不良资产、募集资金，最大限度地分散风险、减少损失。

2016 年 10 月 10 日，国务院发布《关于市场化银行债权转股权的指导意见》（下称《指导意见》）中提到实施“债转股”后可“采取多种市场化方式实现股权退出”。但现状是，1999 年实施的第一轮“债转股”中，截至目前，资产管理公司成功退出的投资仅占 1/3，许多还是转让给地方国资委，剩余的 2/3 由于资本市场的落后，仍无法实现退出①。如果不加快多层次资本市场的建设，规范发展股票、债券、市场、期货及衍生品和私募市场，为股权退出提供多种渠道，则新一轮“债转股”还将面临同样的问题。

（三）加快推进国企改革

如前文所述，美国政府对 AIG 的注资，只是为它赢得暂时喘息的时

① 久华：“市场化债转股如何以史为鉴”，载于观察者网 2016 年 10 月 14 日。

间，AIG 最终能够实现重生，最为关键的还在于在第一大股东美国政府的施压下“断臂求生”，推动了一系列包括薪酬、人事制度在内的改革，更换管理层，调整发展战略，实行业务重组。没有这些“大手术”使 AIG 逐步恢复“造血功能”，政府输血再多也将无济于事。而 AIG 希望尽快“去国有化”，回归为决策自主的市场主体，也成为它尽快偿还债务的推动力。

企业自身推进改革、改善经营管理，是化解企业债务的根本所在。《指导意见》中也明确提出“要把建立和完善现代企业制度作为开展市场化债转股的前提条件。通过市场化债转股推动企业改组改制……提高企业经营管理水平。债转股企业要健全公司治理结构，合理安排董事会、监事会和高级管理层，建立权责对等、运转协调、制衡有效的决策执行监督机制”。但目前，我国企业债务的主体是国有企业债务，穆迪测算显示，2015 年国企负债占整体债务的比重约为 41%，需重组的国企负债可能占到 GDP 的 20% ~25%。由于国企行政色彩仍然很浓，在人事制度、薪酬制度、管理层任免等种种问题上缺乏一定的自主性，实行“债转股”后，如果股东不能推动企业实施一系列改革，进而完善公司治理、实现战略转型，则前期投入无异于石沉大海。上一轮“债转股”实施过程中这一问题已经凸显，资产管理公司参与一些国有企业“债转股”后不能有效介入经营管理，企业原来怎样转股后还是怎样。资产管理公司代表往往是在地方国企和主管政府部门商量好经营决策后，在董事会现场才知晓相关事宜，并象征性举举手投投票①，更谈不上干预人事任命和改组改制了。从根本上讲，解决这一问题的关键，仍在于加快推进国有企业改革，进一步完善现代企业制度，真正确立其市场主体地位。

执笔人：王莹莹

① 久华：“市场化债转股如何以史为鉴”，载于观察者网 2016 年 10 月 14 日。

第七章

推动改革落地生根造福群众

党的十八大以来，以习近平同志为总书记的党中央以巨大的政治勇气和政治魄力，推动具有新的时代特征的新一轮改革。在经济发展进入新常态、改革进入深水区的关键时期，深入学习习近平同志关于全面深化改革的重要论述，对于进一步增强党员干部全面深化改革的思想自觉和行动自觉，推动改革举措落地生根，给人民群众带来更多获得感，具有十分重要的意义。

一、增强全面深化改革的思想自觉和行动自觉

全面深化改革是“四个全面”战略布局中具有先导性和突破性的关键环节。习近平同志担任总书记后，第一次地方调研就到了领我国改革开放风气之先的广东，并强调“改革开放是决定当代中国命运的关键一招，也是决定实现‘两个一百年’奋斗目标、实现中华民族伟大复兴的关键一招”，宣示了攻坚克难、义无反顾推进改革开放的决心。此后，为了做好新一轮改革的总体规划和顶层设计，他亲自担任文件起草组组长，领导制定了《中共中央关于全面深化改革若干重大问题的决定》，对新一轮改革进行总部署总动员，拉开了新一轮改革的大幕。

党的十八届三中全会以来，全面深化改革从顶层设计进入实施建设阶段，一大批夯基垒台、立柱架梁的改革方案相继出台，呈现出全面发力、多

点突破、蹄疾步稳、纵深推进的良好态势。但我们也要清醒认识到，当前世界政治经济格局深刻调整，我国经济发展进入新常态，全面建成小康社会进入决胜阶段，这些都对全面深化改革提出了更加紧迫的要求。广大党员干部要勇立时代潮头，增强全面深化改革的思想自觉和行动自觉，拿出抓铁有痕、踏石留印的劲头来推进改革，坚决打好全面深化改革攻坚战。

世界政治经济格局深刻调整，迫切要求我们以全面深化改革把握发展主动权。国际金融危机引发世界政治经济格局和全球治理体系深刻调整。西方主要国家加大了科技投入和体制调整力度，既有的国际政治经济格局被打破，体现发达国家与新兴经济体力量此消彼长的新格局尚在形成之中。我们只有坚定不移推进改革，完善和发展中国特色社会主义制度，推进国家治理体系和治理能力现代化，才能在日趋复杂的国际政治经济格局调整中牢牢把握发展主动权。

经济发展进入新常态，迫切要求我们以全面深化改革为发展注入新动力。经过30多年高速增长，我国经济出现了不同以往的阶段性变化。经济发展进入新常态，最直接的表现是增速换挡，但本质上是结构调整和动力转换。新常态下，国内生产要素成本加快上升，经济增长下行压力和产能过剩的矛盾日益突出，企业创新能力不足的问题日益显现，加快转变经济发展方式的任务更加紧迫。只有坚定不移推进改革，才能破除一切不利于科学发展的体制机制障碍，为发展注入新动力。

全面建成小康社会进入决胜阶段，迫切要求我们以全面深化改革提供更加完备的制度保障。按照“两个翻一番”的目标，到2020年我国人均国内生产总值将接近1.1万美元，基本跨过中等收入阶段，接近高收入门槛。全面建成小康社会不仅要保持经济中高速增长，而且人民生活水平和质量要普遍提高，国民素质和社会文明程度要显著提升，生态环境质量要总体改善，各方面制度要更加成熟更加定型。只有坚定不移推进改革，才能确保如期全面建成小康社会，进而为实现中华民族伟大复兴的中国梦提供更加完备的制度保障。

二、提高谋划、推动、落实改革的能力和水平

习近平同志在党的十八届三中、四中、五中全会以及中央全面深化改革领导小组会议等重要会议和重要场合，就全面深化改革的总体思路、目标任务、战略重点、优先顺序、主攻方向、工作机制、推进方式等作了全面系统的论述。深入学习习近平同志关于全面深化改革的重要论述，特别是关于改革总目标、改革出发点和落脚点、改革方法论的论述，对于领导干部提高谋划、推动、落实改革的能力和水平具有重要意义。

把握全面深化改革的总目标。总目标就是方向，迷失方向就会误入歧途。全面深化改革的总目标，就是完善和发展中国特色社会主义制度，推进国家治理体系和治理能力现代化。这两句话是一个整体，规定了改革的根本方向和鲜明指向。邓小平同志在1992年春的重要谈话中指出：“恐怕再有30年的时间，我们才会在各方面形成一整套更加成熟、更加定型的制度。”从那时到现在，已经过去20多年了。全面深化改革就是要推动中国特色社会主义制度更加成熟更加定型，为党和国家事业发展、为人民幸福安康、为社会和谐稳定、为国家长治久安提供一整套更加系统完备、更加行之有效的制度体系。推进全面深化改革，要牢牢把握改革的正确方向，在道路、理论、制度等根本性问题上立场坚定、旗帜鲜明。要紧紧围绕改革总目标，努力使各领域改革实现联动和集成，在国家治理体系和治理能力现代化上形成总体效应、取得总体效果，不断完善和发展中国特色社会主义制度，从而为全面建成小康社会、实现中华民族伟大复兴的中国梦提供制度保障。

让人民群众有更多获得感。我们党推进全面深化改革的根本目的，就是要促进社会公平正义，让改革发展成果更多更公平惠及全体人民。习近平同志强调，“改革既要往有利于增添发展新动力方向前进，也要往有利于维护社会公平正义方向前进”“把以人民为中心的发展思想体现在经济

社会发展各个环节，做到老百姓关心什么、期盼什么，改革就要抓住什么、推进什么，通过改革给人民群众带来更多获得感”。人民群众是改革的力量之源，只有呼应人民群众的诉求，从人民群众最期盼的领域改起，谋民生之利，解民生之忧，才能赢得人民群众的支持，激发人民群众参与改革的积极性、主动性、创造性。我们谋划改革思路、制订改革方案、提出改革举措、检验改革成果，都要以人民群众为镜子，看人民群众满意不满意，看人民群众是否受益，做到改革为了人民、改革依靠人民、改革让人民受益。

处理好全面深化改革的重大关系。随着改革的不断深化，涉及的利益关系越来越复杂，达成改革共识和推进改革的难度明显增大。习近平同志指出：“现在推进改革的复杂程度、敏感程度、艰巨程度，一点都不亚于30多年前。”这就要求我们总结改革历史经验，统筹协调各种关系，构建利益平衡机制，从而为改革创造良好的社会环境。《习近平总书记系列重要讲话读本（2016年版）》从6个方面阐释了全面深化改革需要处理好的重大关系，即解放思想和实事求是的关系、整体推进和重点突破的关系、全局和局部的关系、顶层设计和摸着石头过河的关系、胆子要大和步子要稳的关系、改革发展稳定的关系。这既是我国改革开放的经验总结，也是全面深化改革的方法论。我们要学深悟透，用于指导改革实践。

三、推动改革落地生根、结出硕果

改革举措能否真正落地生根，关系改革蓝图的实现，决定改革的成败。习近平同志在多个场合强调抓落实的重要性，他指出：“要把抓落实作为推进改革工作的重点，真抓实干，蹄疾步稳，务求实效。”要“聚焦、聚神、聚力抓落实，做到紧之又紧、细之又细、实之又实”。近两年多来，在各方面的努力下，一些重要领域和关键环节改革取得重大进展和积极成效。但也要看到，改革推进还不平衡，特别是有一些干部抓改革作风不扎实、工作不到位、成效不明显，存在“以文件落实文件”的现象；还有的干部对推进改革有畏难情绪，存在“不敢改、不愿改、不会改”的现象。对此，要从增强责任担当、鼓励探索创新、构建落实机制等方面，引导和激励党员干部积极参与改革，争当改革的促进派和实干家。

强化改革责任担当。改革推进到今天，比认识更重要的是决心，比方法更重要的是担当。习近平同志强调：“要强化改革责任担当，看准了的事情，就要拿出政治勇气来，坚定不移干。”全面深化改革是新的历史时期对党员干部的考验。各级领导干部要强化责任担当，以盯住干、马上办、改到位的劲头，抓好改革落实，努力使各项改革举措落地生根，确保各项改革取得预期成效、真正解决问题。要着力强化敢于担当、攻坚克难的用人导向，把那些想改革、谋改革、善改革的干部用起来，激励党员干部勇挑重担、冲锋在前。

鼓励基层探索创新。最大的创造力在基层、在群众。改革开放以来，很多改革成果都是由基层群众创造出来的。改革任务越重，越要重视基层探索创新。习近平同志强调：“要鼓励地方、基层、群众解放思想、积极探索，鼓励不同区域进行差别化试点，善于从群众关注的焦点、百姓生活的难点中寻找改革切入点，推动顶层设计和基层探索良性互动、有机结合。”我国国情复杂，地区差异大，生产力发展具有多层次特征。改革中要把鼓励基层探索创新作为抓改革落地的重要方法，尤其要鼓励各地根据当地实际进行各具特色、富有成效的探索和实践，使改革更加精准地对接发展所需、基层所盼、民心所向，更好造福群众。

建立改革落实机制。改革落实机制主要包括抓主体责任、抓督办协调、抓督察落实、抓完善机制、抓改革成效、抓成果巩固等。要按照这些要求，结合本地区本部门工作实际，扎实开展工作，通过落实机制将实施方案抓到位、实施行动抓到位、督促检查抓到位、成果巩固抓到位、宣传引导抓到位，确保改革落地生根、结出硕果。

执笔人：王一鸣

第三部分

收入分配与就业

第一章

关于扩大中等收入者比重问题的研究

中等收入群体是经济发展的中坚，是社会和谐的基石，是构筑“橄榄型”社会结构的基础。当前，我国正处于经济社会转型的关键期。努力扩大中等收入者比重，关系到能否把“以人民为中心”的发展思想落到实处，使广大人民群众共享改革发展成果；关系到我国经济增长能否从投资驱动转向消费驱动，切实提高经济发展的质量和效益；关系到能否完成全面建成小康社会的任务，顺利实现第一个百年目标。“十三五”乃至更长的时期，我们要把扩大中等收入者比重纳入到国家经济社会发展战略中，着力提升人力资本和生产力水平，提高居民收入和消费能力，不断扩大国内市场规模，使我国在更好发挥“世界工厂”作用的同时，努力成为具有全球影响力的“世界市场”，在全球经济版图调整和重构中扮演更重要的角色。

一、当前我国中等收入者的基本特征

中等收入者是指一个国家中生活较为宽裕、收入达到一定水平的群体。国际上通常用中产阶级来描述中等收入群体，这一群体通常具有较好的教育背景，相近的价值取向和生活方式，较强的消费能力，注重公共参与和追求自我价值实现，是经济社会发展的主要依托力量。对中等收入者的衡量方法很多，判断标准并不统一。目前，用得比较多的是世界银行“家庭人均每天支出 10 ~ 100 美元”的标准，该标准的下限是两个贫困线最低的发达国家（葡萄牙、意大利）的平均贫困线，上限为最富裕的发达国家（卢森堡）收入中位数的 2 倍，由此排除了低收入发达国家中的穷人和高收入发达国家中的富人。与此同时，我们结合国情提出了“家庭人均年收入 3.2 万 ~8 万元”的标准（根据 2014 年数据测算），该标准下限是城镇家庭人均年收入水平，上限是下限的 2.5 倍。这两个标准分别是从支出和收入角度提出的，对中等收入者规模的测算结果大体接近。总体上看，我国中等收入者成长快、比重小、层次低，行业地区分布不均，消费潜力大，消费结构正在向个性化、高端化、服务化升级。

（一）中等收入群体不断壮大，但比重小、层次低

按家庭人均每天支出标准测算，2008 年我国中等收入者突破 1 亿人，此后逐年增长，2014 年达到 2.8 亿人，占总人口比重由 2008 年的 8.3% 提高到 2014 年的 20.3%。按家庭人均年收入标准测算，我国中等收入者由 2008 年的 1.2 亿人左右增加到 2014 年的 2.7 亿多人，占总人口的比重 6 年间上升了 10.7 个百分点（图 1）。

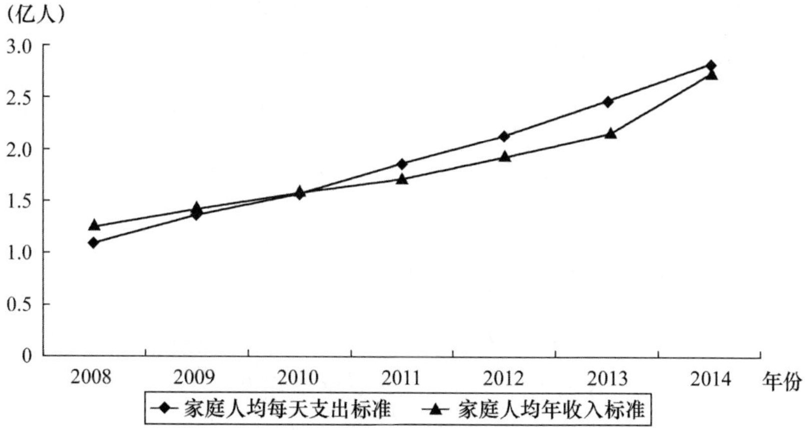

图 1　我国中等收入者的规模

资料来源：根据 Brookings Global Data Indices Raw Data 及相关年份《中国统计年鉴》计算得到。

从国际上看，目前我国中等收入者占比仍大幅低于发达国家水平，也明显低于这些国家与我国处在相同发展阶段时的水平。据测算，目前我国高收入人群为5000万人左右、中等收入人群2.8亿人，低收入人群达到10亿多人，社会结构呈现典型的“金字塔”型（图2）。

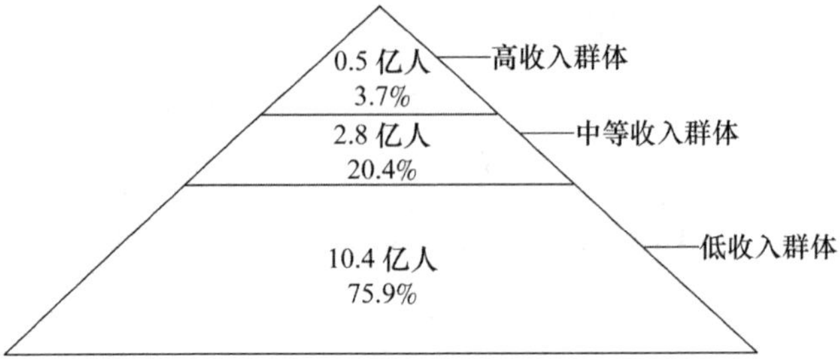

图2　2014年我国各类收入群体人数

注：不同群体人数及占比是根据家庭人均年收入标准测算得到的结果。

资料来源：课题组整理计算。

按照“家庭人均每天支出10～100美元”标准衡量，我国中等收入群体的人均日支出绝大多数落在10～30美元区间内，与欧美发达国家相比，中等收入群体结构层次相对较低。

（二）中等收入者分布不均，对财产性收入依赖度较高

中等收入者多分布在垄断部门和资本、知识、技术密集型行业。目前，我国中等收入者大多数来自石油石化、电信、电力、烟草等垄断性行业，航空运输、汽车制造、专用设备制造等资本密集型行业，银行保险证券、高等教育、互联网和相关服务、科技研发等知识、技术密集型行业，以这些行业的职业白领和高级灰领为主。

中等收入者绝大多数为城镇居民，主要分布在东部沿海发达地区。按家庭人均年收入标准衡量，2014年我国中等收入者涵盖了一部分城镇“中等收入户”、全部“中等偏上户”以及少数“高收入户”，占城镇居民的30%左右，总人数为2.2亿多人。在农村，仅有约8%的居民为中等收入者，总数接近0.5亿人。从全国范围看，居民人均收入高于全国平均水平

的有上海、北京、浙江、天津、江苏、广东、福建、辽宁、山东、内蒙古10个省（市、自治区），绝大多数地处东部地区。

中等收入者收入结构中财产性收入比重较高。我国中等收入者以所从事的职业或兼职取得的劳动报酬为主要收入来源，但随着财富不断积累，不动产、有价证券逐渐成为中等收入者的重要收入来源，加之财产性收入具有循环累积效应，其在整个收入中的比重呈上升趋势。

（三）中等收入者消费支出稳步递增而且潜力巨大

以家庭人均每天支出标准来看，2014年我国中等收入群体消费总支出达17649.6亿美元，是2008年的2.7倍，年均递增17.7%，高于这一时期中等收入者数量的增长，中等收入群体消费支出占GDP比重也由2008年的7.5%提高到2014年的12%。2014年，我国中等收入者人均消费支出为6234.6美元，仅相当于美国的32.1%、日本的42%、韩国的47.5%。

我国中等收入者的消费大有潜力，相比较于2008年，2014年中等收入群体消费支出总增加量为11005.6亿美元，相当于美国同期增量的6.3倍，日本的12.7倍，韩国的15.6倍。随着规模不断扩大，中等收入群体的巨大消费潜力将进一步释放出来。

（四）中等收入者更倾向发展享受型和个性化消费

目前，我国中等收入者消费结构正在从传统消费向新兴消费升级、从注重商品消费向更多服务消费过渡，对新兴科技产品、高档消费品的需求明显升温，以文化娱乐、休闲旅游、教育培训、健康养生为代表的服务消费支出增长较快。而且，随着消费观念和消费方式的转变，中等收入者的消费也开始由模仿型排浪式转向多样化个性化，不再一味追求低价和大众流行，对消费品的性能、品质、质量和消费服务的体验提出了更高要求。另外，基于互联网的新业态、新模式不断涌现，使中等收入者的消费不断细分，零散小众消费成为重要形式。

二、制约中等收入者比重扩大的主要原因

中等收入者比重偏低，有我国所处发展阶段的原因，更主要的是受到发展方式和体制政策因素的影响。

（一）从发展方式看，重投资轻消费、重生产轻生活特征明显

我国中等收入者比重低于相同发展阶段经济体的平均水平，很大程度上是缘于过去政府主导型投资为主动力的发展方式。这一发展方式的主要特点是重投资、轻消费，重生产、轻生活，重物质资本、轻人力资本。

从实际情况看，这一发展方式在推动我国经济快速增长中发挥了重要作用。1978 年，我国人均 GDP 为 155 美元，仅相当于美国水平的 1.5%，低于周边东亚经济体的水平，也低于印度的水平，甚至低于绝大部分非洲国家的水平。2015 年，我国人均 GDP 达到 7924 美元，相当于美国的 15% 左右，人均国民收入水平相当于高收入门槛的 60%。但与此同时，传统发展方式也带来了一系列问题，突出表现为初次收入分配中劳动者份额和居民最终消费占 GDP 比重均偏低。近年来，随着我国农村劳动力转移跨过刘易斯拐点，劳动年龄人口下降，劳动力供求关系发生转折性变化，初次分配中的劳动者份额有所提高。尽管如此，这一份额仍处于较低水平，影响了中等收入人群的壮大（图 3）。

（二）从要素市场看，生产要素流动和优化配置受到制约

劳动力市场存在壁垒。我国劳动力市场仍明显带有“身份制”特征，劳动力在城乡、区域、行业、垄断性国有企业和其他企业之间流动，还存在各种显性和隐性的体制障碍。户籍、编制、家庭背景等因素都会对劳动者报酬产生重要影响。一部分劳动者难以凭借自身条件流动到工资回报与自身能力相匹配的岗位。一些生产部门人力资本平均回报率偏低，而另一

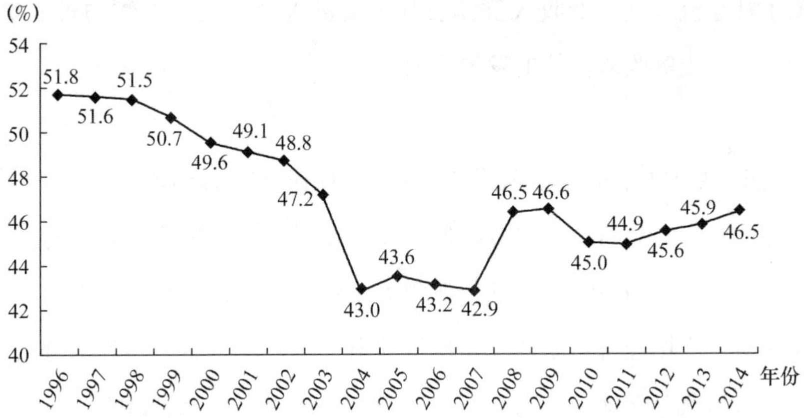

图3　我国劳动报酬占收入法 GDP 比重（1996～2014 年）

些生产部门却存在垄断收益。劳动力流动的体制障碍，不仅扭曲了人力资本配置，还严重抑制了劳动者对人力资本投资的积极性。

土地市场不健全。政府垄断土地一级市场，土地用途转化带来的增值收益过多地用于城市基础设施建设。这虽有利于城市规模的快速扩张，但却导致农民的土地权益难以有效转化为实际收入。

资本市场仍不完善。银行业垄断尚待打破，市场利率存在扭曲，实际利率水平长期受到压制，导致大量中低收入居民的储蓄通过低利率间接补贴给低效率的国有企业和部分富有人群，形成了逆向转移支付。股市监管不到位、市场不规范，难以有效保障投资者尤其中小投资者合法权益。

（三）从城乡体制看，农业转移人口市民化存在多重阻碍

当前我国户籍人口城镇化率远低于常住人口城镇化率。农业转移人口市民化进程缓慢，在城市内部形成了新的二元结构。“只要你来打工、不要你来落户”，导致农民工群体贡献与享受不匹配，不能获得与户籍人口相均等的公共服务，及相应教育、就业和升迁机会，从而抑制了这一群体的收入和财富积累，扭曲了他们的消费行为。与此同时，这种体制也造成机会不均等的代际传递，带来农民工二代、留守儿童等一系列社会问题，

降低了社会流动性。低收入群体及其子女进入中等收入群体的难度增大，制约了我国中等收入群体的发展壮大。

（四）从产权制度看，民营企业权益和知识产权保障不力

当前我国对民营企业权益的保护尚不完善。民营企业投资交易成本较高，遇到司法纠纷时常常受到行政权力干预，投资权益保护尚不充分。民营企业对在市场经济不规范时期积累的财产缺乏安全感，导致部分民营企业家一有风吹草动就往往向海外转移资产，造成就业岗位流失。加之一些地方“市场意识”较为淡薄，民营企业在行业准入、资金融通、政府服务等方面受到歧视，使民营经济对中等收入群体发展的作用难以充分发挥。

知识产权保护还不力，不仅影响企业增加研发投入的积极性，也会影响到科技人员创新的积极性，事实上阻碍了企业劳动生产率提升和技术进步，使企业过度依靠生产要素的投入，长期停留在产业价值链低端，进而影响到职工工资的稳定增长。

（五）从社会政策看，公共服务不均等和保障水平偏低

公共服务均等化水平低，影响到劳动力流动和优化配置。目前我国绝大多数公共服务属地化提供，统筹范围小、统筹层次低，呈现出明显的碎片化特征，不同区域间公共服务和福利水平差异过大。碎片化的公共服务对劳动力流动和优化配置造成明显阻碍，影响了中等收入者发展。

再分配调节政策效果不理想，部分领域甚至存在“劫贫济富”和“逆向转移支付”问题。当前，个人所得税征管体系对工薪者的征管效率较高，而大量私营企业主的个人和家庭消费却通过纳入企业成本而逃避所得税。此外，住房公积金等制度虽然出发点是好的，但实际上只有付得起首付的人才能享受到公积金的低息补贴，这也导致了穷人对富人的变相补贴。

三、国外扩大中等收入者比重的做法和经验

从世界范围看，中等收入群体主要兴起于20世纪后。特别是二战以后，伴随战后重建和经济快速发展，各国普遍加强了政府干预和公共支出，对扩大中等收入者比重起到了重要作用，一些国家逐步形成了“橄榄型”社会结构。但也要看到，经济发展并不必然带来收入分配格局改善和中等收入者比重扩大。20世纪中叶至今，世界范围内既有包括日本、韩国在内的13个经济体跨越“中等收入陷阱”进入高收入行列的成功典范，也有阿根廷等拉美一些国家经历经济高速增长后长期陷于停滞的失败案例。国际经验表明，中等收入者比重扩大和“橄榄型”社会形成是经济社会多项政策综合作用的结果。在实践中，各国从提升劳动生产率、完善工资形成机制、发挥税收调节功能、建立社会保障体系、加大对弱势地区和群体扶持、促进社会流动等多方面入手，构建起了综合性的政策包，对扩大中等收入者比重发挥了积极作用。

（一）“劳动生产率提升”政策包

劳动生产率的提升是居民收入增长的最终源泉。在提升劳动生产率方面，成功国家普遍注重促进要素自由流动、产业结构升级和人力资本提升。以打破垄断，公平准入为前提，促进要素在不同部门和产业间自由流动和优化配置，是各国提高生产率的重要政策选择。二战后，日本将具有更高生产率的制造业发展放在经济复苏的优先地位，政府通过设立住宅金融公库对居民购置房屋提供低息贷款支持，同时成立住宅公团在人口流入地为无房劳动者大规模修建住宅，加快了劳动力从农业向工业、从低端制造业向高端制造业的大规模转移，促进了劳动生产率的整体提升。

职业教育作为社会投资，成为扩大中等收入者比重的重要手段之一。

1969 年，德国颁行《职业培训法案》，之后逐步形成了覆盖所有经济和管理部门的“二元”职业教育和培训体系，为德国培养了大批高素质技工人才，使其在国际竞争中保有领先优势，并有效降低了年轻人和长期失业者的失业率，对提高低收入者收入水平和劳动生产率发挥了积极作用。近些年，越来越多的国家开始注重将职业教育与普通高等教育接轨，丹麦、德国和韩国推行了允许技校学生进入普通教育系统的改革，挪威等一些国家实行双重证书制度。

（二）“工资形成机制优化”政策包

现代社会中，工资是绝大多数居民收入的最主要来源，也是各国改善收入分配格局，扩大中等收入者比重的主要发力点。在这方面，国际成功经验包括构建工资集体协商机制、注重缩小行业工资差距、引入最低工资制度和形成制度化的工资调整机制四种具体做法。20 世纪 30 年代之后，世界主要发达国家的劳动市场制度中相继引入了最低工资制度。这一制度的实施，不仅保证了低收入群体工资水平的合理上涨，并通过“溢出效用”带动了工资收入水平的整体提升，缩小了劳动同资本间的要素收入差距。

与此同时，多数发达国家先后建立了由雇主、行业协会组织（雇员代表）和政府管理者（仲裁者）三方相互制衡的工资协商机制，决定雇员的基本工资。在协商中，注重缩小行业差距成为关键。在瑞典，从 20 世纪 50 年代起，政府长期在不同行业、不同地区和不同企业间极力追求同工同酬目标（又称“团结工资政策”）。在日本，各类企业提供的初始就业工资水平相似，且在每年发放奖金次数以及工资上升幅度方面也存在着一致规则。在德国，通过在企业治理中采取“利益相关者模式”，企业职工和产业工会代表有权在公司监事会和董事会中占有一定席位并参与决策，从而充分保障了工人权益。

（三）“社会安全网兜底”政策包

构建完善的社会安全网，使居民面临的各类风险控制在一定范围内，消除居民消费的后顾之忧，成为大多数发达国家扩大中等收入者比重的共同做法。在社会保障体系建设中，大多数国家注重了制度支持的充分性和人群安排的公平性。制度支持的充分性，既突出社会保障范围的广泛性（如大多数国家的社会保障都包含了疾病、养老、工伤、失业、住房等多个方面），也强调个人负担的有限性（如日本的医疗费用负担为个人设定了上限，超出限额后个人不需再有任何负担）。人群安排的公平性，主要强调社会保障水平不因人群有所不同。

在实践中，大多数发达国家为所有居民建立了统一的基础养老金和医疗保险，个人可以通过职业年金或补充商业医疗保险提升保障水平，但基础部分实现了全国统一，这确保了所有人都能够依靠基础社会保障体系满足基本生活需求。

（四）“收入税收调节”政策包

充分发挥税收的调节作用，成为现代国家应对收入不平等、提升中等收入者比重的重要手段。国际上这方面的成功做法，主要体现在引入累进税制对个人收入和财产进行征税、建立完备的纳税系统避免偷漏税现象发生、实现收入财富纳税的公开透明，以及征税时统筹考虑家庭各项负担四个方面。20 世纪发生在世界范围内的收入不平等的缩小以及由此带来的中等收入者比重的扩大，主要是发达国家从自由放任向社会福利国家转型的结果。实现这一转型的基础，是以增加社会支出为目的的税收改革。

20 世纪 20 ~ 80 年代，主要发达国家均进行了大规模的税收改革，针对收入和财产引入了累进税制，税收收入在国民收入中的比重上涨了 3 ~ 4 倍，在北欧国家超过了 5 倍。在加大累进税制调节作用的同时，大多数发达国家还纷纷加大了对征税环节的相关制度建设，在瑞典等北欧国家还形成了全民共同监督的模式，提升了财富纳税的公开透明性。同时，在日本等发达国家，还建立了将子女数、配偶工作情况等家庭因素进行综合考虑的征税体系，实现充分的税负公平。

（五）“落后地区和特殊人群扶持”政策包

任何社会和地区，都有一些由于先天条件和行业特征等形成的落后地区或弱势群体。在大多数成功扩大中等收入者比重的国家中，均对这类地区和人群提供了充足的综合性支持。对经济落后地区的支持：美国20世纪30年代起实施的针对西南部、田纳西河流域、密西西比河中下游三大落后地区的开发，韩国经济起飞中针对农村地区实施的新村运动，以及日本自20世纪50年代针对偏远地区开展的山村离岛开发计划等实践，均是典型范例。对弱势群体的支持：日本20世纪60年代在实施国民收入倍增计划中对中小企业进行的针对性综合支持，实现了中小企业就业者收入更快提升，缩小了其与大企业就业者间的工资差距。

同时，无论对落后地区还是对弱势人群的支持，都涵盖了众多领域。如在美国对落后地区的支持中，就包括了加大公共投资、给予税收优惠、发展新型产业、强化转移支付等多项政策措施。在日本实施收入倍增对中小企业进行的支持中，包括了减免税收、加大融资支持、促进大企业和中小企业缔结合作关系等一揽子措施。

（六）“社会流动性改善”政策包

受历史路径依赖等多重因素影响，任何社会都可能面临垄断行业收入过高、权力寻租、特殊利益群体左右分配格局等分配秩序不合理的问题。针对这些情况，一些发达国家相继出台了针对性措施，纠正了分配秩序中的既有问题，在促使中等收入者比重扩大的同时，形成了良性的社会流动机制。这方面的成功做法，包括日本和韩国都将教育放在了优先地位，在全面普及义务教育基础上，通过严格实施教师大范围定期轮岗和学生就近入学措施，均衡配置教育资源，实现了全社会人力资本的均衡、普遍性提升，为中等收入者群体的扩大奠定了坚实基础。韩国 20 世纪 80 年代设立国家公平交易委员会，着力清除旧有财阀的经济垄断和政治腐败，有效地堵住了特殊利益群体谋取垄断和特殊利益的渠道。

四、基本思路和主要政策建议

按照统筹推进“五位一体”总体布局和协调推进“四个全面”战略布局的要求，以促进低收入者进入中等收入行列为主战场，以提高生产率和人力资本水平为主攻方向，以建立新的激励机制为主动力，以清除体制机制障碍为突破口，积极调整优化收入分配结构，不断壮大中等收入群体，推动国内市场规模扩大和层次提升，形成经济持续增长的新动力源泉；实现全体人民共同富裕，使社会各阶层都能分享改革发展的成果；促进国际经济结构调整和再平衡，使我国在全球经济版图重构和国际分工调整中发挥更重要的作用。力争到 2020 年中等收入群体达到 5.5 亿人左右，中等收入者比重上升到 40% 以上，成为支撑我国全面建成小康社会的中坚力量，并为早日迈入高收入国家行列创造条件，为实现第二个百年目标奠定坚实的基础。

（一）总体政策取向

一是以促进低收入者进入中等收入者行列为主战场。目前，我国大多数人仍处于中等收入门槛之下，截至 2015 年底，还有 5630 万农村贫困人口没有摆脱贫困。壮大中等收入群体，最现实和最主要的来源还是促进低收入者，特别是临近中等收入门槛的低收入者顺利迈入中等收入者行列。在我国劳动力数量优势逐步减弱的背景下，稳定就业和提升就业质量是促进这部分群体稳步增收的关键。要在劳动力市场改革、技能培训、薪酬制度、公共服务和社会保障方面进行针对性改革，创造条件让更多低收入者成长为中等收入者。

二是以提高人力资本和劳动生产率为主攻方向。这既符合我国按劳分配的根本制度，也是推动我国产业迈向中高端水平的内在要求。人力资本积累和质量提升是支撑工资水平提升的基础。只有着力提升劳动生产率和人力资本，才能实现经济增长、中等收入群体壮大和收入分配格局改善相互促进的良性循环。

三是以建立新的激励机制为主动力。提高居民收入，壮大中等收入群体，最根本的动力是理顺激励机制。树立尊重劳动、尊重知识、尊重人才、尊重创造的良好社会氛围，激励人们通过创造性劳动实现价值，让企业家、工人、农民、知识分子、各级干部各尽其能，各得其所，形成人人参与，人人尽责，人人奋发图强的生动局面，使人人都享有人生出彩的机会、梦想成真的机会。

四是以清除体制机制障碍为突破口。当前，要以清除要素市场、城乡体制、产权制度、公共服务等方面存在的体制机制障碍为突破口，让劳动、知识、技术、管理、资本等各种创造社会财富的源泉充分涌流，让社会财富在各种要素之间合理分配，打破阻碍要素收益合理分配的藩篱和障碍，特别是要加强对劳动、知识等要素参与分配的支持力度。

（二）主要政策建议

促进中等收入群体壮大，是一个长期的过程，需要采取综合性举措。当前及今后一段时期，应聚焦重点人群和突出问题，采取有针对性的措施。

第一，以宅基地流转为重点提高农民财产收益。未来提高中等收入群体的最大潜力在于农民。在稳步推进土地规模经营、农业经营现代化的同时，努力提升农民的财产性收入是农民增收的重要途径。宅基地是农民最具有收益潜力的财产。据统计，全国农村宅基地面积为 1.7 亿亩，约占农村集体建设用地的 54%。加快农村宅基地制度改革，切实推进农民住房财产权的抵押、担保和转让，是有效增加农民财产性收入、提升农民在中等收入群体比重的重要手段。突破宅基地只能在集体经济成员内部流转的限制，在坚持自愿平等、市场定价的原则下，放开城镇居民到农村购置房屋的限制，实现城乡要素双向流动。

第二，以完善基本公共服务为重点打通农民工市民化、跨向中等收入的渠道。推动农民工平等享受城镇基本公共服务，有利于农民工特别是新生代农民工转变为中等收入者。一是进一步推进户籍制度改革。对农民工数量多、占比高的特大城市，建立"积分落户"制度，促进有稳定就业和住所的农民工有序落户。对暂不具备落户条件的农民工，依托居住证制度梯度赋权，依据居住证连续持有时间，逐步扩大公共服务项目。二是促进农民工依法参加城镇社会保险。切实将农民工纳入城镇职工基本养老、医疗保险，进一步扩大城镇社会保险覆盖面和参与率，重点解决社会保险"统筹账户"跨地区转移接续问题。三是将符合条件的农民工纳入城镇住房保障范围。对于在城市稳定就业一定年限、有一定经济能力的农民工，在保障性住房上应给予市民待遇。鼓励建设适合农民工租赁的社会化公寓。将公积金制度覆盖范围逐步扩大到包括在城市中有固定工作的农民工群体。

第三，以增进教育公平为重点提升低收入群体进入中等收入群体的能力。教育公平是促进社会流动最直接、最根本的手段，必须扭转由收入、地区、家庭背景、社会关系、住房等其他方面因素所导致的教育资源不均衡配置。一是严格教师定期轮岗制度。落实义务教育阶段教师在县域范围轮岗，并逐步扩大到地市级范围。缩小实际上存在的重点学校、名校和其他学校的差距，将辖区内学校在教育质量上的差距纳入各级教育部门考核指标，区域内部差距过大的地方，对教育行政部门进行问责。二是通过工资制度鼓励教师均衡流动。强化中央事权，突破现行事业单位工资制度，大幅提高农村和中西部等不发达地区教师工资标准，最终实现接近或高于东部发达地区，促进优秀人才扎根基层。三是对现存的教育弱势群体进行补偿。在对个人资质进行严格考核、信息透明公开、确保一定竞争性等前提下，在各类学校招生和国有企事业单位招聘中，对弱势群体给予更多定向名额，使他们获得更多发展机会，纠正现实存在的过大差距。

第四，以打破阶层固化增进社会流动为重点实现人人都有进入中等收入群体的机会。社会流动是低收入群体进入中高收入群体的前提条件，是社会发展和进步的动力源。特别是在收入分配差距较大，且短期难以改善的背景下，保持比较通畅的社会流动性具有特殊重要的意义。一是实施9000万儿童人力资本储备和提升行动。把3000万多城市流动人口子女和6000万多农村留守儿童的基础教育和健康成长作为支撑国家长期可持续发展及社会和谐稳定的重大战略予以推进，保障所有儿童都可以得到免费且有质量保障的基础教育，实现最基本的机会公平和起点公平。二是实施公共部门和垄断行业公平选聘行动。破除用人部门的就业壁垒，治理任人唯亲、因人设岗，降低就业的隐形门槛，提升选人用人的透明度和公平性，鼓励社会成员通过努力奋斗实现人生目标。三是实施有利于扩大中等收入群体的“创业兴业”行动。积极落实国家关于创业创新方面的政策举措，建立更加公平合理的市场竞争机制，鼓励大众创业、万众创新，激发社会活跃度，为有能力、有志向的社会青年提供更为广阔的发展空间和更加顺畅的流动渠道。

第五，以提高技术工人待遇为重点壮大新型产业工人队伍。技术工人队伍是壮大中等收入群体的重要来源，是支持产业升级和打造制造强国的重要基础。一是要提高技术工人的人力资本，培育工匠精神。通过促进校企深度合作，切实提升职业教育质量，让职业院校的专业设置、师资队伍、教学方式与现代制造业的生产实践相对接，培养出技能精湛且能够满足现实需求的技术工人。二是要提高技术工人福利待遇和社会地位。通过鼓励发展先进制造业，增强市场需求，让技术工人能够通过自身的人力资本获得体面的薪酬待遇；通过顺畅纵向晋升与横向流动的渠道机制，破除身份差别，让技术工人能够享受同等的职业发展权利和职业发展机会。三是要在国有企业、党政机关和事业单位率先示范。缩小国有企业中高级管理人员与技术工人的薪酬差距，打通技术工人进入企业管理层与党政机关、事业单位的流动通道。

第六，以改革激励机制为重点提高科研人员群体效能。促进科技成果转化，提高科研人员成果转化收益分享比例，是提高科研人员收入，有效扩大和巩固中等收入群体的重要途径。一是切实落实已出台的科技成果转化激励机制，实行以增加知识价值为导向的分配政策，加强对创新人才的股权、期权分红力度，确保两个“不低于50%”得到落实，支持科研人员兼职或者离岗创业从事科技成果转化活动。二是创新科研经费管理体制，让科研人员有尊严地集中精力从事科研活动，激发科研人员的积极性和创造性。三是在全社会形成崇尚科学、尊重科研人员的氛围，加强对全社会尤其是青少年科学素养的培育，发挥主流媒体作用，让科研工作成为高尚的、有吸引力的职业。四是尽快落实《促进科技成果转化法》，出台政策实施细则提高激励机制的可操作性。

第七，以优化公职人员激励机制为重点营造有利于中等收入群体成长的公共服务体系。借鉴国际经验，建立适应公职人员职业特点的综合性激励机制，形成对公职人员人力资本的合理回报，既体现了公平的要求，有利于吸引和留住合适的人才，也会使公职人员稳定地成为中等收入者，更有利于提高公共服务的可得性和质量，进而对扩大全社会中等收入群体产生广泛、深刻而持久的促进作用。一是建立国家公职人员财产收入公示制度，形成全社会对公职人员的有效监督。二是经常性开展工资调查和比较的基础性工作，为确定公职人员合理薪酬待遇水平提供可靠依据。三是在清理和规范公职人员现有薪酬待遇的基础上，分层级适当提高公职人员工资水平。根据人力资本投资、公私同责比较、国际同行比较、房价收入比和个人预期、财政承受能力、社会接受度等因素，建议大幅提高公职人员工资。四是将目前适用于所有公务员的津贴补贴纳入基本工资，同时取消部门的岗位津贴，适当提高有利于艰苦地区人才队伍的基层工作津贴或边远地区津贴。五是建立公职人员退休年金制度，并和在职期间的廉洁履职情况挂钩，同时将公职人员现有的若干福利待遇并入年金。

第八，以降低大额医疗支出风险为重点提高中等收入群体稳定性。大额医疗支出风险，是导致中等收入边缘人群脆弱性的主要原因之一。参照国际通行做法，建议逐步将当前基本医疗保险限定报销封顶线、不限个人支付上限的报销方式，调整为限定个人支付上限、不限报销总额上限。这样有利于减弱和消除由于医疗支出不确定性而导致的消费不足和收入波动，避免大额医疗支出造成因病致贫、返贫，增强中等收入群体的稳定性；也有利于强化医保部门控制总成本的动力。在操作中可以分步实施。首先做到个人医疗支出增长低于居民收入增长，逐步过渡到设定个人支付上限。为避免财务风险，可以首先从少数病种或部分弱势人群开始实施，逐步扩大病种覆盖面和人群覆盖面，最终实现全覆盖。

执笔人：王一鸣　陈昌盛　刘培林　冯文猛　刘　涛
江　宇　宣晓伟　张俊伟　王雄军　王莹莹
施戍杰　李承健　贡　森

第二章

扩大中等收入群体是转方式调结构的必然要求

习近平总书记在中央财经领导小组第十三次会议强调，“扩大中等收入群体，关系全面建成小康社会目标的实现，是转方式调结构的必然要求”。中等收入人群是社会和谐稳定的基石，是构筑可持续发展的“橄榄型”社会结构的基础。我们要充分认识扩大中等收入群体对实现全面建成小康社会目标的重大意义，将扩大中等收入群体作为转方式调结构的重要途径，通过深化改革为扩大中等收入群体提供制度保障。

一、我国中等收入群体比重偏低有多方面原因

中等收入群体通常是指一个经济体中收入达到中等水平、生活较为宽裕的群体。这个群体具有较为稳定的收入，较强的消费能力，受过良好的教育，多从事专业性较强的工作，是经济社会发展的主要依托力量。国际上对中等收入群体缺乏统一的衡量标准，用得比较多的是世界银行“家庭人均每天支出 10 ~ 100 美元”的标准。按此计算，我国中等收入群体占总人口比重约 1/5，不仅大幅低于发达国家水平，也明显低于这些国家与我国处在相同发展阶段时的水平。我国中等收入者比重偏低，有所处发展阶段的原因，更主要的是受到发展方式和体制机制的影响。

从发展阶段看，我国刚迈入工业化中后期，生产活动以低附加值劳动

密集型制造业为主，服务业刚刚超过第二产业，但知识和技术含量高的专业服务业比重偏低，导致劳动收入相对于资本报酬偏低。同时，高质量人力资本比重偏低，也影响到中等收入群体的扩大。虽然我国高等教育招生规模逐年扩大，现在每年已超过 750 万人，但由于人口基数大，总人口中接受过高等教育者的比重仍然很低，2014 年我国具有大专及以上学历人口比重仅为 11.5%，远低于 OECD 成员国的平均水平。

从发展方式看，长期以来依靠要素驱动的粗放型增长，重投资轻消费、重物质资本轻人力资本，初次收入分配中劳动者份额和居民最终消费占 GDP 比重仍然偏低。近年来，随着农村劳动力转移跨过刘易斯拐点，劳动年龄人口下降，劳动力供求关系发生转折性变化，初次分配中的劳动者份额有所提高，但仍处于较低水平，影响了中等收入人群的壮大。

从体制政策看，我国要素市场发育仍然滞后，要素流动和优化配置受到制约。劳动力在城乡、区域、行业间流动还存在各种显性和隐性障碍，特别是农业转移人口市民化进程缓慢，难以获得与户籍人口均等的公共服务及教育、就业和升迁机会，抑制了这部分人的收入增长。农村土地改革滞后使得土地缺乏流动性，导致农民的土地权益难以有效转化为实际收入。资本市场仍不完善，实际利率水平长期受到压制，导致大量中低收入居民的储蓄通过低利率间接补贴给了低效率企业和部分高收入人群，形成逆向转移支付。

今后一个时期是我国全面建成小康社会的决胜时期。扩大中等收入群体，关系到能否完成全面建成小康社会的任务，顺利实现第一个百年目标；关系到能否转方式调结构，切实提高经济发展质量和效益。我们应站在经济社会发展战略的高度，着力扩大中等收入群体，提高居民收入和消费能力，推动国内市场规模扩大和层次提升；着力提升人力资本水平和劳动生产率，促进结构调整和动力转换，形成经济持续发展新动力。

二、扩大中等收入群体与转方式调结构互为促进

改革开放30多年来，我国经济保持年均10%左右的高速增长，成功实现了从低收入国家向中等收入国家的跨越，2015年人均GDP已接近8000美元，位居中等偏上收入国家行列。与进入这一阶段的大多数经济体一样，伴随人均GDP水平的提高，我国进入了经济增速换挡期、结构调整阵痛期和发展动力转换期，经济增速从高速进入中高速，经济结构矛盾凸显，主要依靠要素驱动的发展方式动力减弱。扩大中等收入群体有利于转方式调结构，转方式调结构则是扩大中等收入群体的重要途径。

第一，进入经济新常态，我国产业结构层次低、主要依靠低成本优势参与国际竞争的矛盾逐步显现。扩大中等收入群体，有利于提高劳动者受教育水平，提升劳动者素质，促进产业转型升级，提高国际竞争力。

近年来，我国劳动年龄人口逐年减少，传统的人口红利逐步消失。2012年16~59岁劳动年龄人口数量首次出现下降，当年净减少205万人，2013年、2014年和2015年分别减少244万人、371万人和487万人，累计已减少1300万人左右。劳动力供需形势变化推动劳动力成本大幅上升。国际金融危机以来，我国城镇单位就业人员平均货币工资年均增长13.2%，农民工工资年均增长13.5%，高于同期劳动生产率（按现价计算）年均增长11.1%的水平。

今后一个时期，我国劳动力低成本要素比较优势将明显弱化，这就要求通过教育培训和人力资本投资，使劳动力素质提升抵消劳动力数量增速放缓，大幅提高劳动生产率。中等收入群体更加重视人力资本投资，从近年来的情况看，我国适龄人口接受高等教育的比重大幅提升，出国留学人数快速增长，这与中等收入群体规模的扩大是分不开的。从调查数据看，中等收入家庭教育支出往往是最大支出项。扩大中等收入群体，有利于增加全社会的教育支出和人力资本投资，提升劳动者素质，从而为转方式调

结构创造条件。

第二，进入经济新常态，我国发展方式粗放，依靠要素驱动发展的矛盾逐步暴露出来。转变发展方式，提高创新对经济增长的驱动力，要求激励人们通过创新性劳动实现价值并提高收入，这是有效扩大中等收入群体的重要途径。

传统经济发展方式的基本特征，就是经济增长过多依靠投资拉动，依靠生产要素大规模高强度投入，科技创新对经济增长的贡献不足。国际金融危机后，随着投资规模大幅扩张，投资边际产出效率趋于下降。从2008年到现在，每新增1元GDP需要增加的投资已显著上升。过去一个时期，我国全要素生产率对经济增长的贡献也呈现下降趋势。

今后一个时期，创新能力不足成为制约经济发展的最大瓶颈，必须把发展基点放在创新上，通过创新培育发展新动力。各类专业性人员是中等收入群体的重要组成部分，鼓励创业创新是有效扩大中等收入群体的重要途径。这要求实行以增加知识价值为导向的分配政策，加强对创新人才的股权、期权分红力度，促进科技成果转化，提高科研人员成果转化收益分享比例，提高科研人员收入。

第三，进入经济新常态，部分行业产能过剩严重，主要依靠生产能力大规模扩张支撑经济发展的问题逐步显现。推进供给侧结构性改革，去除过剩产能和“僵尸企业”，有利于提高劳动力等生产要素的流动性和资源再配置效率，提高全要素生产率，进而为提高职工收入和扩大中等收入群体创造条件。

进入经济新常态，伴随经济增长的阶段性转换，钢铁、煤炭、石化、有色、建材等传统产业的产能已达到或接近上限，在国内外市场需求变化的作用下，传统产业面临严重的过剩压力。从供需发展趋势判断，传统产业大规模扩张的阶段将要结束。过剩产能和“僵尸企业”事实上阻碍了企业劳动生产率提升和技术进步，使企业过度依靠生产要素的投入，长期停留在产业价值链低端，进而影响劳动力素质提高，也影响到职工工资的稳定增长。要通过产业升级和价值链提升，提高职工收入水平和福利待遇，通过自身人力资本投资获得更高的收入回报。

三、深化改革为扩大中等收入群体提供制度保障

扩大中等收入群体，需要解放和发展生产力，最根本的是要深化改革，推动经济发展从要素驱动转向创新驱动，培育发展新动力，提高全要素生产率，为扩大中等收入群体提供制度保障。

加快教育制度改革，加大人力资本投资。继续加大基础教育投入，巩固提高义务教育，加快普及学前教育和高中阶段教育，提升基础教育质量，缩小城乡教育差距。加快现代职业教育建设，增强职业教育的实用性，培养大批技术技能人才，加大农民工职业技能培训和岗位技能培训，建立健全与受职业教育的劳动人才相适应的专业技术职称评定制度。推进高等教育招生考试制度改革，推行初高中学业水平考试和综合素质评价，扭转应试教育倾向，建立健全多元招生录取机制。在各类学校招生和国有企事业单位招聘中，对弱势群体给予更多定向名额，使他们获得更多发展机会。

加快户籍制度改革，促进社会流动。对农民工数量占比高的特大城市，建立“积分落户”制度，促进有稳定就业和住所的农民工有序落户。提高劳动力的流动性，促进农业人口转入非农部门，提高劳动生产率。增强劳动力市场灵活性，促进劳动力在地区、行业、企业之间自由流动。降低就业的隐形门槛，提升选人用人的透明度和公平性，鼓励社会成员通过努力奋斗实现人生目标。鼓励大众创业、万众创新，激发社会活力，为有志向有能力的社会青年提供更为广阔的发展空间和更加顺畅的流动渠道。

加快科技体制改革，建立新的激励机制，提高科研人员收入。深化科技成果使用、处置和收益管理改革，实行以增加知识价值为导向的分配政策，加强对创新人才的股权、期权分红力度。鼓励科技人才和科研成果直

接进入市场，按科技要素实现价值回报。创新科研经费管理体制，激发科研人员的积极性和创造性。提高技术工人福利待遇和社会地位。

加快土地制度改革，提高农民财产性收益。支持引导进城落户农民依法自愿有偿转让土地承包权，扩大农业适度规模经营，培育新型职业农民。在符合规划和用途管制的前提下，鼓励农村集体经营性建设用地出让、租赁、入股。在具备条件的地方实行地票制，农民宅基地还耕后，集体建设用地指标变为资本，可携带入城投资创业。

执笔人：王一鸣

第三章

居民收入增速下降对消费的影响及对策

2016 年全年全国居民人均可支配收入 23821 元，比上年名义增长 8.4%，扣除价格因素实际增长 6.3%。城镇居民人均可支配收入 33616 元，增长 7.8%，扣除价格因素实际增长 5.6%；农村居民人均可支配收入 12363 元，增长 8.2%，扣除价格因素实际增长 6.2%[①]。这逆转了前几年全国居民收入增速高于 GDP 增速的情况。收入是影响消费的主要因素之一，城乡居民收入增速下降、收入分配失衡、社会保障不完善，将对扩大消费和经济增长产生不利影响，需要引起重视。

一、居民收入和消费的关系

新中国成立至今，消费发展经历了三个时期。

改革开放之前为消费抑制时期。为了实现工业化的需要，实行“高积累、低消费”，优先发展公共消费，实行基本生活资料配给制，既保证国家工业化的需要，又让人民生活逐步提高，但是又不能很快地提高。1952 年我国居民消费水平只有 76 元，1978 年增长到 175 元，年均增长率仅为 3.26%。

① 观察者网：http：//www.guancha.cn/society/2016_ 12_ 22_ 385535.shtml。

改革开放前期为消费潜力释放期。这一时期居民收入潜力迅速释放，消费结构升级速度明显加快。从国家、集体和个人的分配关系来看，这一时期的分配关系更加向个人倾斜；从个人收入的分布来看，由于改革开放之前具有公平的社会基础，这一时期收入增长又快、又比较公平，20 世纪 80 年代初期的基尼系数只有 0.3 左右。这些条件有利于消费迅速增长，消费在国民收入中的比重由 1978 年 63.5% 上升到 1981 年的 70%，80 年代居民消费年均增长 15.3%，与 GDP 增长保持同步，一直保持着强劲内需。

20 世纪 90 年代末以来，是消费不足时期。自 90 年代开始，消费率和居民消费占 GDP 的比重持续下降，消费率从 1991 年的 62.5% 下降到 2010 年的 47.4%，居民消费占 GDP 比重从 50.63% 下降到 33.9%，而 2010 年美国的这一比例为 70%[①]。消费需求不足的原因包括：一是劳动者收入相对下降，1980～1989 年全国职工工资总额占国民总收入的比例保持在 15.6%～17.5%之间，90 年代末下降并保持在 12% 左右；二是社会保障不健全，福利性、实物性的分配和消费转向商业化、货币化和市场化，居民的预期支出大幅增加，使居民消费预期不稳定[②]；三是收入差距扩大，降低全社会平均消费倾向。对历史的回顾表明，国民收入分配格局（包括居民收入水平和收入差距）以及社会保障等实物性收入的水平是影响居民收入的主要因素。

二、居民收入下降和收入差距扩大是制约消费的重要因素

有关学者对收入水平和收入差距对当前居民消费的影响做了定量研究。居民收入和收入差距主要通过以下渠道影响消费。

---

① 杨天宇："国民收入分配格局对居民消费需求的扩张效应"，载于《学习与探索》2012 年第 2 期，第 96～100 页。

② 刘国光、刘树成："略论通货紧缩趋势问题"，载于《人民日报》2000 年 2 月 22 日，第 9 版。

一是初次分配中居民收入比重下降。有学者对1996～2010年我国居民消费率下降的原因进行了分解。结果表明，居民收入比重下降是居民消费率下降的主要原因，其贡献率为64%；国民收入增长是居民消费率下降的次要原因，其贡献率为32.7%。近年来，居民劳动报酬净额占比和财产收入占比都呈下降趋势。据估算，如果居民从企业获得的劳动报酬净额占比恢复到2000年水平，按照2010年的GDP估算，大致可以增加2.86万亿元的居民收入，增加1.73万亿元的居民消费①。李钟瑾（2012）等发现，我国私有企业工人工资显著低于生存工资，劳动力再生产的成本在相当程度上由劳动者自身承担。我们用他们的方法估算，2014年农民工工资和城镇生存工资（用五等分人群的最低消费衡量）差距达2.6万亿元，占当年GDP的4%，严重压抑了内需。而如果能够把农民工的工资欠账补上，就能够增加相当于一年GDP5.19%的百分点。粗略地说，这相当于，如果用5年时间把农民工工资提高到城镇生存工资的水平，就可以每年提高GDP增速1个百分点②。

二是再分配没有充分起到校正收入差距的作用。政府收入再分配的主要手段是通过收入税、社会保障税和收入补贴、公共服务等，校正收入差距。但当前我国的税制仍然是以流转税为主，对于再分配作用最显著的收入税尚未成为税收主体，特别是高收入人群难以实现依法纳税。在支出方面，除了教育支出较高之外，在一般公共服务、医疗卫生、社会保障方面支出占财政总支出的比例同发达国家和俄罗斯等发展中大国相比都还有一定差距。政府投资的方向依然集中于传统基建领域，边际收益率已经显著降低，很难直接转化为公共消费。在医疗等民生领域，政府投入的主要方向仍然是硬件建设、设备购置等投资领域，而不是直接通过人员费用、事业费等项目，这就导致居民在享受服务时个人支出比例仍然较高，政府对

① 王宋涛："中国居民消费率缘何下降?"，载于《财经研究》2014年6月刊。

② 李钟瑾等："生存工资、超时劳动与中国经济的可持续发展"，载于《政治经济学评论》2012年3期。

硬件的投入反而成为公共服务机构盈利创收、加重居民负担的工具，导致公共投资反而对消费形成挤压。

三是房价过高挤出居民消费。20 世纪 90 年代末以来，我国房价上升和居民消费占比下降同时发生。有关定量研究发现[①]，房产价格对居民平均消费倾向具有显著的负效应，单位房价每上升 1000 元，居民平均消费倾向下降 0.8% ~1%，房屋价格的上升抑制了居民的消费意愿。另一项研究发现，在中部、东部、西部地区，房价上涨对居民消费的影响均很显著，房价上涨 1 个百分点，居民消费分别相应减少 1.94%、1.36% 和 1.22%[②]。近年来促进房地产去库存的一些措施，实际上并不是主要从满足中低收入普通居民的住房需求出发，而是鼓励中高收入人群的改善性、投机性需求，这将进一步扩大社会差距，窒息消费的潜力。

四是消费的阶层分化日益突出。有关调查表明，当前我国社会已经发生显著的阶层分化。农民阶层、工人阶层和老中产阶层最具消费潜力，他们迫切需要通过消费改善当前的生存性生活质量，但收入水平限制了这几个阶层的消费。新中产阶层已经基本超越了对生存性消费的诉求而开始追求发展性消费。目前我国的供给能力还不能完全满足其需求，需要解决这两个阶层消费品位的提升与民族产品产能供给差距的矛盾问题[③]。同时，中产阶级的医疗、教育和住房负担畸高，其生活处在不确定性的脆弱状态，也影响消费的扩大。高收入人群大量消费发生在国外，并未转化为我国的经济增长动力。

此外，2017 年还应高度关注两个人群。第一个人群是农民和农民工。由于粮食库存高，农民可能遇到卖粮难困境。同时，受产能过剩、企业效

---

① 杜莉等："房价上升促进还是抑制了居民消费"，载于《浙江社会科学》2010 年第 8 期。

② 李春风等："房价上涨对我国城镇居民消费的挤出效应研究"，载于《统计研究》2014 年 12 月刊。

③ 张翼："当前中国社会各阶层的消费倾向——从生存性消费到发展性消费"，载于《社会学研究》2016 年第 4 期。

益下降等因素影响，2016 年外出农民工月均收入仅增长 6.7%，比 2015 年同期回落 3.1 个百分点，将对农民增收和完成扶贫任务造成较大影响。第二个人群是城市的青年人。根据一些调查，目前青年人的劳动参与率和参与意愿都在下降，有些青年人在统计体系中不算失业，但实际上大部分时间处于失业状态，这也将对他们的收入和消费造成影响。

三、对策和建议

任何一个社会，都应该是为了满足人民的生活需要而进行生产。面对我国需求特征的阶层分化突出，要实现社会主义生产目的，关键就是要通过缩小收入分配差距，让中低收入群体有机会扩大消费，同时通过产业升级，占据国际产业链的高端，让国内需求在国内能够满足。

第一，切实提高劳动者收入。着力提高占人民主体的产业工人、农民、个体工商户、一般行业劳动者、中西部地区居民的收入。提高低收入人群收入，着力点一方面是提高工资性收入、缩小行业工资差距，另一方面是丰富收入来源渠道，创造条件扩大财产性收入等其他来源。一是完善工资形成机制。实现工资集体协商在各种所有制企业全覆盖，运用最低工资标准、工资指导线和劳动力市场价位等政策信息，提高工资集体协商的实效性。完善最低工资制度，建立最低工资动态调整机制和支付保障机制，监督企业严格执行。建立职工工资正常增长机制，与企业效益、劳动生产率提高挂钩，使职工工资增长率与劳动生产率增长同步。促进劳动力在行业、城乡和地区之间流动，打破流动障碍，使工资收入能够体现劳动力价值。二是缩小行业工资收入差距。建立工资调控指导机制，政府有关部门在同行业协会、企业和职工协商的基础上，根据宏观经济景气、工资总额、物价、劳动生产率、消费水平等因素，综合确定工资指导线和工资增长幅度、不同行业尤其是垄断性行业的工资增幅、各类地区的工资增幅、国有企业工资增幅等。先从社会关注度较高、问题比较集中的垄断行业和劳动密集型行业开始实施。将工资外、制度内的社会保险和福利津补贴统一纳入调控口径，做到对劳动所得分配差距进行综合调控。三是提高人力资源水平。构建劳动者终身职业培训体系，完善以职业院校、企业和各类职业培训机构为载体的职业培训体系。以立法规定或者补贴、税收优惠等手段，鼓励企事业单位开展职业教育，接受大中专学校学生实习实训，促进校企合作，实现教学与产业发展相结合。结合新型城镇化建设和产业转型升级，对农民工开展免费职业技术培训，增强农民工转换职业的能力。

第二，扩大公共消费。在公共产品和私人产品的关系上，新中国经过了一个演变。改革开放前30年，为了实现快速工业化的需要，无论投资还是消费，都是以公共产品为主，投资主要集中在重工业等基础产业，消费也是以统一配给的公共消费为主。改革开放之后，生产的格局逐步转向私人消费品为主。现在到了一个新的阶段，公共产品的短缺已经成为制约经济发展的新矛盾。因此，下一阶段要以更大的精力放在公共品的供给上。公共消费需求是为满足社会成员共同需要的消费需求，如城乡居民对公共交通、医疗卫生、文化教育、健康健身、环保事业等公共消费品的需求，是城乡居民消费的一个重要组成部分。从满足需求程度的先后顺序看，一般都从个人消费需求的满足开始，然后再根据消费者的客观需要及社会生产力发展水平，逐步扩大对公共消费的需求。公共消费和私人消费应协调发展，互相促进。如果公共消费发育不足，也会制约私人消费。据研究，美国在1984～1993年间，因为美国联邦政府在对中低收入阶层医疗补助开支方面的增加，使得美国低收入人群的储蓄率下降了17.7%，同时消费增加了5.2%。美国失业保险每增加10%，美国家庭的金融资产会相应减少1.4%～5.6%，当人们对失业造成收入下降的担心降低时，会增加消费和减少存款①。我国要跨越中等收入陷阱，一个重要因素是下一阶段能否像

① Gruber J, Yelowitz A. Public Health Insurance and Private Savings [J]. Journal of Political Economy, 1999, 107 (Volume 107, Number 6): 1249～1274.

过去发展私人消费品一样，成功地提供足够优良的公共消费品。首先要从思想上认识公共物品和私人物品消费的不同规律，发挥政府在资源配置、布局规划以及运营监管方面的主导作用，要深化财政体制改革，在经济下行的情况下，要进一步保障对公共部门的投入不降低，不宜过度依赖压缩社会保障支出来刺激经济增长，否则就可能进一步加剧居民消费的不确定性。降低医疗、教育、住房“三座大山”给人民带来的负担和心理压力，就能释放经济发展的巨大动力，也将有助于全体人民的团结和全面发展。

第三，提高基本公共事业的公平性。在教育领域，目前各级教育的覆盖面已经不小，但主要解决的是公平性问题。一是建议教师实行更加特殊的工资制度。突破事业单位工资制度限制，基础教育教师实行特殊工资制度，大幅提高农村和中西部地区教师工资标准，直至接近或高于东部发达地区，促进优秀人才逆向流动、扎根从教。二是缩小各类学校差距。严格实施教师定期轮岗和学生就近入学措施。取消实际上存在的重点学校现象，将优质教育人才在同一地区内部的学校均衡分配。建立教育公平评估机制，以各学校之间在升学率、重点大学生上线率等指标之间的差距纳入教育部门的考核指标，既要对学校形成激励，又要避免学校之间差距过大。三是提升各级教育招生公平性。提高高校招生的公平性和客观性，扩大在不发达地区的招生规模，全面看待和慎重采用自主招生等主观性较强的招生渠道，缩小直至消除经济、地区、家庭因素对招生结果的影响。

在医疗领域，以基层和弱势群体为切入点，降低群众医疗风险，扩大消费和就业。一是逐步设定医保患者个人支付上限。调整医保报销方式的长远目标是，逐步将当前基本医疗保险支付方式限定报销总额上限、不限个人支付上限的方式，调整为限定个人支付上限、不限报销总额上限。这样做，有利于减轻个人畸高的大额医疗支出负担，有利于强化医保部门控制总成本的动力，操作中可以分步实施，首先从少数属于基本医疗服务的病种或部分弱势人群开始实施，逐步扩大病种覆盖面和人群覆盖面，最终实现全覆盖。二是尽快补齐基层医疗卫生机构人才短板，拉动就业和基层医疗消费。切实根据服务人口和工作量，重新核定基层医疗卫生机构编制。通过调整财政和医保基金支出结构，减少对大医院和硬件建设的支出，加大对基层医务人员薪酬和业务费用的支出，通过投入结构的改变引导更多患者在基层就诊。

执笔人：江　宇

第四章

就业形势的短期特征和走势分析

2016 年我国经济实现了 6.7% 的增长，出现企稳态势，就业领域也保持了整体稳定，但就业结构调整和就业质量提升仍面临较大挑战。2017 年，从劳动力供给看，劳动年龄人口将进一步下降，劳动者的需求和行为模式更加多元化，教育和培训的缺口凸显；劳动力需求则将受到技术和商业模式革新、产业结构升级、全球化进程波动等多种因素的影响，旧有岗位的消失和新岗位的形成加速，对就业的稳定性和收入分配格局形成冲击。要继续保持劳动力市场基本稳定的局面、提升经济增长的动力、维持社会的稳定，必须进一步完善统一的劳动力市场，破除劳动力在不同地区、行业、部门之间的流动障碍；全面加强教育和培训，提高基础教育的质量，形成促进终身学习的制度框架；同时增强社会政策的托底作用。

一、2016 年人口和就业形势的几个特征

（一）就业形势稳中向好，农民工外出务工人数有所回升

近年来，我国经济增速持续放缓，产能过剩严重，为优化产业结构采取的“去产能、去库存、去杠杆、降成本、补短板”等供给侧结构性改革

措施，在优化经济结构、提升经济运行质量的同时，对就业形势造成了一定压力，但综合各类数据看，2016 年我国就业形势保持了总体稳定，而且下半年一些就业指标出现了好转。

从城镇新增就业数据看，2016 年三季度末全国城镇新增就业 1067 万人，提前完成了全年新增就业 1000 万人的目标任务，预计全年将实现新增就业 1300 万人。前三季度城镇登记失业率也一直徘徊在 4.04% ~4.05% 之间，明显低于 4.5% 的年度控制目标。从国家统计局公布的 31 个大城市城镇调查失业率的数据看，2016 年的数据较上一年有明显的下降，2016 年 1 ~8 月的调查失业率的均值为 5.068%，从 2 月份开始，都呈现同比下降的特点。而根据国家统计局的数据，9 ~11 月调查失业率持续低于 5%，是 2013 年 6 月以来的最优表现（图 1）。

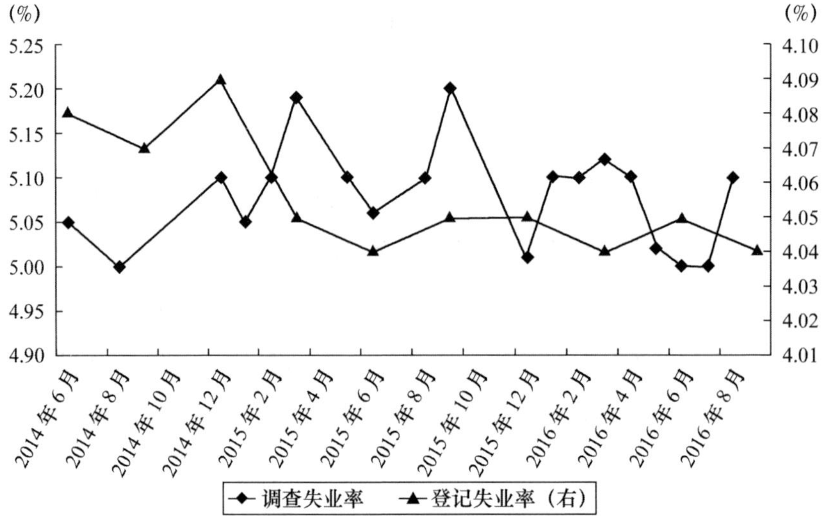

图 1　调查失业率和登记失业率

资料来源：CEIC。

全国公共就业服务机构求人倍率（需求人数/求职人数）从 2016 年一、二季度的的 1.06 和 1.07 提高到三季度的 1.1，表明随着经济的企稳向好，公共就业服务机构有效需求人数略大于有效求职人数，就业压力不大。与 2015 年同期相比，一季度求人倍率略有下降，二季度持平，而三季度有所上升，也显示了下半年就业形势的向好。具体而言，西部的求人倍率较高，且在下半年上升明显，而东部求人倍率的上升从二季度就开始了，显示劳动力供给相对不足。而中部地区三季度相比前两个季度则略有下降，但仍维持在1.07的水平（图2）。

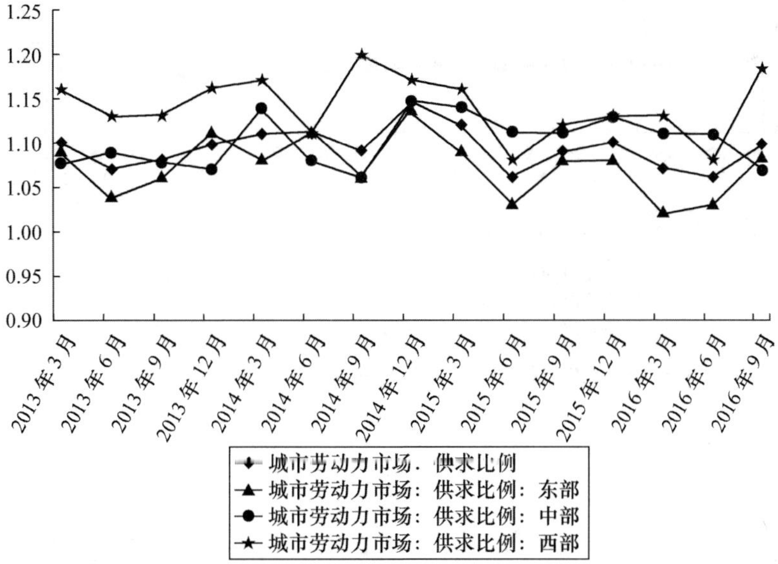

图2　城市劳动力市场求人倍率

资料来源：CEIC。

而央行进行的城镇储户问卷调查则显示，城市储户对于未来就业的感受指数在2016年一季度触底后逐渐回升，而当期就业感受指数也在一季度触底。二季度认为形势较好、就业容易的居民占比为10.6%，而四季度这一比例上升至11.9%（图3）。

劳动力市场企稳也反映在农民工外出务工的人数的增长上。受劳动力年龄人口数量减少等因素影响，农民工外出务工人数的增幅近几年来呈现出下降趋势，2012年的增幅平均为3%，2013年降至2.3%，2014年为1.5%，2015年更是出现了0.8%的降幅，2016年前三季度的增幅平均为1.3%，较2015年有明显的回升，这显示外出打工的劳动者预期向好（图4）。

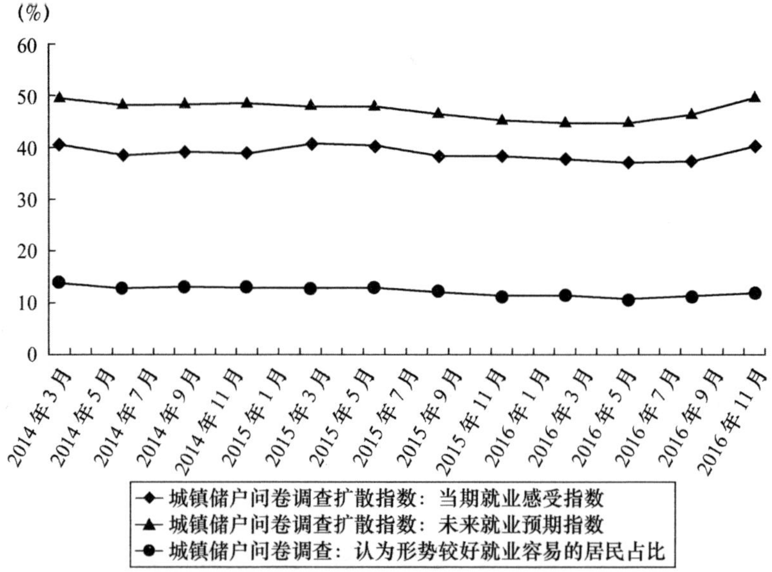

图3　居民当期和未来的就业感受以及对就业形势的看法

资料来源：CEIC。

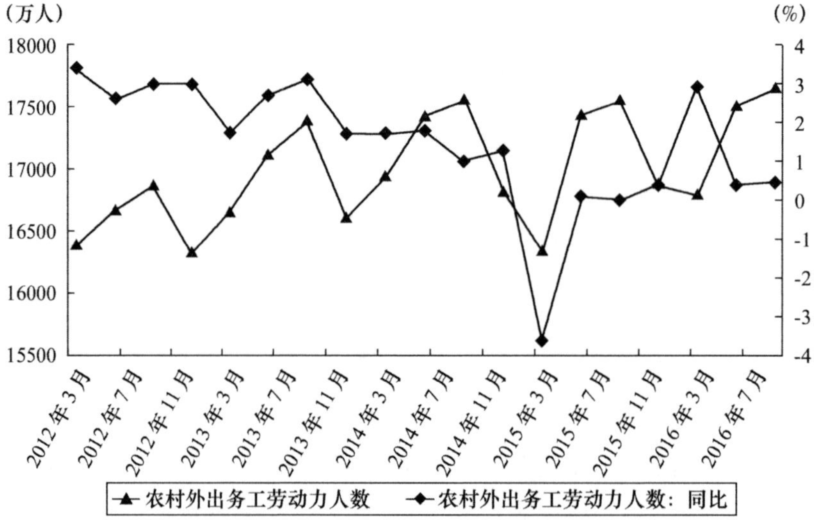

图4　农村外出务工劳动力人数

资料来源：万德资讯。

（二）工业的就业人口持续下滑，面临结构转型压力

从不同行业的发展看，工业就业人口数量下降，行业间仍存在明显差

异。PMI 的从业人员指数从 2016 年初开始回升，这一势头一直维持到 11 月，12 月又略有下降，但全年的指数都在枯荣线之下，表明制造业的用工人数在持续萎缩，但萎缩的势头较前几年有所放缓。非制造业 PMI 的从业人员指数在 10 月份回升到 50，是 2015 年 2 月以来该指数第一次重新回到了 50 以上。服务业虽然目前仍处于收缩的区间，但在 2016 年下半年有所上升，11 月达到了 49.6，已经接近了枯荣线。建筑业从 4 月份开始从业人员指数就一直保持在 50 以上。物流业从业人员景气指数也在波动中维持了较高的水平（图 5）。

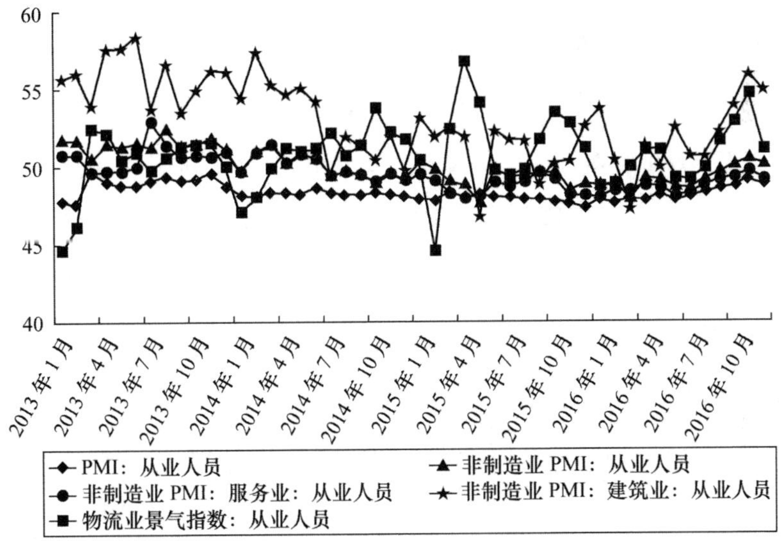

图 5　部分行业采购经理人指数和景气指数

资料来源：万德资讯。

从国家统计局的工业企业就业数据也可以发现，工业就业人数下降，但 2016 年末的水平好于全年平均水平，其中 11 月的工业企业从业人数为 9120 万，比上年同期的 9344 万人减少了 224 万人，同比下降了 2.4%，而 3 ~ 11 月的平均用工人数为 9002 万，比去年同期的 9234 万人减少了 232 万人，同比下降了 2.5%。在有数据的 40 个工业行业中，用工量最大的前 4 个行业都有不同程度的降幅：其中计算机、通信与其他电子设备制造业3 ~ 11 月的平均用工人数为 832.4 万人，用工量比上年同期下降了3.57%；电器机械与器材制造业的平均用工人数为595万人，用工量比上年同期下降了0.82%；非金属矿物制品业的平均用工人数为549万人，用工量比上年同期下降了1.94%；化学原料和化学制品制造业的平均用工人数为461.9万人，用工量比上年同期下降了1.73%。各行业中，用工量萎缩幅度最大的为黑色金属矿采选业、煤炭开采和洗选业、黑色金属冶炼和压延加工业，分别下降了16.5%、10.6%和10.1%，这3个行业合计用工量下降了93万人，再加上相关的开采辅助活动减少的3.8万人，钢铁、煤炭等产能过剩行业的员工分流任务比较艰巨。另外用工人数减少大于10万人的行业还有计算机、通信和其他电子设备制造业减少30.7万人，通用设备制造业减少19万人，纺织业减少17.6万人，皮革、毛皮、羽毛及其制品和制鞋业减少12.6万人，电力、热力生产和供应业减少12.56万人，非金属矿物制品业减少10.9万人，这些多是劳动密集型产业，行业的用工量较大，因而用工收缩带来的影响也较为严峻（图6）。

与此同时，有些工业行业的用工人数实现了增加，用工增速前5名的分别为金属制品机械和设备修理业、燃气生产和供应业、水的生产和供应业、医药制造业和汽车制造业，增幅分别为6.1%、5.8%、4.4%、3.3%和2.8%。而用工人数增加最多的4个行业分别为汽车制造业12.2万人，医药制造业7.16万人，食品制造业4.26万人，文教、工美、体育和娱乐用品制造业2.7万人。总体而言，增幅较大的行业集中在新兴行业、高科技行业、公用事业及文化等相关行业，但除了汽车制造业外，这些行业本身的用工量不大，快速增长带来的实际用工量增加难以抵消劳动密集型行业和产能过剩行业用工量的减少，而且这些行业对于劳动者的素质要求也与传统产业有所区别，就业结构转型仍面临相当挑战。

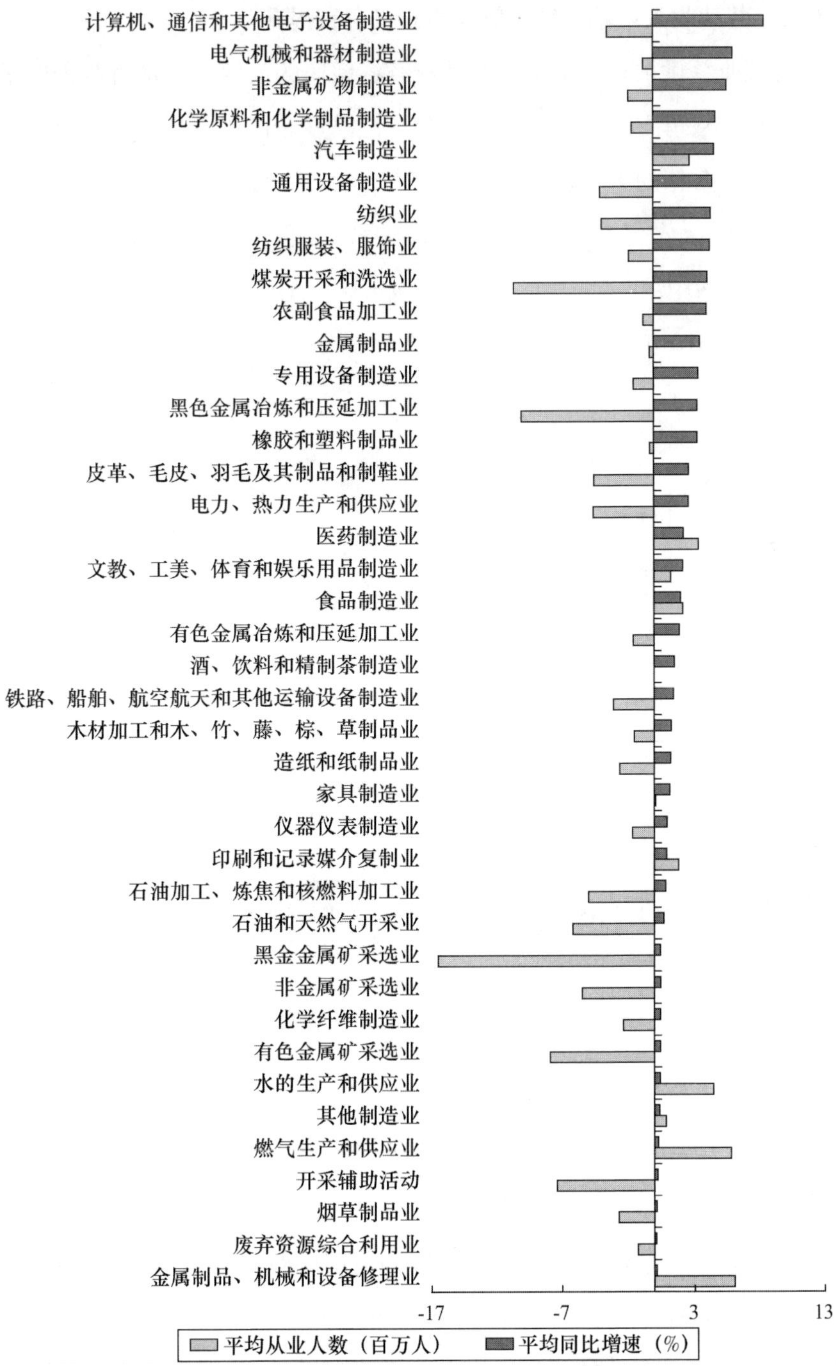

图 6　2016 年 3～11 月各工业行业从业人数及同比增速

资料来源：CEIC。

（三）劳动收入增幅放缓，就业质量仍有待提升

尽管就业总供求较为稳定，但随着经济增速的放缓，劳动者收入的增幅有所收窄。从可支配收入看，2016 年前三季度全国工资性收入的增幅为 8.1%，而 2015 年的平均增幅则为 9.2%，2014 年为 10.5%，呈逐年下降的态势。其中，农村居民工资性收入的降幅更大，已经从 2014 年的 14.3% 下降到 2016 年三季度的 9.4%，城镇居民工资性收入则由 2014 年的 8.8% 下降至 2016 年三季度的 7%（图 7）。

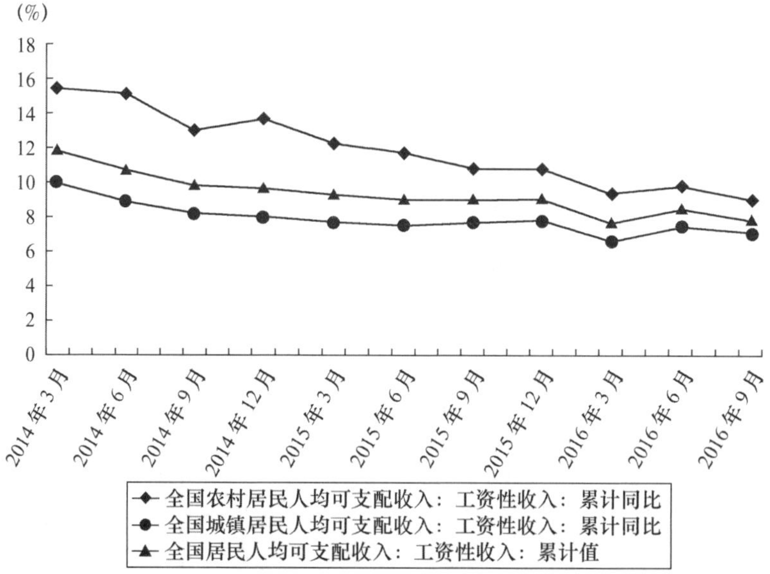

图 7　城乡居民工资性收入同比增幅

资料来源：CEIC。

农民工的工资的变化也表现为近似的趋势，2016 年三季度，外出务工的农民工的月平均工资为 3232 元，同比增幅为 5.9%，而 2015 年同期的同比增幅为 9.1%，2013 年的同比增幅则高达 13.9%（图 8）。

海关总署的调查数据也从企业的成本角度反映出劳动力成本的增速放缓，认为出口综合成本中劳动力成本上升的企业也在逐渐下降，2012 年年底 72.7% 的企业认为劳动力成本上升，而 2016 年一季度这一比例已经降至 55.4%（图 9）。

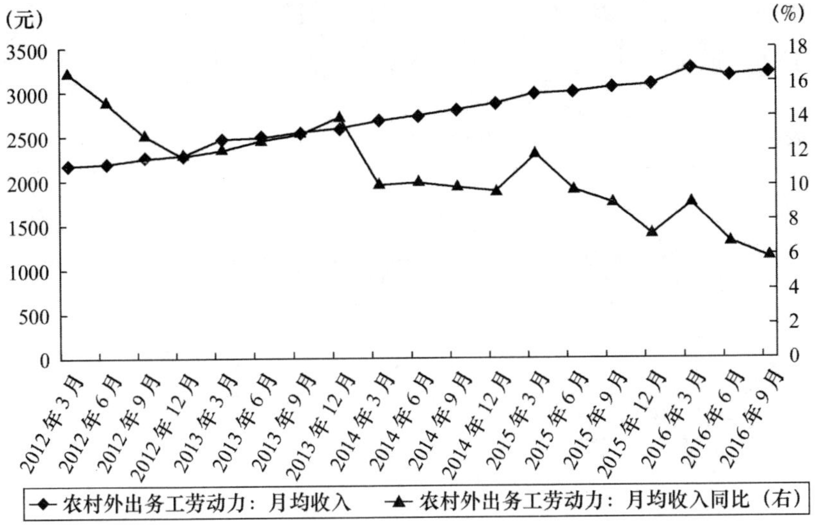

图8　农村外出务工劳动力月均收入及同比增幅

资料来源：万德资讯。

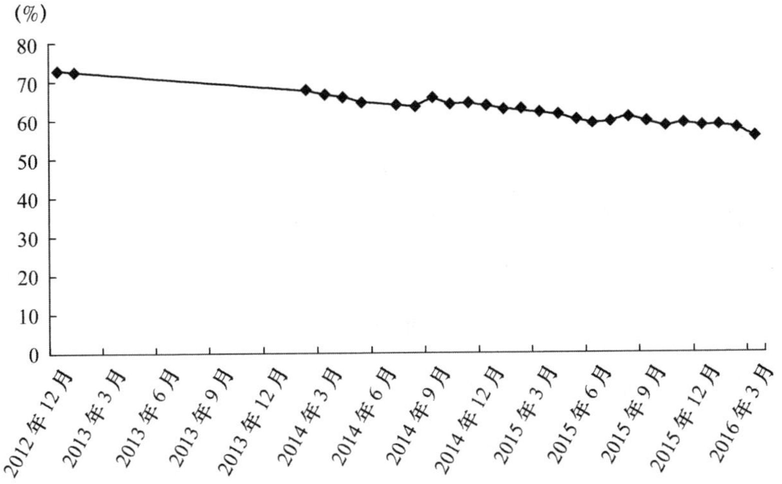

图9　出口企业劳动力成本上升比例

资料来源：万德资讯。

尽管平均工资性收入有所上升，但不同人群间的分化加剧。根据国务院发展研究中心民生满意度电话调查的数据，2016年认为劳动收入有所增长的被访者为30.1%，而认为劳动收入有所下降的劳动者则占到33.2%，认为收入下降的劳动者比上年增加了5.1个百分点，特别是有

19.8%的劳动者认为收入明显下降，而这一比例在2015年仅有15.9%（表1）。

表1　　较上一年劳动收入的变化情况

	2015年	2016年
明显增长（%）	4.9	6.0
略有增长（%）	26.6	24.1
没什么变化（%）	39.2	35.5
略有下降（%）	12.2	13.4
明显下降（%）	15.9	19.8
不清楚（%）	1.2	1.1
样本量（人）	30555	39228

资料来源：国务院发展研究中心民生满意度电话调查。

更值得关注的是收入差距有加大的趋势，低收入劳动者劳动收入增加的比例小于高收入者，下降的比例高于高收入者，相对于2015年，这一趋势在2016年还有所加强。2016年年收入小于1万元的家庭，只有16.6%认为收入增加；随着收入增加这一比例越来越高，年收入5万~10万元的家庭有34%认为收入增加，而年收入50万元以上的家庭则有43.8%。另外，年收入小于1万元的家庭，有49.5%的被访者认为收入减少，年收入50万元以上的家庭则只有30.2%。如果对比2016年和2015年的情况，则发现：2015年年收入1万元以下的家庭中认为收入减少的比重为41.1%，2016年比2015年这一比重增加了8.4个百分点，而2015年年收入50万元以上的劳动者认为收入减少的比重为36.2%，2016年比2015年这一比重下降了6个百分点；2015年年收入1万元以下的家庭中认为收入增加的比重为17.5%，2016年比2015年这一比重减少了0.9个百分点，而2015年年收入50万元以上的劳动者认为收入增加的比重为38.8%，2016年比2015年这一比重增加了5个百分点（表2）。也就是相对于2015年，2016年低收入者中收入下降的比重增加，收入增长的比重减少，而高收入者收入下降的比重减少，收入增加的比重增长。这意味着低收入劳动者的处境更为艰难，而劳动收入分化也在进一步拉大。

表 2　　不同收入者较上一年劳动收入的变化情况　　单位：%

		低于1万元	1万～3万元	3万～5万元	5万～10万元	10万～15万元	15万～25万元	25万～50万元	50万～100万元及以上
增　长		16.6	20.4	26.6	34.0	37.4	40.0	39.2	43.8
2016年	明显增长	3.1	4.5	4.7	6.5	7.9	8.3	7.7	14
	略有增长	13.6	15.9	21.8	27.5	29.5	31.7	31.5	29.8
	没变化	32.4	32.7	36.3	36.8	35.1	34.4	32.7	25.3
	下降	49.5	45.6	36.3	28.5	26.6	25.3	27.2	30.2
	略有下降	12.6	14.3	13.7	13.8	13.8	12.8	12	14
	明显下降	36.8	31.3	22.6	14.8	12.9	12.5	15.2	16.2
	不清楚	1.5	1.3	0.8	0.7	0.9	0.3	0.9	0.6
增　长		17.5	21.1	30.3	38.0	38.3	35.0	33.6	38.8
2015年	明显增长	3.2	2.7	3.8	5.8	6.6	6.8	8.6	14.9
	略有增长	14.3	18.4	26.6	32.2	31.7	28.2	25	23.9
	没变化	38.4	44	40.4	36.1	37.2	35.9	34.5	24.3
	下降	41.1	33.5	28.5	25.3	23.9	28.3	31.5	36.2
	略有下降	9.7	12.7	12.6	12.1	12.4	12.9	14.8	14.6
	明显下降	31.4	20.9	15.9	13.2	11.6	15.4	16.6	21.7
	不清楚	3	1.4	0.7	0.6	0.6	0.8	0.4	0.6

资料来源：国务院发展研究中心民生满意度电话调查。

在劳动者权益保护方面，2016 年相关的政策体系更为完善，社会保障的覆盖面有所扩大，但劳动合同的签订率有所下降。在制度建设上，安全生产和职业病防治工作有了重大的进展。2016 年国务院发布了《关于推进安全生产领域改革发展的意见》，《职业病防治法》修订通过。社会保障的覆盖面有所扩大，尽管劳动年龄总人口继续下降，但截至 2016 年 9 月底，职工医疗保险的参保人数为 3.65 亿，比上年同期增加了 1148 万人，增加了 3.2 个百分点，而失业保险、工伤保险和生育保险的参保人数分别为

1.78 亿人、2.16 亿人和 1.82 亿人，比上年底增加 506 万人、187 万人、397 万人，更多的劳动者劳动保护的水平提高，应对各类风险的能力增强。但考虑到 2015 年我国的城镇就业人员有 4.04 亿人，社会保险，特别是失业、工伤和生育保险的覆盖面仍然过低。此外，劳动合同的签订率仍不太理想，国务院发展研究中心民生关切点入户调查的数据显示：在非农就业人员中，没有签订劳动合同的比重从 2015 年的 35.1% 提高到 2016 年的 37.3%，提高了 2.2 个百分点，签订了劳动合同的比例则下降了 3.7 个百分点。

二、2017 年人口及就业形势展望

（一）就业形势仍将基本保持稳定

第一，人口形势的变化减轻了就业压力。2011 年以来劳动年龄人口数量的下降使得劳动力市场的供需格局发生重大转变。2015 年我国 16～59 岁的人口 9.11 亿人，比 2014 年下降 487 万人，较 2011 年 9.25 亿人的峰值已经下降了 1447 万人，预计 2016 年还会有 400 万人左右的降幅，劳动年龄人口的下降无疑减轻了就业压力。另外，生育政策调整和人口老龄化水平的提高也会导致有效劳动力供给的下降。2016 年我国出生人口为 1786 万人，比 2015 年多 191 万人，2017 年的出生人口还可能有所增加，近两年出生人口的增多必然导致部分人特别是女性退出劳动力市场或缩减劳动时间，另外高龄老人、失能半失能老人的增加也会增加对照料服务的需求，并影响其亲属的劳动参与状况。而青年人受教育年限的延长，民众生活水平的提高也将推迟一部分劳动力进入劳动力市场的时间。

第二，我国现在已成为全球第二大经济体，尽管经济增速下降，但经济增长仍保持在合理区间，且现在每个百分点的经济增长所吸纳的就业人数比以前增加，经济增速所提供的就业机会大致能够涵盖新增劳动力的就业需求。此外，相对于第二产业，第三产业的就业拉动更强，更有利于就

业的扩大，三次产业结构调整、特别是第三产业的相对较快发展，对促进就业也起到了重要作用。

第三，劳动力市场政策和就业服务的完善也有利于劳动力的有效配置。长期以来，户籍制度及与之相匹配的社会公共服务供给制度是阻碍劳动者流动的重要因素。当前，户籍制度改革进程进一步加快，城乡统一的户口登记制度基本建立，大部分地区都放宽了户口迁移政策，居住证制度全面实施，建立起了以居住证为载体提供基本公共服务的制度，为外地居民、农民平稳转变为本地人创造了制度阶梯，进一步弱化了户籍制度附带的各种福利及其对人口流动的不利影响。各省出台了机关、事业单位养老保险改革的实施细则，实现了与企业职工养老保险制度基本接轨，消除了机关、事业单位与企业之间人才流动的重要障碍。大众创业、万众创新政策落实力度加大，为企业特别是小微企业更好发挥就业带动作用创造了条件。

（二）部分行业和人群的就业脆弱性增加

第一，部分行业和产业的就业岗位将面临较大的缩减压力。从国内看，改革开放以来，我国发挥了劳动力的比较优势，劳动密集型产业迅速发展，促进了经济的迅速发展，也使得大量就业岗位依赖于劳动密集型企业。当前我国的劳动力成本的优势减弱，劳动密集型企业面临着转移、转产或进行技术升级的压力，就业岗位的减少难以避免。而如钢铁、煤炭等产能过剩行业在化解产能过程中也会出现职工分流的问题。而从全球的发展趋势看，新一轮的技术革命将极大推动产业结构和就业结构的转型，信息技术、人工智能等的发展对现有的岗位存在替代作用。例如，有研究认为在美国47%的就业岗位将在20年内被人工智能替代。① 2016年电子设

① The Future of Employment：How Susceptible are Jobs to Computerisation? Carl Benedikt Frey & Michael A. Osborne September 17，2013.

备制造、纺织、钢铁、煤炭等行业的用工人数明显减少就已经充分反映了这两个因素的影响。2017 年劳动密集型产业中“机器替代人”的进程还将加速，直接影响生产企业的劳动者。新的业态也会对就业结构产生影响，如电商平台的崛起对实体零售业从业者的冲击，网约车对传统出租车司机的影响等。

第二，劳动者素质偏低，难以适应变化的劳动力市场。2010 年在总劳动力中接受高中以上教育的人口只占 24%，而在 25 ~ 34 岁的人口中这一比例也仅有 36%，而 OECD 国家这一比例为 72%，土耳其和巴西的水平分别为 42% 和 53%。劳动者素质偏低一方面使得他们只能掌握相对简单的、容易被机器替代的技能；另一方面，在行业或职业的岗位缩减时难以学习新的技能，即便社会中出现了新的岗位，他们也难以达到岗位的要求。2016 年增长较快的几个工业行业如医药、汽车等对劳动者的技能要求相对较高，而要从事服务业劳动者除了认知技能的要求外，对非认知技能如社交、情感等技能也有要求。产业结构调整和就业结构转型使得一些技能失效，对大龄、低教育程度的劳动者的就业机会有更严重的影响。

（三）劳动者实际收入水平的提高和收入差距的缩小面临更大阻碍

随着工资涨幅的回落，对劳动者的实际生活水平的提高造成了影响。近几年，我国经济增速放缓，企业盈利水平下降，但劳动者工资仍有一定的涨幅，这既受到劳动力供需关系的影响，也是受生活成本上升的推动。一方面，随着社会经济的发展，民众的生活水平的期望值在提高；另一方面以房价为主的生活成本也在提高，使得维持基本生活的必要工资水平在上升。我们在实地调研中发现，某地由于旧城改造，大量廉价房源消失，毕业生对工资的期望值也有了较大的涨幅。这就可以理解，虽然平均工资仍有 9% 的涨幅，但有 1/3 的人认为工资在下降。另外，正如上文所述，未来的经济结构调整也会给低收入者的就业机会造成更多不利影响，收入差距可能进一步加大。这些都可能使得就业领域的纠纷增加，相关的社会风险在加大。

三、政策建议

第一，进一步破除市场障碍，完善统一的社会保障体系，消除就业歧视。统一、灵活的劳动力市场能促进劳动力资源更好的配置，是应对结构调整的重要保障，尽管我国的劳动力市场发育逐渐成熟，但当前仍存在一些阻碍劳动力在不同地区、行业、职业、岗位之间流动的制度因素。未来，应尽快实现社会保险跨区域转移接续，避免转移接续对劳动者权益带来的损失，消除基于户籍、性别、年龄等因素的就业歧视，对各部门出台的相关政策法规应进行就业公平性审查，并作为出台的前置条件。

第二，鼓励企业进行教育和培训，加强政府对教育领域薄弱环节的投入。在当前技术进步和产业结构升级的大背景下，企业对于市场的信号最为敏感，应鼓励企业进行教育和培训，这将有利于劳动者人力资本的积累、企业的持续发展和经济增长质量的优化。当前，很多由政府部门举办的职业教育培训项目由于针对性和时效性不强，劳动者参与的积极性不高；而由于劳动力市场流动性过大，企业也面临着教育培训投入成本难以回收的困境。应改革政府在培训方面的投入方式，加大对进行职业教育和培训企业的补贴力度，同时稳定劳资关系，使得企业能真正从加强教育培训中获益，也使劳动者真正能够实现终身学习。同时，应加大对教育的投入，特别是对儿童早期教育、中等学校教育等教育领域薄弱环节的投入，提高劳动者的综合素质特别是学习能力，以应对劳动力市场需求的不确定性。

第三，发挥社会安全网的托底作用，加强劳动保护。经济下行期，保障困境劳动者及其家庭成员的基本生活对实现社会稳定有不可替代的意义。应综合发挥失业保险、低保、扶贫、专项救助等多种社会政策的作用，加强不同政策之间的协调，对申请者的需求及时予以回应，避免悬崖效应和出现保障的真空地带。进一步加大稳岗补贴等促进就业的措施，治理拖欠工资等损害劳动者权益的行为，保护劳动者合法权益。

第四，《劳动合同法》的修订需综合考虑多方面利益。2016 年对于《劳动合同法》社会各界有很多讨论。由于劳资双方地位和能力的不对等，劳动法律法规对劳动者“倾斜保护”的原则不应该动摇。在经济下行期，企业和劳动者都面临较大的挑战，在政策调整时需要考虑多方的利益，充分征求意见，并对政策调整后带来的社会风险进行评估，防止因为政策调整不当造成对社会稳定的冲击。同时，劳动法规也应该为产业结构升级，中小企业和创新型企业发展提供更适应的劳动力市场环境。

第五，加强劳动力市场的统计和预警。建议进一步完善当前的抽样调查系统和直报系统，完善就业、收入调查和信息发布制度，及时发布调查失业率、就业岗位净增减数、企业薪酬状况等劳动力市场动态核心指标和分区域、分行业、分领域的详细统计结果，为政府和企业决策以及合理引导劳动力流动提供更为准确的数据基础。

执笔人：张冰子

第四部分 重点专题

第一章

当前我国政府债务状况与财政政策空间评估

目前，我国政府债务占 GDP 比重约为 40%，与多数发达国家相比并不高，但与相同发展阶段的日本和韩国相比，我国政府债务水平已经较高，特别是地方政府债务占比超过了 50%，远高于其他国家的水平，已有 13 个省份的地方政府债务率超过 100% 的警戒线，存在较大的偿债风险。而且，近年来经济增速持续下行，财政收支矛盾突出，财政赤字率扩张压力加大，我国政府债务面临快速扩张的风险。总体上看，我国实施积极财政政策的空间并不充足，要谨慎对待债务扩张，避免过早进入高负债国家行列。建议调整政府债务结构，谨慎使用减税等方式，积极调整支出结构，提高财政资金利用效率，建立地方主体税种增强地方政府偿债能力，增加财政中长期可持续性。

一、政府债务与财政收支状况

（一）政府债务规模与特征

全国政府性债务余额约占 GDP 的 40%。2015 年中央财政国债余额为 10.66 万亿元，低于其预算数 11.19 万亿元；地方政府一般债务 9.93 万亿元，专项债务 6.08 万亿元，等于地方政府债务限额 16.01 万亿元（表 1）。中央和地方政府负有偿还责任的债务余额占 2015 年 GDP 的 39.4%。从预算情况看，2016 年中央政府债务增加 12.5%，地方政府债务增加 7.4%，总体增加 9.5%，增速大幅提高，且高出 GDP 增速较多，债务余额占 GDP 比重超过 40%。

表 1　　　　全国政府性债务余额　　　　单位：万亿元

年份	中央财政国债余额预算数	地方政府债务限额			全国政府性债务（合计）
		小计	一般债务	专项债务	
2014	10.07	15.41	9.43	5.98	25.48
2015	11.19	16.01	9.93	6.08	27.20
2016	12.59	17.19	10.71	6.48	29.78

资料来源：财政部预算执行与预算草案报告，http：//www.mof.gov.cn。

中央政府债务加速积累。中央政府债务余额预算数增速由 2012 年的 6.4% 快速提高至 2016 年 12.5%，已连续 4 年保持 10% 以上增速，中央政府债务占全国政府债务比重提高至 42.3%，其中新发行国债约有一半用于偿还本金（表 2）。

表 2　　　　中央政府债务余额增长情况

年份	中央政府债务余额预算数（万亿元）	中央政府债务增速（%）	国债还本额（万亿元）	国债发行额（万亿元）
2009	6.27		0.93	1.63
2010	7.12	13.6	1.05	1.78
2011	7.77	9.1	1.11	1.56
2012	8.27	6.4	0.90	1.45
2013	9.12	10.3	0.78	1.69
2014	10.07	10.4	0.90	1.79
2015	11.19	11.1	1.03	2.13
2016	12.59	12.5	—	—

资料来源：万德资讯。

地方政府债务占比过高。2016 年，地方政府债务限额占全国政府债务的 57.7%，虽然这一比例正在下降，但仍高于美国的 15%、日本的 23%、英国的1%、法国的17%、德国的36%。从2013年的债务结构来看，地方政府债务中规模最大的依次是融资平台37.44%、政府部门和机构28.4%、经费补助事业单位16.32%、国有独资或控股企业10.62%（表3）。

表3　2013年6月地方政府债务构成

	余额（万亿元）	比例（%）
地方政府负有偿还责任的债务	10.89	100
其中：融资平台公司	4.08	37.44
国有独资或控股企业	1.16	10.62
政府部门和机构	3.09	28.40
经费补助事业单位	1.78	16.32
公用事业单位	0.12	1.14
自收自支事业单位	0.35	3.18
其他单位	0.32	2.91

资料来源：万德资讯。

各省地方政府债务负担和偿还能力分化明显。从债务占GDP比重看，债务负担最高的5个省份分别是贵州87.0%、青海55.1%、云南48.3%、海南40.3%、宁夏39.1%，超过30%的还有辽宁、内蒙古、新疆，其余均在30%以下。从债务率指标看，已有13个省份超过100%，超过120%的有5个，分别是贵州234.8%、辽宁206.9%、云南159.6%、内蒙古149.0%、青海122.2%（表4）。

表4　2015年地方政府债务负担和偿债能力

省　份	地方政府债务余额（亿元）	占GDP比重（%）	债务率（%）
贵　州	9135.5	87.0	234.8
辽　宁	9138.7	31.8	206.9
云　南	6628.1	48.3	159.6
内蒙古	5675.5	31.5	149.0
青　海	1330.9	55.1	122.2
湖　南	6780.3	23.3	116.4
陕　西	5064.8	27.9	115.0

续表

省　份	地方政府债务余额（亿元）	占 GDP 比重（%）	债务率（%）
浙　江	9188.3	21.4	114.3
安　徽	5424.1	24.6	113.1
宁　夏	1138.9	39.1	111.7
福　建	5051.3	19.4	109.3
吉　林	3018.7	21.1	103.8
广　西	4464.8	26.6	103.6
河　北	5888.0	19.8	99.3
四　川	7808.0	25.9	97.4
海　南	1491.3	40.3	96.8
黑龙江	3165.0	21.0	96.3
北　京	6689.4	29.1	94.6
山　东	9533.8	15.1	94.1
新　疆	2836.7	30.4	92.1
湖　北	4697.5	15.9	87.1
河　南	5954.5	16.1	87.1
江　西	3905.2	23.4	82.0
江　苏	10954.3	15.6	81.1
上　海	6018.5	24.1	73.3
重　庆	3412.4	21.7	71.5
天　津	2592.0	15.7	70.0
甘　肃	1709.5	25.2	66.8
山　西	2122.8	16.6	65.5
广　东	9141.6	12.6	65.5
西　藏	114.3	11.1	11.6

注：债务率指标是指地方政府债务与地方综合财力的比值，地方综合财力本文采用地方政府公共财政收入、转移支付和税收返还、基金性收入之和，地方国有资本经营收入未纳入计算，但其规模较小影响有限。

资料来源：财政部网站和万德资讯。

（二）财政收支水平及其分布

财政收支缺口持续扩大。2015 年财政收入增速 8.4%，而同口径比仅增长5.8%[①]，支出增速则为15.9%，收支缺口扩大至2.37万亿元，占当年GDP的3.5%。根据2016年财政预算，不考虑使用结转结余及调入资金，收入和支出增速分别为3%和6.7%，赤字扩大至2.18万亿元。

地方财政受土地因素影响较大。作为地方政府的重要收入来源，2015年国有土地使用权出让金收入为3.1万亿元，较2014年下降24%，约有1万亿元的规模，对地方财力的影响很大（图1）。而且，据审计署统计，截至2012年底，承诺以土地出让收入偿还的债务余额占地方政府负有偿还责任债务余额的37.23%，当前这一比值恐怕会更高，土地因素严重影响着地方政府偿债能力。

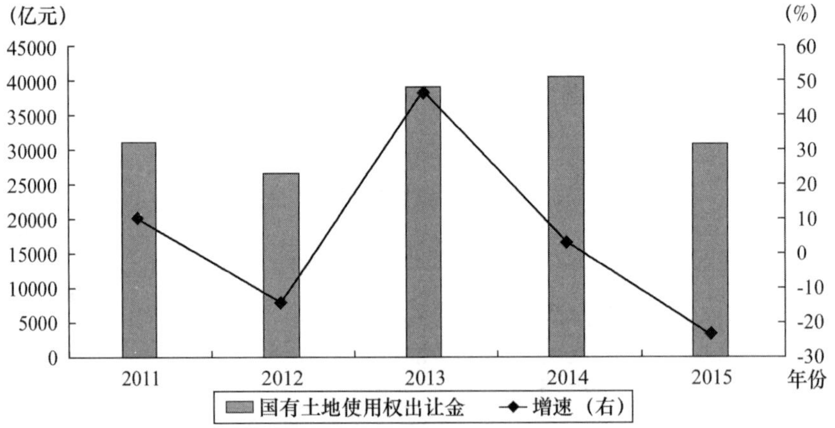

图1　国有土地使用权出让金

资料来源：万德资讯。

二、影响财政政策空间的重要因素

（一）养老保险的潜在支出

基本养老保险基金赤字规模快速扩张。基本养老保险基金收入来源主要有征缴收入、财政补贴、投资收益。2012年以前征缴收入仍可覆盖基金

① 考虑11个项目由政府性基金预算转列一般公共预算影响。

支出并略有结余，但从2013年开始征缴收入与支出之间缺口越来越大，2015年赤字已达4212亿元，占当年支出的15%，占累计结余的10.6%，出现前所未有的收支压力（表5）。当前主要靠财政补贴来弥补赤字和充实基金结余，2015年财政补贴规模已超过6000亿元，维持基本养老保险基金正常运行的财政补贴需求正在快速增长。

表5　　全国基本养老保险基金收支情况　　单位：亿元

年　份	收　入	其中征缴收入	支　出	当年收支缺口：征缴收入－支出	累计结余
2010	13873	11335	10755	580	15788
2011	18005	14377	13363	1014	20728
2012	21830	17061	16712	349	26243
2013	24733	19270	19819	－549	31275
2014	27620	21100	23326	－2226	35645
2015	32195	23717	27929	－4212	39937

资料来源：人力资源和社会保障部统计公报，http：//www.mohrss.gov.cn/。

（二）减税降费使收入下降

进一步减税降费压缩财政收入规模。2016年，财政部在已有结构性减税降费政策基础上，推出进一步减税降费措施。在减税方面，一是全面完成“营改增”改革。截至2015年底，全国“营改增”试点累计减税6412亿元，预计“营改增”全面扩围后将再减税5000亿元。二是建立有利于创业创新的税收政策体系。在降费方面，将全面实施清理规范政府性基金方案。例如，停征价格调节基金；又如，取消地方违规设立的政府性基金；再如，将教育费附加、地方教育附加、水利建设基金免征范围由月销售额不超过3万元的缴纳义务人扩大到不超过10万元[①]。以上政策将使得财政收入增速明显下降。

① 参考http：//money.people.com.cn/n1/2016/0309/c218900－28183236.html。

（三）经济转型的改革成本

“去产能”是结构性改革的重要任务，涉及职工安置和债务处理等事项，均需要大量财政资金的支持。目前，财政部印发了《工业企业结构调整专项奖补资金管理办法》（财建〔2016〕253号），明确中央财政设立工业企业结构调整专项奖补资金，对地方和中央企业化解钢铁、煤炭行业过剩产能工作给予奖补，专项奖补资金规模为1000亿元，专项奖补资金由地方政府和中央企业统筹用于符合要求的职工分流安置工作。调研中发现，这1000亿元尚不足以解决问题，还需要地方政府投入大量资金。况且，这1000亿元仅是针对钢铁和煤炭行业职工安置的资金，考虑到债务处理和其他行业化解过剩产能问题，所需财政支出规模远不止于此。

（四）稳增长的投资需求

投资效率下降加大了稳增长的难度。近年来，我国经济增速下行压力较大，通过稳投资来稳增长的诉求很高，特别是在民间投资增速大幅下滑的情况下，政府投资压力更大。然而，由于经济发展阶段等因素，我国的投资效率已明显下降，从ICOR（资本产出增量比率）指标看，ICOR已由2010年的4.2持续上升至2015年的6.7，为实现1单位的GDP需要6.7单位的投资。投资效率下降使得通过稳投资来稳增长的难度持续加大，也就是需要更高的政府投资，在其他投资不足和财政支出乘数有所下降的情况下，给财政支出带来前所未有的压力。

三、转型期财政状况的国际经验

伴随经济发展进入转型期，经济运行会出现一些新的特征，经历相同发展阶段的国家也表现出类似规律。经济增速换挡是进入转型期的重要表现，其他相关指标也将随之变化，对于财政方面而言，债务率上升、收支矛盾加大等现象较为普遍。为将不同国家的相同发展阶段进行比较，我们选择了 1973 年前后的日本和 1995 年前后的韩国。日本是债务迅速增长的一个典型国家，而韩国则是债务控制较好的一个典型国家，两国的发展经验对我国具有重要借鉴意义。

一是政府债务水平呈快速扩张态势。一般而言，经济发展转型期往往与经济增速下行同步，此时各国也都会采取强有力的经济刺激政策，提高财政赤字和扩张型的财政政策，会迅速推升政府债务占 GDP 的比重，加之 GDP 增长速度放缓，与之相反，政府债务扩张速度加快，从而加速了债务率的升高，政府债务占 GDP 比重呈现一定加速上升的趋势。例如，在 1973 年，日本的中央政府债务占 GDP 比重仅为 11. 7%，而 10 年后的 1983 年其迅速上升至 49. 5%（图 2）。

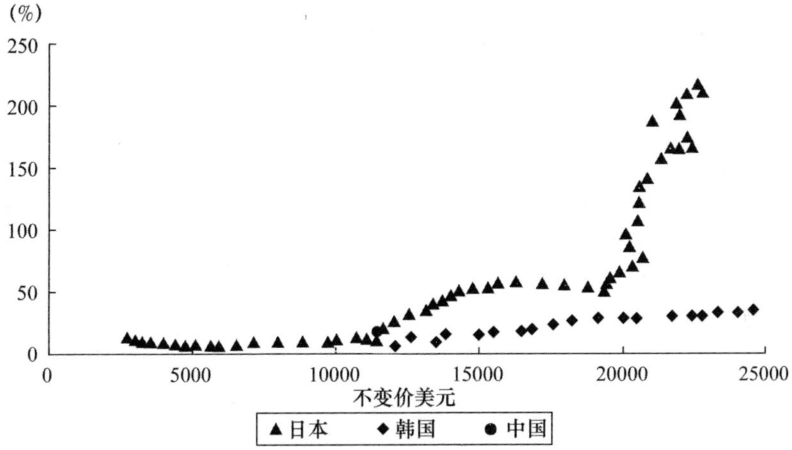

图 2　中日韩中央政府债务占 GDP 比重与人均 GDP

资料来源：日本统计局和韩国统计局网站。

二是不同国家的债务扩张速度差异较大。虽然经济转型期都会伴随着债务的扩张，但扩张的速度具有明显的差异性。例如，日本 1973 年后的 10 年，中央政府债务占 GDP 比重由 11. 7% 上升至 49. 5%，1994 年开始更是经历迅速扩张，从 1994 年的 59. 0% 攀升至 209. 6%，主要是由于日本采取了长期的高赤字率政策。而韩国在 1995 年后的 10 年，中央政府债务占 GDP 比重仅上升至 26. 0%，20 年后至 2015 年也仅为 35. 7%，属于政府债务规模控制较好的国家之一，主要是由于韩国采取了多种举措鼓励居民消费，当然这也导致韩国目前家庭负债占比较高。

三是财政收支矛盾加大。由于经济增速下行使得税基扩张速度下降，同时减税等刺激政策加快了财政收入增速下行，财政支出增速虽也随之下降，但是财政支出具有一定刚性，财政支出增速下降幅度将小于财政收入增速的降幅。例如，日本1973年前10年的财政收入平均增速为18.1%，后10年为12.1%，降幅6个百分点，而财政支出增速由17.2%降至13.3%，降幅为3.9个百分点；韩国1995年前10年财政收入平均增速为17.6%，后10年为10.3%，降幅为7.3个百分点，而财政支出增速由16.9%降至10.3%，降幅为6.6个百分点。

四是老龄化带来的社会保障支出增加。在工作年龄人口占比较高时，经济增长可以受益于人口红利，但随着这批人进入老龄状态，将给社会保障体系带来巨大压力，社会保障方面的支出也将迅速增长，将构成财政风险的重要因素。日本和韩国正面临着老龄化带来的一系列问题，而图3显示，我国65岁以上人口占比明显高于日本和韩国在相同发展阶段的水平，我国未富先老现象明显。可以预见，未来一段时期中国也将面临更严重的老龄化问题。

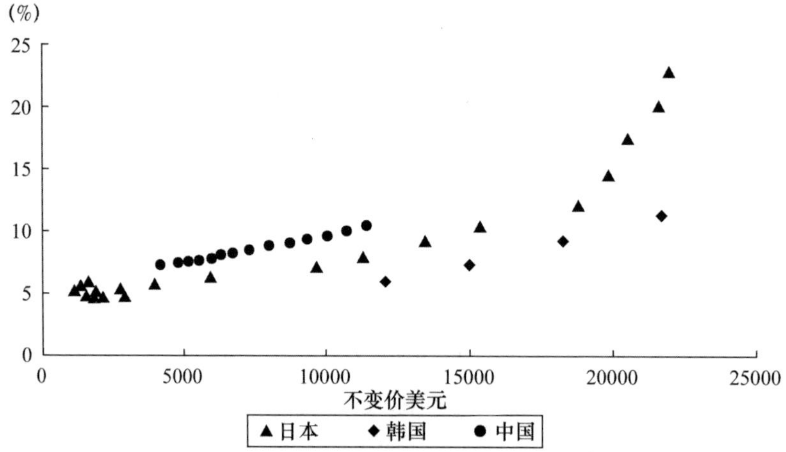

图3　中日韩65岁以上人口占比与人均GDP

资料来源：日本统计局和韩国统计局网站。

综合来看，我国政府债务已处于较高水平，应注意加强债务管理。2015 年，我国中央政府债务占 GDP 比重已达到 17.6%，略高于相同发展阶段的日本，明显高于相同发展阶段的韩国。而且我国地方政府债务水平与其他国家相比更高，日本地方政府债务占总政府债务比例低于 20%，韩国则低于 10%，而我国超过了 50%。所以，我国整体政府债务水平已明显高于相同发展阶段的日本和韩国，同时我们也面临着严峻的财政收支压力和人口老龄化问题。

四、关于财政政策的几点建议

一是调整政府债务结构。目前我国地方政府债务过高，特别是一些省份债务率已经超过 100% 的警戒线，偿债能力较差，偿债风险较高，地方政府不宜再搞债务扩张拉动的经济建设，要注重经济发展的可持续性。财政赤字扩张要以扩大中央债务为主，一方面有利于调整中央和地方政府债务结构，增强地方经济可持续发展能力；另一方面中央通过国债获得资金，可以从宏观层面更好地推动结构性改革和稳定经济增长，同时负担起社会保障的中央责任。

二是谨慎使用减税等方式。近年减税降费政策逐步加力，大大减轻了企业负担，对促进企业发展起到了重要作用。不过，减税政策不宜持续加重砝码，因为减税的影响是长期持续的。以“营改增”为例，自试点开始到全面推开，累计减税规模将超过万亿元，这不是某一年财政收入减少万亿元，而是今后每年收入都少了万亿元，对财政的可持续性影响是巨大的。在土地出让金等政府性基金收入不稳定的情况下，各项财政支出压力又在持续加大，大规模的减税方式应谨慎使用，减税容易加税难，而且我们需要仔细测算减税对经济增长拉动作用有多大，是长期影响还是短期影响，充分权衡利弊而后为之。

三是调整支出结构并提高财政资金利用效率。财政支出中用于投资的部分以公共物品为主，这些对提高生产率和经济运行效率发挥了重要作用。例如，交通网的建立增强贸易往来、深化了产业分工；又如，教育投资有利于提高人力资本和劳动生产率。公共投资起到了民间投资不可替代的作用，所以保持适当的财政规模是必要的。当然，长期以来我国形成了财政支出结构固化等一系列问题，降低了财政支出的效率，近年来财税体制改革也试图打破原有的财政支出结构，但受到严重阻碍，改革进程缓慢。我们要集中力量推动这项改革，以充分发挥财政支出的乘数效应，提高财政资金运用效率，增强政府债务偿还能力，避免债务过快积累。

四是建立地方主体税种增强地方政府偿债能力。做实地方税权有利于发挥地方积极性和维护公平市场，增强地方政府的责任意识和自主权，让其对地方政府债务承担起责任。尽快研究确定地方主要税收来源，充分调动和发挥地方积极性，地方主体税种要按照“税基流动性小和分布相对均匀的适宜作为地方税”的原则来确定，以减少对经济行为的扭曲。地方税权做实后，地方可结合当地实际情况在税权范围内进行适当调节，不会破坏全国公平市场环境的确立。要在充分论证改革方案的科学性、合理性、可行性的基础上，加快推进消费税、房产税等作为地方主体税种试点，统筹多部门信息共享和共同推进。

五是建立可持续发展的社会保障体系。目前基本养老保险的问题已经显现，征缴收入已无法覆盖支出，靠大量财政补贴来维系，而且赤字的规模有扩大的趋势。我们要理清转轨成本带来的隐性负债，及制度本身缴费与待遇可能带来缺口，对于转轨成本政府有必要承担起责任，而制度本身的问题则需要不断改进，包括研究实施延迟退休年龄、合理替代率、缴费年限等具体细节，要让制度本身可持续。同时，医疗保险的潜在问题也很大，随着人口老龄化、医疗需求增加等，医保基金收不抵支的问题也将出现，要提前研究应对策略。

执笔人：李承健

第二章

M1/M2 上升的原因、影响和政策应对

2015 年下半年，M1 同比增速一改低迷状况快速增长，2016 年与相对稳定的 M2 同比增速形成鲜明对比构成喇叭口（图 1）。这是我国经济陷入流动性陷阱的征兆，还是经济活力提升的先行指标？这是短期事件冲击的结果，还是经济金融转型的货币反映，抑或反映了银行和企业行为的转变？为此有必要深入分析 M1/M2 数据变化背后的原因和宏观影响，并探讨合适的政策应对。

一、2015 年 7 月以来货币的活期化特征明显

2015 年 3 月底，M1 同比增速降到阶段性低点 2.9%，此后持续上升，直到 2016 年 7 月的高点 25.4%。这期间 M2 的同比增速相对稳定，同比增速从 11.8% 下降到 10.2%（见图 1）。

为剔除基期因素影响，以定基增速（2012 年 12 月底为定基）分析，M2 定基增速保持稳定趋势，但 2015 年 7 月后 M1 的增速趋势明显变化，斜率增加（见图 2）。

不论是从存量 M1/M2 比值看，还是从 M1 和 M2 同比变化量的比值看，2015 年 7 月（边际上从 2015 年 3 月份开始）以来，货币的活期化特征明显。存量 M1/M2 比值从 2015 年 7 月的 26% 上升到 2016 年 10 月的 31%，

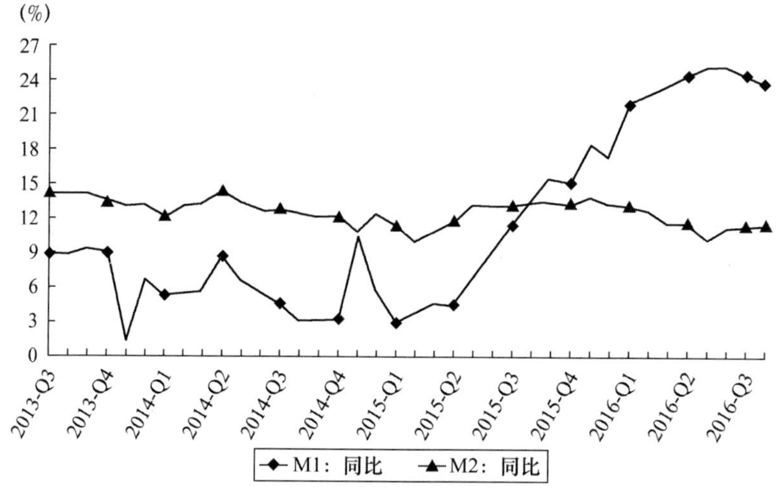

图1　M1 与 M2 同比增速的偏离

资料来源：万德资讯。

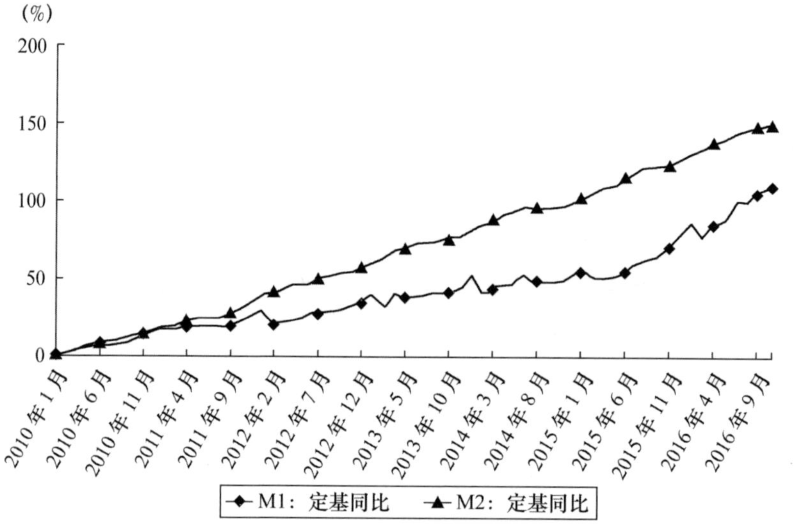

图2　M1 与 M2 定基同比增速比较

上升了 5 个百分点（见图 3）。

增量 M1/M2 比值从 2015 年 3 月的 8% 上升到 2016 年 7 月的 65%，此后开始出现下降（见图 4）。

可见，2015 年 7 月以来的货币结构变化不是一个可以仅由翘尾因素解释的变化，而是一个现实变化，且变化主要发生在 2015 年 7 月到 2016 年 7

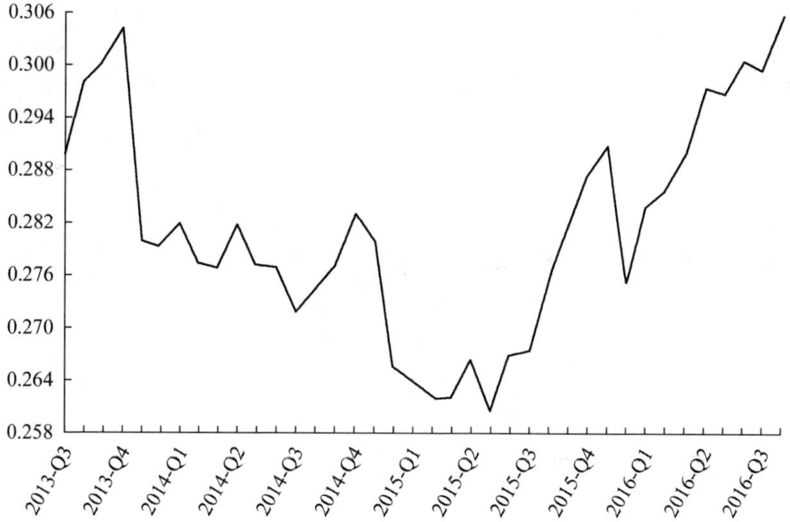

图 3　M1/M2 同比增速比变化趋势

资料来源：万德资讯。

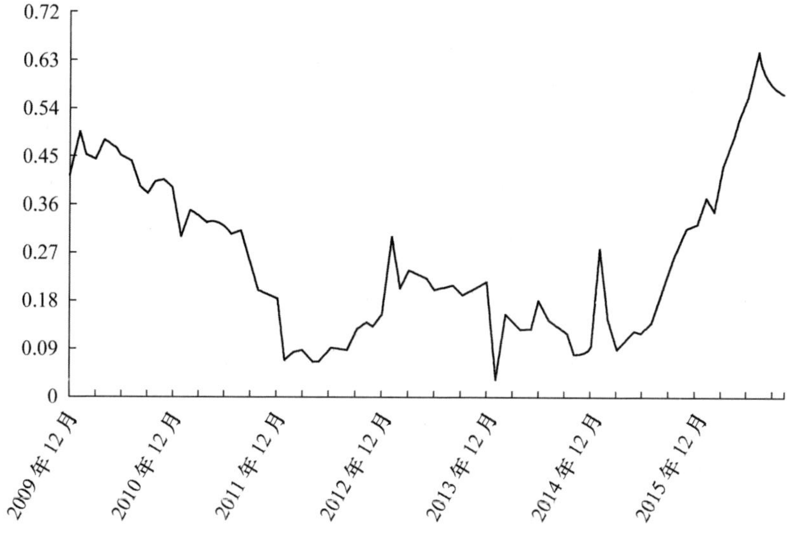

图 4　增量 M1/M2 变动趋势

资料来源：万德资讯。

月期间。如图 5 所示，2015 年下半年 M1 新涨价因素明显，2016 年 2 月份翘尾因素达到高点且超过同比增速后，快速衰减。因此，有必要进一步分析其产生的根源和现实含义。

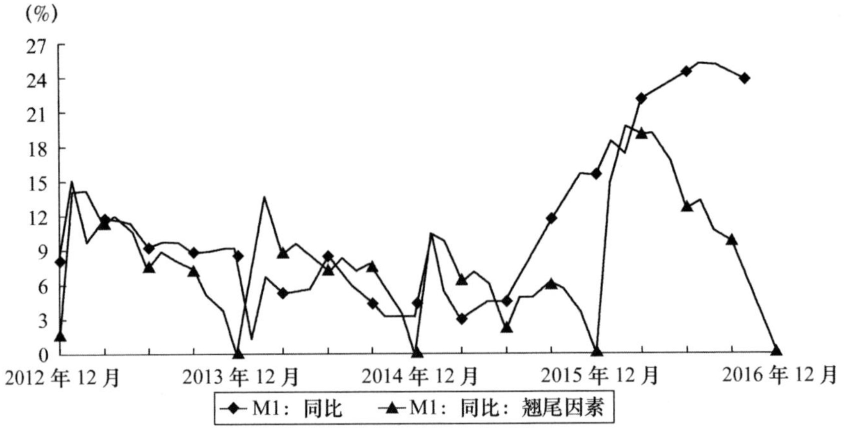

图5 M1同比与翘尾因素比较

资料来源：万德资讯。

二、M1/M2变化结构的统计数据分析

任何一个综合性指标都是多个指标以某种预设方式整合而成。综合性指标的变化是一个显示器，显示其所反映概念的变化。但指标内部结构的变化，往往揭示了超过指标原来设计意图之外的不容易被关注的、更广范围的含义。

1. M1/M2变化主要是M2内部结构调整导致

与这一波的货币结构的显著变化相伴随着的，是M2同比增速的相对稳定。不考虑因各种原因导致货币统计失真问题，这一轮货币结构的调整是在M2内部的结构调整，不是在货币扩张（M2增速上升）环境下发生的。因此，分析M1/M2变化的结构因素，或者假设金融市场结构不变从而M2形成机制相对稳定的情况下，主要分析M2内部结构变化，或者需要重新讨论M2形成机制变化。

从数据上看，M1与M2同比增速的下降伴随着准货币（M2与M1之间的差异）同比增速快速下降。可认为M1同比增速上升是由准货币同比增速下降转移而来（图6）。

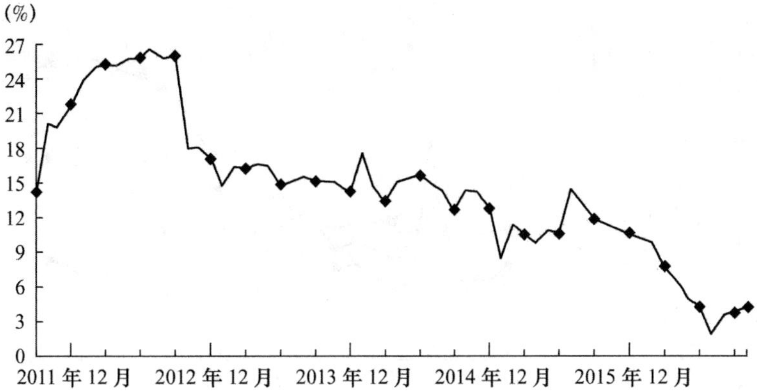

图6 准货币变动趋势

资料来源：万德资讯。

2. 单位存款结构的变化是引起M1/M2变化的主要因素

将单位存款作为一个整体，即加总货币统计中的单位活期存款和定期存款，其同比增速在2015年出现明显增长，在2016年增速在高位保持稳定。其中定期存款同比增速从2014年以来持续下降，活期存款同比增速则从2015年开始快速上升。在2015年7月，单位活期存款同比增速超过单位存款和单位定期存款增速，且单位存款增速超过单位定期存款（图7）。这表明，2015年7月份后，单位存款不仅主要以活期存款的形式增加，而且通过将定期存款转化为活期存款的方式，实现活期存款超过单位存款增速的方式增长。从绝对值来看，2014年底，单位活期存款和定期存款分别为28.8万亿元和26.4万亿元，但到了2016年10月底，两者分别为40.1万亿元和30.8万亿元，分别增加11.3万亿元和4.4万亿元。

单位存款范围较广，主要包括非金融企业存款，政府存款中的机关团体存款以及2011年列入的非银行金融机构存款。从非金融企业存款的不同组成部分增速看，结论与单位存款基本一致。非金融企业存款同比增速与单位存款同比增速大致一致（图8）。也就是说单位存款活期和定期存款比例变化主要不是由单位存款的非金融企业存款和其他单位存款比例变化造成的。

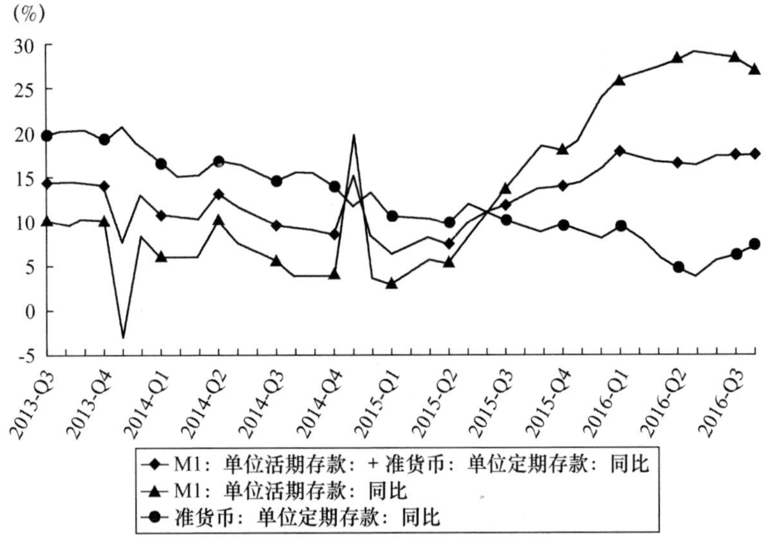

图7　单位存款及内部结构变动情况

资料来源：万德资讯。

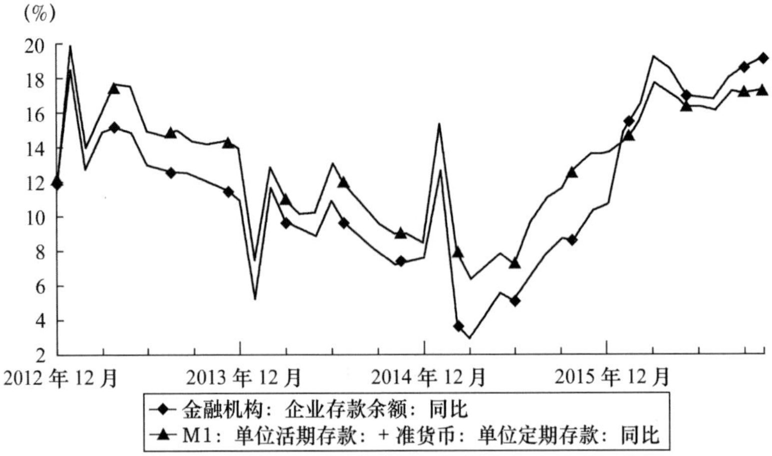

图8　企业存款和单位存款（归入货币活期和定期部分）变动比较

资料来源：万德资讯。

直接计算非金融企业存款占计入货币供应量的单位存款（活期+定期）比例，该比值在2016年相对稳定（图9）。

分别计算非金融企业和计入货币供应量单位存款的增量活期化比例，可发现活期化比例的变化主要发生在2015年，2016年维持在较高的活期

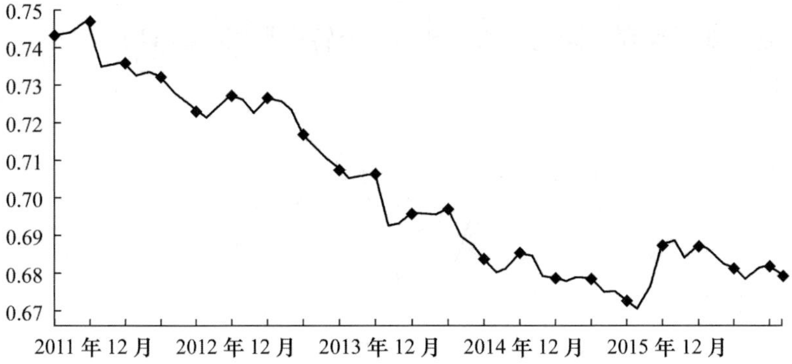

图 9　非金融企业存款在单位存款中的占比情况

资料来源：万德资讯。

化比例。不论是非金融企业还是其他构成部分，均表现为明显的活期化比例大幅增高的情况，但非金融企业存款的活期化比重高于单位存款，在 2016 年两者的比重差异出现明显扩大（图 10）。

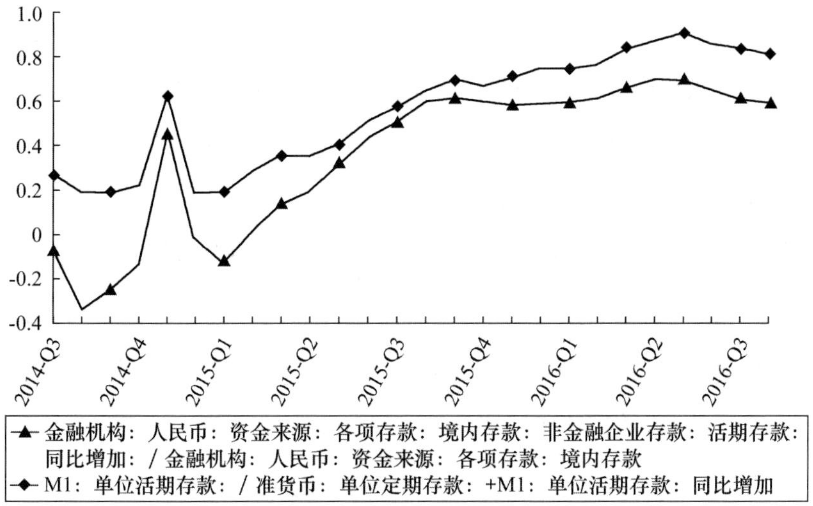

图 10　单位存款和企业存款的活期化比重比较

资料来源：万德资讯。

3. 其他存款波动是引起单位存款活期化的另一个因素

2015 年以来其他存款的同比增速已出现下降，但 2015 年下半年又出现一个冲击导致同比增速又回到 60%，此后持续下降，2016 年的大部分时间甚至出现负增长。因此可认为其他存款同比增速下降，在2016年绝对量减少，是企业活期存款同比增速上升的一个转换来源（图11）。

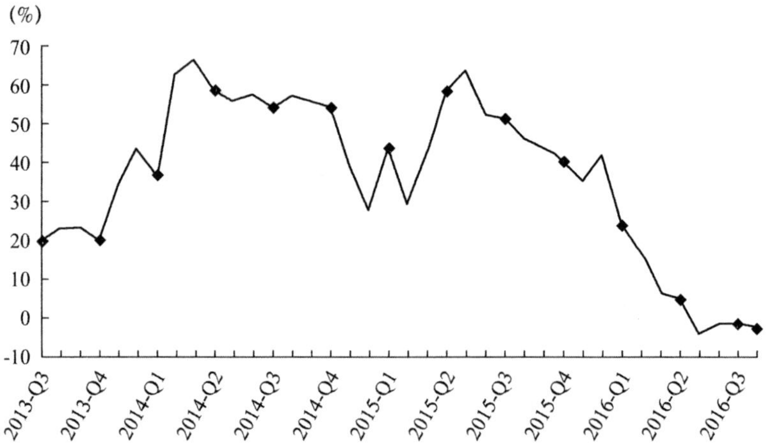

图11　归入货币的其他存款同比增速变化

资料来源：万德资讯。

记入货币供应量的其他存款主要是各类保证金存款，包括股票交易保证金、银行承兑商业汇票、信用证等缴存的保证金。受股市交易活跃程度和企业开立银行承兑商业汇票累计签发量同比增速不断下降的影响，其他存款同比增速在2016年出现快速下降。

4. 个人储蓄存款增长相对稳定，不是影响M1/M2结构变化的统计原因

2012年以来个人存款同比增速处于下降通道，但从2015年起同比增速趋于稳定，保持在8%～9%波动（图12）。不论是绝对数还是相对增速，个人存款波动均不构成M1/M2结构变动的直接原因。

三、M1/M2变化所揭示的含义：结构变化、事件冲击与行为转变

“一叶知秋”但也容易“一叶障目”。受认识能力的限制，虽然单一的经济指标往往蕴含了丰富的经济含义但也容易陷入以管窥豹的困境。

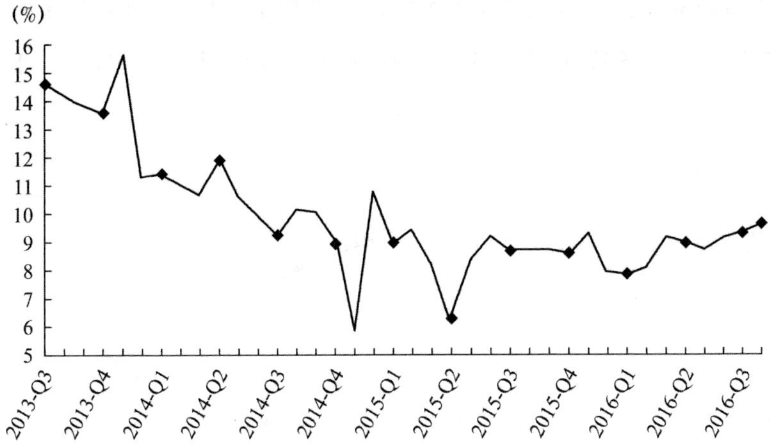

图 12 个人存款同比增速变化

资料来源：万德资讯。

M1/M2 数据的变化，是一个观察经济金融体系运行状态的窗口。但在当前经济金融转型阶段，这个指标既可能反映金融和经济运行状态的变化，也可能只是由于经济、金融结构变化导致数据反映机制的转变。

1. 金融市场结构（债券市场）变化对 M1/M2 的影响分析

从非金融企业角度看金融市场，银行贷款只是其资金来源之一，银行存款也是资金用途之一，M1 是其保持流动性的最主要来源。当金融市场产品不断丰富时，贷款和存款的重要性下降，银行存款作为流动性支持（M1）的意义凸现，但作为价值保值（M2）的作用就快速萎缩。

近些年来我国金融市场的结构发生了巨大的变化，股票和债券市场在融资结构中的比重不断上升，尤其是 2015 年下半年以来交易所债券市场的快速发展，对货币结构带来显著影响（图 13）。2015 年 4 月以来，债券托管量和累计发行量同比增速开始增加，在 2016 年 4 月甚至达到近 120%。其中政府债券（主要是地方政府债券，反映地方政府债务置换规模）托管量和累计发行量的同比增速最高，企业类债券发行量同比增速最低。2014 年政府累计发行债券 2 万亿元，其中地方政府发行 4000 亿元；2015 年政府累计发行债券 5.8 万亿元，其中地方政府累计发行 3.8 万亿元；2016 年前11个月政府累计发行债券8.7万亿元，其中地方政府累计发行5.9万亿元。地方政府债务置换过程的资金管理特征将会显著影响银行的货币结构。

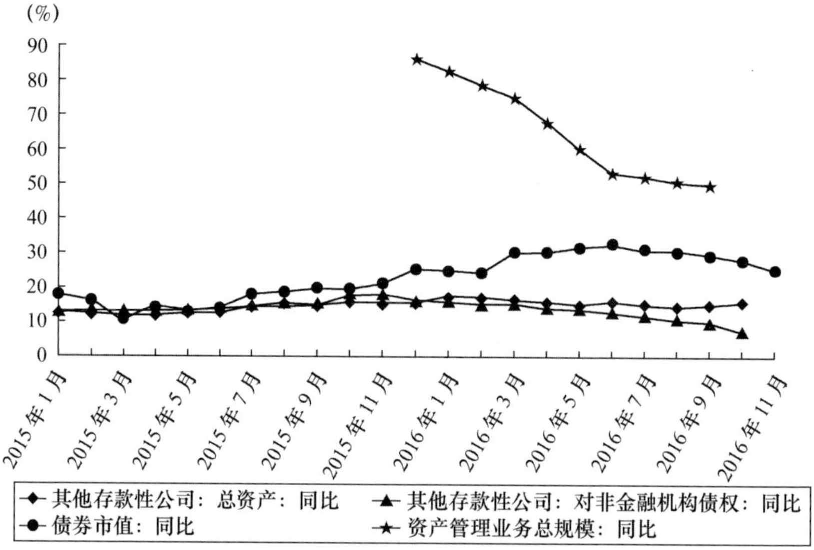

图13　金融市场主要构成部分同比增速变化趋势

资料来源：万德资讯、中国债券信息网。

2. 银行行为变化对M1/M2的影响分析

银行的负债结构变化将影响M1/M2。2015～2016年从银行负债结构变化来看，有两个值得关注的变化。一是以同业存单为主的银行负债快速增加。银行以发行债券（同业存单）的方式支持资产扩张（图14）。2014年底银行仅有不到6000亿元的同业存单，12.3万亿元的债券发行余额；2015年同业存单增加到3万亿元（增加2.4万亿元），债券发行余额增加到16万亿元（增加3.7万亿元）；2016年11月同业存单接近6万亿元（增加3万亿元），债券发行余额19.3万亿元（增加3.3万亿元）。二是银行理财规模大幅增长。2014年底银行理财产品余额为15万亿元，到2015年底就达到23.5万亿元，2016年10月底则超过28万亿元。这种负债结构使得企业可以持有收益率更高的资产，增量存款更多以活期存款形式持有。

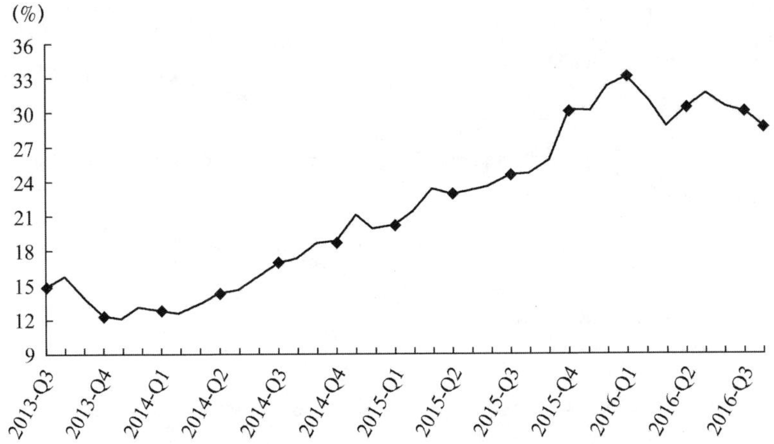

图 14　银行发行债券余额同比增速变化

资料来源：万德资讯。

2016 年银行贷款的行业集中度较高，使得银行资产扩张带有部分行业特点，这些行业的资金使用特点可以影响银行的货币结构。2016 年前 10 个月居民中长期消费贷款新增 4.4 万亿元，较上年同期增长 101.8%；居民中长期消费贷款增量占比达 40.3%，远超历史同期水平，较上年同期提高 20.6 个百分点（图 15）。这部分转化为房地产企业的销售收入，其资金管理行为影响银行边际货币结构。此外，2016 年银行委外资金大幅增加，这显著增加了银行持有非银行金融机构的资产，改善了非金融机构负债的分布（图 16）。

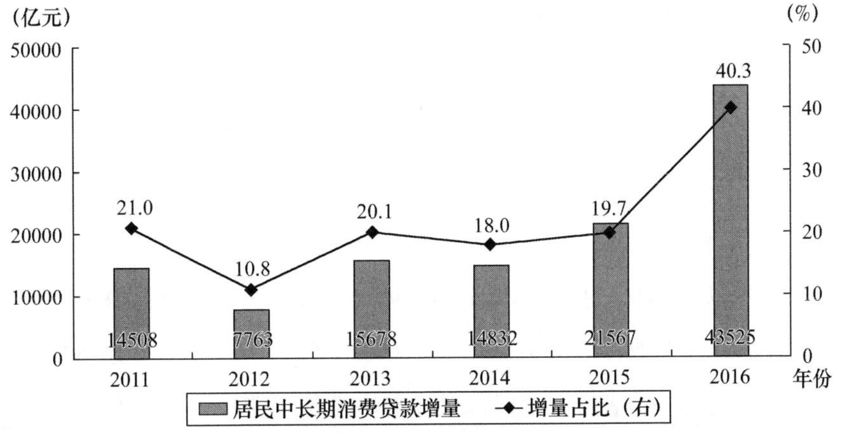

图 15　居民中长期消费贷款变化情况

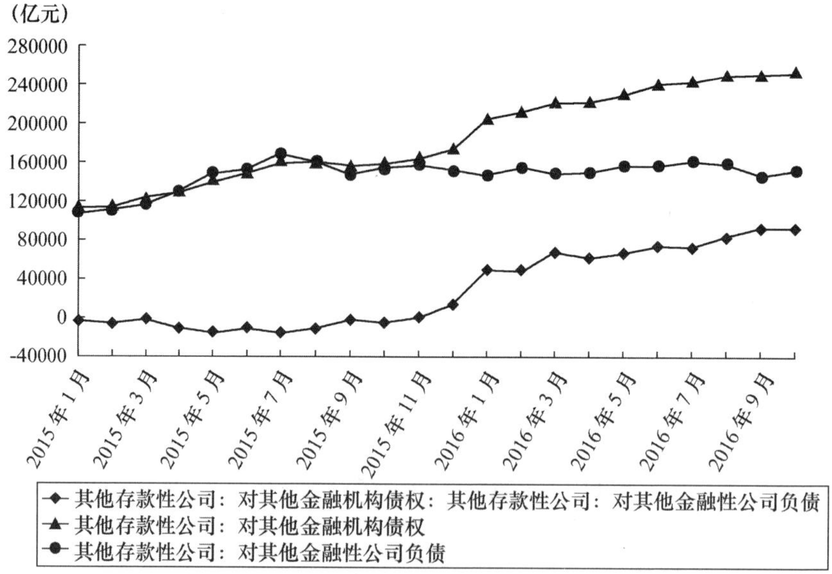

图 16　银行对非银行金融机构的债权债务变化情况

资料来源：万德资讯。

监管政策的变化也影响了货币结构。2015 年开始监管部门加强对银行行为的监管，尤其重视降低企业融资成本，严格限制银行“以贷带存”等侵害企业利益的行为。这在某种程度上降低了企业保留定期存款的必要性。

3. 股市异常波动及应对带来的短期冲击

2015 年股市发生较为剧烈的异常波动，政府通过证金公司和市场机构从银行融入资金稳定股市。这个非正常因素影响了市场的资金配置，给货币结构带来异常冲击，主要表现为非银行金融机构的资产波动和股市客户保证金的变动。

4. 企业行为的变化

单位（包含企业）存款同比增速提高，且更大比例以活期存款形式持有存款资产，其企业存款的活期化（流动性更强）现象明显。这既可以是经济活动活跃的一个表征，也可以是企业融资能力下降不得不保留更多流动性的反映。

从增加值的角度看，2016 年发生较大波动的是房地产和金融两个行业。这两个行业的收入变动的资产配置在结构上影响货币结构。金融业的增加值在 2015 年形成了倒“U”型结构，2016 年已处于历史上较低水平的增速。房地产行业的增加值则在 2015 年持续上升，在 2016 年处于较高增速（图 17）。

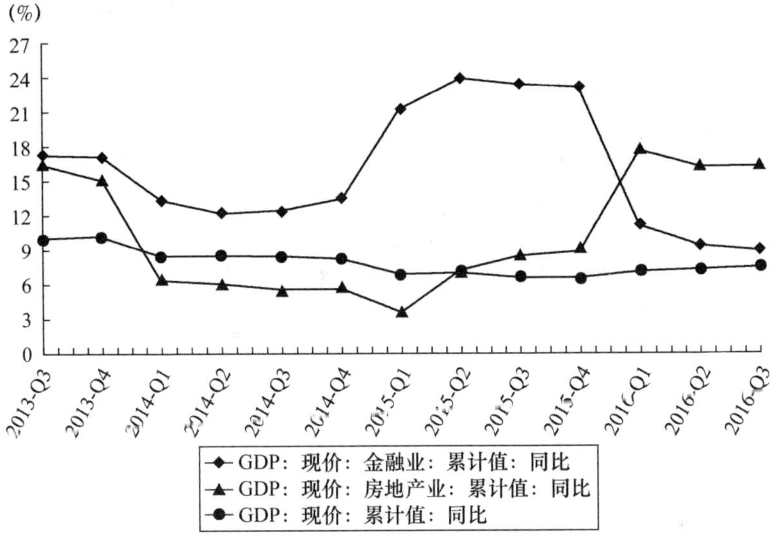

图 17　GDP、金融业和房地产业现价增加值同比变化情况

资料来源：万德资讯。

从规模以上工业企业视角观察，工业企业的主营业务收入和企业流动资产平均余额同比增速大体保持一致，但 2008 年美国金融危机以来，非金融企业存款同比增速与流动资产平均余额出现了 3 次较为显著的偏离。其中，2009 年和 2015 ~ 2016 年非金融企业存款同比增速明显高于流动资产平均余额同比增长，2011 ~ 2012 年非金融企业存款同比增速明显低于流动资产平均余额同比增长（图 18）。

从 2009 年与 2015 ~ 2016 年偏离的环境区别看，前者伴随着企业主营业务收入增速的快速反弹和固定资产投资增速的提高，但后者却并没有出现主营业务收入同比增速的明显回升，固定资产投资同比增速甚至继续下降，其中的民间投资更是出现大幅下降（图 19）。在此期间，企业的利润

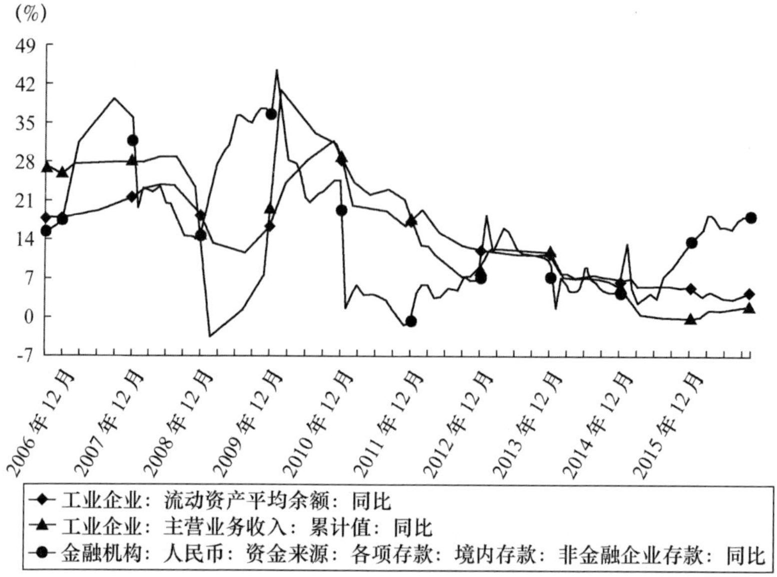

图 18　工业企业主营业务收入、流动资产平均余额与存款同比增速

资料来源：万德资讯。

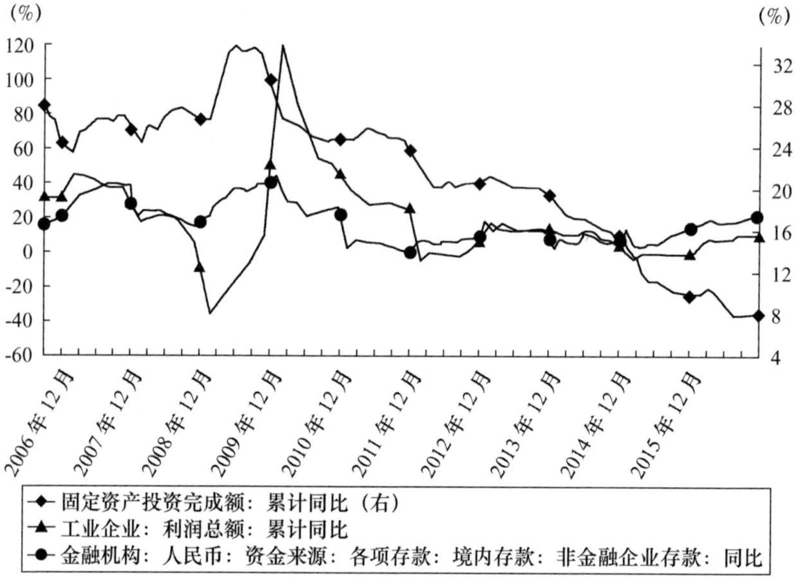

图 19　固定资产投资、工业企业利润和存款同比增速比较

资料来源：万德资讯。

略有改善，但并没有带来固定资产投资的增长，反而转化为企业存款同比增速的更快增加。可见缺乏投资渠道和谨慎动机可能更能解释企业行为特征的变化。

四、基本判断与政策建议

1. M1/M2 的上升不具有持续性

2016 年 M1/M2 运行出现了巨大的偏离，反映了多方面变化的信息，但从这些所反映的信息分析，推动 M1 上升的因素不具有长期性，因此 M1/M2 偏离性上升趋势并不具有可持续性。除基期数据对同比数据影响外，M1/M2 上升是在经济下行阶段，股票异常波动事件冲击、金融市场结构中债券比重上升，在监管政策和市场环境变化下银行行为变化的货币反映，企业在缺乏明确投资预期，营业收入没有明显改善，利润总额略有改善的情况下，增大以银行存款，尤其是活期存款的形式持有流动性资产的结果。从数据来看，虽然存量 M1/M2 的同比增速仍在上升，但增量 M1/M2 已在 2016 年 7 月达到高点后回落。

2. 我国已出现流动性陷阱的部分特征

M1/M2 上升被部分市场人士作为我国陷入流动性陷阱的重要证据之一。流动性陷阱是凯恩斯在《就业、利息和货币通论》一书中提出的一种假说，当市场利率水平降低到不能再低时，人们就会产生利率上升而债券价格下降的预期，货币需求弹性（主要来源于预防性与投机性动机）就会变得无限大，即无论增加多少货币，都会被人们储存起来；货币的发行并不会带来利率的进一步降低。从目前来看，虽然我国的利率水平还较高（图 20），但出现了以下几个带有流动性陷阱逻辑的迹象：一是不论是以 7 天同业拆借加权利率，还是 1 年期国债利率，2016 年趋于稳定，继续向下调整的可能性大幅减少；二是银行的有效贷款需求大幅下降，信用扩张主要向房地产和政府信用集中；三是实体经济在收入、流动性资产平均余额增速下降的环境下大幅增加了存款（尤其是活期存款）的比重。虽然 2016 年部分大宗商品价格出现大幅上涨，但实体企业对其可持续性并不看好，对重新开工和扩产能极其谨慎。

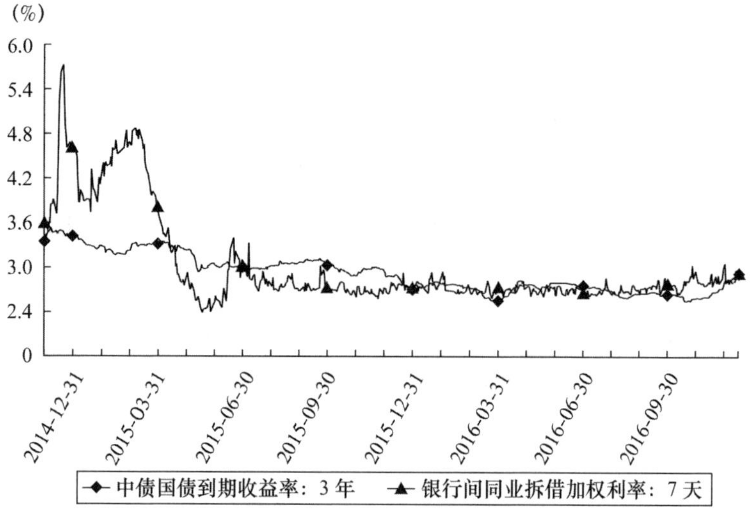

图 20　利率水平变动情况

资料来源：万德资讯。

3. 加快推动深层次结构改革

不论什么形式的金融政策，仅改变经济现象的表现形式和时间，从而为经济深层次改革提供良好的货币环境、赢得难得的时间。根本之策仍在于打开增长空间，推动实质性的结构改革。金融政策在某种意义上就是对市场运行的外部干预，或多或少引致市场机制的扭曲。一旦缺乏内在变革的支撑，包括金融发展和内部改革的支撑，金融政策的成本是高昂的，最终仍将以更剧烈的形式反映经济的现实运行状况和成本。

执笔人：陈道富

第三章

经济运行“脱实向虚”的现状、成因及对策

创新要素“脱实向虚”是当前经济运行的突出矛盾。资金、人才和企业家才能等创新要素，过度向以虚拟经济为代表的分配性活动配置，降低了资源配置效率，阻碍了实体经济转型升级，制约了经济增长方式向创新驱动转变。振兴实体经济，实现创新驱动，必须推动创新要素在生产性活动与分配性活动间报酬结构的再平衡，从而抑制“脱实向虚”，引导创新要素更多向以实体经济为代表的生产性活动配置。

一、“脱实向虚”的内涵

“脱实向虚”，更确切地讲，要素的“脱实向虚”，是指包括资金、人才和企业家才能在内的生产要素或创新要素，在向实体经济和虚拟经济两大类部门配置中，过度向虚拟经济配置的一种现象。要弄清“脱实向虚”的基本内涵，首先需要对实体经济和虚拟经济的内涵做一个大致界定[①]。

实体经济与虚拟经济，是相对应的概念。虚拟经济是一个泊来词，中文语境下通常有两个义项。一是指 Fictitious Economy，内涵大致与金融业

① 由于我们并不将要素向虚拟经济的正常配置也称为“脱实向虚”，另一个需要回答的问题是如何判断是“过度”还是“正常”。幸运的是，正如没有具体美丑标准却能感受美丑一样，即便难以确定“过度”与“正常”临界点，一旦向虚拟经济过度配置，人们往往会有所感知。

或金融活动相近，其源头是卡尔·马克思关于虚拟资本（Fictitious Capital）的界定。与之相对应，非金融业，特别是工业或制造业，通常被称为实体经济。近年来关于“金融服务实体经济”的相关表述强化了这一划分。当前关于“脱实向虚”的讨论，也主要是基于此。二是指 Virtual Economy，内涵大致与互联网经济或数字经济相近。与之相对应，基于实体店或实体工厂的经济活动或经济业态则被称为实体经济。当前，不少制造业类企业家在讨论制造业转型升级面临的障碍时，将互联网企业视为虚拟经济。作为回应，互联网业界提出新实体经济的概念，将数字经济称为新实体经济（游五洋和宋斐，2017）。

就“脱实向虚”而言，界定实体经济和虚拟经济，背后的理论基础是经济增长理论。本文遵循 Baumol（1990），Murphy、Shleifer 和 Vishny（1991）的传统，认为经济增长绩效取决于生产要素在生产性活动（productive activity）与分配性活动（distributional activity）之间的配置结构。在此基础上，我们将虚拟经济界定为与合法的分配性活动或非生产性活动①相关的、与财富创造不直接相关的经济活动及行业，将实体经济界定为与生产性活动相关的、与财富创造直接相关的经济活动或行业。结合当前经济运行中存在的突出问题，我们将虚拟经济具体化为金融业和金融资产及房地产交易活动；将实体经济具体化为其他类别的行业，特别是工业或制造业。可见，我们对虚拟经济的界定更接近于第一个义项。由于互联网经济总体上也直接与价值创造相关，我们并不认为互联网经济属于本文范畴下的虚拟经济。

二、“脱实向虚”的主要表现

（一）资金“脱实向虚”

资金“脱实向虚”是最为人熟知的一类“脱实向虚”，主要体现为个

① 不合法的分配性活动包括抢劫、贪污、设租和寻租等违法犯罪活动。

人购房贷款大幅增加以及金融体系内的“资金空转”。

个人购房贷款大幅增加①。2016 年，个人购房贷款新增 4.96 万亿元，较 2015 年增长 88.6%；占同期新增贷款比重达 39.2%，比 2015 年水平高出 16.5 个百分点（图 1）。

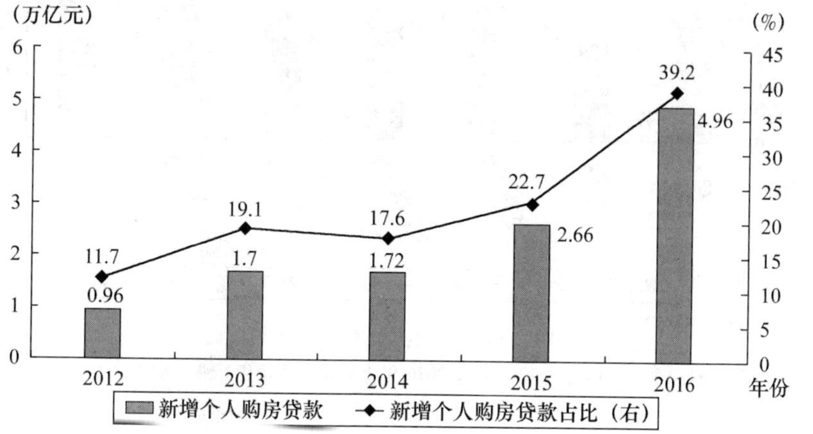

图 1　个人购房贷款增量及其占比

资料来源：中国人民银行各期《金融机构贷款投向统计报告》。

金融体系“资金空转”。“资金空转”是指资金在金融体系内空转，不流入实体经济②。其典型体现是银行同业类理财规模的快速增加。2016 年 6 月末，银行同业类理财规模达到 4.02 万亿元，是 2014 年末的 8.2 倍；占同期理财规模比重达到 18.06%，比 2014 年末高出 14.69 个百分点（图 2）。需要说明的是，我们并不认为金融机构在向实体经济提供融资支持过程中存在的“当通道、做过桥、加链条”行为是资金“脱实向虚”。这些拉长融资链条、增加融资成本、降低融资效率的行为是金融服务实体经济效率不高的体现。

---

① 关于信贷向房地产领域倾斜是否是“脱实向虚”尚存一定争议。在社会融资规模统计中，投向房地产领域的信贷，无论是用于房地产开发建设的房地产开发贷款，还是用于支持房产交易的个人购房贷款，均纳入金融体系对实体经济支持的统计。我们认为，房地产建设本身属于实体经济范畴，但房产交易则属于虚拟经济范畴。

② 另一类所谓“资金空转”，即非金融企业从金融体系获得资金并进行金融投资，从而造成资金并未真正流入到实体经济的现象，本文将其归入企业家才能的“脱实向虚”。

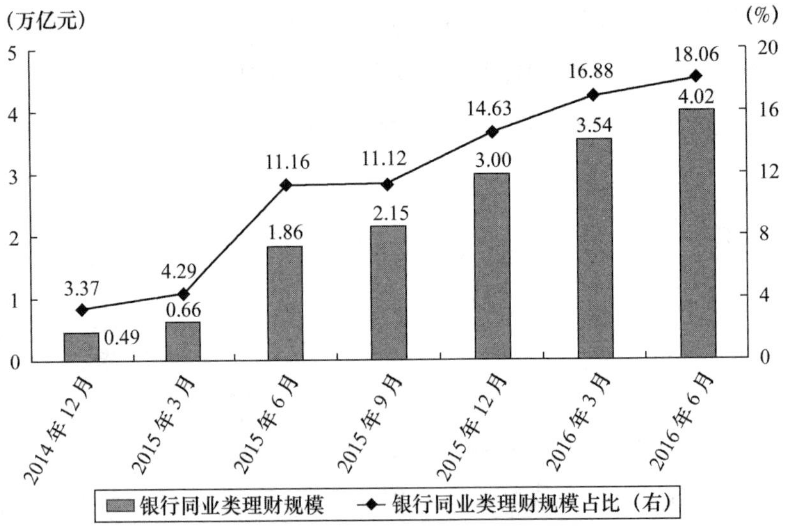

图2　银行同业类理财规模及其占比

资料来源：2014年、2015年及2016年上半年《中国银行业理财市场报告》。

（二）企业家才能“脱实向虚”

企业家才能是最稀缺的资源，不过企业家才能的“脱实向虚”却容易受到忽视或被简单理解为资金的“脱实向虚”。当前，“金融炼金术”盛行、生产资本大量涌入金融业与房地产领域是企业家才能“脱实向虚”的典型体现。

“金融炼金术”盛行或非金融企业金融化特征明显（陈道富，2016）。一是大量投资金融类资产。以上市公司为例，近年来非金融企业持有金融资产规模大幅增长。2016年三季度末，非金融类上市公司持有交易性金融资产、可供出售金融资产和持有至到期投资合计9581亿元，分别较2015年末和2011年末增长27.0%和374.5%，而同期资产总额仅分别增长11.1%和85.6%。又如，调研中反映，地方融资平台公司将贷款用于购买理财产品等金融资产的现象较为普遍。

二是投资收益比重显著提高。2015年，上市公司投资净收益占净利润比重达到29.5%，分别比2014年和2011年高出8.8个和16.2个百分点

（图3）。房地产和金融投资甚至成为部分上市公司的主要利润来源。

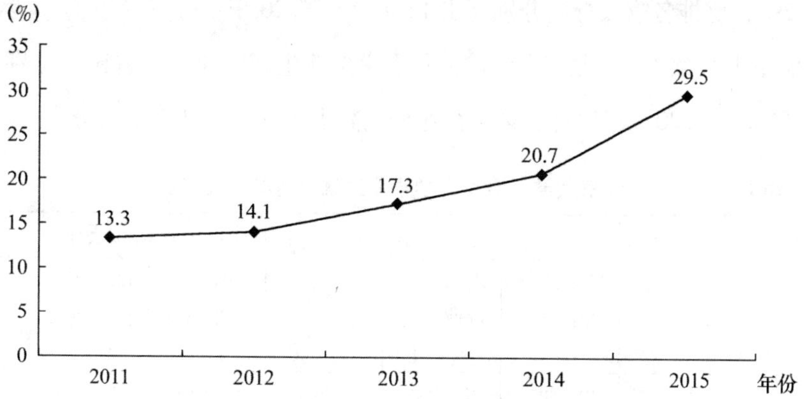

图3　非金融类上市公司投资净收益占净利润比重

资料来源：万德资讯。

三是崇尚资本运作。比如，部分上市公司在概念题材的牵引下，兼并重组非上市企业，以此谋求资本市场的估值溢价收益。

生产资本纷纷涌入金融业和房产投资。生产资本凝聚着企业家才能。企业家将生产资本转化为金融资本，是典型的“脱实向虚”。产融结合热、民营银行热和民间金融泡沫便是典型体现。以民间金融泡沫为例，不少企业家将生产资本转化为金融资本，投资民间金融。

（三）人才“脱实向虚”

人才的“脱实向虚”也容易被忽略，它集中体现为就业“金融热”和高考“金融热”。

就业“金融热”。金融业已成为顶级名校毕业生就业的第一选择，并远远高出其他行业。以北京大学和清华大学为例，无论就硕士毕业生而言，还是对包括本科、硕士、博士毕业生在内的所有毕业生而言，金融业几乎都是就业比重最高，并显著高于其他行业的行业①。2016年，北京大

① 2014年清华大学毕业生就业行业排名中，科学研究和技术服务业位居第一，占比17.2%；金融业排名第二，占比16.9%。

学和清华大学硕士毕业生金融业就业比重继续提高，分别达到 32.93%、27.2%，比排名第二行业分别高出 12.49 个、7.20 个百分点（表 1）。考虑本科生和博士生之后，北京大学和清华大学毕业生金融业就业占比也分别高达 26.44%、21.20%，比排名第二行业分别高出 7.64 个、3.5 个百分点。

表 1　北京大学与清华大学毕业生就业情况：按行业

<table>
<tr><th colspan="2" rowspan="2"></th><th colspan="3">北京大学</th><th colspan="3">清华大学</th></tr>
<tr><th>金融业就业占比（a）</th><th>排名第二行业就业占比（b）</th><th>差异（a－b）</th><th>金融业就业占比（c）</th><th>排名第二行业就业占比（d）</th><th>差异（c－d）</th></tr>
<tr><td rowspan="3">硕士就业情况</td><td>2014 年</td><td>29.29%</td><td>22.24%</td><td>7.05%</td><td>22.40%</td><td>15.40%</td><td>7.0%</td></tr>
<tr><td>2015 年</td><td>32.42%</td><td>18.16%</td><td>14.26%</td><td>25.00%</td><td>19.20%</td><td>5.80%</td></tr>
<tr><td>2016 年</td><td>32.93%</td><td>20.44%</td><td>12.49%</td><td>27.20%</td><td>20%</td><td>7.20%</td></tr>
<tr><td rowspan="3">总体就业情况</td><td>2014 年</td><td>24.52%</td><td>19.77%</td><td>4.75%</td><td></td><td></td><td></td></tr>
<tr><td>2015 年</td><td>26.50%</td><td>15.67%</td><td>10.83%</td><td>19.10%</td><td>16.80%</td><td>2.30%</td></tr>
<tr><td>2016 年</td><td>26.44%</td><td>18.80%</td><td>7.64%</td><td>21.20%</td><td>17.70%</td><td>3.50%</td></tr>
</table>

资料来源：北京大学、清华大学 2014～2016 年毕业生就业质量报告。

高考“金融热”。在以职业为导向的教育观（施一公，2014）背景下，人才“脱实向虚”已经延伸至对更深层次的人才结构或教育结构的影响上。金融业高居专业关注度榜首（表 2）。金融学已成为最难考取的专业，金融学的报考录取率和上线录取率均大幅低于各专业平均水平（赵昌文和朱鸿鸣，2015）。

表 2　新浪教育专业关注度排行

排名	专　业	专业大类	总关注度（按人数计）
1	金融学	经济学	3049362
2	土木工程	工学	2598987
3	国际经济与贸易	经济学	2497485
4	机械设计制造及其自动化	工学	2278535
5	会计学	管理学	2103597
6	经济学	经济学	2039488

续表

排名	专　业	专业大类	总关注度（按人数计）
7	电子信息工程与自动化	工学	2010907
8	临床医学	医学	1639016
9	法学	法学	1614851
10	英语	文学	1569883

资料来源：新浪教育（2017 年 1 月 22 日访问）。

三、生产要素“脱实向虚”的原因

（一）报酬结构严重失衡

报酬结构决定要素配置方向（Baumol，1990）。“脱实向虚”的直接原因是实体经济与虚拟经济之间的报酬结构失衡：利润失衡和从业人员收入失衡。利润失衡导致资金和企业家才能“脱实向虚”；从业人员收入失衡则导致人才“脱实向虚”。

金融与实体经济利润严重失衡。以上市公司为例，金融类上市公司利润比重很高。近年来，金融类上市公司净利润占全部 A 股上市公司净利润比重持续上升，2015 年达到 59.8%（图 4）。银行业上市公司净资产收益率（ROE）虽有明显下滑，但仍显著高于非银行类上市公司（图 5）。与工业企业相比，金融业利润过高，至少相对利润大幅增加。2015 年，金融企业所得税为工业企业所得税的 1.15 倍，而 2011 年仅为一半左右（表 3）。

房产投资收益远远高于实体经济收益。根据国家统计局的数据，与 2015 年初相比，2016 年末北京、上海和深圳二手房价格累计上涨幅度分别达到 50.4%，40.9% 和 41.8%。除北京、上海和深圳外，新房价格或二手房价格上涨幅度超过 30% 的还有 9 个城市，分别为南京、合肥、厦门、郑州、广州、杭州、天津、福州、无锡。同期，实体经济收益远远低于这一水平，即便是非银行类上市公司，其 2015 年净资产收益率也仅为 8.35%。

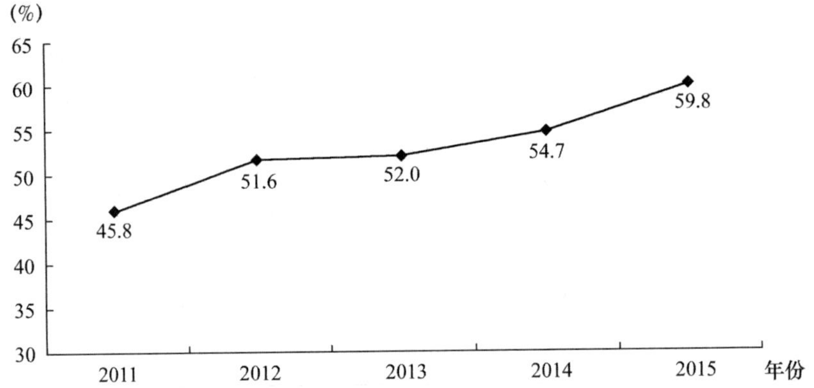

图 4　金融类上市公司净利润比重

资料来源：万德资讯。

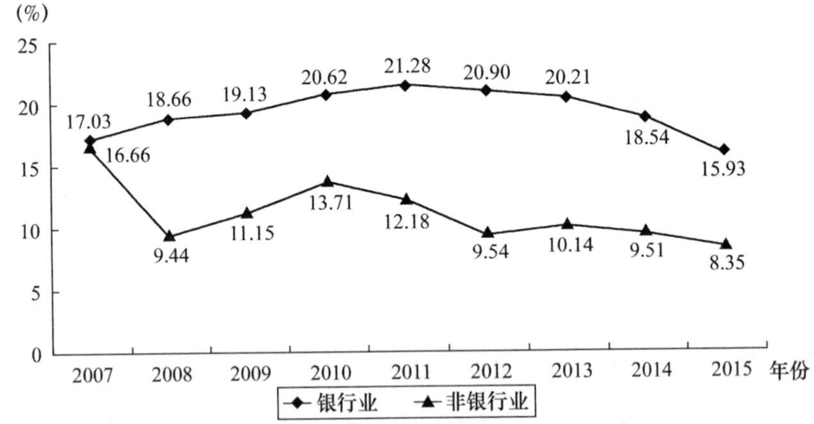

图 5　上市公司净资产收益率：银行业与非银行业

资料来源：万德资讯。

表 3　金融与工业企业利润格局：基于企业所得税的测算　单位：亿元

	2011 年	2012 年	2013 年	2014 年	2015 年	2016 年
金融企业所得税	4022	5491	6276	7529	8572	8802
工业企业所得税	7162	7349	7422	7837	7425	7329
金融企业所得税/工业企业所得税	56. 16%	74. 72%	84. 56%	96. 07%	115. 45%	120. 10%

资料来源：财政部。

金融与实体经济从业人员收入失衡。以上市公司为例，上市银行人均薪酬显著高于非银行类上市公司，尽管近年来相对差距有所收窄，但仍然是其2倍以上（表4）。若将上市券商人均薪酬（图6）与非金融类上市公司相比，两者的差距更为悬殊。

表4　　上市公司人均薪酬：银行类与非银行类　　单位：万元/年

年　份	2008	2009	2010	2011	2012	2013	2014	2015
银行业	17.44	17.35	20.04	23.46	24.88	26.18	27.61	27.44
非银行业	8.11	8.21	9.09	9.95	10.39	10.96	11.94	13.04
银行业/非银行业	215%	211%	220%	236%	239%	239%	231%	210%

注：人均薪酬 =（期末应付职工薪酬 - 期初应付职工薪酬 + 支付给职工以及为职工支付的现金）/［（期初员工数 + 期末员工数）/2］。

资料来源：万德资讯。

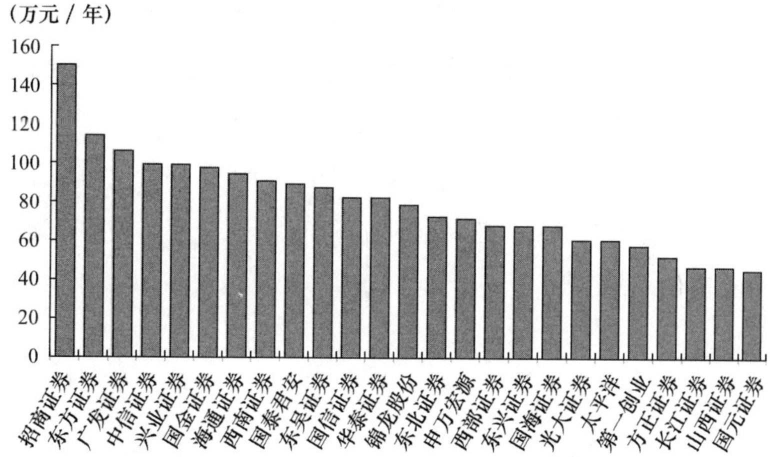

图6　2015年上市券商人均薪酬

注：人均薪酬 =（期末应付职工薪酬 - 期初应付职工薪酬 + 支付给职工以及为职工支付的现金）/［（期初员工数 + 期末员工数）/2］。

资料来源：万德资讯。

（二）报酬结构失衡的主要因素在于金融过度膨胀、风险滞后性和资产泡沫

实体经济与虚拟经济报酬结构失衡是实体经济收益率下降和虚拟经济回报率高综合作用的结果。受“三期叠加”、海外市场扩张受限、企业转

型升级滞后等因素影响，实体经济收益率不断下降。不过，实体经济收益率下滑是矛盾的次要方面；矛盾的主要方面是虚拟经济回报率相对过高，即金融业和房产投资回报率过高。

金融回报率过高主要有两方面原因。一是金融规模过度膨胀。全球金融危机以来，我国在“稳增长”方面取得了举世瞩目的成绩。不过，由于内生增长动力不足，经济增长越来越依赖于信贷扩张，已呈现出了所谓的信贷密集型增长特征（特纳，2016）。2016 年末，银行业金融机构资产规模、债券余额、社会融资规模存量分别达 226.3 万亿元、64.3 万亿元和 155.99 万亿元，分别为 2008 年末的 3.63 倍、4.09 倍和 4.10 倍，而 2016 年名义 GDP 仅为 2008 年的 2.33 倍。与金融规模膨胀相伴随，全球金融危机以来，中国金融业的回报快速提高。2016 年，金融业增加值占 GDP 比重达 8.4%，较 2008 年末提高 2.7 个百分点；银行业金融机构净利润达 2 万亿元，为 2008 年的 3.43 倍（图 7）。尽管随着央行降息、利率市场化的快速推进、银行之间及银行与资本市场之间竞争加剧，银行业净息差出现了明显收窄，但金融规模的快速膨胀对冲了净息差的下降，使得金融业利润仍然保持高位。

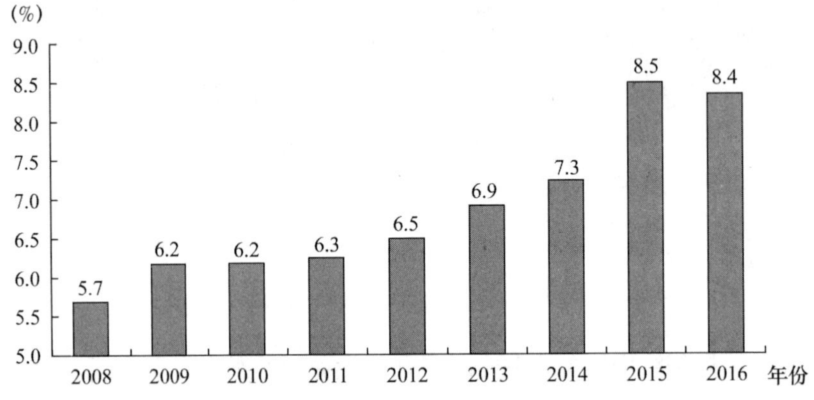

图 7　金融业增加值占 GDP 比重

资料来源：万德资讯。

二是风险暴露滞后性。收益当期化、风险滞后性是金融业的典型特征。受此影响，金融业利润在风险集中暴露前显著高于实体经济。换言之，风险集中暴露前金融业的高会计利润本就存在“虚高”成分。尽管经济运行面临“三期叠加”的挑战，实体经济效益下滑明显，但2016年末商业银行不良贷款率仅反弹至1.81%。不过，2016年三季度末，关注类贷款占比已达4.10%。由于在会计核算时关注类贷款计提拨备比例很低，拨备覆盖率仅考虑贷款减值准备对不良贷款的覆盖程度，关注类贷款占比的快速提高并不对当期利润产生明显影响。调研中反映，由于内部控制不完善、股东业绩压力大和薪酬机制不合理等方面原因，部分地区和机构也存在着风险延迟确认的现象。

房产投资回报率过高则是资产泡沫的直接体现。由于尚未建立房地产市场平稳发展的长效机制，2016年，在供给增加有限，首付下调，利率下行、契税下降的背景下，购房贷款急剧增加，金融因素驱动了一线城市和部分二线城市房价的暴涨。

四、推动报酬结构再平衡，抑制“脱实向虚”的政策建议

“脱实向虚”既显著降低了生产要素配置效率，又累积了大量金融风险。2017年，在不发生大规模金融风险的情况下，实体经济与虚拟经济报酬结构失衡的局面难以改观，“脱实向虚”可能持续甚至进一步加剧。要有效抑制“脱实向虚”，关键在于推动报酬结构再平衡，营造有利于生产要素向实体经济配置的报酬结构。

一是引导金融业利润和金融从业人员收入向合理水平回归。首先，抑制金融规模过快膨胀。为此，需要坚决推动去杠杆，以保持总杠杆率稳定；需要加强金融监管，开展金融秩序整顿治理。其次，引导金融机构及时确认和释放风险，减少利润的“虚高”成分。为此，金融监管部门需要加强监管，严惩隐藏风险的各种行为，确保不良贷款的及时确认；金融国资管理部门需要适时降低金融机构业绩目标，为确认和释放风险创造正向

激励环境。最后，完善金融从业人员激励约束机制，改变当前激励机制过于短期化的弊端。

二是坚决抑制和防范资产泡沫。首先，坚决抑制房地产泡沫。为此，需要综合采取金融、土地、财税等方面政策特别是金融政策，如提高个人购房贷款风险权重、提高首付比例、严查首付款真实性、限制个人购房贷款占新增贷款比重，确保完成抑制房价进一步上涨的目标。其次，要防范股市再泡沫的风险。为此，需要加强资本市场监管，打击内幕交易、市场操纵行为；需要严密监测、控制杠杆资金特别是银行资金入市；需要完善退市制度并加快退市节奏。

三是防范去杠杆和抑制资产泡沫过程中的金融风险。抑制“脱实向虚”的过程中，需要把握好节奏和力度，以便维持基本的金融稳定。为此，需要加强监管协调，摸清风险底数和风险传染机制或链条；需要制定去杠杆和抑制资产泡沫过程中诱发风险的预案，避免导致进一步加杠杆和再泡沫化。

四是着力振兴实体经济。首先，进一步推进“三去一降一补”，特别是降成本和补短板，提高实体经济运行效率和效益。其次，加强知识产权保护，加大基础研究支持，为实体经济转型升级营造适宜外部环境。

执笔人：朱鸿鸣

第四章

对 2016 年人民币汇率波动及未来汇率走势的几点思考

2016 年 12 月 30 日，人民币兑美元汇率中间价报收于 6.9370 元/美元，相较于 2015 年 12 月 31 日收盘价 6.4936 元/美元而言，2016 年全年人民币兑美元贬值幅度达 6.83%。尤其是自特朗普当选新一届美国总统以来，伴随着美元走强的预期，人民币兑美元的汇率在 2016 年最后两个月中更是屡创新纪录。与此同时，我国外汇储备从 2015 年底的 3.33 万亿美元下降到了 2016 年底的 3.01 万亿美元，尤其是 2016 年下半年，外汇储备呈现加速下降的趋势。

在过去一段时间，人民币兑一揽子货币的汇率并没有出现大幅贬值的情形下，人民币兑美元为什么会持续贬值？未来一段时间，人民币的汇率将会怎么走？无论对政策制定者而言还是对市场参与者而言，这些都是需要迫切回答的问题。

本文将分别基于短期和长期的视角，对这两个问题予以回答。并在此基础上从汇率政策调整及预期管理的角度给出六个方面的政策建议。

一、2016 年人民币汇率波动的逻辑

下文分别从理论层面和事实层面对 2016 年人民币汇率波动的原因予以分析。

（一）分析人民币汇率波动的理论基础

就理论层面而言，汇率的波动受多方面因素的影响。本文的切入点是对名义汇率与实际汇率的区分。名义汇率，即两种货币相互兑换的价格，是由市场上对两种货币的需求与供给决定的，因此，名义汇率的波动主要是受资金流动所驱动的，而其背后就是不同国家或地区资金预期回报的波动。其中，本文想强调的是预期的因素——预期汇率的变动是决定即期汇率及其变动的一个非常重要的因素。在金融市场上，预期往往具有自我实现的特征，并且即期汇率对预期汇率也有很强的反馈作用——预期的兑现还具有自我强化的特征。预期的这两个特征往往造成汇率市场上一种常见的现象——“汇率超调”①。

不同于名义汇率，实际汇率衡量的是两种货币购买力的相对大小，也可以理解为两个国家相同商品的相对价格。实际汇率的波动同时受到名义汇率和国内外物价水平的共同影响。过去几十年的研究发现②，现实中两种货币之间并不存在绝对的购买力平价关系（Purchasing Power Parity，PPP），但在相当长一段时间（中长期）以内，两种货币的相对购买力往往比较稳定，尤其是当两个国家在这段时期内都没有发生重大结构性变化的情况下更是如此。这就意味着，如果两国货币之间的实际汇率没有发生变化，那么其名义汇率变动的百分比等于两国通胀率之差。在一个更长的时间跨度内，随着相对欠发达国家的经济发展水平越来越接近于发达国家的

---

① 多恩布什在其1976年发表在《政治经济学》期刊上的论文中指出，当市场受到外部冲击时，货币市场和商品市场的调整速度存在很大的差异。他认为，这主要是由于商品市场因其自身的特点和缺乏及时准确的信息。一般情况下，商品市场价格的调整速度较慢，过程较长，呈黏性状态，称之为“黏性价格”。而金融市场的价格调整速度较快，因此，汇率对冲击的反应较快，几乎是即刻完成的。汇率对外部冲击做出的过度调整，即汇率预期变动偏离了在价格完全弹性情况下调整到位后的均衡汇率，并将这种现象称为“汇率超调”。

② 可参考综述性文章 Bahmani - Oskooee，Mohsen & Nasir，Abm（2005），“Productivity Bias Hypothesis and the Purchasing Power Parity：A Review Article”，Journal of Economics Surveys，19（4）：671～696。

经济发展水平，相对欠发达国家的货币往往表现出实际升值①。

由于资金的流动是非常迅速的，而价格水平的调整往往具有一定的黏性，因此上文基于资金的流动对名义汇率形成机制的讨论又可以视为短期汇率的决定机制，对实际汇率形成机制的讨论又可以视为中长期汇率的决定机制。

同时，考虑到汇率总会涉及两个国家，所以无论是名义汇率还是实际汇率都取决于两个国家的因素——两个国家的资金回报率、两个国家的风险状况、两个国家的物价水平、两个国家的经济增速，等等。这就要求我们分析汇率变动的时候，一定要基于对比两个国家的经济表现状况，而不能仅仅看一个国家的经济变量。

（二）人民币汇率波动的事实逻辑

接下来，本文将结合上文介绍的理论基础分别从名义汇率和实际汇率的角度分析2016年人民币汇率波动的原因。

1. 外部原因：美国经济释放复苏信号

首先，无论是从GDP增速来看，还是从通胀率和就业状况来看，美国经济复苏的信号越来越明确，这从长期上支持美元走强。其次，特朗普于2016年11月9日当选美国新一任总统，其在竞选期间提出的一系列振兴美国经济的政策计划有望得到部分落实，这增强了市场对美国经济以及美元的信心。再次，伴随着美国经济的复苏以及美国的通胀率有望进一步上升，美联储在时隔一年之后②于2016年12月14日宣布进一步上调联邦基

① 对这一事实的一个经典解释是“巴拉萨－萨缪尔森效应”假说。该假说认为，随着相对欠发达国家的经济发展水平越来越接近于发达国家的经济发展水平，其可贸易部门的工资水平会随之提高，劳动力将会从不可贸易部门流向可贸易部门，进而带动不可贸易部门工资水平的提高，并最终导致不可贸易品价格的提高。这样，相对欠发达国家的不可贸易品的价格水平也将越来越近接发达国家不可贸易品的价格水平，最终表现在其货币的实际汇率升值。

② 2015年12月16日美联储宣布将联邦基金利率上调25个基点到0.25%～0.5%的水平，这是自2008年12月16日美联储将联邦基金利率降至0～0.25%以来第一次提高联邦基金目标利率，也标志着新一轮加息周期的开启。

金利率。一方面，这是美联储对美国经济复苏的确认；另一方面，联邦基金利率的提高也提高了美元资产的吸引力，使得全球资金加速流向美元资产，美元指数和美国三大股指屡创新高。综合这三方面因素，无论从短期因素来看，还是从长期因素来看，都是支持美元走强的，如图 1 所示，美元指数自 2014 年年中以来已经从 80 点上升到 2016 年年底的 100 点以上，升幅达到 25% 之多。这里需要说明的是，美元指数反映的美元对全球主要货币汇率变动的综合状况，因此从这个意义上来看，近期人民币对美元的贬值是美元对全球主要货币升值的局部表现，而不是人民币的单方面走弱。

图 1　过去 5 年美元外汇价值广义指数的表现

资料来源：万德资讯。

2. 内部原因：我国经济增速下降、官方预期引导不到位及汇率管控

首先，从中长期视角看，经济增速下降是人民币贬值预期形成的理论基础之一。自 2008 年全球金融危机以来，我国经济增速已经明显放缓，如图 2 所示。2015 年我国经济增速已经下降到了 6.9%，已经不足 2007 年经济增速的一半，也是自 1991 年以来第一次下降到 7% 以下，并且 2016 年的经济增速已进一步下滑到了 6.7%。伴随着我国 GDP 增速的不断下降，国际上看空中国经济和人民币的论调不绝于耳，人民币贬值的预期由此形成。

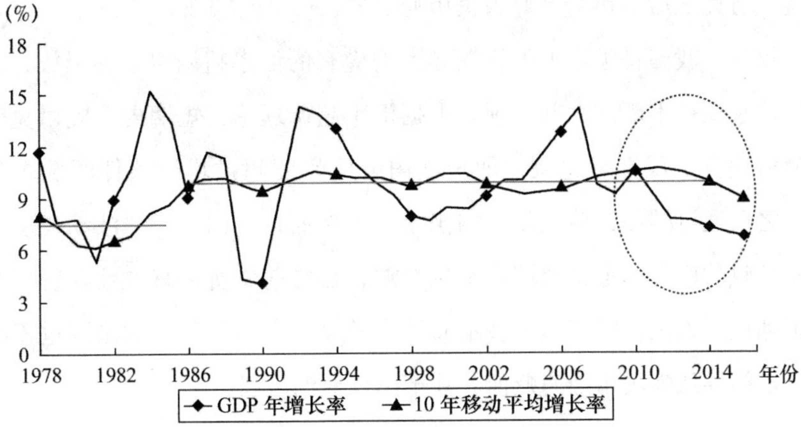

图 2　中国历年的经济增长速度（1978 ~ 2016 年）

资料来源：国家统计局及笔者计算。

其次，在官方预期管理与引导不到位的情况下，人民币贬值的预期加速兑现。事实上，如果把人民币兑美元的本轮贬值放在一个中长期视角下，可以发现本轮人民币的贬值始于 2015 年 8 月 11 日的汇率改革（图 3）。结合我国 GDP 增速的季度走势，2015 年一季度与二季度 GDP 增速下跌均为 7%，并在三季度跌破 6.9% ~7%，在人民币贬值预期正在形成但尚未兑现的时间点上，中国人民银行启动了"8 · 11"汇改。在与市场没有进行充分沟通的情况下，央行的行动被市场解读为中国政府主动让人民币贬值，加上市场对央行以往行事风格的理解，人民币贬值预期得以

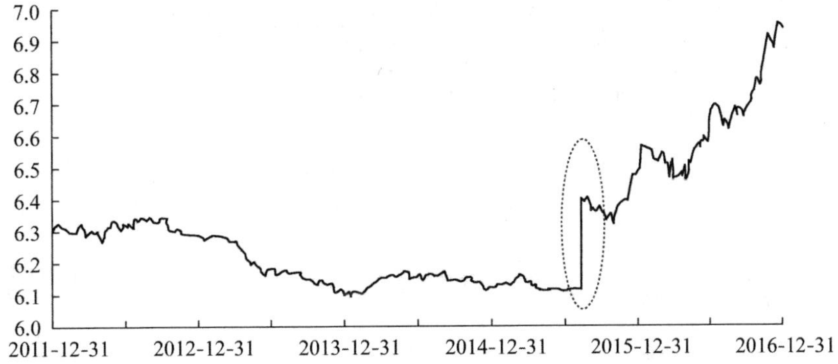

图 3　过去 5 年人民币兑美元汇率（中间价）走势

资料来源：中国人民银行。

兑现。自此之后，市场上对人民币贬值的预期不断增强。

再次，我国在汇率上的管控导致的应有的汇率超调得不到释放，人民币贬值预期被不断放大并兑现。根据汇率超调理论，短期内人民币兑美元的贬值理应出现汇率超调，即短期内贬值幅度超过均衡条件所要求的幅度，之后通过缓慢升值恢复到均衡水平。然而，我国在汇率波动幅度上的限制导致的应有的汇率超调得不到释放，加之前文所述官方预期管理与引导不到位，人民币贬值预期被不断放大并兑现，预期引导的难度也不断加大，最终导致人民币加速贬值，甚至出现换汇风潮。

3. 人民币对其他主要货币并未出现大幅贬值

如图 4 所示，人民币兑英镑在 2016 年全年升值 11. 5%，人民币兑日元在 2016 年最后两个月升值 9. 7%。这再一次说明，人民币兑美元贬值是美元对全球主要货币升值的局部表现，而不是人民币单方面走弱。

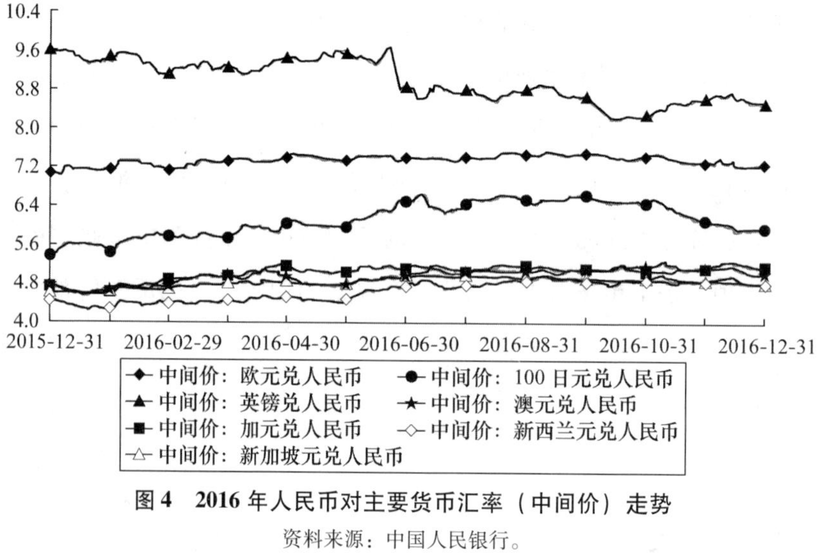

图 4　2016 年人民币对主要货币汇率（中间价）走势

资料来源：中国人民银行。

4. 过去一段时间的汇率贬值是对 2005 年以来人民币单边升值的一个修复

事实上，自 2005 年“7 · 21”汇改至 2015 年“8 · 11”汇改前，人民币兑美元从 8. 2765 元/美元升至 6. 1162 元/美元，如图 5 所示。10 年间单边升值幅度达 26.1%，一定意义上，这种大幅度的单边升值也可以理解为一种中长期视角下的汇率超调，那么自“8·11”汇改以来的贬值就可以被视为对之前 10 年汇率超调的一种修正，修正之后这一汇率将趋于稳定在一个新的水平。

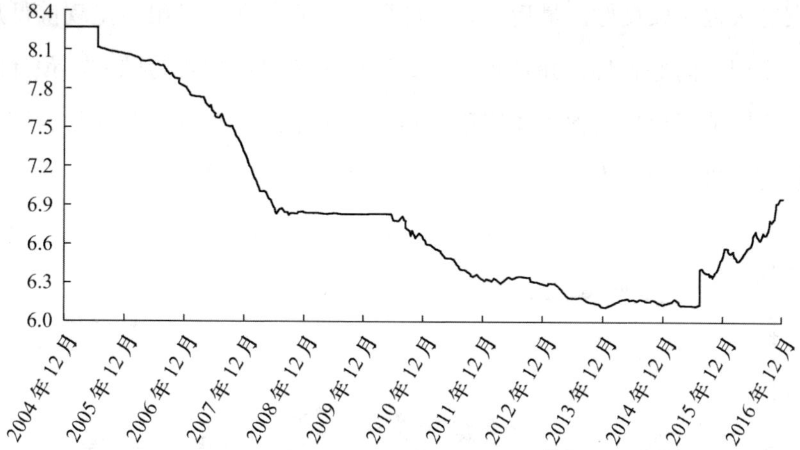

图 5 2005 年以来人民币兑美元汇率（中间价）走势

资料来源：Bank for International Settlements。

综上所述，近期人民币对美元的贬值是美元对全球主要货币升值的局部表现，主要是由于美国经济复苏信号得到确认、特朗普当选、美国加息等多方面原因所致的，而不是人民币的单方面走弱——人民币对其他主要货币并没有出现大幅度的贬值。除此之外，也有我国经济增速下降、官方预期管理与引导不到位以及我国在汇率上的管控导致的应有的汇率超调得不到释放，预期不断被放大等方面的原因。

二、对未来一段时间人民币汇率的趋势判断

从中长期来看，人民币持续贬值的可能性和空间都不大。首先，从长周期视角看，我国本轮经济下行持续时间已经长达 6 年多，经济由降转稳进而确立中高速增长平台的条件正在逐步积累，经济进一步下行的风险和

空间都在缩小。其次，我国经济增速虽然相对放缓，但从全球横向比较仍属较高水平，如图6所示，无论是兑美元还是兑欧元、日元、英镑、加元，人民币都没有持续贬值的长期基础。再次，从微观层面上看，无论是用电量等实物指标，还是物价、效益、就业等指标都出现明显改善迹象，新经济发展势头也比较良好。最后，数据显示，2016年我国进出口呈现前低后高、逐季回稳向好态势，并且我国一直保持一定规模的贸易顺差。预计随着人民币贬值对出口的促进作用逐步显现，未来出口有望震荡回稳，贸易顺差也有望进一步扩大。

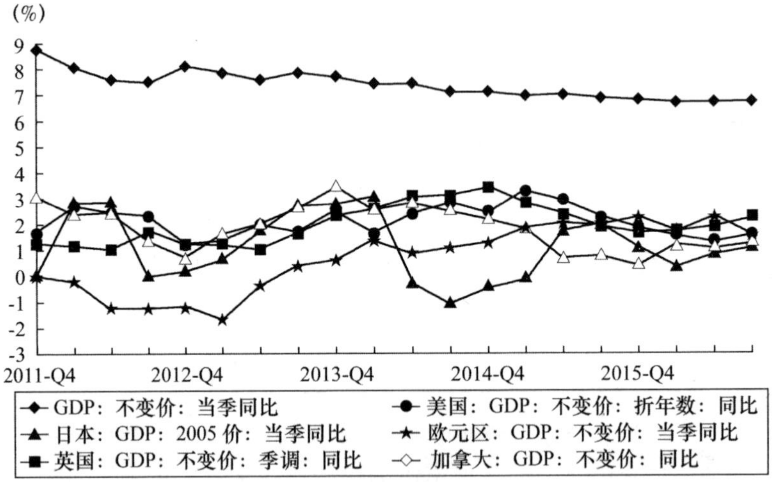

图6 过去5年中国与主要发达经济体的经济增速对比

资料来源：万德资讯。

此外，我国财政状况良好，金融体系稳健，供给侧结构性改革的效果初显，加之人民币纳入国际货币基金组织“特别提款权”货币篮子后，境外持有的人民币资产规模将逐步增加。所有这些有利条件从根本上决定了人民币持续贬值的可能性和空间都不大。

从短期来看，预计人民币贬值压力在2017年一季度后将逐步减弱，人民币兑美元在经历了大幅度贬值之后转向升值的几率在加大。首先，随着特朗普的上台，其政策思路和政策框架将变得更加明朗，市场预期会更加趋于一致，在美元资产价格屡创新高之后，短期内美元资产收益率的上升空间不大，加之前期人民币贬值的预期逐步得到大幅兑现之后（2015 年全年贬值幅度为 6.12%，2016 年全年贬值幅度为 6.83%），预计人民币的贬值压力在 2017 年一季度后将逐步减弱；相反，人民币兑美元在经历了大幅贬值之后转向升值的几率在加大。其次，从整体经济、金融情况看，欧元区、日本、英国这些经济体的利率相对要弱一些，并且利率的上行空间也相对有限，短期内资金从我国流向这些经济体的可能性也不大。再次，2017 年欧洲存在一定的政治风险，包括德国大选、法国大选、荷兰大选、英国脱欧谈判等，这些对欧元区可能都有一些负面影响。在负面影响下，如果欧元走弱，实际上就是相对美元、日元、人民币等货币贬值。

三、关于汇率政策的政策建议

基于上文分析，本文将从汇率政策调整及预期管理的角度提出以下六个方面的政策建议。

第一，坚持做好自己的事情，稳定投资者信心，淡化对短期名义汇率的关注。在认识上，要进一步明确短期内汇率出现一定的贬值或升值都属于正常现象，只要不出现巨幅调整就不会对实体经济造成大的影响。换言之，只要实体经济运行平稳，就不必担心短期名义汇率的波动。因此，要继续保持战略定力，坚持做好自己的事情，坚持以推进供给侧结构性改革为主线，继续实施积极的财政政策和稳健的货币政策，适度扩大总需求，妥善应对风险挑战，引导形成良好社会预期，经济社会保持平稳健康发展。

第二，进一步放宽对人民币汇率波动幅度的限制，降低对汇率的干预频率和干预幅度。随着资本账户开放程度及人民币国际化程度的提高，同时我国又必须保持货币政策的独立性，这就要求我国需进一步放宽对人民币汇率波动幅度的限制，更多地让市场发挥决定人民币汇率的基础作用，降低对汇率的干预频率和干预幅度，降低货币政策的负担，降低干预成本。事实上，在 17 个月累计贬值 13.4% 之后，即便完全放开对人民币兑美元汇率的波动幅度限制，人民币兑美元也不会有太大的贬值空间。

第三，切实平衡好“稳汇率”与“保外汇储备”之间的关系，做好外汇储备管理和保值增值。过去 3 年外汇储备的下降，既有长期资本撤离我国的原因，也有短期资金盲目跟风的原因，还有央行为了稳汇率而牺牲的外汇储备。“稳汇率”的“稳”不是简单地“固定”住人民币汇率，而是要允许汇率根据内外部经济条件的变化而调整，保持人民币汇率在合理均衡水平上的基本稳定，避免汇率的大起大落。结合上文的分析判断以及目前的汇率走势，可以判断保护外汇储备以及防止人民币汇率出现巨幅波动比防止人民币兑美元单边贬值更重要。同时，为做好外汇储备的保值增值，可适当利用美元的升值周期减少美元资产的配置比例，适当提高在其他货币资产上的配置比例，优化外汇储备资产组合。

第四，切实加强对人民币汇率的动态管理，提高在外汇市场上的预期引导和管理工作。“有管理的浮动”中的“管理”不是简单地“固定”住人民币汇率，而要清楚管理的目标是什么？管理的“锚”是什么？当国内外市场条件发生变化的时候，如果不能及时有效地调整这个“锚”，就很容易出现央行与市场较劲的局面。因此，在对人民币汇率的管理过程中，要不断地评估市场条件，评估管理目标，实现动态管理。同时，还要切实提高在外汇市场上的预期引导和管理工作，尽可能事前明确汇率管理政策的制定程序或者规则，做到“以不变应万变”，降低政策调整可能带来的不确定性；提高政策透明度，强化政府与市场的沟通，改进舆论引导方式，重大政策出台或者发生重大突发事件时做好权威解读工作，让市场主体能够更好地理解政策意图，防止发生误判，避免市场出现过度波动。此外，还要畅通市场信息传递到决策层和预期管理主体的机制，完善政策纠偏，及时发现政策执行中可能出现的各种偏差并作出相应调整。

第五，更加注重与主要经济体和国际机构的沟通对话，加强汇率管理的宏观审慎工作。随着我国对外开放水平不断提高，我国经济受世界经济的影响越来越大，与此同时，作为全球第二大经济体，我国经济变动又会通过贸易和资本流动等渠道影响世界经济。我国不仅对全球经济的“溢出效应”开始显现，而且“边际效应”影响也在增大。今后一段时期，要更加注重宏观政策的国际协调，加强与主要经济体和国际机构的沟通对话，增强在内外互动条件下驾驭经济、应对外部挑战的能力。与此同时，还要加强汇率管理的宏观审慎工作，尤其是加强对国内外经济运行的监测和预警，建立并不断优化预警机制，尤其是当国外出现超出预期范围之外的事件时，要及时做出预警与防范。

执笔人：杨光普

第五章

市场内生性投资基本实现触底企稳

投资是我国社会总需求中最大的一部分，投资增速的变化是影响宏观经济波动的最主要因素之一。从 2011 年至 2015 年，我国投资增速从 23.8% 持续下降到 10.0%，平均每年下降 3.5 个百分点，民间投资增速更是从 34.2% 下降到 10.1%，平均每年下降 6 个百分点，投资增速下滑成为经济下行的主要压力。2016 年 1~11 月，全国累计投资增长速度为 8.3%，连续 5 个月实现了略高于 8% 的稳定增长。在此情况下，分析研究投资增速企稳回升能否持续、何时会真正企稳，对于预判未来一段时期的经济走势，及时调整宏观调控政策具有重要意义。

一、投资增速在持续较快下滑后出现稳定增长

（一）2016 年三季度以来总投资增速止跌企稳并略有回升

2016 年 1~11 月份全国固定资产投资累计完成 53.9 万亿元，同比增长 8.3%，这是固定资产投资增速从年初的 10.2% 持续下降到 7 月份的 8.1% 后，连续第 5 个月保持企稳的态势。从当月增长速度看，11 月份为 8.8%，也已经连续 4 个月保持稳定。总体来看，2016 年的投资增速在经历了上半年的快速下滑后，第三季度起实现了平稳增长（图 1）。

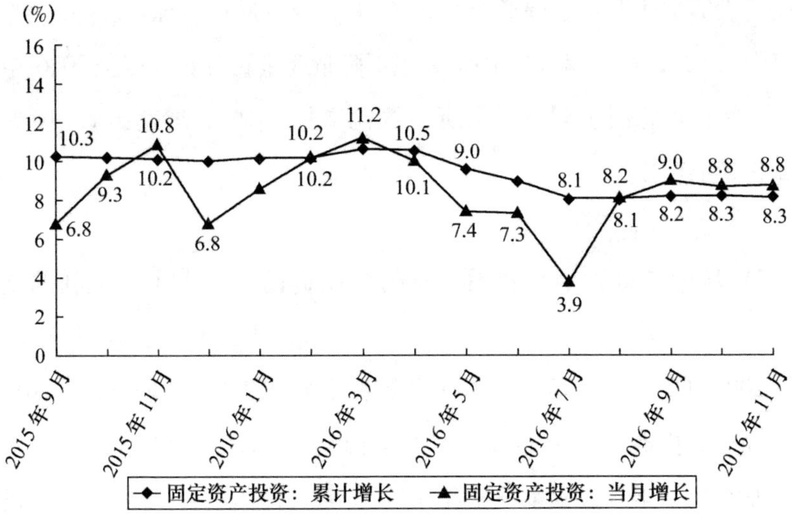

图1　固定资产投资增长形势

资料来源：CEIC（香港环亚经济数据有限公司）数据库。

（二）投资增速企稳的范围较为广泛

三次产业投资增速基本稳定。其中，2016 年 1 ~ 11 月第一产业投资增长 12.9%，第二产业投资增长 3.3%，第三产业投资增长 11.3%，虽然三次产业之间相异较大，但三季度以来各产业投资增速基本平稳。

非国有单位的投资增速有所提升。2016 年 1 ~ 11 月份，国有及国有控股单位投资增速累计增长 20.2%①，比 1 ~ 10 月份降低 0.3 个百分点，非国有单位 1 ~ 11 月的投资增速为 2.8%。非国有单位投资自 2016 年 7 月份达到 1.8% 的最低点以后，呈持续回升态势。在非国有单位中，持续回升的主力是私营企业，1 ~ 11 月，私营企业总投资 17.0 万亿元，同比增长 10.1%，增速比前三季度提高 1.0 个百分点；个体经营总投资 1955 亿元②，虽然比重很小，但其增速也达到了 6.5%，比前三季度提高了 0.4 个百分点。私营企业和个体经营的投资增速回升，一定程度上说明市场主体的信心已经有所恢复。

① 含国有及国有控股企业和国有非企业单位投资。

② 含个体户和个体经营。

民间投资增速继续小幅回升。2016 年 7、8 月份，我国民间投资增长速度仅为 2.1%，比上年末的 10% 大幅下降近 8 个百分点。截至 2016 年 11 月份，民间投资总额达 33.1 万亿元，同比增长 3.1%，增速比 1～10 月再度提高 0.2 个百分点。

（三）从中长期发展趋势看，目前总投资已经进入了一个新的增长平台

自 2009 年以来，我国投资增速出现了几次台阶式下降的过程。2010～2011 年间，总投资保持在 24% 左右的平台上，2012～2013 年间，为 20% 左右，2015 年下半年大幅度下滑至 10% 左右，2016 年第三季度以来进一步下滑到 8% 左右。民间投资的增长趋势有所不同，2009～2012 年间，保持在超过 30% 的水平，自 2012 年起至 2016 年上半年，基本处于快速下降的阶段，但 2016 年第三季度出现了触底企稳的现象（图 2）。

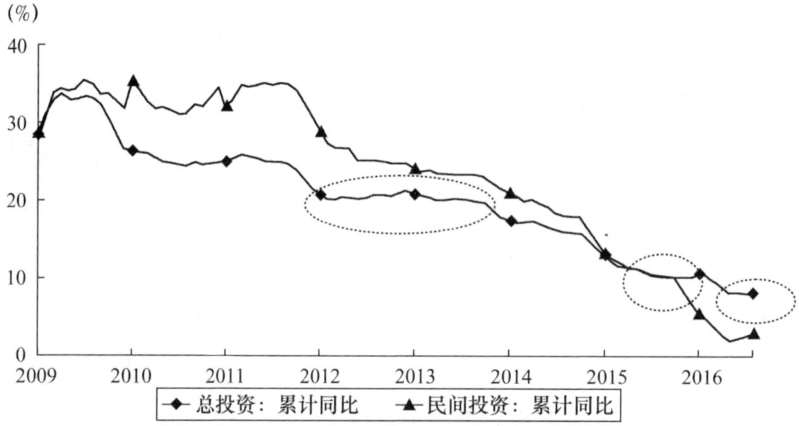

图 2　2009 年以来总投资和民间投资增长的阶段性变化

资料来源：万德资讯。

二、市场内生性投资基本实现触底企稳

虽然总投资短期内已经稳定增长，但还不能据此得出投资已经企稳的

结论。总投资中包括不同类型的投资，而不同类型投资的可持续性并不相同。根据主要受市场因素影响还是受政策因素影响，可以把总投资分为市场内生性投资和政策性投资两大类。所谓政策性投资，是指受政策影响较大的投资，而市场内生性投资，是指主要受市场内在经济规律决定的投资。在经济下行期，政策性投资保持较高增长速度，可以避免投资断崖式下降，从而稳定宏观经济运行。但政策性投资受限于政府预算、政策本身的时效等条件约束，不可能长期保持高增长，因此市场内生性投资的发展趋势至关重要。准确划分政策性投资和市场性投资存在一定的难度，总体来看，基础设施投资是典型的政策性投资，房地产投资受政策调控的影响也较大，在服务业中，一些与政府支出密切相关的，如教育、卫生和社会工作等也属于政策性投资范畴。其他的投资，包括制造业投资和民间投资中的服务业投资可认为是市场内生性投资。

（一）周期性波动最大的制造业投资出现增速回升

在4个重点投资领域，即基础设施投资、制造业投资、房地产投资和其他投资中，制造业投资是市场化程度最高、占比最大（约占1/3），也是波动最大的一部分。2011年我国制造业投资增速高达31.8%，到2015年大幅度降低到8.1%，平均每年下降5.9个百分点。制造业投资增速能否企稳，是总投资企稳的基础条件。

制造业投资存在显著的乘数效应，是典型的顺周期变量，即在经济形势较好时，增长速度比其他投资更快，而经济下行时比其他投资下降幅度也更大。这是因为在经济上行时，各行业都需要增加生产能力，而在下行时各行业都有削减产能或降低产能增速的内在要求，削减产能必然要求制造业投资降速。例如2004~2012年之间，我国经济总体属于高速增长期，我国制造业投资增速平均达到30.8%，平均高于总投资5.2个百分点，而2012年以后制造业投资普遍低于总投资，其中，2013~2015年，制造业投资分别比总投资增速低1.1个、2.2个和1.9个百分点（图3）。

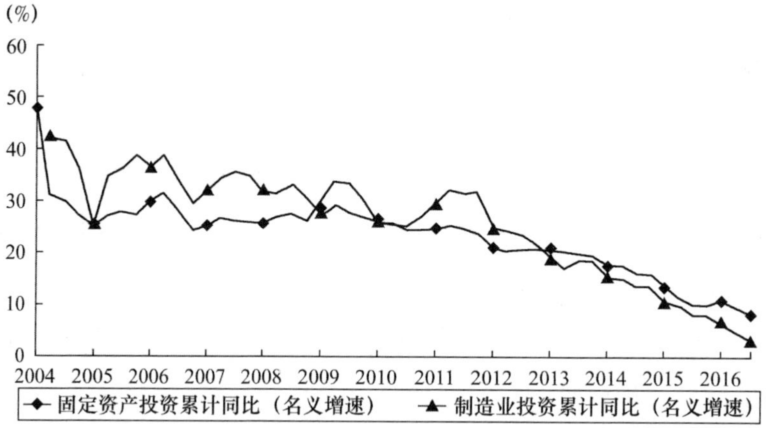

图3　近年来我国总投资与制造业投资增速比较

资料来源：CEIC 数据库。

2016 年 1 ~11 月份，制造业投资累计同比增长 3.6%，比 1 ~10 月份提高0.5 个百分点，这是在制造业投资从 2016 年年初的 7.5% 逐月持续回落到 8 月的 2.8% 后，开始企稳并有所回升。从月度增速看，6 月份制造业投资增速为 -0.4%，11 月份为 8.4%，7 月份以来持续回升的趋势明显（图4）。

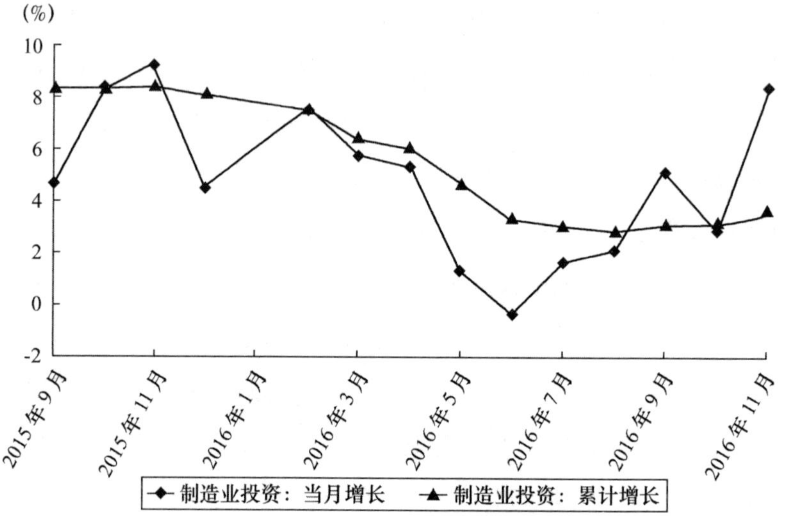

图4　制造业投资增长形势

资料来源：CEIC 数据库。

（二）市场化程度高的服务业投资也出现企稳现象

民间服务业投资（不含房地产）自 2016 年 3 月份即大降下降到 3%，至 7 月份下降到 -2.2%，比 2015 年全年下降了 22.4 个百分点，但 2016 年 9~11 月份增长速度稳定回升，11 月份累计增速为 -1.0%。从月度投资增速看，回升更加明显，10 月份增速甚至达到了 9.0%（图 5）。

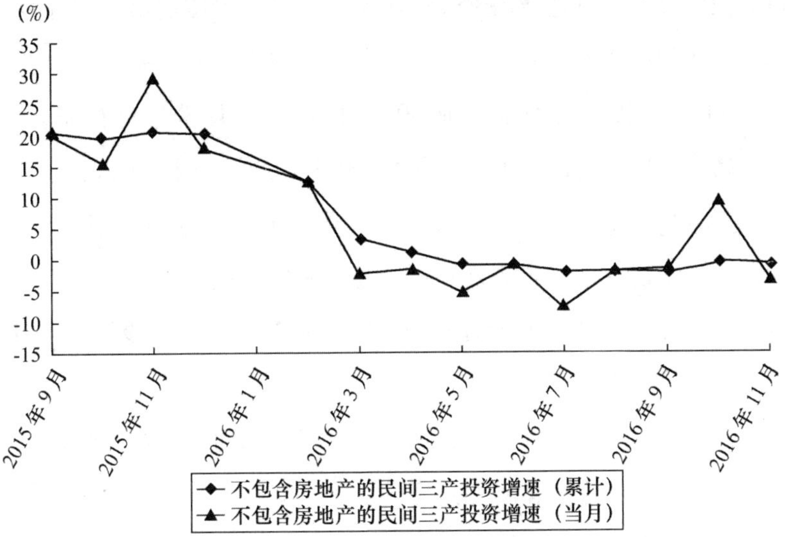

图 5 民间服务业（不含房地产）的投资增速变化情况

资料来源：CEIC 数据库。

在民间服务业投资内部，不少行业也有明显的企稳态势。例如，2016 年 1~10 月铁路投资增长 56.6%，比 1~9 月份大幅度增加；教育投资增长 17.2%，比 1~9 月份提高 1.5 个百分点；文化、体育和娱乐业的投资增速由 1~8 月的增长 1.3% 提高到 2.1%。

（三）市场内生性投资主要决定于经济内在需求，目前的增速企稳具有可持续性

从影响投资增长的主要因素变化趋势看，当前市场内生性投资具备了相应的支撑，增速触底企稳并不是短期现象。

一是投资增长受到总体经济形势基本稳定的支撑。当前我国就业总体

平稳，居民消费平稳增长，对外出口已经连续两年基本稳定，没有持续下滑，房地产投资也已经稳定在个位数的水平，这些需求的基本稳定将带动市场内生性投资企稳增长。

二是制造业投资增速符合转型升级的内在需求。我国的工业化阶段还没有完成，制造业仍然存在着提质增效和转型升级的迫切需求，这些都需要大量的投资支撑。制造业内部分行业投资的变化也体现出转型升级的需求。例如，我国高技术行业的投资增速高于平均水平而且基本稳定。计算机、通信和其他电子设备制造业 2016 年 1 ~ 11 月份累计投资增速是 14.7%，高于总投资增速 6.4 个百分点，电气机械和器材制造业的同期累计增速是 12.8%，也保持在较高水平。而煤炭开采、建材、钢铁、化工、有色和石油加工这六大高耗能行业的投资增速持续低增长，2016 年 1 ~ 11 月份这六大行业的投资累计负增长 2.8%，显著低于工业投资增长速度，有利于产业结构升级和产能调整。

结合模型预测，2017 年的我国制造业投资和民间服务业投资有望保持甚至超过目前 3% 左右的增长速度，不会进一步显著下滑，也就是说，市场内生性投资已经基本实现触底企稳。

三、政策性投资仍有较大下调压力，总投资触底企稳条件尚未具备

与其他经济体相比，我国政府对投资的调控力度较大，这一方面具有更大力度的稳投资效果，另一方面也导致了即使制造业投资触底企稳，由于政策性投资本身仍可能下调，总投资还不一定能够同时企稳。

（一）房地产投资很可能再次显著降低

2015 年我国房地产投资增速降落到 1%，是住房制度改革以来从未有过的历史最低水平。但 2016 年以来房地产呈现资金面较为宽松、价格持续

上涨、销售面积大幅增加的态势，带动房地产企业加大投资力度，2016 年 1～11 月份房地产投资增速回升到 6.5%。但房地产投资增速回升受益于短期内的货币宽松和房价上涨催生的综合效应，并不一定具有可持续性。目前我国房地产市场仍然面临着三、四线城市总体供过于求，去库存压力沉重，而一、二线城市需求旺盛但价格过高的矛盾。特别是 2017 年中央经济工作会议定调“房子是用来住的”，预计 2017 年将维持对房地产价格的严格管控。在这种情况下，房地产投资或投机性需求将很难存在，而刚性需求受制于目前较高的房价，如果房地产价格保持平稳，部分刚性也不会急于购买，因此 2017 年可能出现价稳量跌的局面。在这种情况下，房地产去库存的难度将更大，这将反过来影响增加投资的积极性，2017 年房地产投资增速很可能显著降低，甚至出现负增长，这是影响总投资增速企稳的重要不确定因素。

（二）经济效益低融资难度大，基础设施投资也有增速下调的内在压力

在基础设施投资中，电力投资受产能过剩影响已经呈明显下降趋势，水利公共设施等主要依靠财政力量的投资速度高达 25% 左右，远远超出财政收入增长速度，而且自 2012 年以来连续 4 年显著超过财政收入速度，存在融资压力越来越大的困难。水利公共设施投资占财政收入比重已经从 2012 年的 25.0% 提高到 2015 年的 36.6%，虽然可以通过 PPP 等方式提高财政资金的杠杆率，但大量资本投入到短期回报很低的水利等基础设施上，很可能会严重降低投资效率，因此基础设施投资仍然存在增速下调的内在压力。

在基础设施内部，不同行业的投资走势也差异很大。首先，电力投资仍然会有降低的趋势。由于价格管制原因，2012 年以来经济下行时随着煤炭价格走低，电力效益反而有所提高，带来电力投资热情高涨，但随着煤电存在较大的产能过剩情况，以及 2016 年三季度以来煤价大幅度上涨等因

素，预计电力投资增速将有所下调。在交通运输和水利、环境、市政等公共设施投资部分，由于直接经济效益较低，而 PPP 等新的投融资模式仍没有取得很成熟和可大规模推广的经验，仍然主要依靠财政投资，虽然 2016 年中央财政赤字有所扩大，但主要用于减轻企业负担，能够直接用于基础设施投资的较为有限，因此，继续保持水利、环境和公共设施管理业接近 24% 的增长速度将难度很大，而且投资效率也很低（图 6）。在基础设施中，铁路仍然是较有前景的相对短板，如果铁路行业的改革有实质性进展，能够吸引民营投资进入，可以降低财政资金的压力，并提高投资效率。

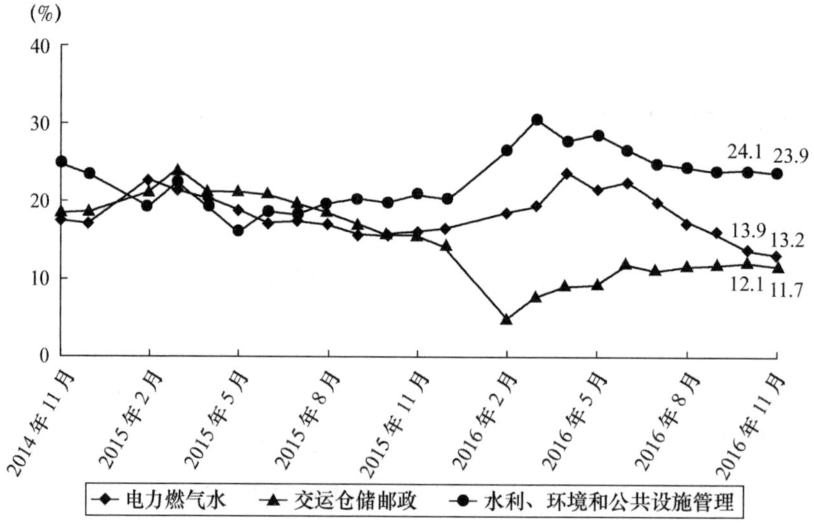

图 6　基础设施投资内部 3 个行业的投资增速变化情况

资料来源：CEIC 数据库。

（三）主要资金来源增速降低，总投资企稳的资金条件仍不稳健

与总投资增速回升的态势显著不同，2016 年 1 ~ 11 月固定资产投资资金来源的增速仅为 5.4%。其中，占资金来源约 2/3 的企事业单位自筹资金同比减少 0.3%，而自筹资金正是投资主体融资成本较低、也较有来源保障的部分，自筹资金增速降低，说明企事业的投资能力仍然没有达到稳定发展的态势。

四、进一步完善政策调整有助于总投资顺利触底企稳

（一）市场内生性投资显著低于经济增速，符合投资企稳的国际经验

从其他国家的经验看，投资增速显著低于经济增长是实现结构调整和触底回升的必要条件。由于投资乘数的作用，在经济下行期投资增长速度一般都会显著低于 GDP 增长速度，甚至经常出现负增长，这是经济内在的调节要求，具有内在的合理性。例如，美国在 1950 年以来，出现过 11 次周期性的投资增速低于 GDP 的情况，并在 1958 年、1991 年、2002 年和 2008 年出现过 4 次负增长。而在经济稳定增长期，也有规律地呈现出投资增速快于 GDP 增长的情况（图 7）。类似地韩国在 1998 年出现了 –16% 的投资收缩，但都很快完成了经济调整过程，恢复了投资正增长。德国在 1991 年以来，也有 5 次出现投资增速显著低于经济增长甚至负增长的情况。

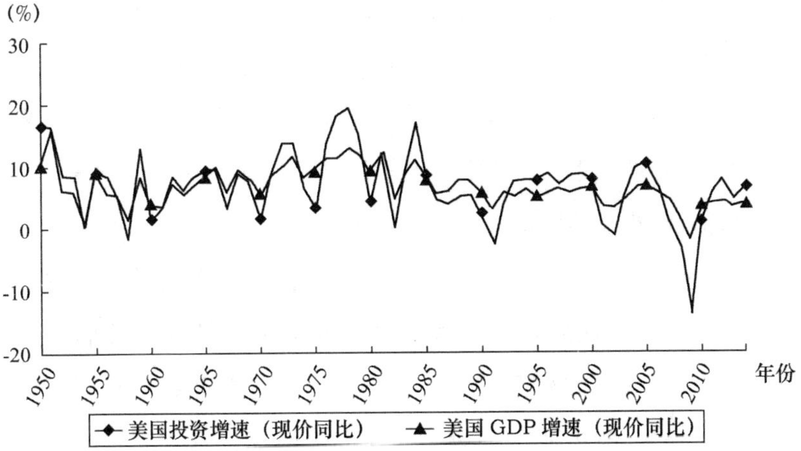

图 7　美国投资增速与 GDP 增速的比较

资料来源：CEIC 数据库。

（二）市场内生性投资触底企稳为政策性投资回落到持续增长水平创造了有利条件

投资下行的压力主要在于市场内生性投资。在经济下行时，市场内生

性投资由于受经济增长空间减小、投资回报率降低，以及“去产能”等因素影响，下降幅度不仅显著高于 GDP 下降幅度，也高于总投资下降幅度。2011 年以来，我国民间投资增速累计下降了 31.7 个百分点，而总投资增速下降了 15.6 个百分点，民间投资下降幅度几乎是总投资的一倍。

随着市场内生性投资触底企稳，投资下滑对经济的进一步冲击将有所减小。2012 ~2015 年，我国总投资下降的幅度分别是 3.2 个、1.0 个、3.9 个和 5.7 个百分点，其中 2015 年下降幅度最大，对经济带来的下行压力也最为明显。2016 年前三季度与上年同期相比，投资增速下降了 2.1 个百分点，对经济的冲击要小于 2014 年和 2015 年，在市场内生性投资企稳的情况下，预计 2017 年投资下滑的幅度也将较小。

（三）总投资触底企稳需要调控政策适时优化调整

投资下行压力减轻的情况下，政策性投资可以适当下调增长目标，从而腾出更大的财政空间用于优化结构补短板，促进效率提升。

一是要优化政府支出结构，提高投资效率。近年来，我国宏观调控的重点一直是大力扩张基础设施等公共服务业投资，缓解下行压力。需要根据形势变化，将调控重点从注重速度转变到注重投资效率和质量上来，着力提高基础设施投资的可持续性和项目效益。

二是要坚持优化投资环境，进一步激发民间投资增长。要按照国务院关于促进民间投资的政策要求，着力解决民间投资“玻璃门、弹簧门、旋转门，甚至‘没门’”的现象，扩大民间投资的空间；着力解决民间投资融资难、融资贵的问题，为民间投资提供资金支持；着力优化政府资金使用方向，发挥政府资金的引导和杠杆作用，从而带动民间投资持续回升。

总体而言，经过 2011 年以来接近 5 年的转型和调整，我国投资增长已经实现了从超过 20% 的高速度向个位数增长的顺利回落，并在此过程中保持了经济总体稳定。至 2016 年三季度，市场内生性投资已经基本实现了触底企稳，展望 2017 年，如果基础设施投资和房地产投资进一步平稳回落，政策性投资下行的压力基本释放，就可以实现总投资触底企稳，经济下行的压力显著减轻。

执笔人：许召元

第六章

我国对外直接投资新高潮带来的双重担忧和两难选择

近两年，特别是2016年以来，我国对外直接投资的增长显著加快，我国逐步确立了对外投资大国的地位，并正式成为直接投资净输出国，我国对外直接投资的产业方向、国别分布和投资方式也表现出新的重要趋势。但是与此同时，我国对外投资的迅猛增长也引起了国内外两方面的担忧，给未来相关政策的制定和执行形成了两难选择。

一、我国对外直接投资正在步入新一轮高增长期

1. 对外直接投资出现井喷

据商务部发布的数据，2016年我国非金融类对外直接投资同比增长44%，达到1701亿美元。值得注意的是，2009～2015年，我国的对外投资虽然已经是高增长，但增速基本稳定在15%左右，最高也未超过30%，而2016年的增速则一举突破40%。这很可能意味着我国新一轮对外直接投资高潮的到来。

2. 全球主要资本输出国的地位日渐巩固

2015年，我国全口径对外直接投资（包括金融类和非金融类①）流量

① 以下所称对外直接投资，除非特别指明，均指全口径对外直接投资。

达到1457亿美元，首次名列世界第二，仅次于美国（3000亿美元）。在2011～2015年，我国年均ODI流量已超过1000亿美元，这一成绩仅次于美国和日本，位列世界第三（图1）。

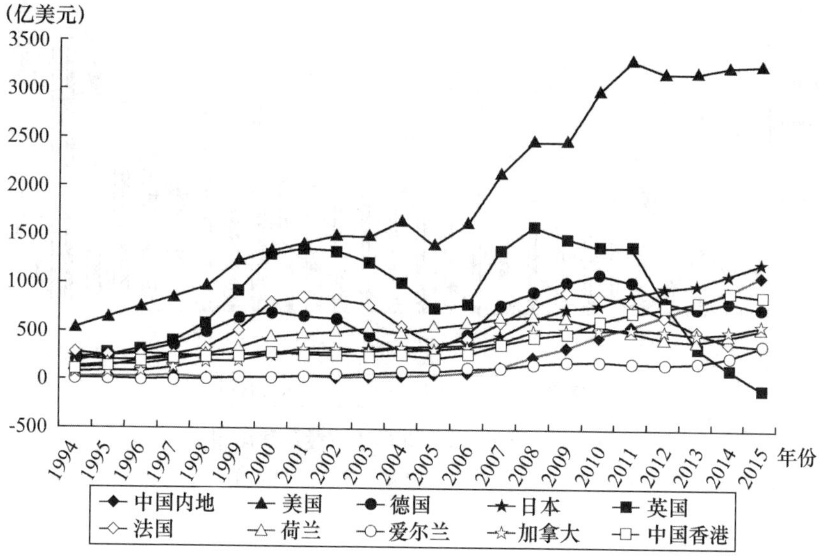

图1　全球主要对外直接投资国（地区）的ODI流量（5年移动平均值）

资料来源：万德资讯。

ODI存量首次突破万亿美元大关。2015年，我国ODI存量达到1.09万亿美元，占全球的4.4%，世界排名上升到第八位，除了与排名第一的美国还差距较大外，与2～7名的经济体已经处于同一个量级水平。全球ODI排名前7位的经济体分别为美国（6万亿美元）、德国（1.8万亿美元）、英国（1.5万亿美元）、中国香港（1.5万亿美元）、法国（1.3万亿美元）、日本（1.2万亿美元）、瑞士（1.1万亿美元）。

3. 首次成为直接投资净输出国

2015年，我国对外直接投资流量首次超越外商直接投资额（FDI，1356亿美元）。在1994～2004年期间，我国的ODI与FDI流量之比仅有一年超过0.1，但从2005年起，这一比例持续攀升，到2015年首次超过1（图2）。

我国的对外直接投资存量与外商直接投资存量也已大体平衡。直到

2006 年，我国 ODI 与 FDI 存量之比都从未超过 0.3，但从 2007 年开始，该比例连年增长，2015 年已达 0.9（图 3）。

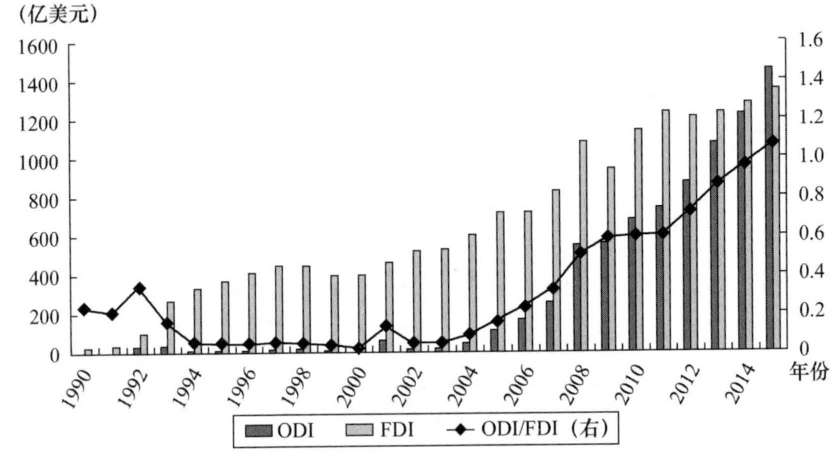

图 2　中国的 ODI 和 FDI 流量及其比例

资料来源：WIR2016，UNCTAD；2015 年 ODI 数据来自《2015 年度中国对外直接投资统计公报》。

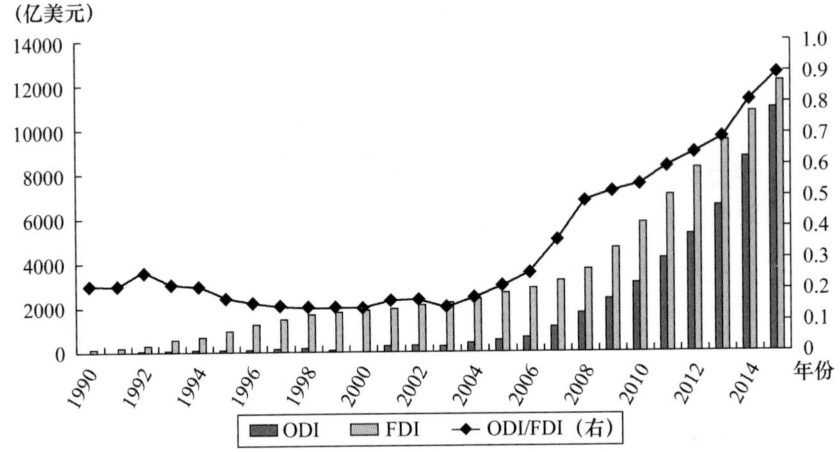

图 3　中国的 ODI 和 FDI 存量及其比例

资料来源：万德资讯。

4. 技术和品牌等优质资源日益成为投资重点

这突出体现在对制造业、信息传输及计算机服务和软件业、科研和技术服务业的投资上。2015 年和 2016 年，流向制造业的 ODI 连续突破 200

亿美元和300亿美元关口，而此前的年度流量从未超过100亿美元。流向制造业的ODI占非金融类ODI流量的比重显著提升，2016年已达18%，创出2006年以来的新高。流向信息传输/软件和信息技术服务业的ODI的增速则更为惊人。2014年和2015年已经连续两年增速超过100%，2016年更是一举增长200%，金额达到204亿美元，相当于2013年流量的14.5倍。流向该行业的ODI占非金融类ODI流量的比重在2016年已达12%。

与上述两个行业相比，流向科研和技术服务业的ODI的绝对金额较小，但与自身比也有突破性增长。2014年以前，流向该行业的ODI从未超过20亿美元，而2015年和2016年则连续突破30亿美元和50亿美元关口，占非金融类ODI流量的比重在2016年已接近3%。

5. 金融、批发零售、房地产投资保持增长，采矿业投资持续萎缩

流向金融业的ODI在2015年一举突破200亿美元大关，达到242亿美元的历史新高，同比增长52%。流向批发零售业和房地产业的ODI在2015年也分别创出192亿美元和78亿美元的新高。相比之下，流向采矿业的ODI则连续两年下降，从2013年的接近250亿美元降至2015年的113亿美元，跌去了一半还多。

6. 兼并收购方式被大量使用

由于是以获取技术和品牌为目标，我国企业在对外投资中大量使用了并购方式。2016年全年，我国共实施非金融类对外投资并购项目742起，实际交易金额1072亿美元，占非金融类ODI总金额的63%。2015年，在我国流向制造业总共200亿美元的ODI中，并购金额达到了137亿美元，占比近70%。从项目数量看，2015年我国对制造业、信息传输/软件和信息技术服务业分别实施并购项目131起和58起，2016年这两个数字分别增加到197起和109起。

根据MergerMarkets的统计，我国海外并购的重点产业方向的变动也与官方统计数字所反映出的趋势相一致，即都是由能源和矿产资源转向制造业和高科技。从图4可见，中国企业在电信媒体和科技、汽车和运输、金融服务这三类行业中的并购行为大量增加，其投资金额占并购总额的比重已经由不足20%迅速提高到60%以上。

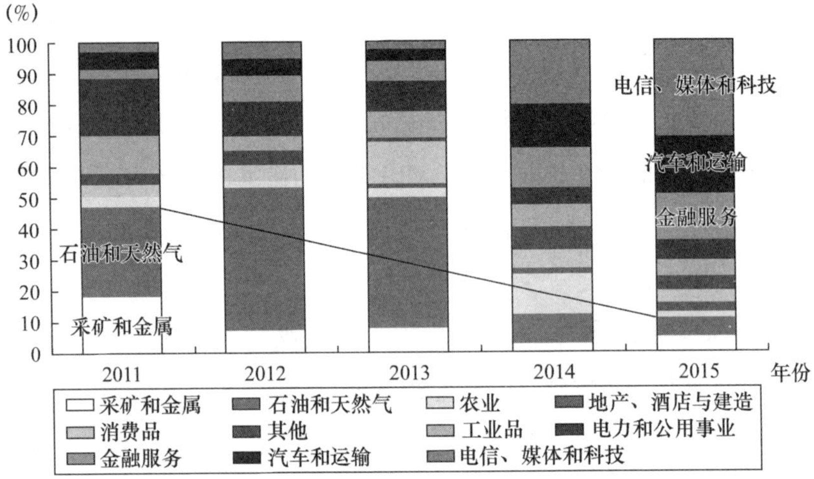

图4　中国企业海外并购行业分布

资料来源：MergerMarkets，数据包含中国港澳台。

7. 发达国家日益成为重要投资方向

由于我国官方ODI中，缺乏对大量经由中国香港出海的资金的最终目的地的统计，我们借助了MergerMarkets的统计数字来考察我国ODI地理分布的变化。从图5可以看出，2015年期间，我国对欧洲和北美洲的并购投资额合计已接近800亿美元，而对亚洲的并购额则只有190亿美元，前者显然已经成为我国海外并购的主要方向。这一格局其实在2011年就已经形成，当时我国对欧美的并购投资额合计近380亿美元，而对亚洲的并购额则不到80亿美元。此外，据MergerMarkets统计，在2016年一季度和二季度，北美和欧洲合计占我国海外并购总额的比重分别为68%和91%。

我国对制造业的海外直接投资日益向发达经济体集中的事实，也可以作为发达国家正在成为我国ODI重要方向的一个佐证。2015年，我国对美国和欧盟的制造业ODI流量合计达70亿美元，超过了对中国香港制造业投资的58亿美元。考虑到对港投资中还会有部分最终投向欧美，欧美的实际比重还会更高。

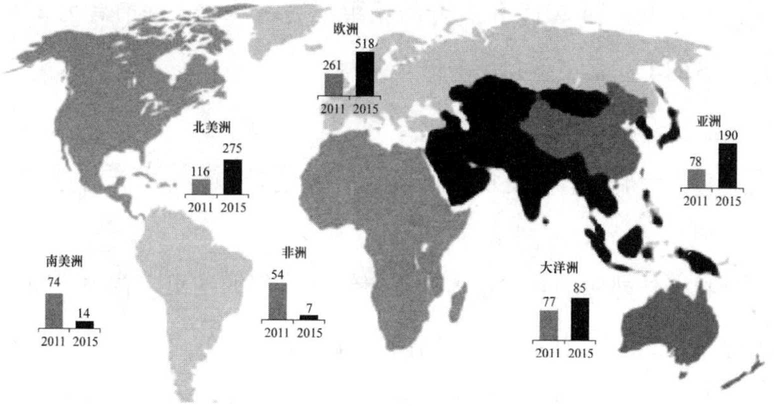

图5　中国企业海外并购区域分布（亿美元）

资料来源：MergerMarkets，数据包含中国港澳台。

8. 民营企业逐渐占据主导地位

由于有限责任公司中包含了大量国有控股或参股企业，我国官方 ODI 统计的企业分类并不能清晰地显示民营企业在海外投资中的比重。鉴于 2015 年在上海市办理备案和核准的企业境外投资额高达 573 亿美元，占我国 ODI 总额的近 40%，且增速高达 3.7 倍，这就为我们考察全国 ODI 的企业所有制类型分布情况，提供了一个代表性较强的数据样本。从图 6 中可见，在上海这个样本中，实际上在 2014 年民营企业的海外投资金额就已

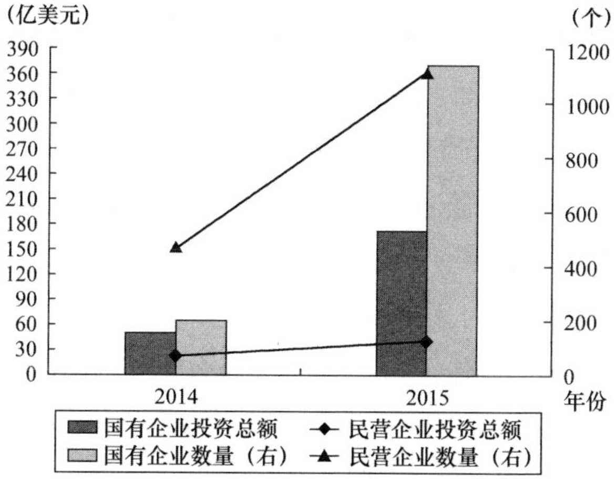

图6　上海市国有企业与民营企业 ODI 对比

资料来源：安永（E&Y）：《上海企业对外投资合作年度发展报告（2016）》。

超过了国有企业，而2015年双方的差距则进一步拉大，前者为371亿美元，比后者的173亿美元高出1倍有余。

二、新一轮对外投资高潮已引起国内外两方面的担忧

海外投资新热潮的到来是多种因素综合作用的结果。首先，随着经营规模的逐步扩大和实力的增强，国内具备一定实力的企业越来越倾向于在全球寻求品牌、技术和营销渠道，试图通过国际化经营增强竞争力，提升盈利能力。这符合发展中国家对外投资理论所揭示的一般规律，是我国对外投资保持连年快速增长的基础性原因。

其次，国内刚刚大幅放松了对外直接投资管制。一是商务部、发展改革委在2014年分别修改了相关法规，对海外投资实行“备案为主、核准为辅”的管理方式。二是自由贸易试验区进一步实行对外投资一站式审批，进一步便利了企业对外投资。在2015年上海自贸试验区办理的636个境外投资备案项目中，有307个来自上海以外的企业，占比接近一半。放松管制对企业对外投资的促进作用由此可见一斑。

再次，美元进入加息周期推升人民币贬值预期，同时国内经济下行压力加大，投资回报率降低，使得国内企业加大了对海外资产的配置力度。一方面，国内民营企业的投资持续减速，甚至一度出现负增长；另一方面，民营企业海外投资的积极性则明显提高。

综合来看，无论从企业的微观投资动机，政府推动企业“走出去”的政策导向，还是从跨境资本流动的宏观诱因的角度来考察，中国对外直接投资继续增长的潜力都十分可观。但是从短期看，这一增长潜力的实现正面临着内外两方面的障碍。

（一）国外担心技术流失、国家安全和不公平竞争

多家外国机构公布了我国海外并购在2016年一季度超高速增长的数

据，引发高度关注，“中国买断全球”的议题受到热议。据彭博社统计，2016 年一季度我国境外并购交易规模达到 1130 亿美元，几乎与 2015 年全年的水平相当。汤森路透、Dealogic 公司的相应数字分别为 951 亿美元和 922 亿美元。此外，2016 年上半年，我国投资者大约以每周收购 1 个公司的速度来寻求收购德国企业，引起了德国媒体对“关键技术流失”的担忧。

其实，我国企业的对外投资本是市场行为，是以收购方和被收购方之间的协商一致为前提的，但短时间内的高速增长确实会引起关注。而发达国家本身就对我国企业国际竞争力的迅速提升心存戒备，再加上媒体一定程度的放大，将很有可能导致东道国的投资保护主义升温，对我国企业的正常投资行为形成阻碍。2016 年 10 月，据德国经济部发言人证实，德国副总理兼经济部长加布里尔正推动联邦政府通过一项“纲要性文件”，以限制外资收购一些被认为具有重要意义的企业。

西方国家的另一个担心是我国海外投资可能对其国家安全构成威胁。维护国家安全本来无可厚非，但由于威胁国家安全的认定标准一般并不透明，审查机构具有很大的自由裁量空间，在国内保护主义倾向抬头的情况下，很容易出现保护过头的现象。2012 年三一重工收购美国风电场，被美国外国投资委员会（CFIUS）和时任总统奥巴马以项目靠近美国海军基地为由否决，而三一重工就此发起诉讼并最终获胜的事实，就是对国家安全审查机制存在改进空间的有力证明。

西方国家的第三个担心是我国国有企业的不公平竞争。美国主张，“国有和国家支持的企业获得了国内和国际市场份额，主要是由于它们得到了金融支持、税收优惠、监管优惠和豁免等，而它们的私人竞争对手通常却得不到这些优惠”，并将这种模式称为“国家资本主义”，认为我国是当今最为成功的“国家资本主义”践行者，因此，美国主导的跨太平洋伙伴关系协定（TPP）专设了“国有企业和指定垄断”一章，禁止各缔约方对国有企业和非国有企业实行差别待遇。虽然由于特朗普宣布退出，TPP

可能暂时难产，但这并不意味着美国将不再关注我国国有企业。2016 年 11 月，美国国会下属的美中经济与安全审查委员会（USCC）在其年度报告中建议国会，授权 CIFUS 禁止中国国有企业收购美国公司资产或获得美国公司的有效控制权。2012 年 USCC 就曾提出类似建议，但当时还只是建议国会“评估是否有必要授权 CIFUS 对中国国企对美投资进行法定审查”，这次则是建议国会直接立法，全面禁止中国国企对美投资。除美国外，澳大利亚外资审查委员会在 2010 年明确，外国政府或其控制的实体在投资主体中占股超过 15%，该主体就会被视为与外国政府有关。从 2011 年开始，欧盟在审查并购案交易时，将国资委管理的企业视为同一集团旗下的一致行动人，在考察该交易是否构成垄断时合并计算其市场份额。

（二）国内担心资本借道外逃

在人民币贬值压力加大、我国外汇储备快速下降的背景下，对外投资的迅猛增长显然引发了政府部门对于国内资本可能借此绕过资本管制的担心，并加紧了相关管控。2016 年 11 月 6 日，发展改革委、商务部、人民银行、外汇局等四部门负责人在回答媒体提问中表示，监管部门密切关注近期在房地产、酒店、影城、娱乐业、体育俱乐部等领域出现的一些非理性对外投资的倾向，以及大额非主业投资、有限合伙企业对外投资、“母小子大”“快设快出”等类型对外投资中存在的风险隐患，建议有关企业审慎决策，“将把完善中长期制度建设和短期相机调控结合起来，在推进对外投资便利化的同时防范对外投资风险，保持国际收支基本平衡”。11 月 28 日，发展改革委等四部门发布声明，称要按规定对一些对外投资项目进行核实。11 月 29 日，外汇局发布消息称，外汇局将配合境外投资相关管理部门进行真实性合规性审核，打击虚假对外投资行为。12 月 27 日，商务部对外投资和经济合作司司长周柳军表示，2017 年商务部将“把握好对外投资的节奏和力度，着力抓好对外投资真实性审核、事中事后监管等重点工作”。

不可否认，的确有个别企业或个人通过对外投资这个渠道来转移资产。据国家外汇局2016年上半年的两次主要针对违规资金流出的非现场检查结果，外汇局查实的涉嫌违规流出的资金共有84亿多美元。在人民币贬值预期增强、以人民币形式持有的资产面临缩水的的情况下，不论是借助贸易渠道，还是借助资本渠道实现资产币值从人民币到美元的转换，这其实都是市场行为主体基于利益导向的一种理性选择。如果资本管制存在漏洞，那么就一定会有人敢于尝试。因此，监管部门加强对海外投资的真实性审核，是完全必要的。但是问题在于，在实行海外投资备案制的同时加强真实性审核，本身就是一个存在矛盾的政策，操作起来有很大的难度，稍不小心就可能把备案制又变回了审批制，把刚刚赋予企业的对外投资自主权又拿回到政府手里。比如，相关管理部门提出“把握好对外投资的节奏和力度”，“把完善中长期制度建设和短期相机调控结合起来”，而且明确提出了“保持国际收支基本平衡”的目标，这明显意味着短期内要限制对外投资的总量，而部分服务业领域的对外投资是否一定是“非理性”的，具有“大额非主业投资、有限合伙企业对外投资、‘母小子大’、‘快设快出’”特征的对外投资是否就一定有“风险隐患”，这些问题恐怕不应该由政府部门来回答，以这些标准来界定企业对外投资行为的真实性，恐怕也很难站得住脚。值得警惕的是，近期已经出现监管部门用非正式手段减少资本流出的苗头。近期在调研中发现，个别西方跨国公司在将出售在华子公司获得的收入汇出境外时，被监管部门无限期拖延。

三、继续实行促进“走出去”战略的新体制

综上所述，西方国家对我国海外投资的迅猛增长表现出了明显的不适应、不信任和不欢迎，国内又因为担心资本外流而企图限制企业“走出去”。在这种情况下，还要不要按照构建开放型经济新体制的要求，继续推进境外投资便利化，保证企业和个人对外投资主体地位？我们正面临两

难选择。

但是，既然建立促进“走出去”战略的新体制是我国实施积极主动的对外开放战略的重要举措，对我国增强创新能力、全面提升在全球价值链中的地位和促进产业转型升级有着重大意义，就决不能因为暂时的资本外流压力而迷失这个大方向。应当毫不动摇地继续坚持放松海外投资管制的改革方向，继续实行“备案为主、核准为辅”的管理方式，同时积极加强海外投资保护和服务的制度建设，从国外和国内两方面为我国企业“走出去”营造公平、透明、可预见的环境，以充分发挥海外投资对培育我国跨国公司和培育经济增长新动能的促进作用。对于国内资本借道虚假对外投资流出境外的担心，可以加强真实性审核，但仅限于审核真实性，而非审核投资可行性和相关风险。同时必须坚持透明度原则，明确审核标准，避免给企业正常的对外投资造成新的不确定性。

对于国外对我国投资导致其技术流失的担心，应加强正面宣传。一是向国外宣传中外企业合作共赢的成功案例。通过接受中国企业的投资，国外企业也可以借助中国市场获得更好的发展。二是向国外宣传更容易令国外接受的投资方式。比如先通过收购外方少数股权建立合作关系，随后在双方互信逐步增强的情况下再提升持股比例。

对于国外对中国投资威胁其国家安全的担心，除了加强增信释疑工作，还应积极参与国际投资规则制定和投资争端解决机制建设，大力推进高水平的自贸区网络建设和国际投资协定谈判，推动现有投资协定的升级。

对于国外对我国国有企业不公平竞争的指责，应进一步加快国有企业法人治理结构改革。这既有助于减少国有企业在海外受到的所有制歧视，也有利于释放国有企业对外投资潜力，提高投资成功率和投资绩效。

执笔人：吕　刚

第七章

粮食去库存抑制农民收入增长势头

长期以来的粮食供求失衡，导致我国粮食库存连创新高。粮食去库存艰难，库存压力还在持续增加。粮食去库存导致农民面临前所未有的“卖粮难”，直接导致粮食尤其是玉米价格大幅度下滑，抑制了农民收入增长势头。从历史看，一旦农民收入增长势头逆转，就很难扭转。保持农民收入持续增长的势头殊为不易，短期内，应促进粮食流通和加工，提高粮食消费需求，缓解农民卖粮难；适度发展燃料乙醇，有效增加粮食消费渠道，进一步增大粮食需求量。中长期内，应通过调整农业产业内部结构，优化农业内部资源配置，提高农业生产效益；进一步降低农业生产成本，提高农业生产效率。千方百计提高农民收入，防止农民收入增长势头放缓甚至逆转。

一、粮食库存攀上历史最高点且库存压力还在持续增加

（一）当前我国粮食库存总量处于历史最高水平

据万德资讯2016年10月份数据，2016年我国三大主粮库存合计高达4.46亿吨。其中，我国小麦总供给量1.66亿吨，总消费量1.08亿吨，期末库存约5800万吨；玉米总供给量4.57亿吨，总消费量1.9亿吨，期末库存约2.67亿吨；稻谷总供给量2.85亿吨，总消费量1.64亿吨，期末库存约1.21亿吨。

（二）粮食轮库拍卖压力越来越大

一是从稻谷看，近两年，稻谷拍卖量比较大，但成交率很低。2015 年度计划拍卖量累计 9001.76 万吨，但拍卖成交量比较少，只有 464.57 万吨，成交率只有 5.16%。2016 年度计划拍卖量累计 9595.04 万吨，但拍卖成交量进一步降低到 282.20 万吨，成交率只有 2.94%。比如，2016 年 7 月计划拍卖量累计达到 1596.2 万吨，但拍卖成交量只有 76.3 万吨，成交率只有 4.8%。与前两年相比，稻谷拍卖成交率很低，稻谷轮库情况很不理想，仓容难以腾出。

二是从小麦看，最近两年，小麦轮库压力越来越大。2015 年小麦计划拍卖数量（含最低收购价小麦）3962.83 万吨，成交量 578 万吨。2016 年小麦计划拍卖数量（含最低收购价小麦）提高到 9846.62 万吨，但成交量降低到 418.16 万吨，成交率只有 4.2%。部分月份成交率更低，2016 年 6 月累计超过 1000 万吨，7 月更是达到了 1002.2 万吨，但成交量很低，7 月成交量只有 1.9 万吨，成交率不到 0.2%。

三是从玉米看，玉米库存压力极大，计划拍卖数量越来越高，但成交数量越来越小，成交率越来越很低，腾库情况也很不理想。尽管 2016 年 7 月底国家粮食局组织开展“分贷分还”方式竞价交易国家临时存储玉米，但整体成交率并不高，并没有出现之前市场所预期的抢粮的状态。国家粮食交易中心 8 月 12 日举行的分贷分还临储玉米交易会上，成交率 9.36%，成交均价也只略高于底价。

（三）粮食产量仍然处于高位，进口仍然增加，2017 年粮食库存压力还在持续增大

根据国家粮食局数据，2016 年全国粮食总产量 61623.9 万吨（12324.8 亿斤），只比 2015 年减少 520.1 万吨（104.0 亿斤），减少 0.8%。其中谷物产量 56516.5 万吨（11303.3 亿斤），只比 2015 年减少 711.5 万吨（142.3 亿斤），减少 1.2%。虽然粮食产量有所下降，但降幅

不大。从进口看，粮食进口数量仍然很大，2016 年 1～11 月，我国粮食进口超过 1 亿吨，增幅较大，其中稻谷和大米进口 351.9 万吨，小麦进口 339.9 万吨，玉米进口 317.3 万吨，三大主粮进口合计超过 1000 万吨。

二、供需失衡导致粮食高库存

我国粮食库存爆满，玉米库存问题尤为严重，玉米高库存形成的原因最有代表性。当前，我国玉米库存 2.76 亿吨，占粮食库存的一半左右。2010～2016 年，我国玉米期末库存从 2375.5 万吨飙升到 2.76 亿吨，提高了 10.6 倍，占到粮食库存的 50%。按照联合国粮农组织库存消费比 17% 的标准，我国玉米合理库存应为 2465 万吨①，我国多储存了 2.51 亿吨玉米。

（一）玉米供给持续快速提升

一是国内玉米产量快速提高。21 世纪以来，我国玉米产量快速增长。2000～2015 年，我国玉米产量从 1.06 亿吨提高到 2.26 亿吨，产量提高了 1.2 亿吨，提高了 114%，年均增长 5.2%。尤其是 2008 年施行玉米临储收购政策后，我国玉米产量更是迅速提升。2009～2015 年，我国玉米产量从 1.38 亿吨提高到 2.26 亿吨，提高了 8800 万吨，增长 63.61%，年均增长率高达 8.6%（图 1）。

二是玉米进口量迅速增加。国内国际玉米价格严重倒挂，玉米进口激增。21 世纪至 2009 年，我国玉米进口量极少。2010 年之后，我国玉米进口激增，在 2012 年高达 520.74 万吨，2015 年高达 473.14 万吨。2010～2015 年，玉米累计进口 1913.16 万吨（图 2）。

---

① 以我国 2015 年玉米总消费量 1.45 亿吨的标准，按照库存消费比 17% 计算，库存应为 2465 万吨。

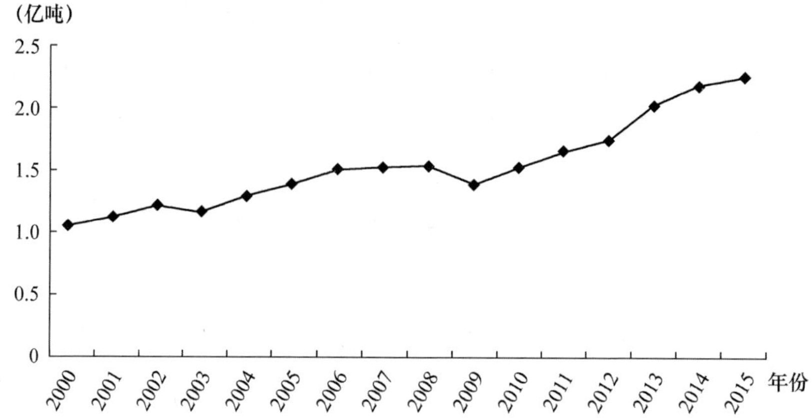

图 1　21 世纪以来我国玉米产量

资料来源：万德资讯。

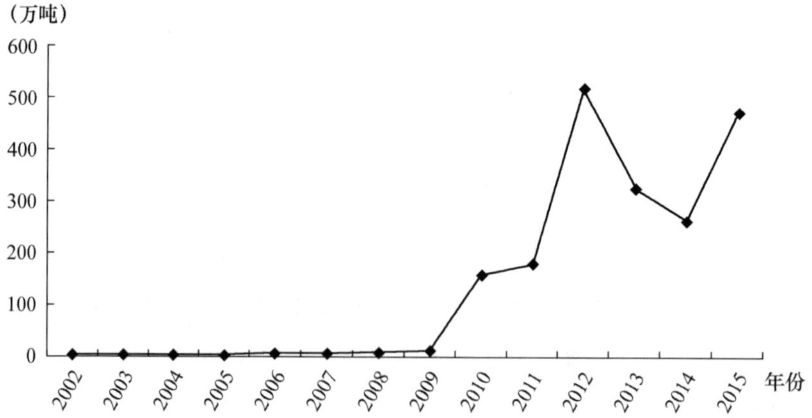

图 2　21 世纪以来我国玉米进口量

资料来源：海关总署。

三是玉米替代品进口量激增。高粱是玉米的主要替代品，部分企业认为，作为饲粮，玉米比高粱更好。高粱的主要优势是价格便宜，在玉米价格高企的情况下，饲料加工企业则倾向于把玉米换成高粱。2012 年之前我国大多数年份高粱进口数量不足 10 万吨，2012 年则增加到 63. 1 万吨，2013 年激增到 416. 1 万吨，2014 年我国高粱进口增加到 1016. 2 万吨的历史最高水平。近 5 年来，我国高粱进口累计将接近 3000 万吨（图 3）。

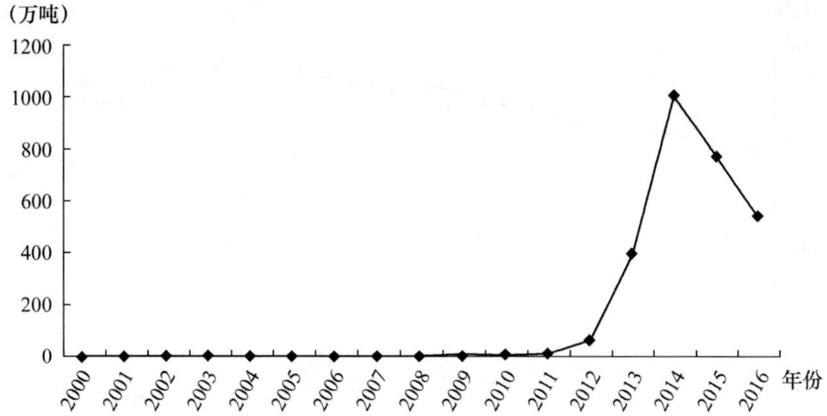

图 3　21 世纪以来我国高粱进口量

资料来源：万德资讯。

四是玉米酒糟（DDGS）进口量很大，降低了国内玉米消费需求。玉米酒糟作为玉米深加工后的副产品，具有与玉米部分相同的特性，其浓缩了玉米中除了淀粉和糖以外的其他营养成分，在蛋白、能量等营养基础指标上优势明显。此外，玉米酒糟还拥有很大的价格优势。养殖企业认为，只要配方科学，用玉米酒糟代替部分玉米和豆粕，可以有效降低企业的生产成本。2011 年以来，我国玉米酒糟进口逐年增长，2011 年我国玉米酒糟进口数量为 168. 59 万吨，到 2015 年，增长到 681. 80 万吨，5 年内累计进口 2030. 23 万吨。

（二）我国玉米总消费量增长较慢，部分年份甚至大幅度下降

在玉米产量、进口量，玉米替代品进口量都快速上升的情况下，我国玉米总消费量上升幅度相对缓慢，甚至在近两年，玉米总消费量还在大幅度下降。2000 ~ 2015 年，玉米总消费量从 1. 19 亿吨提升到 1. 45 亿吨，只提高了 2573. 4 万吨，提高 21. 6%，年均增长率只有 1. 31%。玉米总消费量在 2012 年达到 1. 68 亿吨最高峰之后，在 2015 年下降到 1. 45 亿吨（图 4）。

玉米消费量下降的一个重要原因就是玉米深加工减少。在低价进口

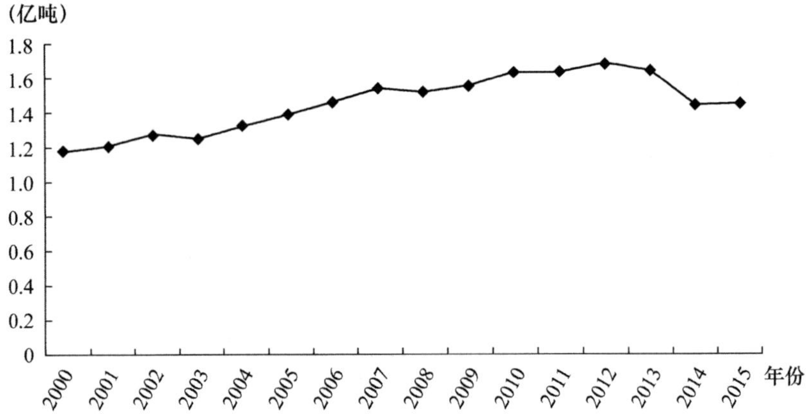

图4　21世纪以来我国玉米消费量

资料来源：万德资讯。

DDGS的冲击下，我国玉米深加工企业长期亏损，DDGS生产开机率很低，长期处于60%左右的水平，2016年8月份甚至跌至28.6%（图5）。比如，大庆博润生物科技有限公司是黑龙江省最大食用酒精生产企业，该企业创建于2008年，已建成3条酒精生产线，生产加工能力70万吨/年。2015年该企业加工玉米40万吨，仅占产能的57.1%。2016年上半年只开1条生产线生产，加工玉米10.72万吨，仅发挥20%～30%的产能。

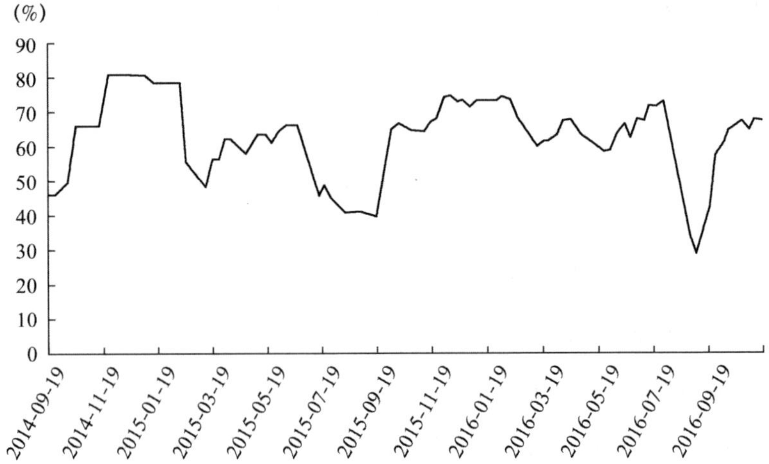

图5　近两年我国玉米酒糟生产开机率

资料来源：万德资讯。

（三）供需失衡导致玉米库存量达到历史最高水平

玉米产量、进口量，玉米替代品进口量都快速上升，玉米消费提升相对缓慢的情况下，必然导致玉米库存大幅度增加。从数据看，在玉米临储收购政策施行之前，我国玉米库存量保持在相对较低的水平。2010 年后，玉米临储收购政策效果逐步显现，玉米库存大幅度攀升。2010 ~ 2016 年，我国玉米期末库存从 2375. 5 万吨飙升到 2. 76 亿吨，提升了 10. 6 倍，约占目前我国粮食库存的 50% （图 6）。部分玉米主产区库存更高，截至 2016 年 8 月末，黑龙江省粮食累计库存 1. 5 亿吨，其中临储玉米是玉米年产量的 2 倍左右。

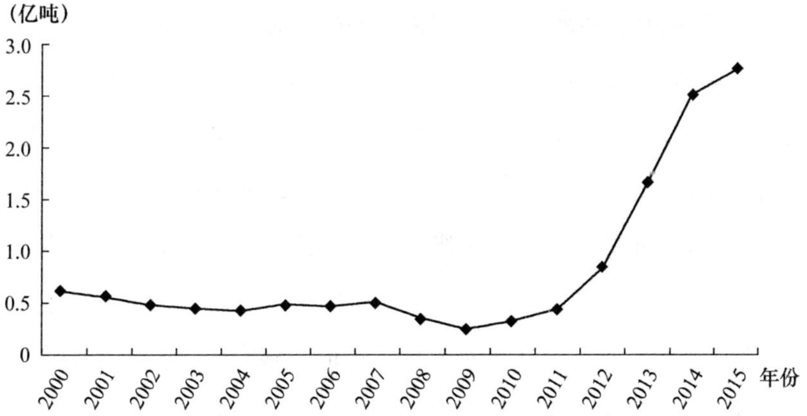

图 6　21 世纪以来我国玉米库存量

资料来源：万德资讯。

从玉米库存结构看，截至 2016 年 9 月 9 日，临储收购的 2012 ~ 2015 年生产的库存玉米总量为 2. 78 亿吨，已经拍卖了 3973 万吨，库存量还有约 2. 38 亿吨（表 1）。若按照保管期超过 3 年视为超期玉米计算，2012 年、2013 年生产的超期玉米还有 3123 万吨，占 13. 1% 。玉米库存压力极大，计划拍卖数量连续提高，但成交数量越来越小，成交率越来越低。尽管 2016 年 7 月底国家粮食局组织开展“分贷分还”方式竞价交易国家临储玉米，但成交率提高幅度并不大，没有达到预期效果。

表 1　　我国临储玉米库存结构　　单位：万吨

生产年份	拍卖前	拍卖量	库存量
2012	1067	726	341
2013	5817	3035	2782
2014	8329	212	8117
2015	12543	0	12543

资料来源：粮油信息交易中心、布瑞克、作者整理。

三、粮食库存高企导致农民卖粮难

（一）农民或将迎来 21 世纪以来最为严峻的“卖粮难”

我国 2016 年年底粮食库存已经达到 6 亿吨左右，秋粮产量 4.46 亿吨，秋粮收获之后，农民遭遇严峻卖粮难。从需求看，在国家大量库存粮食亟待消化的情况下，各个市场主体对未来粮价下跌预期较强，粮食加工企业处于观望状态，不敢大规模购粮建立库存。粮食贸易企业入市谨慎，粮食采购不积极；粮食收储企业谨慎收储，积极性不高。各个市场主体积极性不高，粮食购销不旺，粮食消费不畅。同时，粮食收购贷款监管难度大，金融机构风险防范能力不足，为规避风险，金融机构必然审慎发放贷款，造成收储企业收购资金缺乏，进一步加剧农民卖粮难问题。

（二）区域性卖粮难问题更加严重

区域性卖粮难主要发生在东北、华北等粮食主产区。这些主产区粮食库存极高，仓容紧缺，濒临“无仓可收”境地。粮食主产区的部分地区“卖粮难”形势更加严峻，比如，吉林省内延边、白城和松原部分地区玉米质量偏差，粮食运距远、运输成本高，贸易购销更不活跃，加上这些偏远地区没有深加工企业，更加容易引发“卖粮难”问题。从品种看，玉米卖难情况最为严峻。我国玉米库存主要积压在东北地区，约为 2 亿吨，占全国玉米库存的70%以上。玉米库存总量巨大，当前的传统途径难以消化这么多玉米库存，农民新粮销售十分困难。粮食腾库困难，旧粮出不去，新粮就进不来。粮食仓容极度紧缺，部分地区仓容缺口之大前所未有，2016年秋粮收购压力也前所未有。

（三）农民卖粮难集中出现在三个时间段

高度关注农民“卖粮难”的三个时间节点。通常来说，第一个时间节点在新粮上市初期。以玉米为例，2016年玉米价格暴跌。黑龙江北部含水量偏高玉米新粮收购价格只有1000元/吨左右、合0.5元/斤，而超过38%水分的潮粮价格则0.5元/斤以下。农民新粮销售价格不到0.5元/斤。这种情况下，农民普遍存在惜售和观望心理，大量粮食还没有供应到市场上，造成市场供应量较小。但是受利润限制，收购企业不敢贸然涨价，即便有个别中小企业收购价格有所调高，但是整体来说，粮食价格难以上涨。这个时期，加工企业粮食收购，储备机构轮换粮源难度都比较大。

第二个时间节点在春节之前。在粮食主产区，种粮收入是农民家庭收入的主要来源。春节前农民需要购置烟酒糖茶等各种年货，部分农民还要购买化肥、种子、农药等农资以备春耕。在粮食市场价格整体下行并持续一段时间之后，农民将不得不接受当前价格水平。这个时期农民急于售粮变现，大量粮食将集中上市。但粮食产区库点收购、烘干能力通常有限，难以短期内大规模收购并烘干粮食，购销矛盾比较突出，可能出现农民大规模“卖粮难”问题。

第三个时间节点在2017年春耕前。这个阶段，粮食深加工和粮库轮换收购基本结束，粮食市场收购主体大幅减少。但农户手中余粮仍然较多，简单储存的粮食含水量较高，开春之后气候变暖，粮食容易变质，农民急于卖粮，可能出现“卖粮难”和大面积坏粮问题。

（四）卖粮难的一个直接后果是粮食价格、尤其是玉米价格大幅度下滑

玉米库存高企，市场价格持续走低，新粮价格大幅度下滑。据调研，2016年年底黑龙江玉米标准品（含14%水分）市场价格在1240～1400元/吨，比上年降低了600元/吨左右，玉米价格平均比上年降低0.3元/斤上下。自2016年10月16日起，吉林市燃料乙醇公司潮粮收购价格为14%的水分，1450元/吨；15%的水分，1432元/吨；18%的水分，1378元/吨；20%的水分，1314元/吨；30%的水分，1136元/吨；35%的水分，1048元/吨。一般来说，黑龙江北部玉米新粮含水量偏高，部分地区在35%～38%之间，这种新粮价格只有1000元/吨左右，合0.5元/斤。而含水量超过38%的，潮粮价格就在0.5元/斤以下。

新粮价格大幅度下滑的背后是我国玉米市场价格的持续走低。自2015年下半年以来，我国玉米市场价格持续走低。2016年6月1日至10月14日，我国玉米市场价从2456.3元/吨下滑到1789元/吨，降低了666.6元/吨，降低27.14%。同期，长春玉米市场价从2370元/吨下滑到1680元/吨，降低了690元/吨，降低29.11%。

四、农民种粮收入大幅度下降

（一）玉米价格暴跌拉动全国农民收入下降约1.4个百分点

玉米价格暴跌，农民收入大幅度下滑。2016年我国玉米产量21955.4万吨，合4391.1亿斤。按照玉米价格比上年降低0.3元/斤计算，粗略估算，我国农民种植玉米收入减少1317.3亿元。2016年我国在东北（辽宁、吉林、黑龙江）和内蒙古自治区建立玉米生产者补贴制度，第一批补贴300亿元，第二批补贴90亿元，合计390亿元。算入补贴，农民种植玉米收入仍将减少927.3亿元。按照2016年我国乡村常住人口58973万人计算，农村居民人均可支配收入约减少收入157元。按照2015年农村居民人

均可支配收入 11422 元计算，仅是玉米种植一项，拉低我国农村居民人均可支配收入 1.4 个百分点。

实际上，我国农民收入增长势头已在放缓，2016 年农村居民人均可支配收入 12363 元，扣除价格因素实际增长 6.2%，比上年降低 1.3 个百分点。2017 年，在全国玉米库存极高，玉米产量仍然较高的情况，玉米价格可能还将进一步降低，导致农民收入进一步降低。

（二）玉米主产区农民收入下降幅度更大

东北三省及内蒙古自治区是我国玉米主产区，玉米产量占全国玉米产量的 45% 左右。玉米价格降低，东北三省及内蒙古自治区农民减产约 590 亿元。计入国家支持东北（辽宁、吉林、黑龙江）和内蒙古自治区玉米生产者补贴合计 390 亿元，东北三省及内蒙古自治区农民仍然减收 200 亿元。按照东北三省及内蒙古自治区乡村人口数量 5228.4 万人（2015 年，黑龙江乡村人口 1570.5 万人、内蒙古乡村人口 996.5 万人、吉林乡村人口 1230.5 万人、辽宁乡村人口 1430.9 万人，合计 5228.4 万人）计算，东北三省及内蒙古自治区农民人均减收 361.8 元，农民收入下降幅度更大。

（三）部分农民收入下降更为严重

一是享受玉米生产者补贴地区中，部分难以享受玉米生产者补贴的农民，收入下降更快。实际上，玉米生产者补贴只补贴给玉米种植农户，而调减了玉米种植面积的农民没有补贴。黑龙江 2016 年玉米调减面积 1922 万亩，农民转种其他品种，收益不高，又不能享受玉米生产者补贴，收入下降更快。

二是部分处于玉米生产者补贴地区之外的农民，收入下降幅度更大。据调研，河北某县玉米种植实际净收入为 -288.81 元/亩，即便加上每亩 63.5 元的农业补贴收入，农民种植玉米一年收入也将亏损 225.31 元/亩。种粮收入在普通农民家庭经营性收入中占据重要地位，种粮收入下降，农民家庭经营性收入也难以保持增长势头。

三是玉米规模经营农户收入下降幅度更大。部分玉米主产区农民大量流入土地，用于玉米种植。玉米价格下跌，损失更大。据我们对黑龙江青冈县民政镇村民的调查，该农户 2016 年种地 30 亩，其中自家耕地 10 亩，流转土地 20 亩。2016 年玉米价格很低，水分 28% ~30% 的新粮价格只有 0.47 ~0.49 元/斤。标准干玉米（含水分 14%）的价格为 0.7 元/斤，比上年降低 0.3 元/斤。2016 年玉米丰收，产量较高，玉米潮粮产量约有1400 ~1500 斤/亩，干粮约 1200 斤，该农民 2016 年减收 10800 元。即便 2016 年黑龙江省玉米生产者补贴每亩 153.92 元，该农民仍将减收 5000 元以上。

五、对策建议

保持农民收入持续增长的势头殊为不易，从历史看，一旦农民收入增长势头逆转，短期内很难扭转。因此，应千方百计提高农民收入，防止农民收入增长势头放缓甚至逆转。

（一）促进粮食流通和加工，提高粮食消费需求，缓解农民卖粮难

近几年不断推高的政策收购价格和收储量，已经极大制约了下游粮食加工流通企业的发展。一方面是库存粮食无法实现顺价销售，政策性储备粮出库难，库存积压严重。另一方面是粮食加工企业普遍亏损，开工严重不足，多数企业处于停产或者半停产状态。必须进一步加大补贴力度，提高加工企业开工率。一是出库补贴。在不冲击新粮销售的前提下，安排专门财政资金，通过以奖代补的办法，对粮食企业销售出库托市粮食进行补贴，加快粮食主产区去库存速度，“咬牙割肉”，腾出宝贵仓容。二是加工补贴。粮食加工转化，一头连着收储，一头连着销售，是整个流通链条的枢纽。加大对粮油加工企业的补贴力度，降低加工成本，支持粮油加工企业尽快恢复生产。

（二）适度发展燃料乙醇，有效增加粮食消费渠道，短期内进一步增大粮食需求量

长期看来，我国粮食供求仍然将处于紧平衡态势，大规模发展燃料乙醇不符合国情。但短期来看，适度发展燃料乙醇，可直接消耗过剩的粮食，有效缓解国家库存压力，不失为一种好办法。目前国内酒精产业产能过剩严重，开工率仅50%左右，可以充分利用其产能，对其进行简单技术改造，满足燃料乙醇生产需要。可以鼓励现有燃料乙醇生产企业，对现有酒精产能进行并购或租赁或委托加工，短期内迅速形成燃料乙醇产能。据测算，短期内可增加玉米处理能力约1100万吨。这些工厂将过剩的品质不佳的玉米消耗后，折旧也所剩无几，不会增加过剩产能压力。如果增加1100万吨燃料乙醇消费，可以消耗3300万吨粮食，1.6亿吨库存用5年时间可以消化完。并且，玉米约70%用于饲料，霉变超标严重的玉米容易造成养殖死亡率高，不适合饲用。推广燃料乙醇可以与消化不宜人畜食用的低质粮食结合起来，避免这些低质粮食进入流通领域，可有效保障食品安全。同时，通过积极去库存，可以拉升全球粮食市场价格，缩小国内外价差，不仅进口压力降低，加快去库存过程，还可以避免国内价格的过度下跌，用市场机制来保护种粮积极性。

（三）调整农业产业内部结构，提高农业生产效益

从世界农业发展大局看我国农业发展，根据其他主要农业国家发展特点，培育我国农业比较优势，推进我国特色农业现代化。我国人均耕地面积很小，农户平均经营规模仅相当于韩国和日本的1/3、欧盟的1/40、美国的1/400。从世界农业资源配置角度看，我国如此低的人均、劳均土地资源，水稻、小麦、玉米、大豆、棉花、糖料等土地密集型农产品必然缺乏竞争力，农民生产这些农产品难以提高生产效益。实际上，根据发展改革委数据，2015年我国棉花、油菜籽、大豆等土地密集型，且机械化程度较低的农产品生产净利润都是负值。

以提高农业生产效益为目标，建议将“土地效益当量”① 指标作为农业生产效益的重要指标。2015 年我国蔬菜平均每亩净利润为 2187.59 元，比 2014 年的 2069.78 元有所提高，是稻谷的 12.5 倍，小麦的 125.67 倍，倍率有所提高。那么 2015 年蔬菜 – 稻谷土地效益当量应为 12.5，蔬菜 – 小麦土地效益当量为 125.67，而玉米为负值，理论上为无穷大。2015 年苹果种植每亩净利润为 2128.34 元，比上一年度的 3480.85 元有所减少，是稻谷的 12.13 倍，小麦的 122.25 倍。那么 2015 年苹果 – 稻谷土地效益当量应为 12.13，苹果 – 小麦土地效益当量应为 122.25，而玉米为负值，理论上也为无穷大。

“一亩菜十亩粮”，提高农业产业生产效益是培育我国农业比较优势的前提条件。根据“土地效益当量”变化，我们应该努力调整农业产业结构，大力支持生产蔬菜、水果、桑蚕、水产品等“土地效益当量”比较高的农产品。事实上我国已经成为世界上蔬菜、茶叶、水产品等劳动密集型农产品出口大国。中央农村工作会议和 2016 年中央 1 号文件都强调“要推动粮经饲统筹、农林牧渔结合”。针对我国农业的发展现状，优化农业内部资源配置，促进农业内部生产要素合理流动，这是我国发展农业产业、实现农业现代化的有效途径。

（四）推进土地整合，降低农业生产成本，提高农业生产效率

中长期看，提高农民家庭经营收入，关键还在于降低农业生产成本，提高农业生产效率。与部分农业强国相比，我国农产品亩均生产成本极高。根据发展改革委全国农产品成本收益数据，2014 年我国稻谷和花生亩均生产成本是美国的 7 倍，大豆是美国的 10 倍，玉米是美国的近 20 倍，棉花高达 31 倍。降低农业生产成本，提高农业生产效率，一个最为直接的

① 土地效益当量用来测算同一块土地上种植不同农作物产量收益的比率。比如，蔬菜 – 粮食土地效益当量 = 蔬菜种植净利润/粮食种植净利润。

措施就是提高农业机械化水平。一个广泛引用的数据是，我国农户家庭平均土地经营规模 7.5 亩，户均承包土地 5.7 块，平均每块 1.31 亩。一方面，土地细碎化制约我国农业机械投入的增加和机械化水平的提高，不利于农业投入方式的转变。另一方面，土地细碎化制约我国农业劳动生产率的提高，不利于农业发展方式的转变。

加入 WTO 之后，我国大幅度开放农产品市场，农业国际化进程不断加快。在一个逐步开放的全球农业贸易和投资体系中，我国农业发展面临着前所未有的国际农业竞争的巨大压力。近几年，国内国际农产品价格全面倒挂，大宗农产品进口大量增加，我国农业竞争力严重不足问题进一步凸显。根据日本的经验，通过农地整合，提高单个地块面积，使之适用于大型农业机械设备，更容易实现规模化生产，土地耕种效率大幅度提高，农业生产成本相应地大幅度降低。据日本农业主管部门测算，土地经营规模不同，大米生产成本差别很大。规模为 1 公顷的地块生产 1 公斤大米成本为 201.67 日元/公斤，而规模为 15 公顷以上的地块生产成本只有 120 日元/公斤，土地整合之后，成本可以降低 40.5%。据日本测算，推进土地整合之后，日本平均农业生产成本将降低 55% 左右。差距就是潜力，我国通过土地置换整合，降低农业生产成本、提高农业生产效率还有很大的空间。

土地整合，任重而道远。从各地的做法和经验看，首先要坚持农户的主体地位，充分尊重农户的意愿，提高农户积极性。其次，要更好地发挥政府作用，加大财政投入，整合涉农资金，把有限的资金用在土地整合这个关键点上，把好钢用在刀刃上。再次，还要从实际出发，制定符合当地农村实际情况、具备可行性和可操作性的实施方案。通过这些举措，加快土地整合，促进农业增效、农民增收。

执笔人：伍振军

第八章

交通物流行业运行态势和2017年趋势展望

我国经济逐渐步入“L”型下半程，中高速增长平台有望确立，交通物流也在波动下行中向平稳增长转变。2016年我国交通和物流领域总体呈现企稳向好的趋势，客货运输和物流需求都在上年大幅回落基础上有所好转，结构分化和升级更趋明显，行业发展面临成本居高不下、质量和效率不高、结构性矛盾突出等问题制约。2017年全球经济将延续小幅回升态势，我国经济结构调整和供给侧改革将进一步深化，区域协调发展的深入推进和居民消费不断升级将带动交通物流加速和升级。综合判断，交通物流企稳向好态势短期内仍将延续并有望保持在中低速增长平台。下一步应加快推动交通物流供给侧结构性改革，加强网络化交通基础设施建设，多措并举降低交通物流成本，不断推动交通物流提质增效。

一、2016年交通物流的总体态势

2016年，随着我国经济逐步由降转稳，我国交通物流发展呈现出企稳向好的总体态势。货运、客运、社会物流总量在下行中逐渐趋稳，结构不断优化升级，新业态新模式发展迅速，对经济支撑作用不断增强。交通物流基础设施建设日益完善，质量效率不断提升。

（一）公路铁路货运增速回升，带动货运交通企稳

货运交通总体呈现企稳态势。在全球经济短期难以摆脱“低增长困

境”、我国经济发展进入新常态的影响下，近年来货物运输增速出现较大幅度回落。2016 年，随着供给侧改革的不断推进，我国市场供需错配的矛盾有所缓解，市场预期改善，大宗商品价格回升，货物运输增长改变延续 4 年的下降态势，在 2015 年出现较大幅度回落的基础上开始企稳回升。2016 年完成货物运输总量约 433.4 亿吨，同比增长 5.7%，比 2015 年提高 1.3 个百分点；完成货物周转量 177785.8 亿吨公里，同比增长 4.0%，比 2015 年回升了 4.5 个百分点，增速重新由负转正（图 1、图 2）。从具体月

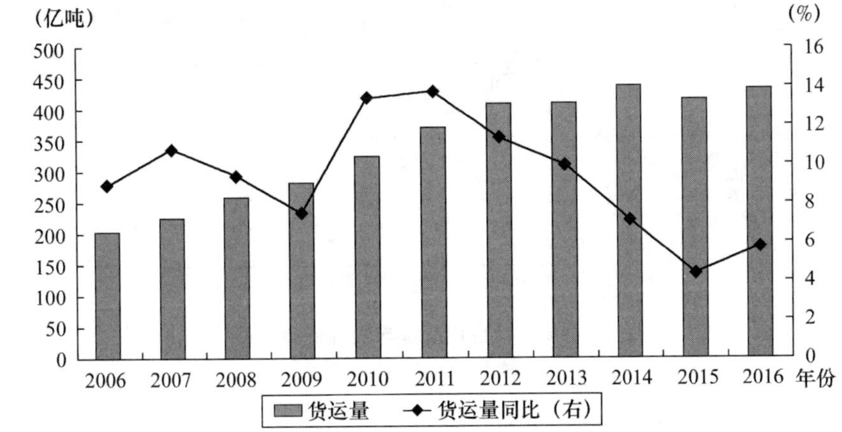

图 1　2006～2016 年货运量与同比变化

资料来源：万德资讯，因核算方法和统计口径发生变化，增速按可比口径计算。

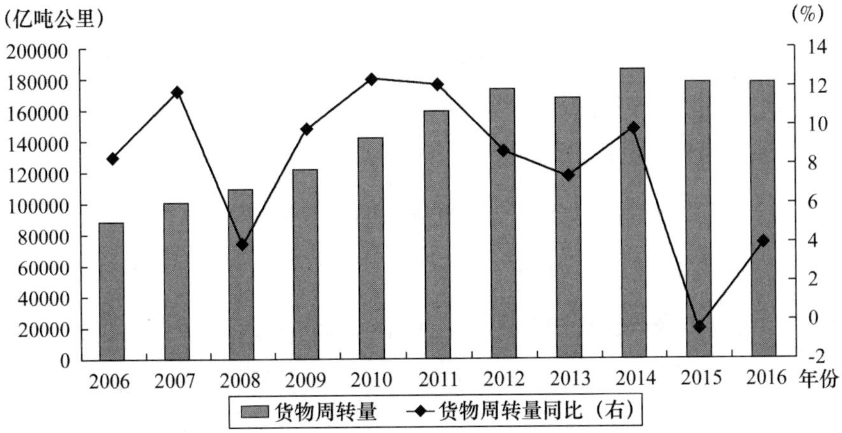

图 2　2006～2016 年货物周转量与同比变化

资料来源：万德资讯，因核算方法和统计口径发生变化，增速按可比口径计算。

度变化看，2016 年货运量和货物周转量的增速在 2015 年下一个台阶之后，2016 年又有一定回升，呈现企稳回暖态势（图 3）。这表明，货物运输正在由以前的高速增长向中速增长加快转变，且有望尽快回稳。

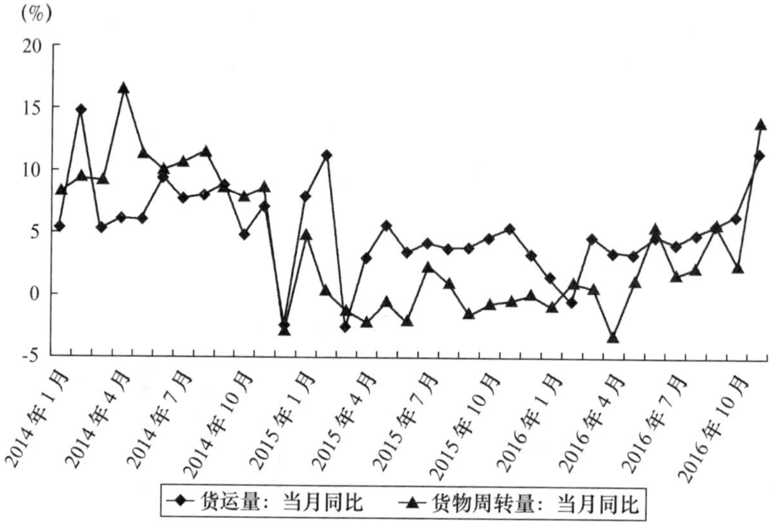

图 3　2014～2016 年全社会货运量与货物周转量月度同比变化

资料来源：万德资讯。

公路和铁路货物运输回升是货运量增速回稳的主导力量。在货物运输结构中，公路和铁路运输占比超过 85%，其增速变化对全社会货运量变化影响明显。2016 年全国完成公路货运量 336.3 亿吨，同比增长 6.8%，增速比上年回升了 5.6 个百分点；全国铁路货运量为 33.3 亿吨，虽然同比下降 0.8%，但比 2015 年降幅大幅缩窄了 11.1 个百分点，全国公路和铁路货物周转量也分别同比上升了 5.6% 和 0.2%，涨幅扩大了 3.6 个和 13.9 个百分点（图 4、图 5）。公路和铁路货运的强劲回升，带动了整体货运增长呈现企稳向好态势。相对而言，民航、水运货物运输则表现相对平稳。2016 年，民航和水运货运量分别同比增长 6.0% 和 3.7%，增速比上年增加 0.8 个和 1.2 个百分点，民航货邮周转量增速甚至比上年回落 4.1 个百分点。

货物运输需求发生结构性变化，要求加快推进交通运输供给侧结构性

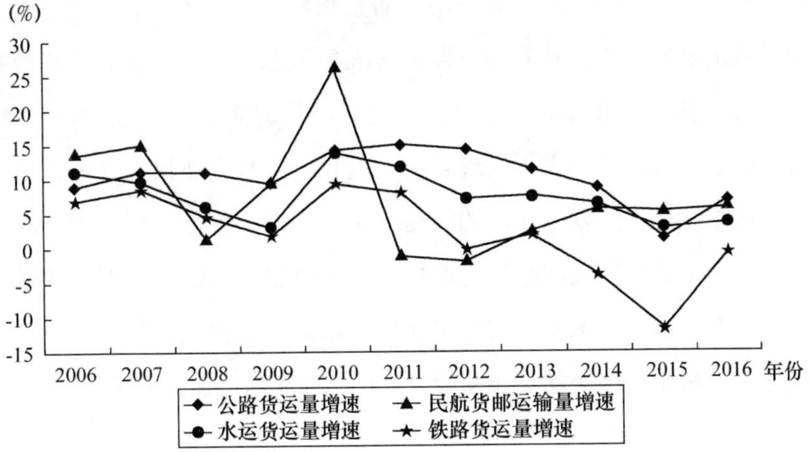

图 4　不同运输方式的货运量同比增速

资料来源：万德资讯，因核算方法和统计口径发生变化，增速按可比口径计算。

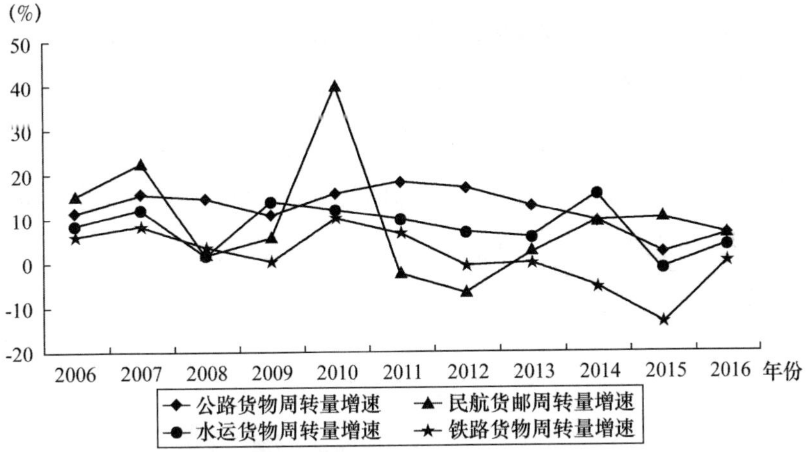

图 5　不同运输方式的货物周转量同比增速

资料来源：万德资讯，因核算方法和统计口径发生变化，增速按可比口径计算。

改革。其一，高速运输需求不断上升。在整体货物运输量不断下降的背景下，民航和铁路运输长期保持在 10% 以上的增长速度。其二，多式联运高速增长。传统单一货物运输的需求增长逐渐放缓，而多式联运的需求快速增加。比如，2016 年 1 ~ 8 月，全国 10 个主要集装箱港口铁水联运量增长 27.4%。再如，铁路白货物资运输一般必须多种运输方式协同才能完成，近年来铁路白货运输增长也反映了多式联运需求的增加。货物运输需求结构的变化不是短期的、周期的波动，而是长期的、趋势性的变化，是经济转型升级的必然结果。随着经济发展进入新常态，传统制造业大规模扩张的阶段已经基本结束，工业原材料、初级产品的需求增长逐渐达到峰值，煤炭、钢铁等货物运输需求出现转折性变化，新兴产业快速发展，传统货物运输需求结构必然发生相应的转变。在需求结构变化的情况下，我国随着近年来较大规模的基础设施建设投入，交通运输基础设施不足的情况已经基本改变，这就要求必须加快交通运输供给侧结构性改革，适应需求结构变化，加快从单纯增加交通基础设施供给向交通运输提质增效转变。

（二）客运需求继续回落，结构持续优化升级

伴随着经济由高速进入中高速增长阶段，交通客运增长出现不断放缓的态势。2016 年客运交通延续 2015 年的回落态势，但降幅有所收窄。全年共完成旅客运输总量 192.0 亿人次，同比下降 1.2%，降幅收窄 3.2 个百分点，增速连续 4 年下降；旅客周转量 31305.7 亿人公里，同比增长 4.1%，比 2015 年继续回落 0.8 个百分点。从月度增速变化来看，2016 年客运量同比增速继续呈波动下行态势，全年一直在负增长区间徘徊（图 6、图 7、图 8）。

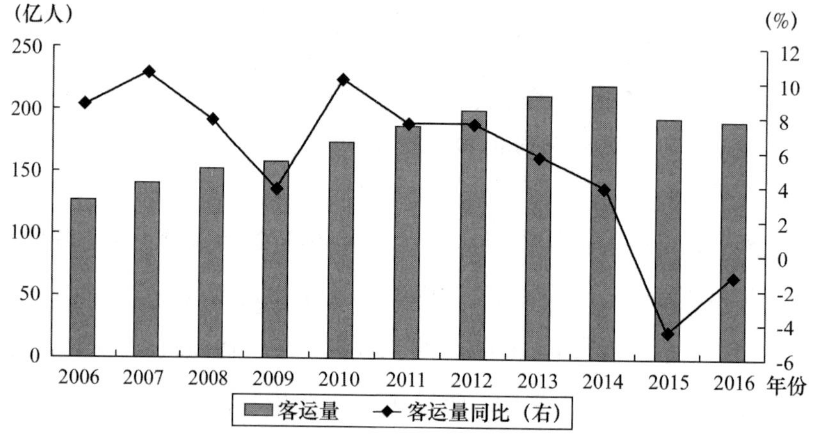

图 6　2006～2016 年客运量与同比变化

资料来源：万德资讯，因核算方法和统计口径发生变化，数据按可比口径调整。

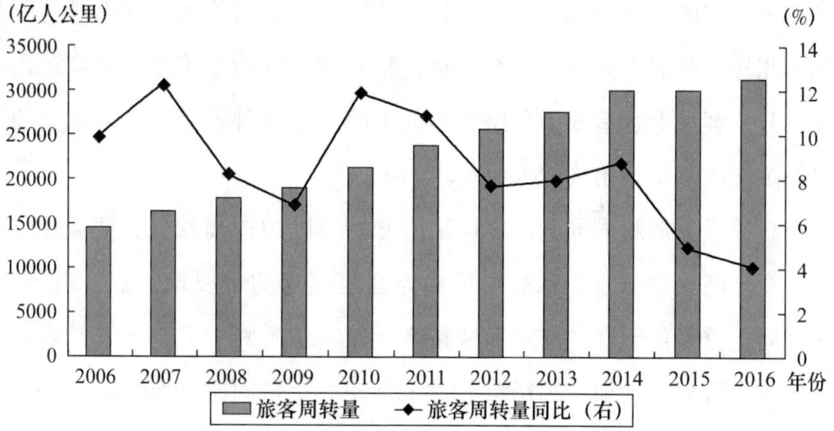

图 7　2006～2016 年旅客周转量与同比变化

资料来源：万德资讯，因核算方法和统计口径发生变化，数据按可比口径调整。

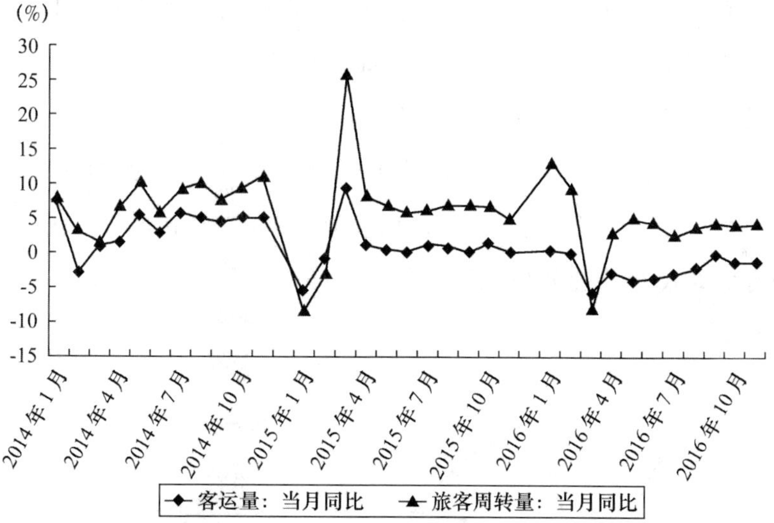

图 8　2014～2016 年全社会客运量与旅客周转量月度同比变化

资料来源：万德资讯。

总体来看，客运交通的持续下行主要是结构性因素主导的。近年来我国人口增速放缓、劳动年龄人口下降带来了人口区域流动的基数下降，是客运交通收缩的基础性因素。而另一方面，我国经济发展进入新常态、区域经济活动活跃度有所下降，造成跨区域人口流动减少，也客观上造成了客运交通的下行。据统计，自 2015 年全国流动人口数出现 30 余年来首次下降以来，2016 年流动人口继续下降了 171 万人，对客运交通有较为明显影响。此外，交通方式的结构性变化，私家车、网约车等多元化客运出行不断上升，客观上也造成了公路客运的下降。在这种背景下，客运交通下行态势短期内将很难出现较大改观。

在总量增长放缓的同时，客运结构开始不断地向高端化、便捷化交通方式转变，高铁、航空、私家车等成为客运交通的重要增长点。近年来，公路客运比重逐年下降，航空和铁路客运比重则不断上升，尤其是高铁和国际航线出行大幅增加。2016 年铁路和航空客运量同比分别增长 11.0% 和 11.8%，分别比上年提高 1 个和 0.65 个百分点，客运量占比分别达到 14.7% 和 2.5%，较上年分别提高 1.6 个和 0.3 个百分点，结构调整优化明显。高铁出行比例明显提高，据初步统计，2016 年动车组发送 14.43 亿人，占比超过 50%，单日发送旅客最高达 1442.7 万人，创出历史新高。而相比之下公路和水运客运量增速放缓，分别为 -3.5% 和 0.1%，比上年分别回落 2.6 个和 3 个百分点，其中公路客运量增速连续 4 年下滑（图 9）。而与之形成鲜明对比的是，私家车出行保持快速增长，联网收费数据显示，2016 年高速公路 7 座及以下小客车流量同比增长 16.5%，尤其

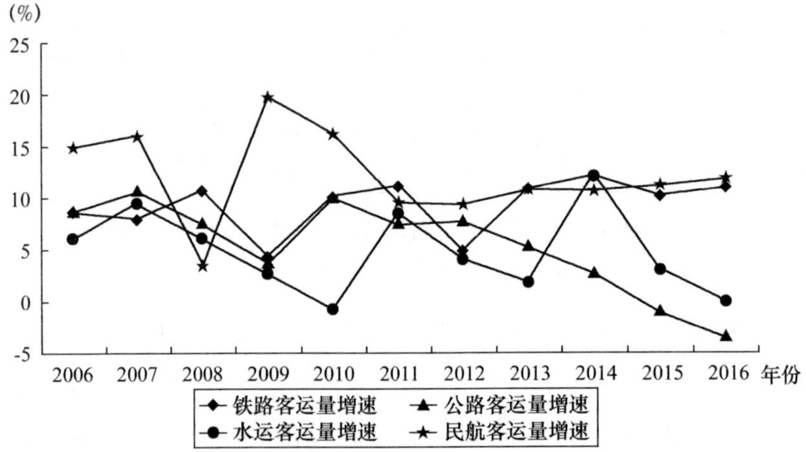

图 9　不同交通方式的客运量同比增速

资料来源：万德资讯。

末和黄金周，旅游度假出行中私家车出行的比例在迅速上升。

（三）物流质量效益稳步提升，电商物流成为亮点

物流需求保持平稳增长，质量效益稳定回升。2016 年，随着经济增速放缓，传统物流需求也有所收缩，但新兴的电商物流增长迅猛，一定程度上对冲了传统物流的下降，全年物流增长与上年大致持平。初步测算 2016 年全年社会物流总额约 230 万亿元，同比增长约 6%（图 10），社会物流总费用增长 3% 左右（图 11），增速与上年基本持平。同时，单位 GDP 物流成本在不断下降，物流运行质量和效益稳步提升。近年来，社会物流总费用与 GDP 的比率呈不断下降趋势，2016 年降至 14.8%（图 11），这显示出物流增长模式正在发生积极的变化，物流运行质量和效益正在不断提升。

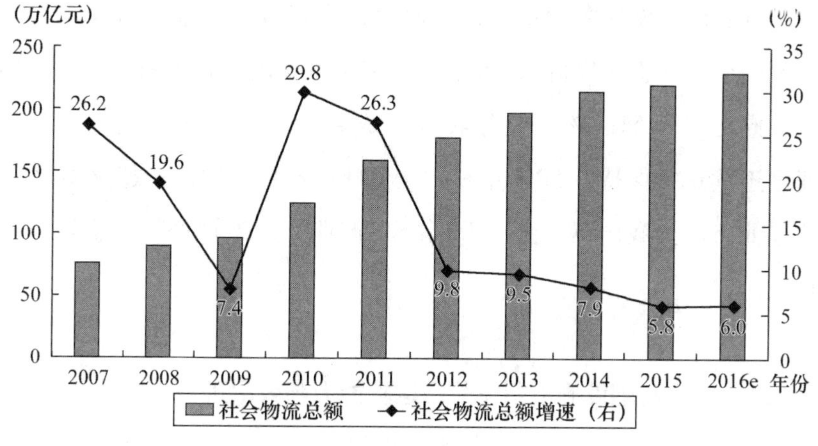

图 10 2007～2016 社会物流总额及同比增速

资料来源：万德资讯，其中 2016 年数据是预估值。

以电商物流为代表的新经济增势强劲，逐步成长为交通物流新引擎。2016 年，全国电子商务交易额达到 26.1 万亿元，比上年增长 19.8%；网上零售额达到 5.2 万亿元，比上年增长 26.2%，其中实物商品网上零售额 4.2 万亿元，比上年增长 25.6%，比社会消费品零售总额增速高出 15.2 个百分点，拉动社会消费品零售总额增速 3 个百分点左右，实物商品网上零

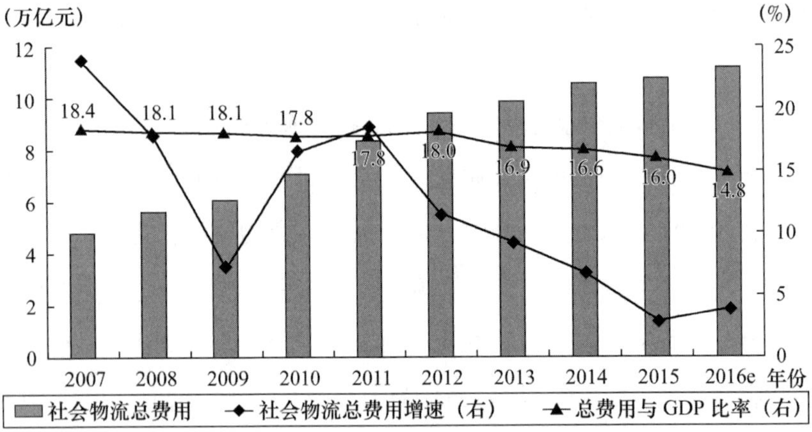

图 11　2007～2016 社会物流总费用及同比增速

资料来源：万德资讯，其中 2016 年数据是预估值。

售额占社会消费品零售总额的比重为 12.6%，比上年提高 1.8 个百分点。电商物流的迅猛发展，强有力地支撑了消费领域物流需求的增长。

在电商快速发展的背景下，快递快运市场发展迅速，对经济的支撑作用不断增强。据国家邮政局统计，2016 年我国快递业务量完成 313.5 亿件，同比增长 51.7%，业务收入完成 4005 亿元，同比增长 44.6%，增速已连续 6 年保持在 50% 左右，在全球业务量占比已经超过 40%。预计快递业将成为我国下一个“万亿级”产业，对宏观经济的支撑作用不断增强。

（四）交通基础设施不断完善，运输能力与效率进一步提升

交通路网密度迅速增加，路网结构持续优化。2016 年，我国综合交通运输网络继续完善，交通基础设施水平进一步提升，“五纵五横”综合运输大通道基本成型，中西部地区、贫困地区的运输网络建设速度加快，物流通道的通达能力、运输效率和绿色化水平进一步提高。中国铁路网规模继续扩大，全国铁路营业里程达到 12.4 万公里，比上年增长了 2.5%，路网密度达到 129 公里/万平方公里，比上年提高 3 公里/万平方公里。路网结构进一步优化，高等级道路占比持续提高，全年贵阳至南宁、赣州至深

圳、徐州至连云港客运专线等多条高铁线路开工建设，高速公路和高速铁路里程分别超过 13 万公里和 2.2 万公里。交通固定资产投资持续高位运行，全年交通固定资产投资完成 2.85 万亿元，铁路、公路、水运及其他建设均顺利完成年度投资目标。农村、贫困地区交通基础设施建设加快，全年新改建农村公路 29.3 万公里，完成全年 20 万公里任务目标的 146%。

二、交通物流行业发展的瓶颈与问题

随着近年来大规模的交通物流基础设施建设，我国交通物流行业发展已经进入供需基本平衡阶段，但仍面临成本居高不下、质量和效率不高、结构性矛盾突出等问题，已经成为制约行业发展的重要瓶颈。尤其是随着近年来经济下行，这些矛盾更加明显，亟待有效解决。

（一）交通物流成本居高不下

虽然近年来我国交通物流成本持续下降，但与发达国家相比物流成本仍然较高。2016 年我国物流总费用占 GDP 的比重继续下降到 14.8%，但仍然远远高于发达国家 8% ~9% 的平均水平（2014 年美国为 8.3%、日本为 8.5%），比世界平均水平也要高 4 个百分点左右。

综合来看，造成我国物流成本偏高的原因主要有三个方面。其一，公路运输成本偏高。我国绝大多数高速公路都是收费公路，据估算，高速公路收费要占到干线运输企业成本的 30% ~40%。其二，一体化物流发展不足，转运环节多、周期长，带来保管和管理费用偏高。在物流成本中，运输费用占比超过一半，保管费用和管理费用约占 47% 左右。从单个物流企业运营状况看，我国每吨货物公里运输费用要低于发达国家，但因为我国货物往往要分多个批次才能完成，大量的中间环节和较长的运送周期，带来相对较高的管理和保管费用。同时，行政审批和管理部门仍然较多，多头管理、重复审批现象仍然存在，简政放权仍有空间。其三，交通物流标准化和多式联运不足，运输衔接不畅造成效率低下。目前我国铁路、公路、水运和航空因管理体制原因，运输环节之间缺乏有效衔接，无法形成有效的联合运输，导致效率低下。如国际海运集装箱与铁路集装箱目前仍是基本分割的状态，难以有效做到“宜铁进铁”，无法发挥我国物流大规模、低成本的优势。此外，调研发现，各地在“营改增”后，因交通物流很多中间项发票难以获得，货运企业税负并没有明显下降，导致降成本举措难以有效落实。比如，很多地区占运输成本大半的过路过桥费和司机工资无法抵扣，途中临时维修也难以取得相应发票，导致进项抵扣困难，物流成本难以有效降低。

（二）交通物流服务质量和效率不高

近年来，我国交通和物流业发展迅速，但对比发达国家，我国的交通物流发展总体还比较粗放，服务质量和效率仍亟待提高。第一，产业规模化、品牌化仍然不足。比如，近年来我国快递业发展十分迅猛，但仍然是“大而不强”。就综合实力而言，我国所有快递企业总和尚不及美国联邦快递、UPS 等中的一家。企业规模扩张迅速，但质量和效益不足，增量不增收现象明显。产品服务单一化严重，缺乏差异化、层次化、多样化的服务供给。第二，基础设施衔接不畅。由于部门间缺乏协调，导致集疏运体系难以有效发挥作用，尤其是铁路和水路基础设施衔接不畅，直接制约了铁水联运的发展。比如湖北省沿江 17 个港口中，只有 6 个有与铁路接轨的设施。第三，标准化信息化建设不足。交通物流行业跨企业、跨平台、跨组织的信息系统编码、数据接口、电子数据交换代码等信息基础标准缺失，导致难以实现信息交换共享，成为制约行业发展的瓶颈，尤其是线上多式联运难以实现，各自为政、圈地服务成为普遍现象。第四，管理体制与制度相对僵化。交通物流服务领域仍然存在着相当程度的垄断，部分领域市场化不足，开放度不够，民营资本难以进入，即使竞争性领域民营企业发展也会受限。如民营快递在发展航空货运等基础网络建设仍面临多重障碍，在航空枢纽拿地困难、通关申报审批时间过长等问题仍然比较突出。

（三）交通物流业供需结构性矛盾突出

近年来，在金融危机的影响下，出于稳增长的要求，我国投入了大规模的基础设施投资，交通建设取得了突破性进展，交通基础设施状况得到大幅改善。截至 2016 年年底，我国铁路营业里程达到 12.4 万公里，高速公路和高速铁路里程分别超过 13 万公里和 2.2 万公里，位居全球第一。我国交通基础设施已经基本进入了供需相对平衡的阶段，交通瓶颈的制约已经基本消除。在这一阶段，矛盾的重心开始转换。近几年交通物流行业出现持续下行，虽然有总量需求不足的因素，但结构失衡是更主要的矛盾，这种结构性矛盾的主要方面在供给侧。

由于传统交通物流领域已经投入建设了大规模的基础设施，在需求结构已经发生转折性变化时，大量资源沉淀在传统领域不能及时有效退出，不能满足对高端化、服务化、个性化交通物流的需求。而增量投入又受到财政和体制的制约，难以有效创造新需求。比如，近年来，电商物流、快递快运、冷链物流等物流持续快速增长，小批量、灵活性、个性化的生活性物流需求上升，而现有的物流产品和服务主要适用于传统大批量、规模化的生产性物流，导致新需求难以得到满足，而传统物流又产能过剩，有效供给不足，市场资源配置效率低下。典型的如我国的仓储设施总量规模已经相对领先，但高标准仓储设施严重短缺，仅占全部仓储面积的 2% 左右，大量老旧的仓储设施已经难以满足现代化物流的需求。

三、2017 年交通物流发展趋势展望

全球经济短期内小幅回暖，但难摆脱“低增长困境”，我国经济结构调整和供给侧改革将进一步深化，给交通物流发展带来更大的不确定性，

而区域协调发展的深入推进和居民消费不断升级将带动交通物流加速和升级。综合判断，交通物流企稳向好态势短期内仍将延续，随着经济企稳，交通物流有望稳定在中低速增长平台。

（一）交通物流的发展环境和影响因素

全球经济难以摆脱“低增长困境”，国际贸易收缩和大宗商品价格震荡对交通物流带来冲击。其一，2017 年，国际政治经济环境不确定性仍然较多，虽然全球经济增长有望延续小幅回升态势，但国际贸易短期内难有较大起色。尤其是，美国特朗普上台后，反全球化、保护主义、民粹主义等思潮进一步抬头，德国、法国大选也会带来国际政治经济格局变化，国际贸易摩擦可能会增多，自由贸易环境面临挑战。在这种情况下，国际贸易难有明显好转，大概率仍处于低迷态势。其二，受到美联储加息、美国页岩油增产、产油国减产仍存分歧等因素影响，大宗商品价格回升的持续性仍会面临一定冲击。本轮大宗商品价格反弹，供给出清可能是主要原因，同时需求复苏、补库存周期、流动性填补洼地和美元回调都起到了一定的助推作用，但 2017 年这些因素都可能弱化，在美元走强的情况下，大宗商品市场有可能遭遇震荡。而受全球结构性改革推进迟缓、主要产油国减产协议仍存变数、美国页岩油增产等的影响，短期内石油、矿石等商品价格快速反弹的概率不大。这些将对交通物流保持稳定增长产生一定的负面影响。

经济发展新常态与战略性结构调整将使交通物流增长发生转折性变化。从国际经验看，随着经济总量的不断扩大和人均收入的不断提高，各类重大结构性变化相继出现，各类需求也相继达到峰值，交通运输也随之发生重大转折性变化。如日本在石油危机后，经济基本结束高速增长，人均钢材、电力、汽车等消费量相继达到峰值，交通运输增长也逐渐趋于饱和并保持低位甚至零增长或负增长，客运量增长速度由 1950 ~ 1960 年的 7.33% 下降到 2000 ~ 2008 年的 0.60% 。而我国进入经济新常态，经济由高速增长转向中高速增长，交通物流业增长也将发生相应调整，前些年的高速增长势头将发生改变，交通物流中高速或中速增长平台有望确立。同时，随着我国结构调整不断深化，需求结构、产业结构、产品结构将发生深刻变革，交通运输结构也将发生转变，传统工业品的货物运输增长将会放缓，尤其是钢铁、铁矿石、煤炭等大宗商品类增速将可能出现下降态势，而基于新技术、新材料、新工艺的高技术含量、高附加值的运输产品将会增加，交通物流发展要适应相应的服务需求变化。

深化供给侧结构性改革可能为交通物流带来双向作用。一方面，进一步深化“三去一降一补”将带来货运下行压力。近年来，受到市场供需变化和“去产能”政策的影响，与大宗商品运输关系相对密切的铁路货运增长缓慢。2016 年全国煤炭发运量 19 亿吨，同比下降 4.7%，相应的铁路货运也下降 0.8%。化解过剩产能，淘汰“僵尸企业”，加快三、四线城市去库存仍将是 2017 年经济工作的重点任务，而钢铁、煤炭、建材等货运的重点品种恰好是去过剩和去库存的主要影响标的，2017 年货物运输仍面临进一步下行压力。另一方面，“去产能”将改变市场供求状况并带动预期改善，进而推动产品价格企稳回升。从近年的月度数据来看，铁路货运量与工业增加值、PPI 同比增速变动趋势基本一致，且铁路货运量增速与 PPI 增速在近几个月都企稳回升。随着供给侧改革的持续推进，2016 年 9 月份 PPI 开始由负转正并持续回升。如果 2017 年供给侧改革继续深入推进并取得实质效果，市场预期将进一步改善，有望推动价格持续回升，并带动铁路货运的企稳向好。此外，2016 年国内房地产等资产价格大幅上涨，带来资金明显的“脱实向虚”趋势，对交通物流产生负面影响。随着一系列限购等政策的出台，这一趋势有所减弱，但 2017 年振兴实体经济能否尽快取得实效仍需要进一步观察，是否可带来产业物流的稳定回升仍具有不确定性。

区域协调发展的深入将推动区际运输需求不断增加。随着区域协调发展战略的不断深入推进，区域间的联系不断加强，交通物流往来越来越密切。比如，2005 年区域间国家铁路货运量为 10.9 亿吨，2013 年达到了 15.8 亿吨，增长了 42.6%。区域总体战略和主体功能区战略的实施，将推动区域优势互补，优化集约发展，而三大战略建设和城市群的发展将不断推动形成我国空间网络化格局。随着区域战略的不断深入实施，未来我国区域间的互补性还将进一步增强，产业关联会更加密切，空间联系也将不断提升，区际的交通物流需求将保持活跃旺盛态势。

居民消费升级对交通物流有较强拉动。一方面，旅游消费需求的快速上升带动旅客运输服务需求激增。2016 年“十一”期间，全国累计旅游接待人数达到 5.93 亿人次，预计 2020 年国内旅游将达到 51 亿人次，入境游 1.77 亿人次，出境游 1.35 亿人次。未来旅游业规模的不断扩张、质量要求也要不断提高，如何为旅客提供安全、舒适、高效、便捷的旅游交通服务，是提升交通运输服务质量的重要内容。另一方面，随着电商快速发展和居民消费模式的升级，小件运输需求仍将保持快速增长态势，快递快运市场仍有较大增长潜力。预计 2017 年，国内网上零售额将超过 6 万亿元，在社会消费品零售总额中所占比重将进一步加大。交通运输应适应这种发展趋势，快速调整服务供给，在铁路、公路、航空等运输中加大零散货物市场开拓力度，为快递快运市场预留充足空间。

（二）2017 年交通物流发展趋势判断

总体上看，2017 年全球经济将延续小幅回升态势，大宗商品价格有望震荡中反弹，国际贸易增速仍将低于全球经济增速。我国经济发展逐步由降转稳，2017 年有望开启“L”型增长下半程，中高速增强平台有望正式确立。同时，供给侧结构性改革将进一步深化，经济增长将加快从“降速”向“提质”阶段过渡。在这种情况下，交通物流总体将在下行中逐渐走稳，由总量下降转为结构优化。

货运交通将在结构优化中逐渐企稳并保持小幅增长。在这个阶段，传统的房地产、铁路、公路等大型基础设施建设工程将由快速建设为主转向运营维护为主，生产性货运需求增长放缓，钢铁、煤炭、建材、矿产等传统工业品、能源和原材料的运输需求将会下降并难以回到历史峰值，但供给侧改革深化有望带动市场预期继续改善，实体经济振兴步伐加快有望推动货物运输增加，货运总量预计将会保持小幅增长态势。预计2017年全年货运量将达到450亿吨以上，增速保持在3%～6%的小幅增长区间。货运结构也将发生相应变化，大宗商品需求下滑、铁路市场化改革滞后等将导致铁路货运量可能继续呈现下滑态势，水运受到大宗物资需求下降影响也可能有所收缩，公路运力相对充裕且机制灵活，能较快适应市场调整，比重会继续升高，航空货运将保持相对稳定增长。

客运交通受到结构性因素影响将继续下行态势，而经济运行趋稳将使下行态势有所减缓。2017年客运总量有望维持在190亿人次左右，全年可能继续保持零增长或小幅负增长态势。客运结构继续向高端化、便捷化交通方式转变，航空和铁路客运比重继续上升，尤其是高铁和国际航线出行将继续增加，公路和水路客运增速则会继续放缓，公路出行中私家车出行仍将保持快速增长。

物流业将在成本下降的同时保持较为旺盛的活力。2017年随着经济运行由降转稳，物流需求将有一定的小幅回升，同时，物流发展的总体环境将持续改善，区域通道网络建设不断完善将进一步改善区域通达状况，流通业改革不断推进有利于构建良好的区域流通环境，电子商务快速增长为物流发展提供了新的动力。在这种态势下，物流业增长有望小幅加快。根据中国物流与采购联合会数据，2016中国物流业景气指数在下半年长期保持高位，11月份曾达到59.3%，新订单和业务预期指数都在高位，显示出在新常态背景下，物流仍有可能保持较快增长。预计2017年全年社会物流总额完成240万亿～250万亿元，增速保持在6%～8%的水平；社会物流总费用保持2%～5%的小幅增长，但其与GDP比率仍将继续下降，有望达到14%以下。同时，受电商物流快速发展的带动，2017年快递将继续保持快速增长，增速达到30%以上。

综合判断，随着国际经贸环境逐渐回稳和我国经济缓中趋稳，交通物流企稳向好态势短期内仍将延续。2017 年全球政治经济格局仍存较大不确定性，我国供给侧结构性改革将进一步深化，交通物流有望保持在中低速增长平台。

四、推动交通物流提质增效的相关建议

（一）加快推动交通物流供给侧结构性改革

随着我国交通运输基础设施网络建设不断完善，交通瓶颈制约逐步减弱，交通运输开始进入供需基本平衡的新阶段。这种情况下，适应引领经济新常态，应改变以往的需求决定供给的发展思路，推进交通运输供给侧改革，尽快将交通运输发展重心从基础设施建设转向运输组织效率提升，推动交通运输发展由支撑经济发展向引领经济发展转变。

基于这种思路，应该从供给侧入手，加快交通运输供给侧结构性改革，推动交通运输服务供给适应需求结构新变化。第一，改善交通基础设施供给。提升铁路、公路等传统运输方式对新型工业化生产方式和产品的适应能力，推动交通服务供给对接个性化、高端化、服务化的新型消费需求。加快发展高速交通网络，尤其是完善民航和高铁网络建设，提升交通物流服务质量。积极发展一体化交通，减少运输服务的衔接环节和时间。推进多式联运的大交通体系建设，建设综合立体交通枢纽，加快构建大物流体系。第二，创新交通物流组织方式，深化交通服务改革，优化交通服务供给。充分利用信息化手段打造网络服务和监管平台，提升服务效率。坚持市场化原则，以铁路价格改革为切入点，推进交通运输价格改革，进一步发挥市场配置交通运输资源功能。推进交通运输业“放管服”改革，推进信息共享和一站式通关联检。第三，补齐交通服务短板，推动交通物流服务均等化。让贫困地区和困难群体能够充分共享交通服务，通过规划引导均衡化配置公益性交通基础设施。进一步健全农村物流网络体系，加

强农产品物流和村镇末端配送基础设施建设。第四，推动交通服务绿色集约发展。提升交通运输工具能源利用效率，降低能耗和排放水平，建立健全交通运输绿色发展制度和标准体系。提高技术在交通运输服务中的贡献率，推动交通物流可持续发展。

（二）加强网络化交通基础设施建设

实施交通基础设施综合成网计划，加快国际国内区域大通道建设，提升交通物流质量和效率。国际层面，加强国际国内铁路运输联动，以“X新欧”通道为契机，做优中欧铁路货运通道。国内层面，要以“两纵三横”城镇化战略格局为基础，依托我国重点城市群节点，加快建设“八纵八横”高铁网络、主干高速公路网络和高效互联互通的航空网络，加快形成“城市群+区域轴带”的网络化城市群体系。完善重点区域发展规划，建设现代化综合运输走廊，推进区域联系密切的城市群内部基础设施和通行一体化，推动多式运输协同对接。加快落实物流发展中长期规划，清理和废除妨碍全国统一市场和公平竞争的规定和做法，降低区域间交通物流对接转换成本。

（三）多措并举降低交通物流成本

加快推进交通物流体制改革，加强一体化软硬件基础设施建设，不断提升物流交通效率。第一，加大交通物流收费项目的规范与清理力度，逐步降低公路收费标准，进一步规范港口、机场、铁路经营性收费项目，大力清理过路费、进场费等不合理收费项目，合并优化物流相关税费，增加进项税可抵扣项目。第二，加强多式联运转运设施建设，加快机场、港口等重点枢纽物流系统软硬件设施的衔接进度，推动海铁联运、空铁联运提速发展。不断创新交通物流运营和组织模式，鼓励民间资本参与建设现代物流体系，支持创业企业探索物流管理模式创新，持续提升货物中转效率。第三，进一步推动物流标准化，加快制定修订物流标准并推动标准衔接，扩大标准化试点范围和品种，推广标准物流设施设备应用。加快推动货运标准化和专业化，鼓励发展各类专用运输车辆，大力发展自动化作业的技术装备。第四，深入实施“互联网+”计划，加快传统产业的信息化改造，推动第三方平台有条件地定向开放数据资源，提高物流信息化水平。构建货运业务网络服务管理平台，推动“互联网+”与税务、交通相结合，通过信息化手段提供税务服务并加强运输监管，解决税收进项抵扣难题。

执笔人：兰宗敏

第九章

未来2~3年我国能源消费总量与结构展望

能源系统的任何变化，都会对经济社会产生重大影响。当前我国经济发展步入新常态，“十三五”时期我国能源消费增速将明显回落、能源结构双重更替加快。长期看，我国一次能源消费总量预计2040年进入峰值平台期，煤炭消费比重不断下降，非化石能源占一次能源的比重不断提高。当前需深入推进能源革命，着力推动能源生产利用方式变革，建设清洁低碳、安全高效的现代能源体系。

一、我国能源消费现状和主要影响因素

（一）我国能源消费现状

能源消费总量继续增长，但增速明显下台阶。2016年全国能源消费总量预计43.6亿吨标准煤，较上年增加0.6亿吨标准煤，为2000年能源消费水平的3倍，能源消费规模不断扩大（图1）。2016年我国人均能源消费量约3.2吨标准煤①，大致分别相当于美国和日本人均能源消费的32%

① 人口数据采用2015年的13.75亿人。

和64%[①]，而同时我国人均GDP仅分别为美国和日本的14%和23%[②]。2016年全国能源消费预计同比增长1.4%左右，较2000年以来能源消费年均增速低6个百分点。进入21世纪，能源消费增速明显下台阶。"十五""十一五""十二五"期间，我国能源消费年均增速分别为12.2%、6.7%、3.6%。"十三五"开局之年，能源消费增速尽管较上年略有回升，但仍处于历史低位。

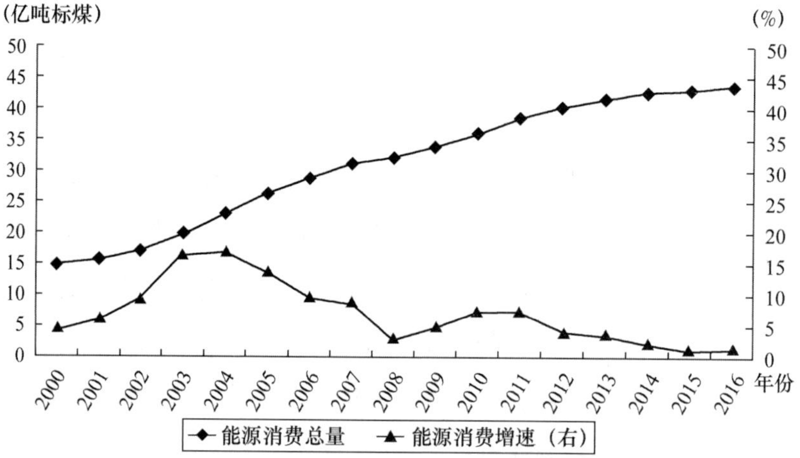

图1　2000～2016年我国能源消费总量和增速

能源消费增速低于经济增速，经济发展对能源消耗的依赖程度降低。2016年我国经济增速6.7%，而能源消费增速仅为1.4%（图2）。可见，当前我国以较低的能源消耗支撑着中高速经济增长，能源利用效率不断提高，经济增长对能源消耗的依赖程度降低。世界银行认为，经济活动逐步减少对环境冲击的过程为解耦过程。就经济增长和能源消费来讲，在经济不断增长的情况下，当能源消费由增长转为稳定时，可认为经济发展与能源消费相对解耦；当能源消费出现峰值，并持续下降时，可认为经济增长

---

① 当前欧洲和日本的人均能源消费分别约为3.5吨标准油/年（杜祥琬，2015年），约为5吨标准煤/年（1标准油=1.42867标准煤）；当前美国人均能源消费水平约为7吨标准油/年，约为10吨标准煤/年。

② 2015年中国、美国和日本的人均GDP分别为8109美元、56054美元和34629美元（联合国统计司，2017）。

与能源消费绝对脱钩。按此标准，当前我国经济增长和能源消费尚未出现解耦。

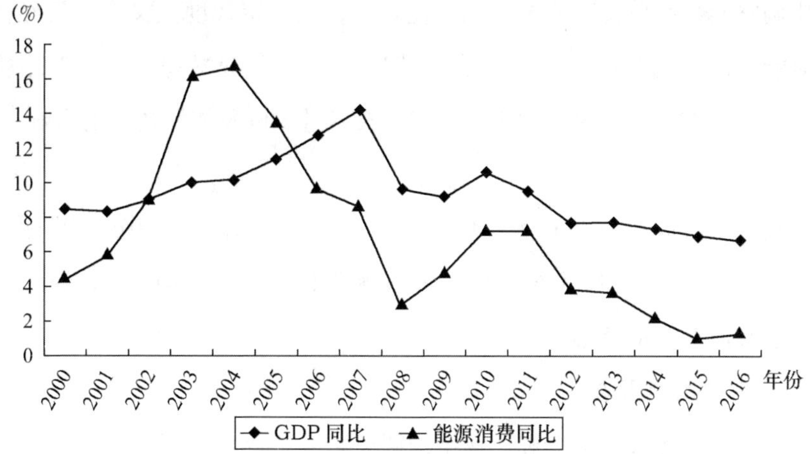

图 2　2000～2016 年我国 GDP 增速和能源消费增速

煤炭消费量负增长，非化石能源消费比重提高。2016 年我国煤炭消费量预计较上年减少 6000 万吨，占一次能源消费的 62%，较上年减少 2 个百分点。石油和天然气占一次能源消费的比重分别为 18.6% 和 6.1%，依次较上年提高 0.5 个和 0.2 个百分点。非化石能源占一次能源消费的比重预计可达 13.3%，较上年提高 1.3 个百分点（图 3）。

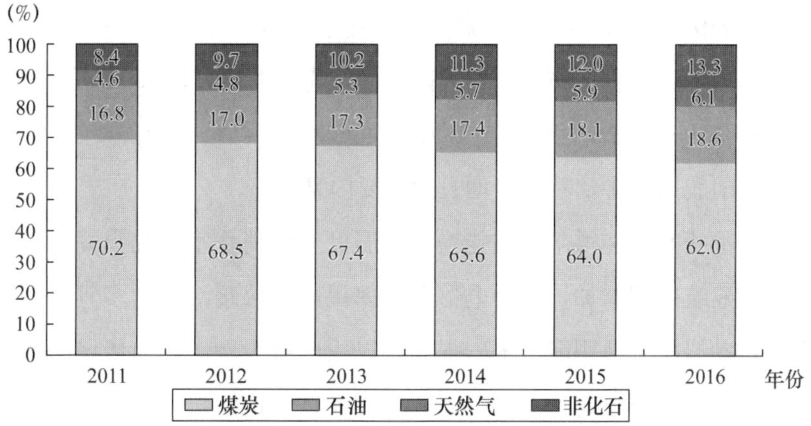

图 3　2011～2016 年我国一次能源消费结构

资料来源：国家能源局和万德资讯。

（二）影响我国能源消费的主要因素

长时间内，经济增长必然拉动能源消费增长。同时，技术进步，产业结构调整又会使单位产值的能源消耗降低，在一定程度上又会减轻经济增长对能源消耗的依赖。过去及当前我国能源消费缓慢增长、能源结构优化，主要受人口、主要部门用能需求、技术进步以及能源政策的影响。

1. 人口

我国人口规模不断扩大，城镇人口比重继续增加。2016 年我国人口 13.83 亿人，城镇化率为 57.4%，人口规模不断扩大和城镇人口稳步增加，拉动了我国能源消费继续增长。

2. 部门用能需求

潜在经济增长率降低和产业结构调整影响产业部门用能需求。2011 年以来，我国潜在增长率降低，GDP 增速从 9.5% 下降到 2016 年的 6.7%，导致了能源需求放缓。经济增速放缓的同时，产业结构也在发生变化。2012 年第三产业比重开始超过第二产业，成为我国经济增长主要动力，且一直保持快速增长。第三产业能源消耗强度显著低于第二产业，这利于降低我国整体能源消费强度。第二产业内部结构也在发生调整，高耗能制造业增速放缓，带动了能源消费水平下降。以占全社会用电量 30% 的高耗能行业用能为例。2016 年 1～11 月，我国化学原料制品、非金属矿物制品、黑色金属冶炼和有色金属冶炼四大高耗能行业用电量合计 15922 亿千瓦时，同比下降 0.9%，对全社会用电量增长贡献率 -5.4%。高耗能工业用能下降，是当前我国能源消费缓慢增长的主要因素。

居民消费升级使得生活用能增加。居民生活消费水平的提高，表现在人均居住建筑面积增加、家用电器普及率提高、取暖活动增多等方面，这些都会带动居民生活用能水平的提高。以用电量为例。目前居民生活用电量快速增长，2016 年城乡居民生活用电量累计同比增长 10.8%，占全社会用电量的比重从 12% 上升至 13.6%。

机动车拥有量增长拉动交通能源消费。2015 年中国机动车千人拥有量为110辆，2000~2010年中国机动车千人拥有量年均增长10辆。机动车快速增长，使得我国交通能源消费也快速增长。

3. 技术进步

煤炭绿色清洁开发利用稳步推进。2016年我国化解煤炭过剩产能超额完成全年任务，取消了1240万千瓦不具备核准条件的煤电项目。煤电节能改造规模超过2亿千瓦、超低排放改造规模超过1亿千瓦。可再生能源投资和技术进步较快发展。我国对可再生能源的投资相当于美国、欧盟和日本的总和。2011年，风电装机成本下降到3200~3500元/千瓦，使得我国沿海地区一些风力发电成本已可以和燃煤发电竞争。发电装机结构清洁化趋势明显。目前，我国水电、风电、太阳能发电装机容量已跃居世界第一。预计2016年，我国电力装机容量达16.5亿千瓦，其中非化石能源发电装机容量比重为36%，同比提高2个百分点。火电占比明显下降。2016年火电占全部发电量的73.9%，较2011年下降8.9个百分点，同时水电、核电、风电的占比，分别较2011年提高5.1个、1.7个和2.4个百分点。

4. 相关政策

十八大以来，党中央对加快生态文明建设、建设美丽中国做出战略部署。近期我国签署了气候变化《巴黎协定》，向国际社会做出减少碳排放的庄严承诺。国内层面，正在积极落实中央关于推动能源革命的战略部署，同时大气污染防治行动计划稳步推进。这些对控制我国能源消费总量、优化能源结构都产生了重要影响。

上述四方面因素，既影响过去和当前我国能源消费，也影响今后我国能源消费走势。展望我国能源消费水平和结构，离不开对这些因素变动趋势的预判。

二、主要发达国家能源消费总量的变化规律

在对我国能源消费展望之前，有必要观察发达国家的经济发展和能源

消费变化规律，并分析促使这些规律发生的经济社会条件，从而为预测分析我国能源消费水平、选择适宜的能源政策提供借鉴。

（一）能源消费进程中存在历史峰值

能源消费总量的历史峰值存在。观察英国、美国、日本、法国、德国等发达国家 1960～2012 年的能源消费总量数据，可以发现这些国家能源消费总量变化大体分为三个阶段。第一个阶段：能源消费总量快速增长。二战后到第一次石油危机前，随着经济复苏，主要发达国家的能源消费总量快速增长，英、美、德、法等国家的能源消费增速都在 5% 左右。第二阶段：能源消费进入总体平稳期。1990 年之后随着欧美等国家将产业向东南亚等新兴工业化国家转移，这些国家的能源消费增速开始降低，能源消费总量年度变化不大。第三阶段：能源消费总量下降。这些国家在 2000 年前后出现了能源消费总量下滑的情况。

人均能源消费的历史峰值存在。观察美国、加拿大、日本、德国、英国和法国等发达国家的人均 GDP，发现这些国家的人均能源消费，并没有随人均 GDP 增长而同步增长，而是大体也经历了三个阶段。一是人均能源消费的上升期。20 世纪 60～70 年代，人均能源消费量不断增长。比如，美国的人均能源消费从 1960 年的 5.8 吨标准油，上升到 1980 年的 8 吨标准油。上升期大约维持了 20 年。这个阶段，经济增长对能源的依赖程度较大。二是人均能源消费的平台期。20 世纪 80 年代以后，虽然人均 GDP 增长，但人均能源消费年度变化不大。比如，美国的人均能源消费在 80 年代以后的 20 多年间，大体稳定在 7 吨标准油的水平。这个阶段，经济增长和能源消耗相对解耦。三是人均能源消耗出现下降。2005 年后，这些国家的人均能源消费开始出现下降，但这种趋势能持续多长时间，仍需要继续观察。

值得注意的是，在经济发展过程中，能源消费总量和人均能源消费总量变化过程中的这三个阶段，并非机械地依次出现，往往随经济波动而出现一定程度反复。

（二）峰值出现的时间和峰值规模

能源消耗总量峰值。德国于 1979 年最早达到能源消费总量峰值，峰值水平为 5. 31 亿吨标准煤，法国、英国、日本出现能源消费峰值的时间分别为 2004 年、2005 年、2005 年，相应的能源消费规模分别为 3. 65 亿吨、3. 25 亿吨、7. 57 亿吨标准煤。与欧洲和日本比，美国能源消耗波动幅度较大，其曾在 1979 年出现能源消费的阶段性峰值 26. 84 亿吨标准煤，之后又在 2007 年出现 1870 ~2012 年间的能源消费历史性峰值，峰值水平为 33. 82 亿吨标准煤（表 1）。

表 1　　主要发达国家能源消费峰值情况

	能源消费总量		人均能源消费		两个峰值的出现步调
	时间	峰值（10^8 吨标准煤）	时间	峰值（吨标准煤）	
德国	1979 年	5. 31	1979 年	6. 79	同步
英国	2005 年	3. 25	1973 年	5. 75	总量峰值比人均峰值晚 32 年
法国	2004 年	3. 65	2004 年	6. 03	同步
日本	2005 年	7. 57	2005 年	5. 94	同步
美国	2007 年	33. 82	1973 年	12. 21	总量峰值比人均峰值晚 33 年

资料来源：沈镭、刘立涛等，《2050 年中国能源消费的情景预测》。

人均能源消费峰值。美国人均能源消费的峰值早在 1973 年就出现了，峰值规模为 12. 21 吨标准煤；英国、德国、法国、日本出现人均能源消费峰值的时间分别为 1973 年、1979 年、2004 年、2005 年，对应的峰值规模分别为 5. 75 吨、6. 79 吨、6. 03 吨、5. 94 吨标准煤。显然，英国、德国、法国、日本的人均能源消费峰值水平比较接近，总体上比美国的人均能源消费峰值要低很多。

（三）峰值出现时的经济发展阶段特征

能源消费峰值往往出现在工业化完成后。发达国家经验显示，在国家工业化和城市化基本完成、经济增长速度基本趋缓、人均 GDP 达到一定水平时，能源消费增速会逐步降低至零，能源消费总量总体进入平台期。

人均 GDP 达到一定水平，人均能源消费不再增长或缓慢下降。美国和加拿大在人均 GDP 达到 2 万美元之前，人均能耗逐渐随人均 GDP 增长而增加；当人均 GDP 达到 2 万美元左右时，人均能源消耗不再增加，而是始终维持在 7 吨 ~8 吨标准油。英国、法国和德国等国家，在人均 GDP1.5 万美元之前，人均能耗随人均 GDP 增长而增加；当人均 GDP 达到 1.5 万美元左右时，人均能耗进入平台期，始终维持在 3 吨 ~4 吨标准油。后工业化阶段，经济增长对能源消费的影响不再显著。

（四）峰值出现时的产业结构特征

能源消费峰值出现在经济增速放缓、第三产业占主导地位时。第二次世界大战后，发达国家经济快速发展，GDP 年均增速 5% 以上，此时能源消费稳步增长。20 世纪 80 年代后，东亚新兴国家和中国经济快速发展，发达国家国内环境监管压力加大，发达国家开始将钢铁、石化、建材、冶金等高能耗产业向外转移，而自身发展低能耗的技术密集型产业和高附加值服务业，产业结构的变化带动了发达国家能源消费放缓，第三产业成为经济发展主导产业时，经济增长与能源消费才开始出现较为明显的解耦趋势。各国在第三产业成为主导产业的同时，第二产业内部结构也发生变化，作为主导地位的高耗能、高污染行业逐渐被低能耗、绿色、信息化程度高的行业所替代。

以德国为例。德国于 1979 年进入能源消费总量峰值平台期。20 世纪 50 ~70 年代，德国第二产业比重较高，第三产业开始迅速发展。1975 年德国第三产业比重达 49.1%，超过第二产业比重，第二产业内部产业结构不断升级，汽车行业逐渐上升到首位，电子部门在 GDP 中的排名从第 9 位提高到第 3 位，钢铁则从第 2 位跌至第 7 位。

（五）峰值出现时的生活用能需求特征

能源消费峰值出现在城市化进程基本完成、人均生活能耗基本稳定期。发达国家 20 世纪 70 年代城市化率达 70% 以上，1990 ~ 2000 年期间，美国、英国、法国、日本的城镇化水平基本保持稳定，随着城市化进程基本完成，生活能源消费（即非工业和交通能源消费）也进入了稳定阶段。这个阶段美国、英国、法国、日本的人均生活能耗基本保持不变，大体分别保持在 2. 8 吨标准煤、1. 5 吨标准煤左右、1 吨标准煤。

（六）峰值出现与节能措施密切相关

1973 ~ 1974 年发生的第一次石油危机，使得发达国家采取多种措施保障能源供应。一些国家提出"能源独立"战略，一些国家采取加强石油储备、鼓励能源多元化发展等政策手段。从那时起，各国人均能源消费量增速开始变缓。

与此同时，各国积极推行节能措施，把节能视为"最可靠的能源"，努力提高能源利用效率。例如，德国从 20 世纪 70 年代开始将节约能源作为德国发展经济的一项基本国策，90 年代则采取了 GDP 增速不能超过能源利用效率提高的指标来衡量经济增长质量。

三、近期和中长期我国能源消费总量和结构展望

（一）方法和模型

对能源消费趋势判断的传统研究方法有类比法、外推法和因果分析法。实际应用中采用的有弹性系数法、人均能耗法、经济计量模型法等，近年模型方法广泛应用。目前定量预测能源消费水平的模型大体分为两类：一类是自顶向下模型。这类一般均衡模型或者部分均衡模型以价格、弹性为主要经济参数，建立起经济与能源生产消费的关联，比如，IPAC –

Emission，Mini - CAM、MERGE、LDNE 模型等。另一类是自底向上模型。这类模型以反映能源生产和消费的人类活动所使用的技术过程为基础。自底向上模型的最大优点，是以人类活动、技术变动的详细信息为基础开展预测，预测结果易于解释、对相关政策制定的支撑更直接。例如 MESSAGE、AIM、MARKAL 模型、LEAP 模型。

本研究采用中国能源环境综合政策评价模型（Integrated Policy Assessment Model of China，IPAC）对我国能源消费水平和结构进行定量预测分析。IPAC 是由国家发展改革委能源研究所开发的对中国能源和环境政策进行综合评价的模型（图 4）。IPAC 模型可以预测至 2100 年，前 50 年的分析较为详细，每 5 年一个时间段，后 50 年为 25 年一个时间段。IPAC 模型中的能源技术模块（IPAC - AIM）由国家发展改革委能源研究所和日本国立环境研究所共同开发。

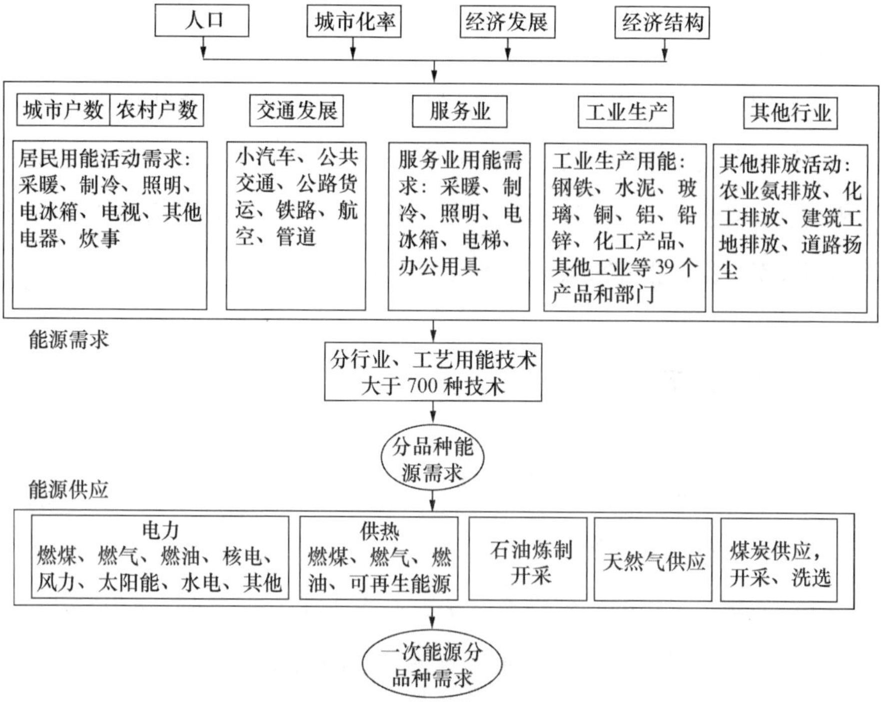

图 4　中国能源环境综合政策评价模型（IPAC）逻辑框架

（二）情景选择

IPCC 第五次评估报告结果表明，在很可能实现 2100 年 2℃ 升温控制目标情景下的成本最优排放路径要求：到 2030 年全球温室气体年排放控制在 300 亿 ~500 亿吨二氧化碳当量（相当于 2010 年水平的 60% ~100%）；21 世纪中叶，全球温室气体需减少至 2010 年水平的 40% ~70%；21 世纪末温室气体排放至零。本研究选择低能源需求情景，主要基于下述几点考虑。

第一，该情景能为经济发展提供足够能源服务保障。在模型情景研究中，设置了较高经济增速，确保该情景能够满足经济发展所需的能源供给服务。

第二，该情景利于尽早改善我国大气环境质量。模型中考虑 2030 年我国环境空气质量能够达标，即 PM2. 5 年均浓度要降至 35 微克/立方米。同时 2050 年我国环境空气质量要达到发达国家目前的空气质量标准，即 PM2. 5 年均浓度降到 10 ~15 微克/立方米。

第三，该情景利于我国碳排放尽早实现峰值。我国已明确表示支持全球 2℃ 的升温控制目标，本能源情景基本可支撑我国在该目标下的排放途径。我国已加入气候变化《巴黎协定》，承诺二氧化碳排放 2030 年左右达到峰值，并争取尽早达峰。按本能源情景推算，我国碳排放可在 2025 年前达峰。

第四，该情景利于我国实现 2030 年可持续发展目标。2015 年联合国提出全球 2030 年可持续发展目标，我国在 2016 年 11 月公布了自身实现 2030 年可持续发展目标的行动方案。169 个可持续发展目标指标中，大约 100 个指标与能源转型相关，本能源情景利于促进这些指标的实现。

第五，该情景下的能源转型路径可有效促进能源技术创新和应用。该情景的实现，有赖于大量先进能源供应和能效技术的创新和应用。强有力的能源政策，可有效促进技术创新，国际上能源技术研发格局印证了这点。实施低能源情景，利于我国在全球能源技术发展格局中占据领先地位。此外，当前可再生能源接入技术、储能技术等很可能在近期取得突破，为实现低能源情景提供技术支撑。长期看，可再生能源成本会明显下降，2025 年后基本不需要补贴。

（三）我国能源需求的影响因素分析

与发达国家相比，我国工业化和城镇化进程尚未完成，装备制造业将继续增长。城镇化和新农村建设还将继续拉动我国交通、能源基础设施建设，人民生活水平也还处于持续提高阶段，能源消费还将持续增长一段时间。但随着我国经济转型升级，经济增速放缓，能源消费增速也将相应放缓。

1. 人口和城市化进程

本研究采用国家卫计委的人口发展情景，利用“IPAC－人口模型”分析，得出未来我国人口规模和空间分布情景（表 2）。2030 年前，我国人口将持续增长，人口规模将达 14.4 亿人；2020～2030 年，我国人口缓慢增长，2030 年人口发展到 14.7 亿人，达到人口阶段性峰值。2016 年《国家人口发展规划（2016～2030 年）》提出，到 2020 年全国总人口达到 14.2 亿人左右，2030 年达到 14.5 亿人左右，与本研究的预测大致接近。

在人口缓慢增长的同时，人口分布也在发生变化，越来越多的人口生活在城市，城市化率不断提高，2020 年提高到 63%，2030 年提高到 70%，2050 年提高到 79%。

表 2　我国人口和城市化发展路径*

年　份	2005	2010	2020	2030	2040	2050
人口（百万人）	1308	1360	1440	1470	1470	1460
城市化率（%）	43	49	63	70	74	79
城市人口（百万人）	562	666	907	1029	1088	1138
农村人口（百万人）	745	694	533	441	382	302

注：*表中数据利用“IPAC－人口模型”分析得出。

2. 经济增长和结构

我国经济发展整体处于工业化后期和快速城镇化阶段，未来经济呈“L”型变化，即在经济增速“触底”后的 10 年内可保持基本稳定，而后可能逐步放缓。在此期间，第三产业增速始终高于第二产业，成为经济增长的最主要动力。预计 2030 年 GDP 增速将在 6.5% 左右，到 2040 年放缓至 5.9% 左右，到 2050 年降至 5.1% 左右（表 3）。

表 3　　我国 GDP 增速和产业结构变动趋势计量　　单位:%

年份		2015	2020	2025	2030	2040	2050
GDP	增速	6.90	7.02	6.83	6.49	5.90	5.12
第一产业	增速	4.04	5.20	4.00	3.60	3.60	3.60
	占比	8.92	8.19	7.16	6.24	5.59	5.20
第二产业	增速	5.60	5.60	5.50	4.80	4.50	4.00
	占比	42.20	39.47	37.07	34.21	32.00	30.34
第三产业	增速	8.60	8.50	8.20	7.90	6.90	5.80
	占比	48.87	52.34	55.77	59.55	62.41	64.46

我国产业结构将加速转型。第二产业比重持续下降，第三产业比重稳步上升，第三产业比重预计从 2015 年的 48.9% 上升到 2030 年的 60%，2050 年上升到 64.5% 左右。第二产业内部结构也在加速调整。IPAC 模型计算出来的主要高耗能产品产量如表 4 所示。2020 年之前，我国大多高耗能产品产量都在继续增长，到 2030 年大多产品产量达到历史峰值，之后一些产品产量逐渐下降，一些维持峰值水平。高耗能工业占我国工业能源消费的 70% 左右，高耗能产品产量的变动直接影响工业用能需求的变化。

表 4　　我国主要高耗能产品产量情景　　单位：万吨

年份	2005	2020	2030	2040	2050
钢铁	35500	71000	68000	54000	43000
水泥	106000	190000	195000	150000	120000
玻璃（亿重量箱）	3.99	8.3	10	9	8
铜	260	890	890	830	650

续表

年　份	2005	2020	2030	2040	2050
铝	851	1750	1850	1700	1400
铅锌	510	950	950	900	800
纯碱	1467	2500	2700	2600	2450
烧碱	1264	2600	2800	2800	2700
纸和纸板	6205	12000	14000	14000	14000
化肥	5220	7900	7950	7500	7300
乙烯	756	3700	3900	3900	3700
合成氨	4630	7100	7200	7100	6400
电石	850	1400	1400	1200	800

3. 交通周转量和出行方式

交通周转量包括货物周转量和客运周转量，前者的驱动因素是高耗能产品和能源产品的增长，后者主要受出行需求规模和出行方式的影响，其中机动车保有量是重要因素。大多结果表明，2020 年中国机动车保有量发展到0.9 亿～1.8 亿辆之间，2030 年在 1.2 亿～2.5 亿辆之间。本研究得出的机动车拥有量和交通周转量情景见表 5、表 6，可见，到 21 世纪中叶，我国汽车总量将一直保持增长态势。

表 5　　我国机动车拥有量　　单位：万辆

年　份	2005	2010	2020	2030	2040	2050
汽车总量	3160	6836	19538	39672	56372	60524
乘用车	2132	4869	16330	35376	50314	53117
货　车	1027	1967	3208	4296	6058	7407

表 6　　货运和客运交通周转量

年　份	2005	2010	2020	2030	2040	2050
客运周转量（10 亿人公里）	3446	5954	9931	16005	21323	31841
其中：公路客运周转量	2628	4796	7946	12688	15441	20795
铁路客运周转量	606	790	1125	1468	1898	2453
航空客运周转量	204	360	853	1842	3977	8585

续表

年　份	2005	2010	2020	2030	2040	2050
水运客运周转量	7	7	7	7	7	7
货运周转量（10 亿吨公里）	9394	14598	21699. 9	29160. 8	40621. 7	48526. 8
其中：公路货运周转量	2251	3601	6922	10820	19538	22864
铁路货运周转量	2073	2746	4083	5688	7924	11040
航空货运周转量	8	12	29	70	184	482
水运货运周转量	4954	8029	12419	18318	27026	39885
管道	109	209	657	1556	3359	6607

4. 居民和商住建筑发展

目前我国建筑面积增长非常快，2014 年每年竣工建筑面积已达 37 亿平方米。居民建筑、商业服务业建筑的发展是影响我国未来能源消费的重要因素。影响居民建筑耗能的因素包括建筑面积以及建筑内各类耗能设备的使用。本模型情景中，我国建筑总面积持续增长，2020 年达 747. 4 亿平方米，2030 年达到 890. 6 亿平方米（表 7）。

表 7　　建筑面积情景　　单位：亿平方米

年　份	2005	2010	2020	2030
全社会居住建筑面积	364. 4	435. 2	538. 2	623. 4
其中：城镇住房建筑面积	146. 7	202. 9	335. 7	439. 5
农村居住面积	217. 7	232. 3	202. 5	183. 9
其他建筑的比例	0. 25	0. 26	0. 28	0. 3
全社会建筑总面积	485	588. 0	747. 4	890. 6
全社会建筑总面积年均增速（%）	—	3. 9	2. 4	1. 8

城镇居住建筑耗能需求。随着收入增长，居民对居住舒适度要求不断提高。城镇居民未来能源需求主要影响因素包括：炊事用能增加不会过多，但热水需求量剧增；采暖的居民户数增加，室温提高及采暖期延长；家用电器数目增加；节能型家电将进入市场；居民生活中更多采用节能电器和可再生能源。城镇居民耗能部分驱动因素的情景如表 8 所示。农村居

住建筑耗能需求。在同样舒适度下，农村比城市居民的用能需求要多。2030年农村家用电器完全普及，用能服务强度与城市相差不大。

表8　　城市居民居住建筑耗能因素发展情景

耗能因素	2020年	2030年	2050年
居民户数（百万户）	288	336	380
采暖比例（%）	42	44	48%
50%及以上采暖节能建筑比例（%）	20	45	65
百户空调拥有量（台）	130	180	260
百户冰箱拥有率（%）	100	120	130
百户电视机拥有率（%）	180	220	290
百户热水器拥有率（%）	100	100	100
百户太阳能热水器拥有率（%）	18	25	33
百户电炊具拥有率（%）	130	140	260

大型公共建筑耗能设备。大型公共建筑根据用途一般分为商业、教育、政府、医院等，这些用于服务业建筑的用能因素如表9所示。

表9　　服务业用能主要因素

年份	服务业建筑面积（亿平方米）	大型公共建筑面积（亿平方米）	大型公共建筑平均电器容量（W/平方米）	电器节能率（%）	其他公共建筑面积（亿平方米）	其他公共建筑平均电器容量（W/平方米）	电器节能率（%）	采暖节能率（50%节能建筑，考虑65%和75%）（%）
2005	41	5.6	36.9	—	35.4	11.4	—	—
2010	69	9.8	45.4	3	59.2	12.1	3	5
2020	146	22	58.7	9	124	13.3	8	30
2030	245	39	72.1	19	206	14.9	17	65
2040	310	52	84.5	28	258	16.5	26	80
2050	340	63	95.1	41	277	18.0	40	95

5. 技术进步

第二产业能源利用效率提高。在《中国制造2025》行动纲领的引导下，低能耗、低排放、智能化等理念将引领制造业转型升级，我国第二产业的能源消耗强度将明显降低。2030 年，我国第二产业单位增加值能耗有望比 2015 年下降 51%，2050 年下降超过 77%。第二产业的电气化水平逐步提高到 2030 年的 27% 和 2050 年的 35%。2050 年钢铁、建材、化工行业的单位增加值能耗，分别比 2015 年下降 74%、54%、42%；包括轻工、机械设备、电子设备在内的其他制造业单位增加值能耗降幅也超过 75%。

第三产业能源利用效率提高。"能源互联网"技术将快速发展，能效不断升级的电器设备将显著提升生产和生活用能效率。2030 年第三产业增加值能耗将比 2015 年下降 41% 左右，2050 年将下降 74% 左右。

交通能效技术进步显著。发动机燃油经济性提高、电动汽车推广，以及智能交通网络的应用等，将大幅降低交通能耗水平，2030 年乘用车单车能耗将比 2015 年下降 37%，2050 年下降 60%。

6. 政策因素

控制大气污染要求大幅压缩煤炭使用，天然气的使用将大幅增长。《大气污染防治行动计划》明确提出在大气污染防治重点区域减少煤炭使用，使得这些地区能源结构 5 年会出现重大变化。随着煤炭压缩使用，我国天然气使用将大幅提高。天然气作为清洁高效的低碳能源，与石油、煤炭相比，节能减排效果显著。绿色低碳城镇化利于实现更低的城市排放。低碳规划、低碳城市、低碳交通、绿色建筑的发展，以及碳金融、碳交易等机制的建立，利于实现城市可持续发展，减少城市能源消费。

（四）我国能源消费水平情景分析

依据上述能源消费的驱动因素，本研究预测了"十三五"期间以及到 2050 年我国主要部门终端能源需求水平。

1. 终端能源需求

由于经济结构调整、节能技术普及，以及终端能源更多转向依靠电力，我国将进入一个低能源需求增长阶段。未来2~3年，预计我国终端能源消费年均增速1.2%，2020年我国终端能源消费预计30.4亿吨标准煤。2020~2030年，我国终端能源消费增速降低到0.7%左右，2030年有可能达到峰值，峰值规模约为32.1亿吨标准煤，之后缓慢下降。事实上，在2020~2050年期间，我国终端能源消费需求大体处在一个平台期（图5）。

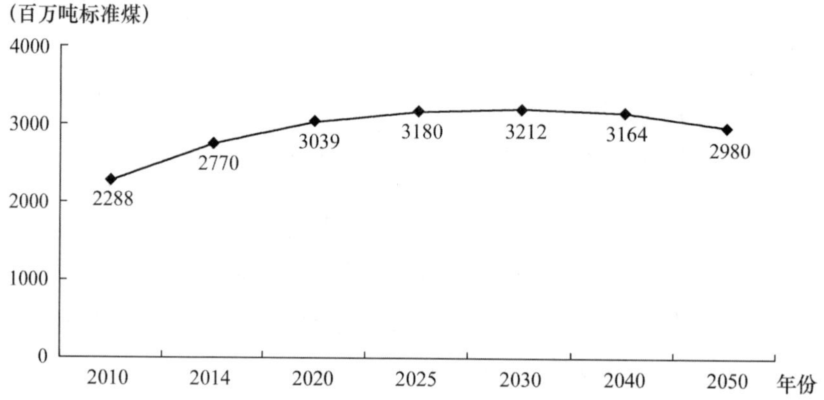

图5 我国终端能源消费量

2. 分部门终端用能需求

工业终端用能将于2025年前达峰。工业用能增长缓慢是我国能源消费达峰的核心因素。高耗能工业占GDP比重，从2014年的16%下降到2030年的9%，2050年的6%。大部分高耗能工业产品产量2020年达峰并开始下降，部分和超市消费品相关的石化化工产品产量还会继续增长，但增速较慢。此外，受高耗能工业技术进步，及电力消费比重上升等因素影响，我国工业终端能源消费很可能在2025年前达峰，工业能源消费也将进入以电力消费增长为主要形式的阶段（表10）。

表10 我国主要耗能部门的终端能源消费需求 单位：百万吨标准煤

年份	工 业	商住和居民生活	交 通
2010	1580.2	393.8	258.5
2014	1712.1	502.9	395.7
2020	1727.4	592.3	521.6

续表

年份	工　业	商住和居民生活	交　通
2025	1703.9	715.8	609.1
2030	1682.4	778.9	665.1
2040	1665.8	786.7	622.2
2050	1608.3	738.2	542

注意：商住和居民生活用能，包括服务业、城市居民用能、农村居民用能。

交通能源消费需求2030年左右达峰，峰值约为6.7亿吨标准煤。交通运输周转量不断增长，但随着先进交通技术发展，交通领域能源消费需求仍有限。高效小汽车和卡车不断发展，纯电动汽车保有量2025年后快速增长，高铁在长途客运中将扮演重要角色。2030年后，新增交通需求基本以电力驱动为主，这使得交通用能得以控制在较低水平（图6）。

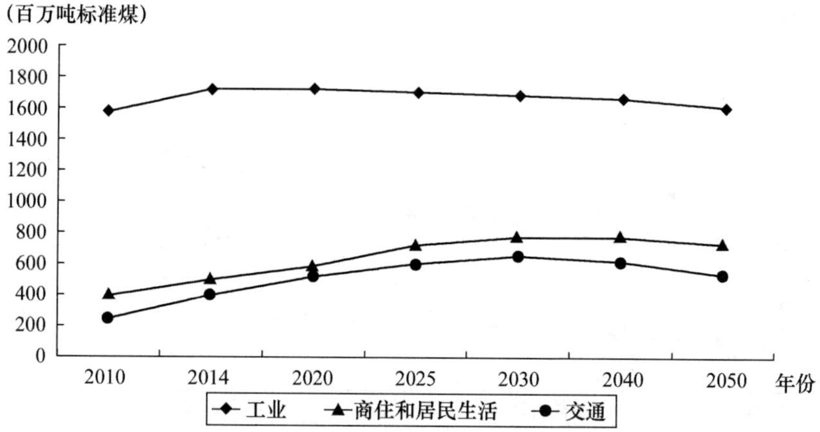

图6　我国主要耗能部门的终端能源消费需求

建筑用能即商住和居民生活用能持续增长，2030年进入峰值平台期，2030~2040年仍缓慢增长，2040年达到建筑用能需求历史峰值，峰值水平大约7.9亿吨标准煤。建筑用能的主要驱动因素是建筑面积以及建筑所需的能源服务。我国城市化进程仍将不断推进，2050年我国城市化率将达到80%。人民生活水平大幅提高，城市居民2030年前就能达到目前发达国家的物质生活水平。这些都使得建筑用能不断提升。但同时，我国建筑能效水平将显著提升，LED 照明、电视、超高效空调、高效洗衣机、电冰箱等产品将快速普及，这使得建筑用能增长有限。

3. 分品种终端用能需求

从终端能源消费品种看，煤及煤制品（包括煤、焦炭、煤气）在终端能源消费中的比重持续下降，2020 年煤及煤制品占终端能源消费的比重为 33%，2030 年下降到 25. 1%，2050 年下降到 18. 7%。电力在终端能源消费中的比重平稳上升，从 2020 年的 26. 1% 提高到 2030 年的 30. 6%。2030 年后，我国电力在终端能源消费中的比重将快速提高，其中重要原因我国电动车在 2020 之后会快速发展，2030 年我国电动车将增长到 9500 万辆，预计是 2020 年的 12 倍。2050 年电力占终端能源消费的比重预计达 42. 6%（图 7）。

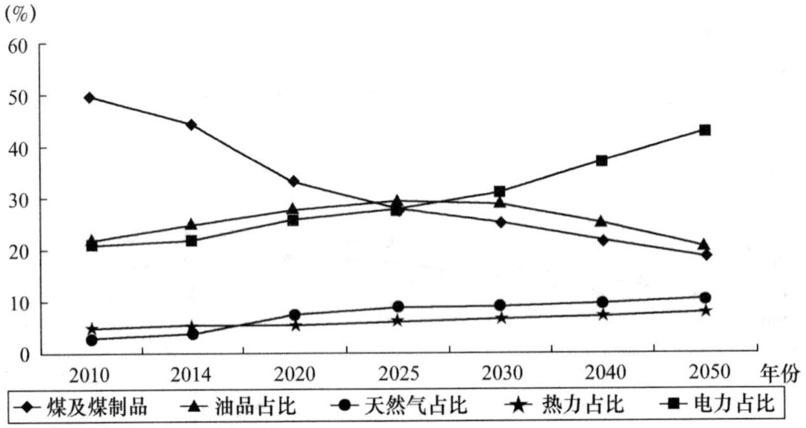

图 7　不同品种的能源占终端能源消费的比重

4. 一次能源消费总量

预计 2017 年我国一次能源消费增速 1. 5% 左右，一次能源消费总量 44. 3 亿吨标准煤左右；2018 年能源消费总量可控制在 45. 5 亿吨标准煤，2020 年可控制在 47 亿吨标准煤以内，比《能源发展“十三五”规划》制定目标低 3 亿吨标准煤，能源消费增速比“十三五”规划低 1 个百分点。

一次能源消费总量预计 2040 年进入峰值平台期。2020 年后，我国一次能源消费增速进一步放缓，预计 2030 年、2040 年、2050 年一次能源消费分别为 51 亿吨、53.5 亿吨、53.6 亿吨标准煤。可见，2040 年起我国一次能源消费总量大体进入平台期，2040 ~ 2050 年能源消费总量年度变化不大，大约稳定在 53.5 亿吨标准煤，那时我国人均一次能源消费为 3.7 吨标准煤（图 8）。

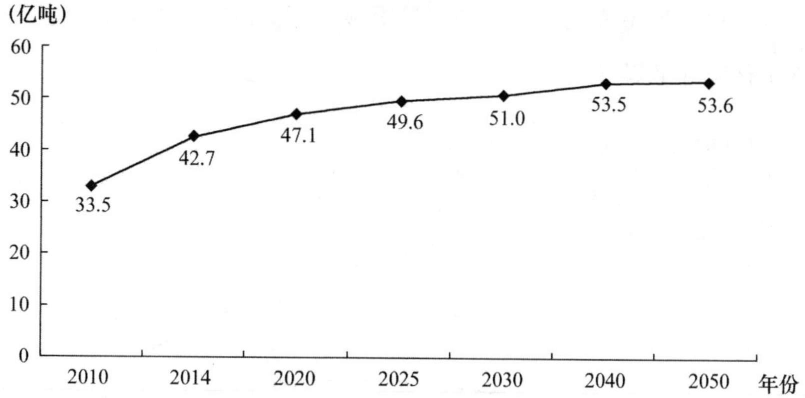

图 8　一次能源消费总量情景

国家发展改革委早期研究显示，中国将在 2040 年迎来能源消费“零增长”。中国社会科学院课题组研究显示，一次能源消费量将持续增长，但在 2040 年左右接近平缓。清华大学的一项研究认为，2050 年前我国能源需求持续增长，但 2030 年后增速放缓。也有学者认为，中国能源消费增长难以在短时间内达到峰值。

煤炭消费已进入下降通道。受经济增速放缓、非化石能源快速发展以及大气污染治理等因素影响，2013 年以来我国煤炭消费量逐年下降。预计 2020 年煤炭消费量 25.1 亿吨标准煤，2030 年下降至 19.1 亿吨标准煤，2050 年煤炭消费约 9.8 亿吨标准煤。《能源发展“十三五”规划》提出，2020 年我国煤炭消费总量控制在 29.1 亿吨标准煤以内。本情景研究给出的预测值，较目标值低 4 亿吨标准煤。

石油消费预计在 2025 进入峰值平台期，2030 年开始下降。未来 2 ~ 3 年，我国石油消费增长也趋缓，增速大约维持在 2% 以下，近期甚至可能出现下降。这主要因为占据我国运输周转量55%左右的能源产品和高耗能产品的运输量降低。尽管小汽车快速增长，但其燃油经济性提高，同时公共交通和电动汽车都较快发展，这些因素促使机动车用油增长缓慢。高铁的发展抑制了航空用油的快速增长。预计石油消费将于2025年前后将达到峰值，2025~2030年石油消费基本维持在峰值平台期，峰值水平大约9.3亿吨标准煤。2030年后，石油消费量缓慢下降，2050年石油消费量预计降到6.1亿吨标准煤（图9）。

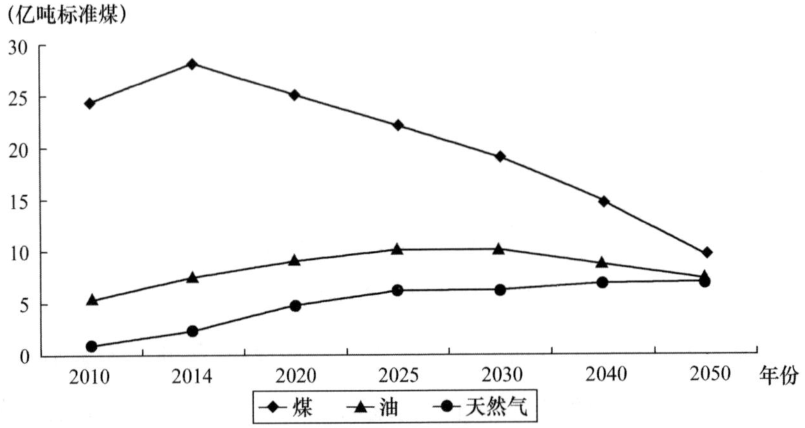

图9　一次能源消费中煤、石油、天然气的消费量

天然气消费大约在2040年进入峰值平台期。在非化石能源成为主力能源之前，天然气是替代煤炭和石油的清洁化石能源，主要用于以散煤替代、交通用油替代、分布式和灵活电源等领域，未来20多年仍是我国天然气快速发展期。“十三五”期间，我国天然气消费预计快速增长，尽管天然气价格较高，但因大气污染防治对煤炭消费的严格控制，天然气替代煤炭的速度将加快。2020年，我国天然气消费预计增长到3500亿立方米左右。天然气消费峰值预计2040年出现，之后的10年一直维持在平台期，历史性峰值水平接近7亿吨标准煤（见表11）。

5. 一次能源消费结构

“十三五”期间能源结构双重更替明显加快。“十三五”时期是我国实

表11　　**一次能源消费量**　　单位：百万吨标准煤

年份	煤	油	天然气	水电	核电	风电	太阳能	生物质能电	醇类燃料	生物柴油	合计
2010	2430.7	534.8	109.9	196.5	48.1	22.6	0.4	7.1	2.0	1.0	3353.2
2014	2811.0	728.5	242.8	334.7	56.8	62.6	13.2	16.6	4.0	1.6	4271.8
2020	2514.0	907.7	477.6	340.8	129.8	199.4	71.9	41.7	17.8	5.8	4706.5
2025	2212.4	1013.1	616.8	422.0	198.6	297.9	101.8	47.2	44.6	9.8	4964.1
2030	1910.9	1008.1	621.1	452.3	372.5	425.7	180.9	53.2	44.6	29.8	5099.1
2040	1476.0	879.2	689.1	500.5	688.1	594.3	337.8	81.3	54.9	44.7	5345.9
2050	975.6	711.4	695.0	474.9	949.9	712.4	563.1	125.5	71.4	76.0	5355.1

现非化石能源消费比重达到15%目标的决胜期，也是为2030年前后碳排放达到峰值奠定基础的关键期。煤炭消费比重将进一步降低，非化石能源和天然气消费比重将显著提高，我国主体能源由油气替代煤炭、非化石能源替代化石能源的双重更替进程将加快推进。由于非化石能源增长快速，新增的非化石能源和天然气就基本可以满足新增能源需求。预计2017年，非化石能源消费比重提高到14.3%左右，天然气消费比重提高到6.8%左右，煤炭消费比重下降到60%左右。2020年非化石能源占一次能源消费比重预计达17.2%，多出《能源发展“十三五”规划》目标值2个百分点。

中长期非化石能源比重显著提高。2020年我国一次能源需求中，煤炭、石油、天然气的消费量分别为2514百万吨、907.7百万吨、477.6百万吨标准煤，分别占一次能源消费的53.4%、19.3%和10.1%；2030年这3个比重分别为37.5%、19.8%、12.2%，2050年则分别为18.2%、13.3%、13%。在煤炭比重不断降低的同时，非化石能源占一次能源的比重不断提高，2030年非化石能源占一次能源的消费比重为30.6%，2050年达55.5%（图10）。《能源发展“十三五”规划》提出，2020年非化石能源消费比重提高到15%以上，天然气消费比重力争达到10%，煤炭消费比重降低到58%以下。按本研究设置的研究情景，2020年我国能够实现能源结构调整目标。

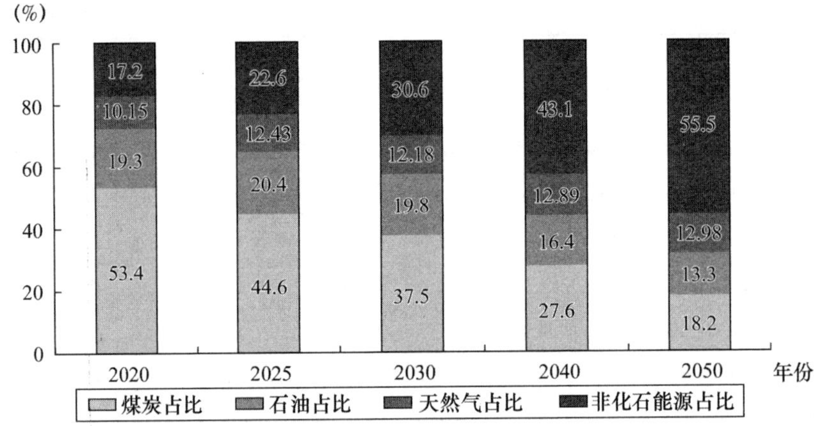

图 10　我国一次能源消费结构情景

四、促进我国能源中长期转型发展的建议

（一）严格控制煤炭消费

在非化石能源快速发展的情景下，煤电会加快过剩，发电设备利用小时将降到4000 小时以下。当前需为未来燃煤发电进入下行期做好准备，“十三五”期间着手安排煤炭产业转型导致的就业转岗，做好社会政策兜底。避免能源行业过剩和无效投资，提高投资效率。控制燃煤电站建设，不再新建任何燃煤电站，IGCC 电厂除外。长期可考虑将煤电转变为可再生能源调峰，通过电价保障煤电盈利。

（二）持续大力发展非化石能源

保持可再生能源持续足额投资。持续支持可再生能源发展，构建适应可再生能源大规模利用的能源体系。在保证安全情况下发展核电。做好与公众沟通，提高公众对核电厂的接受程度。落实可再生能源补贴、可再生能源全额收购等制度，提高可再生能源发电装机容量。大幅提高电力在终端能源消费中的比重。

（三）积极发展绿色交通

大力发展公共交通。据不同城市规模，大力发展轨道交通、公共交通，以及构建慢行绿色交通体系。加速普及节能型交通工具。促进电动汽车发展，构建适合电动汽车发展的基础设施，在公共设施区域设立优先停车位。降低对新能源汽车和节能汽车的税收。2030 年全部城市建立低碳交通体系。提高小汽车使用成本，在提高停车费的基础上，考虑采取增加公交车道、自行车道、设立更多过街信号灯等措施，限制机动车过快增长。

（四）发展低能耗和低排放建筑

加快研究制定先进的建筑能耗标准，制定相应的设计标准和工程标准。尽快实施新的建筑能耗标准，2020 年 10% 的新建建筑达到新标准。"十三五"末，建设 1000 万 ~3000 万平方米近零排放建筑，"十四五"期间，20% 以上新建建筑实现近零排放。推广应用建筑节能新技术，加快既有建筑改造。完善建筑节能政策法规，适当提高建筑节能奖励标准，推进供热计量改革，推广阶梯电价。

执笔人：王海芹　姜克隽①

① 姜克隽，国家发展改革委能源研究所研究员，博士。

第五部分

区域经济

第一章

2017 年区域经济分化趋势仍将延续

与 2015 年相比，2016 年的区域经济发展的大趋势并没有改变，仍然呈现出分化的特征。在这种分化过程中可以看到，一些地区呈现出积极的发展势头，一些地区也仍未能扭转不断恶化的趋势。这其中既有长期因素的影响，也有短期因素的作用。2016 年的区域报告部分将总结区域发展出现的一些新的特点，并着重从短期视角分析其背后的影响因素。从分析可以看到大宗商品价格的回升和房地产投资的回调及分化对区域经济增长格局产生了较大影响。

一、区域经济发展的新特征、新现象

整体来看 2016 年区域经济的增长趋势仍然在延续之前的“三个阶梯”的分化趋势：一是西部部分省份和中部大部分省份经济增速虽然也在不断下滑，但始终保持相对较高的增速；二是东部沿海地区的经济增速较为平稳地下滑，而且与全国的平均增速较为接近；三是东北和华北等严重依赖重化工业和能源工业的省份经济增速较低，大多处在全国垫底的位置。这里不再对这种分化现象展开描述，而从历史对比的角度总结几点近期区域经济发展出现的新现象。

（一）区域差距扩大

虽然几年前区域经济的增长就表现出分化的趋势，但区域整体的差距却一直呈现缩小趋势。很大程度上是由于近年来出现经济增长大幅下滑的省份中很多省份的人均 GDP 水平并不低。但是随着这种分化趋势的延续，区域整体的差距开始出现了新的变化。2015 年的区域差距开始有所扩大，这是 21 世纪以来首次出现区域差距扩大的现象。区域人均 GDP 加权变异系数由 2014 年的 0. 375 上升至 2015 年的 0. 381。人均 GDP 最高的省份天津与最低的省份甘肃之间人均 GDP 差距由 2014 年的 4. 0 倍上升至 2015 年的 4. 1 倍（图 1）。

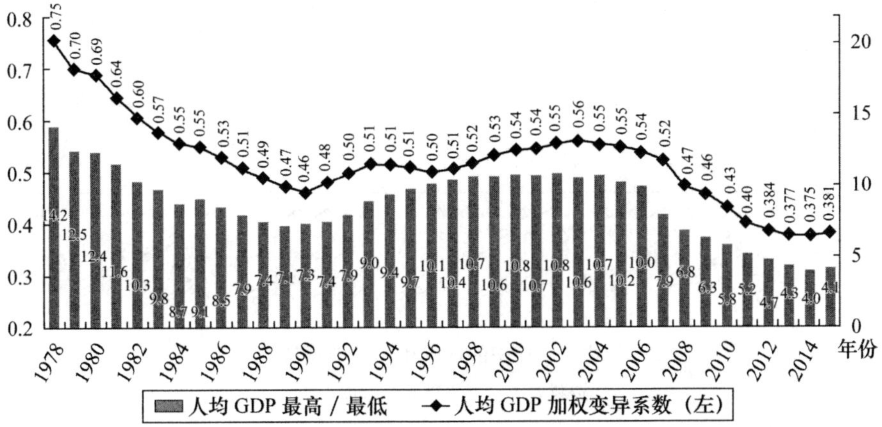

图 1　区域差距的变化

资料来源：万德资讯，作者计算。

不仅如此，从 2016 年的区域经济的增长态势来看，这种区域差距扩大的趋势仍将延续。从前三季度的经济增长速度来看，人均 GDP 水平低于全国平均水平（各省加权平均）的黑龙江和山西等省份的经济增速明显低于全国平均增速。根据初步统计数据测算，2016 年的区域差距仍然有所扩大。

（二）个别省份出现严重衰退

一直以来与全国经济高速增长相伴随的是，区域经济增速都相对较高。除了改革开放初期和20世纪80年代末、90年代初外，区域经济增速都未曾出现负增长的现象。如果从季度GDP的增长状况来看，即便是在亚洲金融危机和2008年爆发的金融危机期间，区域经济也只是在个别的季度出现负增长。然而2016年出现了新的变化，即辽宁省出现了连续4个季度的负增长，而且呈现出不断下滑的趋势。2016年4个季度辽宁经济累计增长速度分别是－1.3%、－1.0%、－2.2%和－2.5%（图2）。

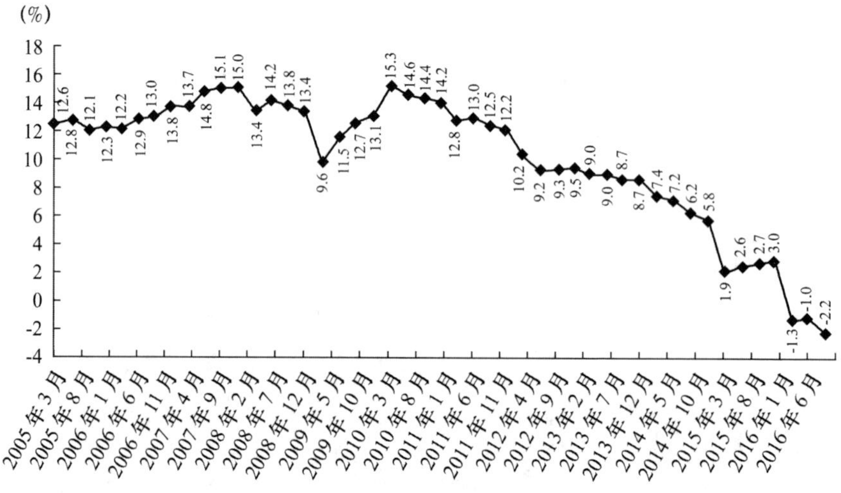

图2　辽宁的地区生产总值增速

资料来源：万德资讯，作者计算。

（三）部分增速大幅下滑的省份经济增长速度呈现企稳回升的态势

正如前面所描述的，近年来的区域分化的一个重要特征就是一些严重依赖重化工业和能源工业的省份经济增长速度出现断崖式下滑。如山西的经济增速由2011年的13%下降到2015年的3.1%，下降了76%；辽宁的经济增速由2011年的12.2%下降到2015年的3.0%，下降了75%；吉林的经济增速由2011年的13.8%下降到2015年的6.3%，下降了54%。然而从2016年的经济增长态势来看，其中部分省份的经济增长速度呈现企稳回升的态势。其中最为典型的就是山西、黑龙江、吉林和河北。2015年山西经济增速曾一度跌至2.5%；而2016年前三季度山西的经济增长达到

4%，与 2015 年同期相比提升了 1.2 个百分点，与 2015 年全年相比提升了 1 个百分点左右。黑龙江 2016 年前三季经济增速达到 6%，与 2015 年同期相比提升了 0.5 个百分点，与 2015 年全年相比提升了 0.3 个百分点。另外河北和吉林经济增速的波动幅度虽然没有山西和黑龙江那么大，也呈现出明显回升态势。尤其值得一提的是，山西和黑龙江 2016 年前三季度的经济增速分别达到 6.8% 和 6.9%，均高于全国整体的增速（图 3）。

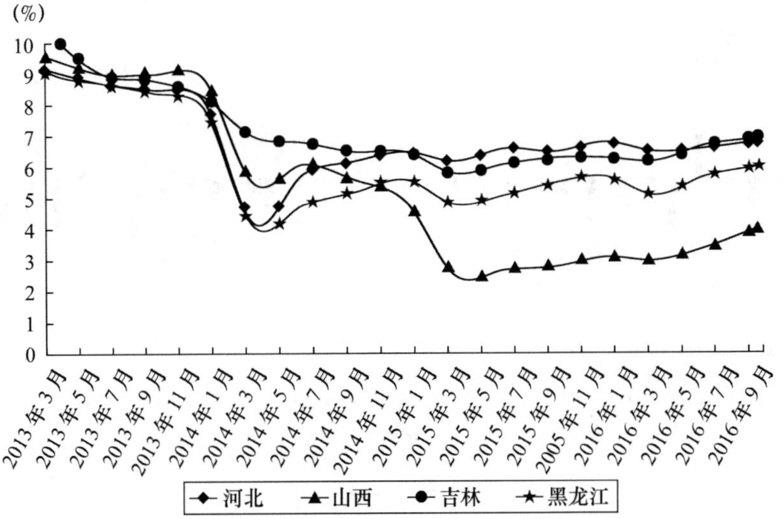

图 3　河北、山西、吉林和黑龙江的地区生产总值增速

资料来源：万德资讯，作者计算。

（四）越来越多的省份受到全球经济增速下滑的不利影响

近年来受全球经济增长乏力的影响，全球贸易出现了大幅下滑。中国的对外贸易出现了连续多个月份的负增长，下滑的幅度呈现扩大的趋势。2016 年 1～11 月全国出口累计增速只有 -7.9%，与 2015 年同期和全年相比下滑幅度扩大了近 5 个百分点。在这一背景下，区域对外贸易也出现了大面积的负增长。与 2015 年相比，区域出口增速呈现两个新的特征。一是越来越多的省份出口出现负增长。2015 年只有 2/3 省份出口呈现负增长；而从 2016 年 1～11 月的出口增速来看，除了山西和陕西两省外，其他所有的省份出口增速都是负的。二是区域之间出口贸易增速差异在缩小。不少2015年出口下滑幅度较大的省份2016年前11个月出口下滑幅度都有所收窄，如西藏和宁夏2015年的出口增速分别达到－72%和－31%；而2016年1~11月出口下滑幅度分别下降至－16%和－18%。三是一些沿海出口大省出现出口大幅下滑的态势。如，广东2015年出口基本与2014年持平，而2016年1~11月出口增速只有－7%（图4）。

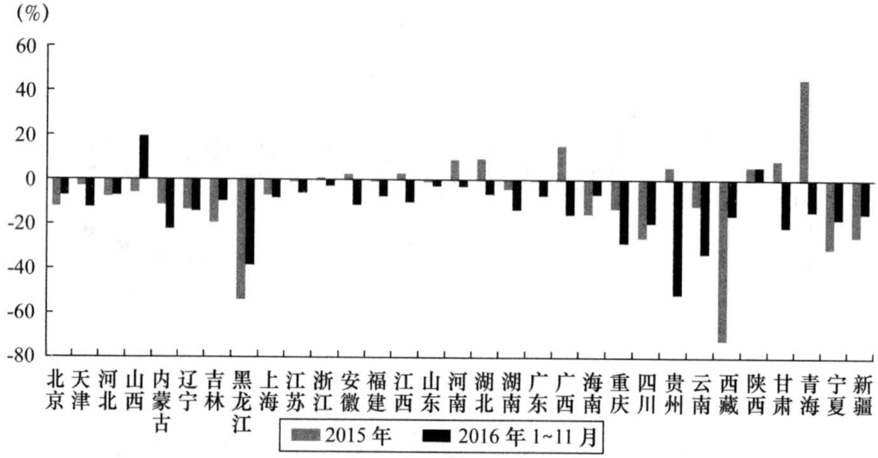

图4　各省出口增速

资料来源：万德资讯，作者计算。

二、区域经济增长格局变化的原因分析

（一）区域经济增长格局变化的长期因素分析

区域经济增长之所以出现这种分化的特征，既有周期性的原因，也有结构性的原因；既反映了国外经济变化的影响，也体现了国内经济转型的影响。由于不同区域发展阶段、禀赋条件等因素存在较大差异，因而这些周期性和结构性原因以及国外的变化在不同区域就折射出明显不同的经济表现，最终形成了目前的区域分化的现状。长期来看区域分化主要根源体现在以下几个方面。

一是全球经济的持续低迷给东部沿海省份和严重依赖资源生产的省份造成了经济下行压力。金融危机以来全球经济迟迟难以恢复，慢增长已成为常态。这无疑给以往严重依赖外向型经济的沿海省份的出口提出挑战，也使得这些省份经济增速带来了下行压力。比如，广东出口增速已经由危机之前的 20% ~30% 下降至 2016 年 1 ~11 月份的 -7%；其进出口依存度已从金融危机之前的 160% 下降至 2015 年的 87%。国内市场在短期内可以替代国际市场，因此许多加工贸易纷纷拓展内销渠道，这在一定程度上抵消出口下滑对沿海省份的影响。另外全球经济的长期低迷也使得全球大宗商品的价格持续低位徘徊，这对于那些严重依赖资源生产的省份（如山西）造成较大的负面影响。

二是国内经济的转型（以投资增速大幅下滑为主要特征）使得那些严重依赖重化工业的省份经济大幅下滑。随着人口年龄结构的变化和城镇化速度的放缓，房地产需求增速开始大幅下滑；加上整体工业化趋于完成和出口增速的下滑，投资的增速开始大幅下滑，由危机之前的 20% ~30% 下滑至 2016 年 1 ~11 月份的 8.3%。这对于那些严重依赖投资品生产的省份（如辽宁、河北等）无疑是巨大的打击。根据测算，辽宁经济的投资依存度达到 43%。这也是为什么辽宁经济增速大幅下滑的一个重要原因。

三是基础设施、信息技术的发展和区域之间要素相对成本的变化等为中西部地区承接产业转移提供了条件。区域之间发展阶段存在明显的差异。东部地区很多省份工业化已经基本完成或接近完成，而中西部绝大多数省份尚处于工业化中期，有些甚至处在工业初期。这意味着不同地区发展的空间存在很大差异。近年来随着东部地区发展水平的不断提高，东部地区要素的稀缺性更快凸显，劳动力、土地等要素的成本快速上升，资源环境的成本也快速上升。东部地区在要素成本方面与中西部地区相比越来越表现出明显的比较劣势。与此同时长期大量的投资使得国内的交通基础设施能力和水平大幅提升，信息通讯技术的快速发展使得区域对内和对外的信息传输变得更为便捷。物流和信息流条件的改善大幅提升了国内区域的内外连接性，尤其是缩小了身居内陆的中西部地区与东部沿海地区之间在区位条件方面的差距。同时，随着“一带一路”“长江经济带”等战略的提出和推进，中西部地区在对外开放和区域发展中的战略地位得到提升。也正是因为如此，区域产业集聚和转移正面临新的趋势。近些年来已经开始出现产业由东部地区向中西地区转移，经济重心开始西移。这也是西部部分省份和中部绝大多数省份近年来经济一直保持较快增长的一个重要原因。

（二）区域经济增长格局变化的短期因素分析

除了前面提到的长期因素外，还有一些短期因素也影响区域分化。具体来看体现在以下几个方面。

1. 大宗商品价格的回升为严重依赖能源和重化工业的省份的经济回升提供了支撑

2012 年以来受全球经济特别是中国经济减速的影响，全球大宗商品的价格不断下滑。与 2012 年初相比，2015 年末国内的煤炭[①]、原油和钢材价格分别下降了 52%、74% 和 53%。这些大宗商品价格的大幅下跌直接影响相应能源工业和重化工业的发展。从区域角度来看，首当其冲的是那些严重依赖能源和重化工业的省份。这在一定程度上解释了为什么这些省份在 2012 年之后经济都出现大幅下滑的趋势，也成为导致区域经济分化的一个非常重要的因素。

然而 2016 年以来随着供给侧结构性改革中“去产能”任务的不断推进，存在产能过剩的大宗商品的供给受到了限制；同时加上美元的不断走强以及欧佩克提出限产等因素，这种大宗商品的价格变化趋势出现了转折性变化。国内原油价格由 2016 年 2 月份最低 25.77 美元/每桶上升至 2016

---

① 这里的煤炭、原油和钢材的价格分别采用的山西产动力煤市场价、大庆原油现货价和中钢协提供的钢材综合价格指数。

年 5 月份的 42.78 美元/每桶，上升了 66%，之后一直保持在 40 美元/每桶左右的水平；山西动力煤市场价从 2016 年初的 370 元/吨上升至 2016 年 12 月份的 600 元/吨左右，上升了 62%；钢材综合价格指数由 2016 年初的 58 上升至 2016 年 12 月份的 100 以上，上升了 75%（图 5）。与这些大宗商品价格回升相伴随的是相关行业的利润水平大幅回升。从统计局公布的数据来看，2016 年煤炭、石油和钢铁等行业的利润状况都得到不同程度的改善，尤其是煤炭和钢铁。煤炭行业改变了自 2012 年以来利润一直下滑的局面，2016 年 8 月开始煤炭行业的利润同比增速开始转正，呈现恢复性增长态势，到 2016 年 11 月煤炭行业的利润累计同比增速已达到 157%。钢铁行业也出现了类似的趋势，2016 年 4 月份钢铁行业的利润累计同比开始呈现正增长，到 2016 年 11 月利润累计同比增速已达到 275%。石油开采业虽然利润增速虽然没有转正，但遏制了增速不断下滑的态势（图 6）。

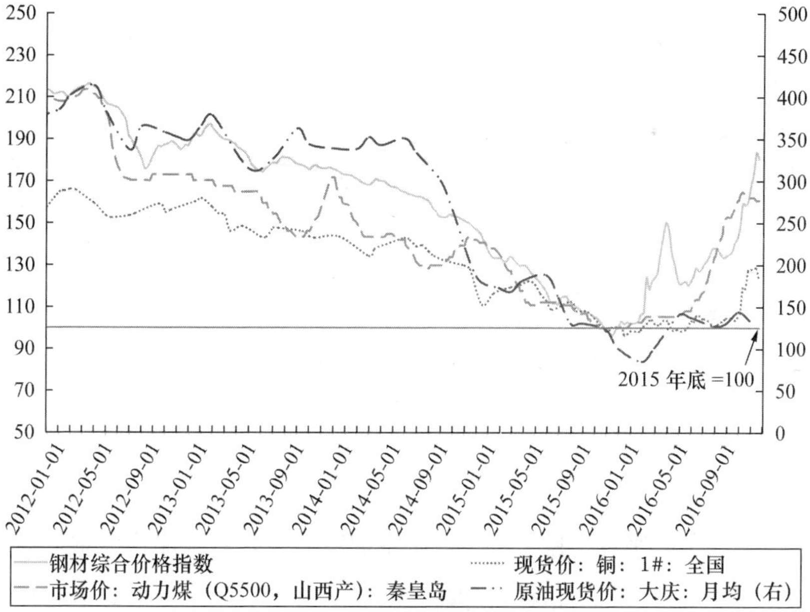

图 5　部分大宗商品的价格

资料来源：万德资讯，作者计算。

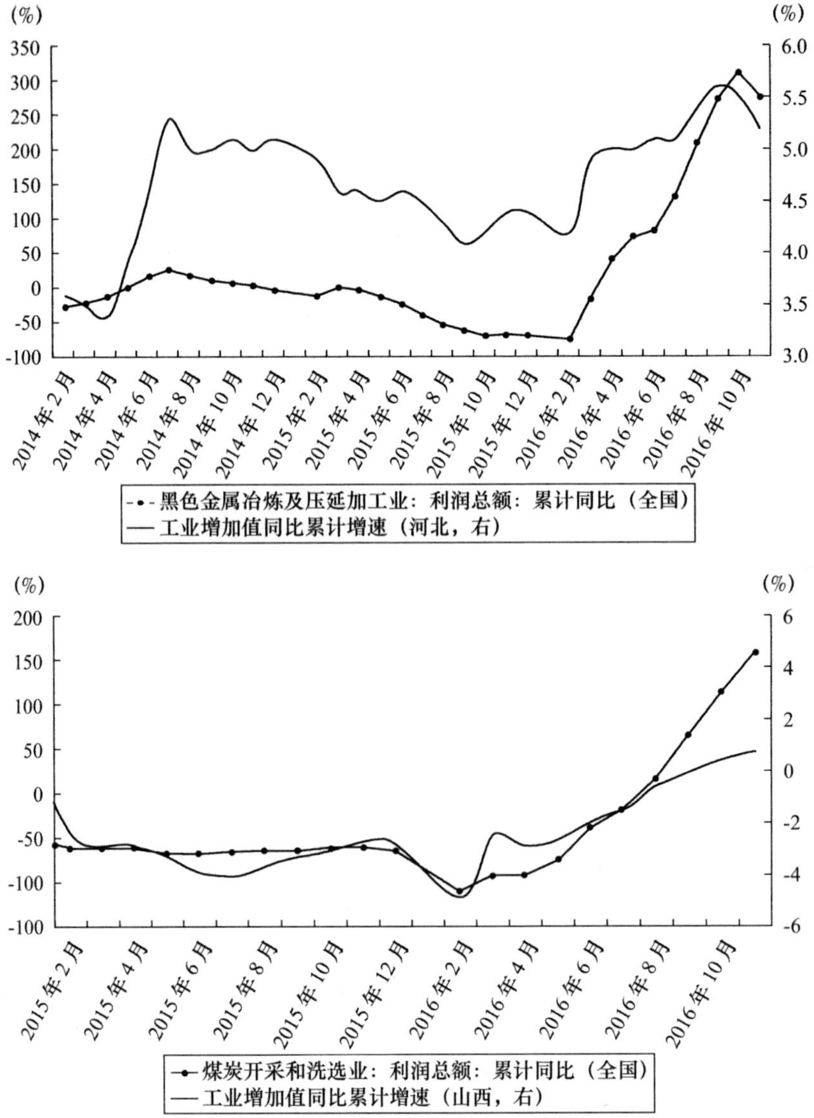

图6　煤炭、钢铁行业的利润和山西、河北工业增加值增速

资料来源：万德资讯，作者计算。

从空间角度来看，这一次大宗商品价格的回升对于那些严重依赖能源和重化工业省份的影响正好与之前大宗商品价格大幅下跌的影响相反。受大宗商品价格回升等因素的驱动，这些省份工业增加值的增速大多出现了转折性变化。图6中上半部分给出钢铁大省河北的工业增加值增速和全国钢铁行业利润增速变化。从中可以看到两者的变化趋势非常吻合。两者都在经历了较长时期的下滑之后于 2016 年 2 月开始出现转折。河北的工业增加值累计增速从 2016 年 2 月份的 4.2% 上升至 2016 年 9 月份的 5.6%，之后与全国钢铁行业利润增速一样有所回调。同时也可以从山西的经济增长中找到类似的现象。图 6 下半部分给出了煤炭大省山西工业增加值增速和全国煤炭行业利润增速变化。与河北一样，两者之间也存在非常一致的变化趋势。两者都在 2016 年 2 月份达到谷底，除了 4 月份稍有回调外之后一致处于不断上升的态势。山西工业增加值累计增速已由 2016 年 2 月份的 -4.9% 上升至 2016 年 11 月份的 0.7%，终于结束自 2015 年以来的持续负增长的趋势。除了河北、山西外，黑龙江等省也可以观察到类似的情形。这些都证明了这一轮大宗商品价格的回升确实对那些严重依赖能源和重化工业省份经济的回暖起到了十分重要的支撑作用。

2. 房地产投资的回暖为部分地区经济增速的稳定提供了有力的支撑

从全国来看，2016 年前 11 个月房地产投资增速达到 6.5%。这一增速虽然没有 2015 年之前那么高，但与 2015 年相比还是提高了 5 个百分点左右。而且更应该值得关注的是，房地产投资的区域分化。这种分化不仅表现在省份之间，更表现在城市之间。与此同时还表现为区域内部房地产投资与实体经济投资的分化。

从房地产本身，最为直观的变化就是房价增速的大幅回升。从 2016 年 11 月份 70 个重点城市的房价同比数据来看，部分城市的房价出现了大幅增长。其中，上涨幅度超过 40% 的城市有 3 个，包括合肥、厦门和南京；上涨幅度超过 20% 的城市有 14 个；上涨幅度超过 10% 的城市有 22 个；有 5 个城市的房价继续下跌，分别是锦州、乌鲁木齐、牡丹江、丹东和包头。

房价大幅回升相伴随的就是房地产投资的回升。从空间角度来看反映出来的就是房地产投资的分化。很多房价上涨较快的城市所在的省份房地产开发投资都出现了较大幅度回升（图 7）。如天津市 2016 年以来新建住宅的价格同比上涨了 25.3%，大大高于之前几年的价格上升幅度，相应

2016年1～11月其房地产投资增速也出现大幅回升，达到26.2%，远高于2015年前11个月的10.9%的增速。还比如广东省的广州、深圳和惠州3个城市的房价都出现大幅上升，截至2016年11月份其房价上涨的幅度分别达到24%、27.9%和24.4%。同样也可以观察到广东省2016年前11个月的房地产开发投资也出现大幅度的回升，达到19.9%，明显高于去年同期的13.5%。

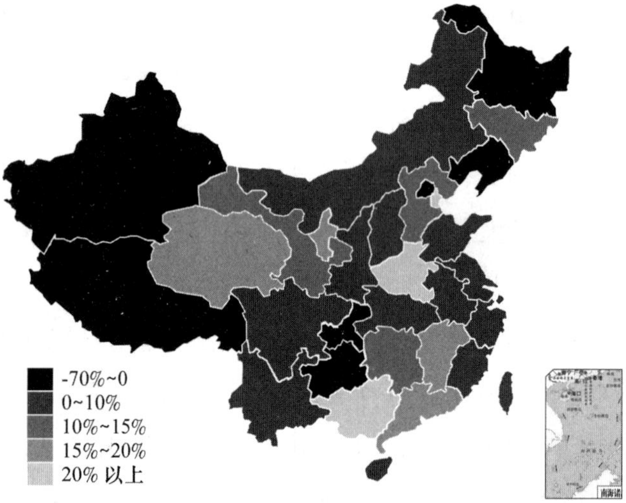

图7　区域房地产投资累计增速（2016年1～11月）

资料来源：万德资讯。

在房地产投资大幅回升的支撑下，部分省份的固定资产投资增速较为稳定。如，广东省2016年以来的固定资产投资累计增速基本都在12%左右。但同时也需要看到的是房地产以外的投资却表现出逐步下滑的态势。广东省房地产以外的固定资产投资累计增速由2016年初的18%下降至11月份的8.1%，下降了一半以上（图8）。仔细分析可以看到其他投资下滑主要源自房地产以外的第三产业投资的大幅下滑，2016年1～11月份基础以外的第三产业投资累计增速只有5.1%。与此同时，还可以发现工业的投资也呈现下滑态势，由2016年初的12.4%下滑至1～11月份的10.3%，已经低于固定资产投资的整体增速。这种房地产投资与实体经济投资增速分化的现象也出现在其他地区，如天津 2016 年固定资产投资整体累计增速从上年底的 12.6% 下降至 2016 年 11 月份的 8.2%，而房地产投资却由上年底的 10.1% 上升至 2016 年 11 月份的 26.2%，房地产以外的其他固定资产投资增速由上年底的 13.1% 下降至 2016 年 11 月份 4.9%。可见这些省份如果没有房地产投资的大幅回升，整体的固定资产投资将出现更大幅度的下滑，经济增速也会表现得比现在更差。

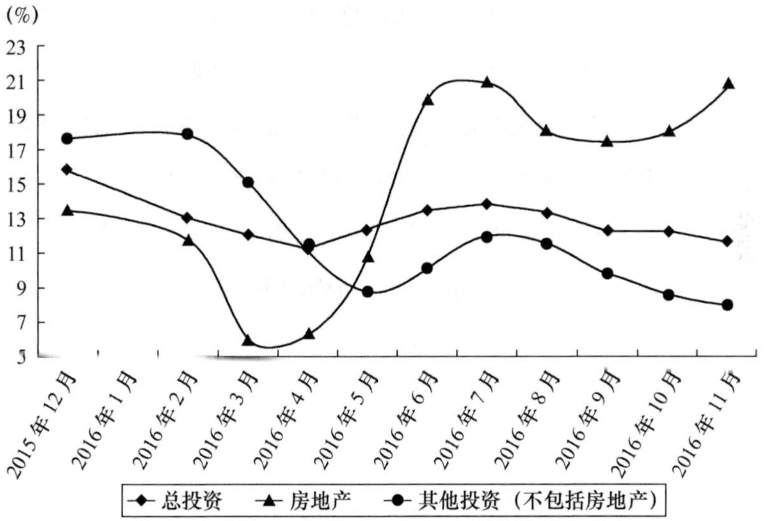

图 8　广东省固定资产投资的增速

资料来源：万德资讯。

三、2017 年区域经济发展展望

从短期的变化趋势来看，影响区域经济分化的长期因素不会出现转型性变化：世界银行已经连续 3 年下调全球经济增长预期，全球经济短期内恢复繁荣几乎没有可能，全球大宗商品价格虽然出现了短期波动但出现大幅上涨的可能性较小；国内经济转型的压力还在加大，整体投资特别是房地产投资增速下行的趋势仍未延续；区域之间发展阶段以及相对比较优势的差异短期内不会出现较大变化。另外，国家已经针对特定的区域出台了一些相应的促增长政策措施（如《推进东北地区等老工业基地振兴三年滚动实施方案》《国务院关于深入推进实施新一轮东北振兴战略加快推动东北地区经济企稳向好若干重要举措的意见》），但这些政策效果的显现仍需时日。因此短期内看，在全国经济继续面临下行压力的大背景下，区域经济也都面临下行的压力，但区域经济分化的大趋势不会很快改变。

从 2017 年来看，需要重点关注前面提到两类区域。一类是受大宗商品价格回升影响的区域。由于大宗商品价格能否继续走强取决于很多因素，因此存在着很大的不确定。换句话说这类区域经济回暖的基础不牢固，必须加快经济的转型。另一类就是房地产投资与实体经济投资增速严重分化的区域。尤其需要关注这类区域实体经济投资增速的大幅下滑。考虑到房地产政策的收紧，目前的房地产投资可能不会出现 2016 年类似的快速增长态势，这些区域 2017 年的经济增长面临较强的下行压力。

执笔人：何建武

第二章

新一轮东北振兴的时代背景和总体思路

近期，党中央、国务院印发《关于全面振兴东北地区等老工业基地的若干意见》，这是在新的时代背景下推进新一轮东北振兴的纲领性文件。要深刻认识新一轮东北振兴面临的新形势和新要求，坚定信心，知难而进，紧紧围绕“一个中心、四个着力”的总体思路，全面提升东北老工业基地发展活力、内生动力和整体竞争力，努力开创东北地区经济发展新局面。

一、新一轮东北振兴面临的新形势和新要求

东北地区是新中国工业的摇篮，是我国重要的装备制造业基地、原材料基地和现代农业基地。2003 年中央作出实施东北地区等老工业基地振兴战略的重大决策。10 多年来，在中央支持和各方面共同努力下，东北地区的经济发展驶入快车道。2003～2013 年，辽宁、吉林、黑龙江三省经济年均增速分别为12.5%、13.3%和11.3%，均高于同期全国平均10.3%的增速。东北经济总量迈上新台阶，国有企业竞争力增强，装备制造等优势产业发展势头向好，粮食综合生产能力显著提高，社保体系建设、资源枯竭城市转型、棚户区改造等有效推进，社会民生明显改善，东北老工业基地振兴取得重要阶段性成果。实践证明，党中央、国务院关于实施东北地区

等老工业基地振兴战略的重大决策是正确的。

当前，国际政治经济形势纷繁复杂，我国经济发展进入新常态，东北地区经济下行压力增大、体制机制和结构性矛盾凸显，国内外形势变化对新一轮东北振兴提出新的要求。

我国经济进入新常态要求新一轮东北振兴主动适应新常态的变化趋势。随着我国经济进入新常态，传统产业的市场需求发生深刻变化，东北地区钢铁、煤炭、油气、化工、建材等行业面临较大过剩压力，要求加大供给侧结构性改革力度，下决心化解过剩产能，清理“僵尸企业”，加大资产重组力度，推动传统产业转型升级。与此同时，还要通过体制创新和科技创新，培育战略性新兴产业和新的增长点，提升产业价值链和产品附加值，加快新旧动力接续和转换。结构调整和动力转换是一个十分艰难的过程，但唯有取得突破，新一轮东北振兴才能开创新局面。

东北亚政治经济格局调整要求加快推进新一轮东北振兴步伐。东北地区地处东北亚核心地带，是我国对外开放的前沿。加快新一轮东北振兴，有利于拓展我国与东北亚各国的经济合作，促进东北亚政治稳定和经济发展。

东北地区面临的困难和挑战要求新一轮东北振兴全力推进改革攻坚和经济转型。2014 年和 2015 年，东北三省的经济增速均位于全国后 5 位，固定资产投资、工业增加值和财政收入增速大幅回落。东北地区经济下行压力增大，有外部性周期性因素的影响，但根本上是体制机制问题，是产业结构、经济结构问题。新一轮东北振兴必须以壮士断腕的决心和勇气，进一步推进改革攻坚，打破传统体制羁绊，加快推进经济转型，努力走出一条有东北特色的创新、协调、绿色、开放、共享发展之路。

二、新一轮东北振兴要坚定信心知难而进

东北地区区位条件优越，国土面积占全国的 1/7，人口有 1 亿多人，

资源、产业、科教、人才、基础设施等支撑能力较强，发展空间和潜力巨大。加快推进新一轮东北振兴，不仅有基础有条件，也具有广阔前景。

新一轮东北振兴要坚定信心。经过10多年的发展，东北经济实力迈上新台阶，东北三省人均地区生产总值已经由2003年的不足3000美元提高到2015年的接近8600美元，辽宁省已突破1万美元。近年来，高铁和核电设备、智能制造和机器人、高档数控机床、生物工程、新材料技术、节能环保和新能源汽车业等新的增长点加快孕育并不断破茧而出，科技研发和创新等新的增长动力正在加快形成并不断蓄积力量。新一轮东北振兴已经站在新的起点上。只要坚定信心，将过去积累的市场、产业、供应链等优势转化为新动力成长的条件，新一轮东北振兴将充满希望。

新一轮东北振兴要知难而进。当前，东北经济区面临的困难和挑战，除了进入新常态全国普遍面临的“三期叠加”的因素外，从根本上还在于没有消除计划经济遗留的体制性弊端，没有解决老工业基地的深层次矛盾和产业转型问题，没有形成新旧增长动力转换的“生态”环境。只要敢于攻坚克难，多从内因着眼、着手、着力，找准症结，有的放矢，对症下药，以啃硬骨头精神加快改革攻坚和经济转型，新一轮东北振兴就一定能出现新局面。

新一轮东北振兴前景广阔。东北地区制造业基础好，拥有一批关系国民经济命脉和国家安全的战略性产业，拥有一批在我国产业体系中举足轻重的企业，在重大技术装备和国防科技等领域具有战略支撑作用。只要在发挥好传统优势产业作用的同时，推进体制改革和科技创新取得新突破，为新兴产业和新的增长点发育营造良好环境，促进新动力成长并逐步替代旧动力，新一轮东北振兴将迎来广阔前景。

三、把握“一个中心、四个着力”的总体思路

当前东北经济区面临的困难和挑战，主要是经济发展的质量和效益不

高，体制性矛盾和结构性阵痛凸显，创新创业环境不佳，就业和民生保障压力增大，新一轮东北振兴要牢牢把握“一个中心、四个着力”的总体思路。

以提高经济发展质量和效益为中心。东北经济具有典型的速度效益型特征。2014年以来，随着经济增速台阶式下降，企业利润和政府财政收入大幅下滑。以提高经济发展质量和效益为中心，就要着力提高劳动生产率，提高投资回报率，提高全要素生产率，使企业利润和财政收入稳定增长，劳动报酬和居民收入持续改善。以提高经济发展质量和效益为中心，并不是不要速度，而是要深入研究在注重质量和效益前提下保持经济稳定增长的举措和办法，努力实现有质量有效益可持续的速度。

着力完善体制机制。东北地区的体制性弊端集中表现为经济活动行政干预过多，市场化程度低，国有企业活力不足，民营经济发展不充分，营商和投资环境欠佳等。通过改革开放破除体制机制障碍，形成一个同市场完全对接、充满内在活力的体制机制，是推动东北老工业基地振兴的治本之策。要加快转变政府职能，进一步简政放权，积极发现和培育市场，减少政府对市场的不合理干预和对市场主体的不合理管制，优化营商和投资环境。进一步深化国有企业改革，真正确立国有企业的市场主体地位，完善国有企业治理模式和经营机制，解决好历史遗留问题，切实增强企业内生活力、市场竞争力和发展引领力。

扩大开放也是改革。要发挥东北地区沿边沿海优势，积极参与“一带一路”建设，主动对接沿线国家需求，推动装备制造业“走出去”，努力将东北地区打造成为我国向北开放的前沿地带。大力改善知识产权、行政、法律等软环境，推动同欧美等国家相关合作机制和平台建设，高水平推进中德（沈阳）高端装备制造产业园建设。研究在东北地区符合条件的地方设立自由贸易试验区，提高边境经济合作区、跨境经济合作区发展水平。

着力推进结构调整。东北地区结构性矛盾突出，产业结构偏重，产品处于价值链中低端，产业链不完整，产业集群发展滞后，战略性新兴产业规模小，尚未形成具有重要影响力的新增长点。推进结构调整和优化升级，要促进装备制造等优势产业转型升级，提升重大技术装备自主化以及核心技术与关键零部件研发制造水平，增强市场竞争力。加快发展研发设计、现代物流、融资租赁、会展等生产性服务业。积极培育新产品新业态，发展壮大高档数控机床、工业机器人和智能装备、先进发动机、集成电路装备、光电子、生物医药、新材料等新产品，发展网购、电商等新型业态。充分利用东北地区骨干企业多等优势，加快培育壮大产业集群。加快发展现代化大农业，积极构建现代农业产业体系。

着力鼓励创新创业。东北地区高等院校和科研机构众多，但科研资源优势尚未转化为现实生产力。要把创新作为培育东北老工业基地内生发展动力的主要生成点，加快形成以创新为主要引领和支撑的经济体系和发展模式。加快建设一批产业技术创新战略联盟，构建产业技术创新体系。加强重大创新载体与平台建设，在机器人与智能制造、新材料、洁净能源等领域建设若干国家实验室。改善创新金融服务，培育发展创投风投众筹等金融支持创新的工具。围绕产业转型升级培养人才，积极引进海外高层次人才。

着力保障和改善民生。当前，随着东北地区工业生产、企业利润和政府财政收入下滑，就业和保障民生压力增大。要千方百计保障民生资金投入，切实解决好人民群众关心的教育、就业、收入、社保、医疗卫生、食品安全等问题，确保社会和谐稳定。继续实施棚户区、独立工矿区改造等重大民生工程，推进城市改造和城乡公共服务均等化。支持与民生相关的服务业发展，培育形成新的经济增长点，使民生改善和经济发展良性互动、相得益彰。

执笔人：王一鸣

参考文献

References

[1] Baumol, W. J. Entrepreneurship: Productive, Unproductive, and Destructive [J]. Journal of Business Venturing, 1990, 11 (1): 3 ~ 22

[2] Jiang Kejun. Secure low - carbon development in China, Carbon Management, 04/2014; 3 (4): 333 ~ 335. DOI: 10.4155/cmt.12.42

[3] Kejun Jiang, Xing Zhuang, Ren Miao, He Chenmin, China' s Role in Attaining the Global 2 Target [J] Climate Policy, 2013, Vol. 13, No. S01, S55 ~ S69

[4] Murphy, K. M., Shleifer, A. Vishny, R. W. The Allocation of Talent: Implications for Growth [J]. The Quarterly Journal of Economics, 1991, 50 (2): 103 ~ 130

[5] 阿代尔·特纳. 债务和魔鬼：货币、信贷和全球金融体系重建. 北京：中信出版社，2016

[6] 白鹤祥. 处置与重建：美国化解银行不良资产的经验及启示. 金融时报，2016 - 09 - 12

[7] 本·伯南克. 行动的勇气——金融风暴及余波回忆录. 北京：中信出版社，2016

[8] 陈道富. 我国经济转型期值得关注的三个金融现象. 证券时报，2016 - 11 - 28

[9] 杜祥琬，刘晓龙，杨波，王振海，康金城. 中国能源发展空间的国际比较研究. 中国工程科学，2013，15 (6)：4 ~ 10

[10] 杜祥琬，杨波，刘晓龙，王振海，易建. 中国经济发展与能源消费及碳排放解耦分析. 中国人口资源与环境，2015，25 (12)：1 ~ 7

[11] 国际货币基金组织. 世界经济展望，2015 (10)

[12] 何铮，李瑞忠. 世界能源消费和发展趋势分析预测. 当代石油石化，2016. 24 (7)：1 ~ 8

[13] 黄泰岩. 中国经济的第三次动力转型. 经济学动态，2014 (2)

[14] 贾康，苏京春. 论供给侧改革. 管理世界，2016 (3)

[15] 姜克隽，庄幸，贺晨旻. 全球升温控制在 2℃ 以内目标下中国能源与排放情景研究. 中国能源，2012，34 (2)：14 ~ 17

[16] 久华. 市场化债转股如何以史为鉴. 观察者网，2016 - 10 - 14

[17] 刘鹤. "十二五" 规划《建议》的基本逻辑. 中国经济时报，2011 - 03 - 20

[18] 刘丽娜，刘洪. 美国不良资产救助计划渐获认可. 经济参考报，2010 - 05 - 26

[19] 刘伟. 经济新常态与供给侧结构性改革. 管理世界，2016 (7)

[20] 马丁，陈文颖. 中国 2030 年碳排放峰值水平及达峰路径研究. 人口资源与环境经济学，2016，26 (5)：1 ~ 4

[21] 马丽，刘丽涛. 基于发达国家比较的中国能源消费峰值预测. 地理科学，2016，36（7）：980～988

[22] 沈镭，刘立涛，王礼茂，陈枫楠，张超，沈明，钟帅. 2050 年中国能源消费的情景预测. 自然资源学报，2015，30（3）：361～373

[23] 沈旭文. AIG“完美”赎身. 环球企业家网站，2013－01－10

[24] 施一公. 研究型大学，从来就不以就业为导向. 欧美同学会·中国留学人员联谊会第三届年会，2014－09－16

[25] 孙学工，刘雪燕. 中国经济潜在增长率分析. 经济日报. 2011－12－12

[26] 王佃凯. 不良资产处置的国际经验及启示. 银行家，2014－11－14

[27] 王一鸣，陈昌盛等. 重构新平衡：宏观经济形势展望与供给侧结构性改革. 北京：中国发展出版社，2016

[28] 王一鸣. 以改革创新培育经济发展新动力. 人民日报，2014－02－27（理论版）

[29] 阳永恒. 美国《紧急经济稳定法案》及其对中国的启示. 财经理论与实践，2011（3）

[30] 杨军华. 金融危机处置有问题银行的政策选择研究. 金融研究，2011（7）

[31] 杨雪君，张文峰. AIG 缘何咸鱼翻身 从濒临破产到完美赎身. 中国保险报，2013－02－25

[32] 杨占红，吕连宏，曹宝，王晓，罗宏. 国际能源消费特征比较分析及中国发展建议. 地球科学进展，2016，31（1）：94～102

[33] 游五洋，宋斐. 阿里研究院关于新实体经济的 6 个观点. 阿里研究院，2017－01－24

[34] 赵昌文，朱鸿鸣. 从攫取到共容：金融改革的逻辑. 北京：中信出版社，2015

[35] 朱颖，任义涛. 美国“不良资产救助计划”的实施与评析. 金融教学与研究，2011（3）